社会工作作为专业力量参与脱贫攻坚，

将专业队伍、专业方法、专业力量运用到脱贫攻坚的工作中，

发挥了不可替代的专业优势和人才优势，

提升了反贫困工作的专业性。

国家出版基金项目
NATIONAL PUBLICATION FOUNDATION

大国攻坚·反贫困社会工作丛书
丛书主编　向德平

反贫困社会工作案例研究：深度贫困脱贫攻坚的社会工作多维实践

童　敏　著

华东理工大学出版社
EAST CHINA UNIVERSITY OF SCIENCE AND TECHNOLOGY PRESS
·上海·

图书在版编目(CIP)数据

反贫困社会工作案例研究. 深度贫困脱贫攻坚的社会工作多维实践 / 童敏著. — 上海：华东理工大学出版社，2022.8(2024.12 重印)
(大国攻坚·反贫困社会工作丛书 / 向德平主编)
ISBN 978-7-5628-6324-3

Ⅰ.①反… Ⅱ.①童… Ⅲ.①扶贫—社会工作—研究—中国 Ⅳ.①F126

中国版本图书馆 CIP 数据核字(2022)第 140437 号

内 容 提 要

我国扶贫工作进入了攻坚阶段，如何做好深度贫困人群的脱贫及返贫预防工作已成为我国亟待解决的难题之一。为此，本研究选择了厦门市 T 区的“暖心宅急送”个性化精准帮扶试点项目为个案，通过为期两年的参与式合作研究发现：深度贫困人群脱贫攻坚社会工作需要依据风险与能力整合的“事实—伦理”双维理论视角，实现返贫风险预防的人群分级分类实践、生活困难解决的家庭潜能挖掘实践和环境支持增强的社区多方参与资产实践三者的结合。

策划编辑 / 刘　军
责任编辑 / 孟媛利
责任校对 / 张　云
装帧设计 / 王　翔
出版发行 / 华东理工大学出版社有限公司
地址：上海市梅陇路 130 号，200237
电话：021-64250306
网址：www.ecustpress.cn
邮箱：zongbianban@ecustpress.cn
印　　刷 / 上海中华商务联合印刷有限公司
开　　本 / 710 mm×1000 mm　1/16
印　　张 / 26.5
字　　数 / 434 千字
版　　次 / 2022 年 8 月第 1 版
印　　次 / 2024 年 12 月第 2 次
定　　价 / 98.00 元

编委会名单

丛书总序

我国以脱贫攻坚为标志的国家级重大反贫困行动，于 2020 年年底取得了预期成果，绝对贫困总体上被消除。脱贫攻坚可以说是中国乃至世界反贫困史上的一件大事，值得书写一笔。社会工作作为一种专业力量参与其中，并发挥了重要作用，其实践和经验值得总结。由向德平教授主编的“大国攻坚·反贫困社会工作丛书”在这方面做了开创性的工作，值得我们称赞。

一、社会工作参与反贫困是一项重大的专业实践

（一）反贫困是社会工作的一项核心任务

社会工作自产生之日起，就与反贫困结下了不解之缘。不是社会工作“贪恋”反贫困，而是贫困给贫困群体带来了巨大的痛苦。社会工作作为一种以帮助困难群体缓解困难、追求社会公正与社会进步为己任的专业，理应把反贫困的责任放在自己的肩上。在世界社会工作反贫困历史上，发达国家的社会工作参与反贫困基本上是通过实施社会救助和社会慈善的方式进行的，并形成了社会工作的著名模式。第二次世界大战以后，发展中国家的反贫困主要面向农村展开，经济开发、社区发展成为其主要模式，20 世纪 50 年代联合国倡导的社区发展原则正是社会工作参与反贫困所应遵循的。20 世纪 80 年代以后出现的发展型社会工作，一方面与发展中国家的政府、社会工作者、发展工作者的实践有关，另一方面也受产生于发达国家的社会投资

等理论的影响。这些实践取得了一定的成绩，也为后来发展中国家的反贫困提供了借鉴和参照。

我国作为经济社会政策和发展项目的反贫困工作是从20世纪80年代中期开始的，最初是经济开发，接着是扶贫攻坚，主要是发展经济，由政府部门、国有大中型企业和贫困农户承担主要责任。2015年，我国开始实施脱贫攻坚工程，中央明确要求形成由专项扶贫、行业扶贫和社会扶贫互为补充的大扶贫格局，做到扶贫开发与经济社会发展相互促进，不但注重产业脱贫，而且加强教育等多层面脱贫；要求坚持群众主体，激发内生动力，注重扶贫扶智，增强贫困人口自我发展的能力，同时实施扶贫志愿者行动计划和社会工作专业人才服务贫困地区计划。这样，社会工作力量作为脱贫攻坚的有机组成部分，有了“特殊”的实践机会，也能够更有针对性地参与反贫困行动。2017年，《民政部 财政部 国务院扶贫办关于支持社会工作专业力量参与脱贫攻坚的指导意见》(以下简称《意见》)要求中国社会工作教育协会发挥推动作用，进行教育扶贫。同时，我国开始实施社会工作服务机构“牵手计划”，从发达地区选择专业性强的社会工作服务机构，与贫困地区社会工作服务机构等进行结对。社会工作教育界积极响应政府部门的号召，组织、动员和支持各社会工作院系参与这一具有历史意义的反贫困行动。各类群体参与脱贫攻坚成为中国社会工作重建以来，规模最大、时间较长、有组织、有目标要求的集体性行动。

(二) 社会工作参与脱贫攻坚取得了积极成果

按照民政部等部门的《意见》，中国社会工作教育协会参与脱贫攻坚是教育扶贫，其主要任务如下：高校社会工作专业院系要与贫困地区合作建立社会工作专业培训、教师实践和学生实习实训基地，帮助贫困地区培养社会工作专业人才；高校社会工作专业教师到贫困地区开展专业督导，引导社会工作专业在校生到贫困地区进行社会实践；支持鼓励社会工作专业毕业生到贫困地区就业。在中国社会工作教育协会的组织动员下，各社会工作院系秉持专业精神、发挥主观能动性，组织师生、链接资源、深入贫困地区，开展了多项服务，较好地完成了《意见》提出的任务，并尽己所能地为贫困地区的居民做贡献，在脱贫攻坚中取得了不少开创性成果。社会工作教育界支持了贫困地区的脱贫工作，促进了贫困地区社会工作人才和专业力量的发展，也获得了参与反贫困的直接经验，使我们感受到了当地干部群众和派驻的扶贫干部在反贫困中表现出来的坚韧不拔的精神。同时，参与脱贫攻坚也成为各社会工作院系坚持理论联系实际、开展实践教学、在实践中培养学生、在比较中进行研究的重要场域，因而参与者的收获是丰硕的。

对于参与脱贫攻坚，中国社会工作教育协会领导班子给予了高度重视，设计行动计划、动员组织力量，推动了整个工作向前发展。中国社会工作教育协会还建立了反贫困社会工作专业委员会，在贯彻落实协会的总体部署、推动整个活动发展方面发挥了积极作用。作为反贫困社会工作专业委员会的负责人，向德平教授和他主持的反贫困研究机构积极配合、主动工作，有力地推动了中国社会工作教育协会工作的开展。

二、社会工作界参与反贫困是理论与实践比较、互动和提升的过程

（一）社会工作教育界参与反贫困是理论与服务实践的互动过程

社会工作教育界参与反贫困的特点是，一批批具有深厚社会工作理论

与知识积累的高校教师和研究生、高年级本科生开展实践活动，这同时也是他们走出课堂和校门开展社会工作服务的过程。在一定意义上，它是理论指导实践的过程，也是实践检验书本知识和理论的过程。反贫困工作是在自然环境复杂、文化传统多样的贫困地区展开的，社会文化因素深深地影响着反贫困行动的开展。在上述经济、政治、社会、文化背景下开展的反贫困，必然比书本上介绍的复杂得多。社会工作界参与反贫困，必然会遇到上述复杂因素的影响，会遇到许多亟待解决的"中国式"问题。这是一个不断比较、选择、实践和反思的过程。对社会工作教育界来说，这是一系列挑战，也是在克服困难中不断成长的过程。

（二）书写经验是反贫困理论和实践成果的延伸

社会工作者的基本品格是奉献和共享发展成果，同时社会工作教育界又有改进教育、传播知识、贡献社会的责任。从这个角度来说，将参与反贫困的经验和思考写出来，是十分有意义的事情。向德平教授主编的这套书正是此种努力的体现。该丛书组织了国内社会工作界20多位专家学者，基于社会工作实践，总结反贫困的相关模式和经验，生产社会工作知识，价值显而易见。

该丛书以实践为基础，兼顾了反贫困知识和实践的完整性。它是多视角、全方位和具有整体性的。其主要视角包括社区为本视角、抗逆力视角、内生动力视角、资产建设视角、金融服务视角、可行能力建设视角、赋权视角、贫困治理视角、心理弹性和生涯辅导视角等。它关注的服务对象主要包括儿童、老年、妇女、残疾人及西部农村中的弱势群体。该丛书既介绍既有的社会工作理论，也介绍中国特色的社会工作实践。基于本土实践，它介绍了社会工作参与反贫困模式的多样化和经验的多元化，反映了中国反贫困的经验及社会工作参与反贫困的机制，阐明了专业社会工作是如何发挥专业优势、实现服务效能的。

该丛书也是系列教材，体现了从理论到实践、从实践到知识的转化过程。这里包含了对反贫困知识和理论的选择，包括在实践中对社会工作知识的运用和反思，也包括基于实践的知识建构，还包括不同类型和不同层次的建议。该丛书内容丰富，有借鉴、有创新，可指导实践，也为反贫困研究提供了参考框架，是反贫困领域的学术力作，是社会工作本土化的重要成果。

三、在乡村振兴中更好地运用和发展社会工作参与反贫困的经验

到2020年年底，我国在总体上消灭了绝对贫困，但是相对贫困还会长期存在。中国共产党第十九届中央委员会第五次全体会议提出“实现巩固拓展脱贫攻坚成果同乡村振兴有效衔接”，我国巩固脱贫成果和反贫困的任务依然是十分繁重的。在走向乡村振兴、实现共同富裕的进程中，已经取得的反贫困经验在一定程度上依然有效，这与相对贫困现象在地域、群体、经济状况、社会生态和文化上的连续性密切相关。当然，相对贫困也有自身的特点，贫困群体有了以往反贫困的经验，有了相对好的经济基础和社会生活条件，他们摆脱贫困的内在动力和能力也有所增强。但是我们也要看到，在新的国际国内形势下，面对不断加剧的市场化竞争，相对贫困群体的生存压力不会减少，反贫困的发展性要求会更加突出。我国已经进入社会主义现代化建设的新阶段，要贯彻新的发展理念，构建以国内大循环为主体、国内国

际双循环相互促进的新发展格局，其中乡村全面振兴、遏制返贫现象发生、实现共同富裕任务艰巨。在这种背景下，社会工作者在参与脱贫攻坚中获得的经验仍然有重要的参考价值。我们也期待社会工作者群体在参与乡村振兴和解决相对贫困问题方面取得新的成果。

把论文写在祖国大地上，中国社会工作教育界以自己的实际行动在认真践行。

王思斌
北京大学社会学系

主 编 序

打赢脱贫攻坚战，是实现中华民族伟大复兴的底线要求，是贫困地区与全国一起全面建成小康社会的关键之举，是实现国家长治久安的重要保障。

我国扶贫开发进入精准扶贫、精准脱贫的新阶段。精准扶贫战略贵在精准，精准与专业具有同构性，只有调动专业的力量参与精准扶贫，才能进一步提升精准识别、精准帮扶、精准管理的精准度，才能更专业地解决贫困人口在脱贫过程中的个性问题与发展问题。社会工作参与脱贫攻坚具有重要的意义，在反贫困工作中扮演着重要的角色。

社会工作作为专业力量参与脱贫攻坚，将专业队伍、专业方法、专业力量运用到脱贫攻坚的工作中，发挥了不可替代的专业优势和人才优势，提升了反贫困工作的专业性。事实上，社会工作起源于贫民救济或慈善事业，其发展的历史就是人们与贫困做斗争的历史。社会工作的专业方法、理念正是人们在与贫困及相关社会问题做斗争的实践中逐步形成和发展起来的，因此，社会工作参与脱贫攻坚具有深厚的历史基础和重大的现实意义。社会工作参与脱贫攻坚是社会扶贫的重要组成部分。作为精准扶贫的专业力量，社会工作通过需求评估，精准识别贫困人口及其致贫原因；通过资源整合，动员与协调各方扶贫力量和扶贫资源；通过提升扶贫对象的能力，激发和提升扶贫对象的内生动力和可行能力。社会工作参与脱贫攻坚，有助于提高反贫困工作的精准性和可持续性，实现由“输血型”扶贫向“造血型”扶贫、救助型扶贫向发展型扶贫的转变。

党中央、国务院十分重视社会工作专业人才服务贫困地区的工作，《中共中央 国务院关于打赢脱贫攻坚战的决定》(中发〔2015〕34 号)、《中华人民共和国国民经济和社会发展第十三个五年规划纲要》和《国务院关于印发"十三五"脱贫攻坚规划的通知》(国发〔2016〕64 号)对实施社会工作专业人才服务贫困地区计划、支持专业社会工作和志愿服务力量参与脱贫攻坚提出了明确的要求。为贯彻落实党中央、国务院的决策部署，支持社会工作专业力量参与脱贫攻坚工作，《民政部 财政部 国务院扶贫办关于支持社会工作专业力量参与脱贫攻坚的指导意见》发布，民政部办公厅、国务院扶贫办综合司出台了《社会工作教育对口扶贫计划实施方案》。

为落实《民政部 财政部 国务院扶贫办关于支持社会工作专业力量参与脱贫攻坚的指导意见》的精神，贯彻实施民政部、国务院扶贫办联合制定的《社会工作教育对口扶贫计划实施方案》，深入推进教育扶贫工作，全国社会工作专业学位研究生教育指导委员会和中国社会工作教育协会积极实施"社会工作教育对口扶贫计划"，组织全国 200 多所高校参与社会工作教育对口扶贫工作。在反贫困社会工作实践中，社会工作教育和实践工作者积极探索，积累了较丰富的实务经验，总结了一批典型案例，产出了一系列理论成果。本丛书是中国社会工作参与反贫困成果的系统呈现。

2019 年 3 月 16 日，中国社会工作教育协会反贫困社会工作专业委员会与华东理工大学出版社在武汉举行"大国攻坚·反贫困社会工作丛书"启动仪式。来自十几所高校的 20 余名作者代表参加了会议。会议研讨、确定了本套丛书的写作框架和主要内容。

本丛书是在全国社会工作专业学位研究生教育指导委员会、中国社会工作教育协会的指导下，由中国社会工作教育协会反贫困社会工作专业委员会具体组织完成的。王思斌教授、阮曾媛琪教授、谢立中教授、蔡禾教授、关信平教授、马凤芝教授、彭华民教授全力支持反贫困社会工作专业委员会的工作，指导本丛书的编写。

中国社会工作教育协会前任会长徐永祥教授高度重视本丛书的编写工作，为丛书的编写和出版提供了巨大的支持。本丛书寄托了全体社会工作同仁对徐永祥教授的深沉怀念！

感谢所有关心、支持本丛书的专家和同仁！

向德平
华中科技大学社会学系

前　言

2018 年 6 月 15 日,《中共中央 国务院关于打赢脱贫攻坚战三年行动的指导意见》明确指出,未来三年还有 3 000 万左右农村贫困人口需要脱贫,其中因病、因残致贫的深度贫困人群是攻坚阶段的难点和重点。这类深度贫困人群不仅就业困难,而且还给家庭增添了医疗费用的开支,容易使家庭陷入长期的深度贫困中。他们常常缺乏走出贫困的内生动力,而目前为其提供经济和物资支持的主流扶贫实践方式也无法给他们带来实质性的帮助,无法让他们产生脱贫的内生动力,导致他们的返贫风险很高。显然,这类深度贫困人群问题的解决需依赖对他们能力的深度发掘和对资源的多方链接,只有这样,才能使他们形成有效的应对风险的能力。

为此,本研究选择了厦门市 T 区的"暖心宅急送"个性化精准帮扶试点项目为研究个案。通过长期的参与式合作研究,我们发现:深度贫困人群随时受到托底保障、能力成长和环境支持三方面的影响,面临极高的返贫风险,需要以家庭为中心,进行三维整合实践,即针对返贫风险人群的分级分类管理的托底实践、针对生活困难人群的潜能挖掘的能力实践以及针对环境支持不足人群的多方参与的资产实践,围绕风险管理与能力发掘,探索出一条高风险社会中的优势服务原则,这不仅可为社会工作者参与精准帮扶提供可以操作的服务模式,也能为社会工作服务引入一种崭新的风险视角,帮助社会工作者重新理解风险社会中社会工作的基本定位和服务逻辑,使社会工作真正成为我国新时代多元社会中社会基层治理创新不可或缺的力量。

本书共分为五章，第一章回顾国内扶贫的历史与现状以及社会工作参与扶贫的历史与基础，进而提出本书的研究问题与研究意义。第二章介绍我们所选择的社会工作参与深度贫困家庭服务的项目，并对项目的具体情况进行介绍。第三章主要介绍该项目的服务框架与背后的逻辑。第四章则对具体服务的内容与服务的基本逻辑进行梳理。第五章在项目的基础上，梳理出社会工作参与深度贫困群体服务的多维实践，讨论风险视角下社会工作的实践逻辑，为社会工作参与“后2020时代”深度贫困家庭的服务提供启发。

童敏
厦门大学社会工作系

目　录

CONTENTS

第一章　精准扶贫与社会工作的文献回顾

反贫困一直是我国政府和社会关注的重点。尤其是改革开放以来，我国扶贫工作取得了举世瞩目的成就。自党的十八大以来，习近平总书记高度重视我国的脱贫攻坚工作，将脱贫攻坚摆在治国理政的突出位置。随着我国全面建成小康社会的临近，扶贫工作进入了攻坚阶段。社会工作起源于助人的慈善事业，在贫困的帮扶中发挥着中坚作用。本章将回顾我国扶贫的发展历程、社会工作参与扶贫的发展脉络与定位，探讨决胜脱贫攻坚关键期的深度贫困群体面临的困难、挑战，以及社会工作介入高风险人群服务时的定位与服务特征。

第一节　我国扶贫实践的演变

改革开放以来，我国经济的快速发展让很多人摆脱了贫困。针对贫困的治理也经历了从最初经济体制变革带来的减贫效应、设立专项部门进行扶贫开发到低保政策兜底保障，再到近年来的精准扶贫和脱贫攻坚决胜阶段，形成了政府、市场和社会的“大扶贫”格局。社会工作的专业力量正是在这种背景下参与到扶贫工作当中的。

一、制度变革下的减贫

改革开放初期，国家虽然尚未设立专门的扶贫机构，也未出台专门的扶贫政策，但是农村的制度改革和经济增长对减缓贫困具有不可忽视的作用。数据显示，截至1978年年底，我国农村贫困人口超过2.5亿，到1985年，我国农村的贫困人口已减少至1.25亿。① 值得注意的是，在这个阶段，国家的主要措施集中在农村经济体制改革上，如20世纪70年代末开始实施的家庭联产承包责任制，这一制度将土地经营权承包到户，充分调动了农民的积极性，也带动了农业粮食产量的快速增长；与此同时，我国农村也逐步建立起市场化的农产品交易制度，促使农产品价格得到大幅提高。② 我国农村整体经济水平的提升也惠及农村的贫困人口，使广大农村贫困人口的经济条件得到极大改善。此外，在我国的制度变革过程中，农业生产的快速增长还带来农村的工业化发展，使我国广大农村涌现了大量的小城镇，农民也随之离开家乡进城务工、经商。③ 在制度变革的推动下，我国农业生产、农村工业化及农村小城镇的发展逐渐形成合力，共同推动农村经济的快速增长和贫困

① 国务院扶贫开发领导小组办公室. 中国农村扶贫开发概要：[中英文本][M]. 北京：中国财政经济出版社，2003.

② 刘坚. 中国农村减贫研究[M]. 北京：中国财政经济出版社，2009：31－32.

③ 康晓光. 90年代我国的贫困与反贫困战略[J]. 中国国情国力，1995(7)：10－13.

人口的减少。①

从这一时期的发展历程可以发现，我国贫困人口的减少主要得益于改革开放之后农村制度改革所带来的经济增长，而不是特定扶贫制度建设所带来的产物。实际上，在这一时期，我国并没有建立特定的扶贫制度，也缺乏对贫困的统一界定和识别标准。针对贫困人口，这一时期我国主要采取以社会救济为主的扶贫方式，表现为物质输送、外部支援和财政补贴。②

二、从救济扶贫到扶贫开发

1986 年，国务院扶贫开发领导小组及其办公室正式成立，各省、自治区、直辖市及地(市)、县级政府相继成立了相应的组织机构，负责当地的扶贫开发工作。由此，我国开始自上而下设立专门的扶贫机构、安排专项的扶贫资金及制定专门的扶贫政策，扶贫治理工作也被正式纳入政府的管理体系，逐渐成为相应政治制度的一部分。之后，我国开始在全国范围内实施有计划、有组织的大规模开发式扶贫行动。这一阶段最显著的特征是从传统救济式扶贫逐渐转向开发式扶贫。之所以称之为开发式扶贫，是因为当时我国贫困人口的绝对数量巨大，国家希望通过贫困地区的经济和产业发展来带动我国贫困人口的脱贫致富。③

① 许汉泽. 行政主导型扶贫治理研究：以武陵山区茶乡精准扶贫实践为例[D]. 北京：中国农业大学，2018.

② 王朝明. 中国农村 30 年开发式扶贫：政策实践与理论反思[J]. 贵州财经学院学报，2008(6)：78－84.

③ 李小云. 冲破“贫困陷阱”：深度贫困地区的脱贫攻坚[J]. 人民论坛・学术前沿，2018(14)：6－13.

1987年10月30日，《国务院关于加强贫困地区经济开发工作的通知》(国发〔1987〕95号)正式确立了开发式扶贫的指导思想，即以区域为基础的扶贫开发。[①] 1994年4月15日，国务院发出关于印发《国家八七扶贫攻坚计划》的通知，计划中明确提出，集中人力、物力和财力，争取用7年左右的时间，到2000年年底，基本解决我国农村贫困人口的温饱问题。这项计划的具体目标包括：使绝大多数贫困户年人均纯收入达到500元，让贫困户能够稳定解决温饱问题，加强贫困地区的基础设施建设，改变贫困地区教育文化卫生落后的状况及关注特殊贫困群体的扶贫开发工作等。此外，1994年颁布的《国家八七扶贫攻坚计划》还明确划出全国592个县作为国家级贫困县，并且提出加大国家扶贫资金的投入力度，以保障各扶贫专项支持呈逐年递增的趋势。[②]

开发式扶贫的核心是，在国家的扶持下，以市场需求为导向，依靠科技进步，开发利用当地资源，发展商品生产，解决当地的温饱问题，进而使当地摆脱贫困的现状。[③]宏观层面上，开发式扶贫主要追求的是贫困地区的区域性经济增长与发展；微观层面上，它主要侧重于贫困户个人能力与资本的提升。显然，我国八七扶贫攻坚计划走的是一种发展主义的扶贫道路，它假设只要充分利用市场和发展经济，就能够使贫困地区摆脱贫困。这样的想法与当时的社会主义市场经济建设是密不可分的，即相信需要在市场治理机制的基础上建立发展型扶贫治理。因此，这一时期的扶贫开发强调与市场相结合，强调增强贫困地区自身的发展能力，是一种坚持效率优先的市场化

① 《中国农业年鉴》编辑委员会. 国务院关于加强贫困地区经济开发工作的通知[M]. 北京：中国农业出版社，1988.

②③ 国务院关于印发国家八七扶贫攻坚计划的通知(国发〔1994〕30号)。

原则。在市场化改革的推动下，农村地区的贫困问题得到了很大改善。到2000年年底，《国家八七扶贫攻坚计划》确立的目标已基本实现，我国大部分贫困人口的温饱问题已得到解决。

不过，正是由于对市场化的效率优先原则的重视，我国这一时期的扶贫工作不注重扶贫解困的社会因素的影响，因而出现了这样的现象：随着农民收入增幅减小，以及农村内部不平等的加剧，市场机制的减贫效益开始逐渐萎缩。[①] 在这一时期，我国的扶贫工作仍然是以县为单位进行的，成为贫困县意味着会有国家资金和资源的注入，因此，争做贫困县就成为地方政府获取更多资源的手段。但是，实际上，对于真正的贫困户而言，他们是难以在市场导向的政府扶贫政策中受益的，因为这些贫困户缺乏相应的市场竞争力，而“贫困县”中那些条件较好的农户却能因此获得较多的资源，由此导致国家扶贫目标的偏离。[②]

三、从扶贫开发到扶贫兜底

经历了改革开放20多年的扶贫开发工作之后，尽管我国农村过去普遍存在的因经济落后产生的生存性贫困问题已经逐步消除，但是随着我国农业增长带来的减贫作用的缩小及农村致贫原因多样化和开发式扶贫主体缺失等因素的综合影响，我国的扶贫工作越来越需要多部门的参与和协同；与此同时，过去扶贫工作瞄准的国家贫困县也因为扶贫工作的变化而亟须调整。[③] 2001年，我国政府颁布了《中国农村扶贫开发纲要（2001—2010年）》（以下简称

---

① 李小云.我国农村扶贫战略实施的治理问题[J].贵州社会科学，2013(7)：101-106.

②③ 许汉泽.行政主导型扶贫治理研究：以武陵山区茶乡精准扶贫实践为例[D].北京：中国农业大学，2018.

《纲要》)。《纲要》提出，在坚持开发式扶贫的同时，政府将出台多项惠农政策，逐渐形成多部门、多政策综合施力的“大扶贫”格局。[①] 在扶贫开发的重点方面，《纲要》实行的是集中连片的原则[②]；在扶贫瞄准单位上，从原来的瞄准县转变为瞄准村，并且在全国范围内明确划出14.8万个重点贫困村，覆盖了约80%的贫困人口[③]。在这一时期，我国扶贫工作的内容主要包括整村推进、劳动力培训转移、产业化扶贫、以工代赈、易地搬迁、教育扶贫和生态扶贫等。[④]

扶贫治理中贫困户的各项基本权利在这一时期得到重视，并且逐步完善起来。2003年，卫生部、财政部和农业部联合发布了《关于建立新型农村合作医疗制度的意见》，开始推行由个人、集体和政府多方筹资，以大病统筹为主的农民医疗互助共济制度[⑤]；同时，农村低保作为一项对农村绝对贫困人口的保障制度也在这一时期逐步建立起来。2007年，全国农村最低生活保障制度覆盖人口达到3 451.9万人。[⑥] 从这一时期开始，针对农村贫困人口的兜底式扶贫治理开始发挥越来越重要的作用。[⑦]

从这一时期扶贫治理的发展历程可以发现，我国这一时期扶贫工作的

① 向德平，黄承伟. 减贫与发展[M]. 北京：社会科学文献出版社，2016：153-160.

② 集中连片原则是指国家扶贫开发重点县和连片特困地区的认定。

③④ 许汉泽. 行政主导型扶贫治理研究：以武陵山区茶乡精准扶贫实践为例[D]. 北京：中国农业大学，2018.

⑤ 国务院办公厅转发卫生部等部门关于建立新型农村合作医疗制度意见的通知(国办发〔2003〕3号)，http://www.gov.cn/zhuanti/2015-06/13/content_2879014.htm.

⑥ 刘坚. 中国农村减贫研究[M]. 北京：中国财政经济出版社，2009：37.

⑦ 张时飞. 正确认识“农村绝对贫困人口”与“农村低保对象”[J]. 红旗文稿，2007(6)：9-10，27.

特点表现为，政府主导下的多部门、多主体参与及不同种类的扶贫政策的提出和综合实施，扶贫治理开始与社会发展紧密结合；这一时期，我国的扶贫工作远远超出了扶贫解困本身。同时，这一时期大量的资金和资源注入农村，各项兜底性政策开始保障农村贫困人口的基本生活，扶贫治理由此开始进入开发式与兜底式并重的阶段。①

四、从精准扶贫到脱贫攻坚

在多年的扶贫实践中，我国的扶贫治理主要是依据行政和市场两条主线来推动的。不过，近年来，我国也在主动转变扶贫治理的策略，开始积极推动社会各界、各行各业参与扶贫工作，已经形成行政、市场和社会三条主线合力推进扶贫工作的局面。②

在行政方面，我国通过建立自上而下的扶贫治理体系和扶贫政策体系来进行资源调配，以国家政策安排专门投入、各级扶贫部门组织实施，通过既定项目，来直接帮助贫困乡村和贫困人口。包括易地扶贫搬迁、整村推进、以工代赈、产业扶贫、就业促进、扶贫试点和革命老区建设等在内的扶贫项目也被称作专项扶贫。③这种行政主导的扶贫实践将扶贫问题看作纯粹的行政任务，单纯依靠政府的转移支付和技术治理让大量的扶贫资源注入贫困人口，这一做法与贫困人口减少速度的放慢之间形成了鲜明反差。而靠市场推动的扶贫却会导致社会不平等现象变得越来越严重。尽管贫困人口与徘徊在贫困边缘的人口是市场机制扶贫的重要受益者，但是这种

① 许汉泽.行政主导型扶贫治理研究：以武陵山区茶乡精准扶贫实践为例[D].北京：中国农业大学，2018.

②③ 向德平，黄承伟.减贫与发展[M].北京：社会科学文献出版社，2016：199－202.

市场机制同时又催生出越来越多的贫困人口。行业扶贫是指各行业部门通过推行支持贫困地区和贫困人口发展的政策与项目，承担改善贫困地区发展环境和提高贫困人口发展能力的任务，它包括发展特色产业、开展科技扶贫、完善基础设施、发展教育文化事业、改善公共卫生和人口服务管理及推动能源和生态环境建设等；而社会扶贫则强调社会各界参与扶贫开发事业，从不同角度扩大扶贫资源，它具体包括东西部扶贫协作、企业和社会各界参与扶贫等。[①] 党的十八大之后，我国扶贫治理的重心得到调整，除了注重利用政治、行政资源进行资源再分配和强调市场机制的作用之外，同时也将社会公平的原则纳入扶贫工作中，以尽可能减少市场机制的负面影响。

1. 精准扶贫

2013 年，习近平总书记在湘西调研扶贫工作时明确提出，扶贫工作要科学规划、因地制宜、抓住重点，不断提高精准性、有效性、持续性。自此，扶贫工作开始由“大水漫灌”变为“精准滴灌”。2014 年，中共中央办公厅、国务院办公厅联合印发《关于创新机制扎实推进农村扶贫开发工作的意见》(中办发〔2013〕25 号)，其中明确提出建立精准扶贫工作机制和健全干部驻村帮扶机制的工作要求。[②] 2015 年年底，《中共中央 国务院关于打赢脱贫攻坚战的决定》要求把精准扶贫、精准脱贫作为我国扶贫治理工作的基

① 向德平，黄承伟. 减贫与发展[M]. 北京：社会科学文献出版社，2016：199 - 202.

② 中共中央办公厅、国务院办公厅印发《关于创新机制扎实推进农村扶贫开发工作的意见》(中办发〔2013〕25 号)，中央政府门户网站 2014 年 1 月 25 日，http://www.gov.cn/zhengce/2014-01/25/content_2640104.htm.

本方略。[①] 从政策步骤上来讲，"精准扶贫"分为精准识别、精准帮扶、精准管理、精准考核四个环节。精准识别是指先确定贫困户，通过建档立卡为贫困户建立信息化档案；精准帮扶是在精准识别的基础上分析贫困户的致贫原因，然后找到有针对性的帮扶措施，做到因户施策；精准管理是指对贫困户的信息采取动态管理模式及对扶贫资金、扶贫项目进行阳光操作管理，防止扶贫资源跑偏流失；精准考核则是对地方政府的扶贫措施和扶贫效果进行考核，这一环节也是政策执行的制度保障。因此，精准扶贫的核心内容包括扶贫对象精准、因村派人精准、项目审批精准、措施到位精准和脱贫成效精准等几个方面的精准。[②] 2015 年，习近平总书记根据贫困具有的多维特征，在"减贫与发展高层论坛"上提出"五个一批"的精准脱贫措施，即"发展生产脱贫一批、易地搬迁脱贫一批、生态补偿脱贫一批、发展教育脱贫一批、社会保障兜底一批"。[③] 在国家的具体脱贫计划中，发展产业脱贫 3 020 万人，劳务输出脱贫 1 000 万人，易地搬迁脱贫 1 000 万人，低保兜底 2 000 万人。正是在精准扶贫政策的推动下，我国农村贫困人口从 2012 年年底的 9 899 万人减少到 2017 年年底的 3 046 万人，累计减少了 6 853 万人，贫困发生率也从 2012 年年底的 10.2%下降到 2017 年年底的 3.1%，至此，我国扶贫工作取得了显著成效。[④]

①② 中共中央 国务院关于打赢脱贫攻坚战的决定，中央政府门户网站 2015 年 12 月 7 日，http://www.gov.cn/zhengce/2015-12/07/content_5020963.htm.

③ 黄承伟. 党的十八大以来脱贫攻坚理论创新和实践创新总结[J]. 中国农业大学学报（社会科学版），2017，34(5)：5-16.

④ 李小云. 脱贫摘帽重在不返贫[N]. 人民日报，2018-08-26(5).

2. 深度贫困群体的脱贫攻坚

精准扶贫工作开展之后，我国扶贫工作进入了深度贫困的攻坚阶段。贫困人口主要集中在生存环境恶劣、基础设施不足以及公共服务缺口大的老、少、边、穷地区。正因为如此，习近平总书记在深度贫困地区脱贫攻坚座谈会上强调："目前我国已进入脱贫攻坚工作阶段，要重点研究解决深度贫困问题。"有学者对深度贫困地区的致贫原因进行分析后发现，自然环境、社会环境和个体因素等构成了深度贫困地区的多维贫困。首先，自然环境的致贫原因表现为贫瘠的自然资源、偏远的地理位置以及脆弱的生态环境等，这些因素限制了贫困人口的应对能力；其次，社会环境的致贫原因表现为公共基础设施不足、不同地区和不同群体存在分配差异、政策执行过程中存在偏差以及文化贫困在生产和发展领域的扩展等，这些因素造成了顽固性的贫困；最后，个体因素的致贫原因则表现为人力资本、可行能力以及内生动力等方面存在不足。① 不过，值得注意的是，对于深度贫困人群的分析，更多的讨论集中在个体改变动力和改变能力的不足上。② 也有学者通过分析深度贫困地区中个体、生计（经济发展）、环境（地理因素）之间的张力，提出深度贫困地区在主体性、经济性、空间性等方面存在的不足的相互叠加才是导致低水平生存性均衡和深度贫困的原因。③

---

① 李春根，陈文美，邹亚东. 深度贫困地区的深度贫困：致贫机理与治理路径[J]. 山东社会科学，2019(4)：69 - 73，98.

② 渠鲲飞，左停，王琳瑛. 深度贫困区技能扶贫运行困境分析——基于能力贫困的视阈[J]. 中央民族大学学报(哲学社会科学版)，2018，45(3)：63 - 70.

③ 丁建军，金宁波，王璋. 深度贫困生成逻辑与贫困陷阱跨越路径——习近平关于深度贫困问题重要论述的启示[J]. 吉首大学学报(社会科学版)，2019，40(3)：114 - 121.

针对深度贫困地区和深度贫困人群，国家推出了各类扶持性政策，并且调动了大量的体制内资源推动这些政策付诸实施，如中共中央、国务院办公厅印发了《关于支持深度贫困地区脱贫攻坚的实施意见》①，之后，相关部委及相关省市也相继出台了一系列有关新增扶贫资金、新增扶贫项目和新增扶贫政策等方面的支持性政策，扶贫工作进一步向深度贫困地区倾斜。“到 2020 年实现现行标准下农村贫困人口全部脱贫、贫困县全部摘帽”的任务已被列入各地的脱贫攻坚计划之中。在这段“啃硬骨头”、攻城拔寨的关键时期，扶贫工作不仅需要动员各类外部力量，增加资金和物质等方面的投入，为贫困人群“输血”，解决他们迫切的生产生活之需，增加他们的获得感，而且更要针对性地将精准扶贫工作中的“扶志”“扶智”和“扶制”结合起来，激发贫困群众自我发展的内生动力。只有把外部“输血”式扶贫与内部“造血”式脱贫相互结合起来，通过自身“造血”巩固“输血”的成果，才能彻底拔除穷根、消除贫困。② 近年来，“扶贫先扶志、扶贫必扶智”已成为深度脱贫攻坚阶段的主要方法和手段。但在深度贫困人口的界定上，目前尚没有形成统一的标准。在政府扶贫官员看来，深度贫困人口是指：一是病贫人，即因病致贫人群，特别是重病和慢性病人群；二是返贫人，即因灾等返贫人群；三是老贫人，即因年老而陷入贫困的人群。③ 有学者对深度贫困人口做了进一步分类：第一类是没有劳动能力的人群，这一

① 中办国办印发意见 支持深度贫困地区脱贫攻坚，http://www.gov.cn/zhengce/2017-11/21/content_5241334.htm.

② 胡光辉. 扶贫先扶志 扶贫必扶智——谈谈如何深入推进脱贫攻坚工作[J]. 今日海南，2017(2)：8-9.

③ 李小云. 冲破“贫困陷阱”：深度贫困地区的脱贫攻坚[J]. 人民论坛·学术前沿，2018(14)：6-13.

类群体常常因病、因残导致无业可扶、无力脱贫，需要通过政府的救济、低保政策兜底保障；第二类是有劳动能力但缺乏脱贫意愿和脱贫行动的贫困人群，需要对他们进行“扶志”；第三类是有劳动能力但缺乏谋生技能的贫困人群，他们属于能力制约型贫困，需要对他们进行“扶智”；第四类是有劳动能力、意愿和技能但受环境条件制约的贫困人群，他们生活在自然环境恶劣、环境资源匮乏的地区，从而形成了连片贫困区、贫困县和贫困村的大规模贫困人口，这类贫困属于资源匮乏型贫困，需要借助“扶制”才能得到改善。①

有关激发深度贫困人口内生动力路径的讨论，以往研究主要集中在以下五个方面：第一，完善制度建设，特别是脱贫激励机制的建设；第二，促进社会参与，目的是提升贫困人口的自信心和参与效能感，让他们在思想上树立起脱贫致富的信心、自我发展的决心和苦干实干的恒心；第三，增加教育供给，促进基本公共文化服务均等化，营造良好的文明氛围；第四，发挥市场作用，完善农业合作经济组织，建立风险补偿机制；第五，加强专业介入，运用社会工作实务模式开展专业服务，这是培育贫困人口内生动力的主要介入路径，至于具体的工作策略，则包括社会价值选择、社会角色认知、社会交往策略实施和社会参与规范等内容。②

① 周立.以“志智制立体扶贫”解决深度贫困[J].人民论坛·学术前沿，2018(14)：14-19.

② 程玲，向德平.能力视角下贫困人口内生动力的激发——基于农村反贫困社会工作的实践[J].中国社会工作研究，2018(2)：115-139.

第二节 我国社会工作参与精准扶贫的现状及其面临的挑战

二十世纪九十年代，源于西方的社会工作被引入国内之后就开始参与到了贫困帮扶与救助的工作中。随着二十一世纪全面建成小康社会要求的提出，精准扶贫、脱贫攻坚等国家政策将社会工作专业力量纳入扶贫队伍中。通过一系列政策制度的保障，社会工作也积极参与到脱贫攻坚任务的探索过程中，但其在积累了一些经验的同时也面临着一系列的挑战。

一、制度保障

2011 年，中共中央、国务院出台了《中国农村扶贫开发纲要（2011—2020 年）》，其中明确提出要把政府各有关部门和社会各方面力量全面调动起来，互相配合，共同为贫困户和贫困地区的开发提供有效帮助。① 其中，社会组织在精细化扶贫、扶贫对象精准化瞄准、微观扶贫成本控制以及减贫绩效提升方面发挥着积极的作用。② 此外，社会组织又是政府与贫困人群之间的联系桥梁，其可以快速集结社会资源，为贫困人群实施资源链接，提升扶贫效能。③ 2015 年，《中共中央 国务院关于打赢脱贫攻坚战的决定》明确提出，要

① 中共中央 国务院印发《中国农村扶贫开发纲要(2011—2020 年)》，http://www.gov.cn/gongbao/content/2011/content_2020905.htm.

②③ 蔡科云.政府与社会组织合作扶贫的权力模式与推进方式[J].中国行政管理，2014(9)：45-49.

实施“社会工作专业人才服务贫困地区计划”①。从2015年到2018年连续四年的《政府工作报告》都明确指出要支持和发展专业社会工作。2017年，民政部、财政部、国务院扶贫办联合出台了《关于支持社会工作专业力量参与脱贫攻坚的指导意见》(以下简称《指导意见》)②，为社会工作介入扶贫工作提供了制度保障和政策支持。《指导意见》提出，要通过支持贫困地区加强社会工作专业人才队伍建设和社会工作组织建设两个方面来壮大贫困地区社会工作专业力量。在加强社会工作专业人才队伍建设方面，政府要求各级民政部门和扶贫部门将贫困地区社会工作专业人才队伍建设纳入部门的议事日程，在有关培训中加入社会工作专业课程；贫困地区民政部门要加快本地社会工作专业人才培养，将社会服务部门、基层群众性自治组织、农村社区服务机构、基层群团组织、相关事业单位和社会组织中从事社会管理与服务的工作人员纳入社会工作专业培训范围；各地要通过合理开发公益性岗位、机构派驻、挂职锻炼、对口援建、城乡共建等方式，支持贫困地区引进社会工作专业人才开展服务。③在支持贫困地区加强社会工作组织建设方面，《指导意见》要求发挥中国社会工作联合会、中国社会工作教育协会、中国社会工作学会等全国性社会团体和各省级社会工作领域社会组织的枢纽作用，促进贫困地区社会工作领域社会组织发展，加快贫困地区社会工作服务机构发展，鼓励社会工作领域社会团体、志愿服务组织、公益慈善类社会

① 中共中央 国务院关于打赢脱贫攻坚战的决定，中央政府门户网站2015年12月7日，http://www.gov.cn/zhengce/2015-12/07/content_5020963.htm.

②③ 民政部 财政部 国务院扶贫办关于支持社会工作专业力量参与脱贫攻坚的指导意见，中央政府门户网站2017年8月19日，http://www.gov.cn/xinwen/2017-08/19/content_5218659.htm.

组织、企事业单位和个人通过对口援建、项目合作、定向帮扶、捐资创办等方式扶持发展一批面向贫困地区的社会工作服务机构，依托乡（镇）社会救助站、综合服务设施等建设一批社会工作服务站点。① 同时，《指导意见》强调支持实施社会工作专业力量参与脱贫攻坚的重点项目，具体内容包括社会工作教育对口扶贫计划、实施社会工作专业服务、实施面向贫困地区的社会工作服务示范项目。②此外，《指导意见》还提出，通过加强组织领导、服务协同、激励保障、宣传引导等组织保障的途径加强社会工作参与扶贫的机制。③

在提供制度保障和制度支持的同时，《指导意见》也对社会工作参与扶贫工作提出了要求：支持社会工作专业力量参与脱贫攻坚工作，将发展专业社会工作纳入当地党委政府关于脱贫攻坚的总体安排中，同其他扶贫工作一同部署、协同推进；坚持以人为本、精准服务，科学评估贫困群众服务需求，分类制定个性化扶贫方案，有效配置扶贫资源，灵活选择服务方式，开展具有针对性的个案服务，助力精准扶贫、精准脱贫；坚持东西协作、广泛参与，充分发挥东部发达地区社会工作专业人才优势和资源优势，采用定点帮扶、对口支援、结对共建等方式帮助西部贫困地区发展壮大社会工作专业力量，开展专业社会工作服务；坚持以群众为主体、助人自助，发挥社会工作专业人才组织协调、资源链接、宣传倡导的优势，激发贫困人群的内生动力，帮助贫困人群建立健全社会支持系统，支持贫困人群提升自我脱贫、自我发展的能力。④《指导意见》也提出了社会工作参与脱贫攻坚的具体内容，包括参与贫困人群救助帮扶、参与贫困人群脱贫能力建设、促进易地搬迁贫困人群融

①②③④　民政部 财政部 国务院扶贫办关于支持社会工作专业力量参与脱贫攻坚的指导意见，中央政府门户网站 2017 年 8 月 19 日，http://www.gov.cn/xinwen/2017-08/19/content_5218659.htm.

合适应、参与贫困地区留守儿童关爱保护以及针对其他特殊困难人群开展关爱服务等。①

社会工作专业人才是我国社会服务的一支新兴力量，可以为贫困人群提供心理疏导、精神关爱、关系调适、能力提升等方面的服务，并且可以在帮助贫困人群转变思想观念、树立自我脱贫信心、拓宽致富路径、提升自我脱贫能力等方面发挥积极作用。

二、实践探索

社会工作一直以来就关注社会弱势人群的福祉，也必然是我国精准扶贫工作的重要参与者。2016 年，有学者认为，社会工作与精准扶贫工作具有同构性特征②，社会工作的价值理念与精准扶贫工作的目标之间相互耦合，而且社会工作的价值亲和力可以让其在精准扶贫工作中发挥理念建构的作用；同时，社会工作的专业优势又能够进一步拓展精准扶贫工作的现实空间③。总体而言，社会工作不仅能够在精准扶贫工作中整合多方资源、增加受助者的收入，而且还能够增强他们走出贫困的信心和内生动力，把“扶物”与“扶志”有机结合起来。④

---

① 民政部 财政部 国务院扶贫办关于支持社会工作专业力量参与脱贫攻坚的指导意见，中央政府门户网站 2017 年 8 月 19 日，http://www.gov.cn/xinwen/2017-08/19/content_5218659.htm.

② 王思斌. 精准扶贫的社会工作参与——兼论实践型精准扶贫[J]. 社会工作，2016(3)：3-9，123.

③ 侯利文. 社会工作与精准扶贫：理念牵引、技术靶向与现实进路[J]. 学术论坛，2016，39(11)：105-110.

④ 张军. 脱贫攻坚的“扶志”转向——兼论贫者心理困境及其改善[J]. 社会建设，2019，6(1)：52-63.

关于我国社会工作参与扶贫工作的相关研究主要集中在以下几个方面。第一，在社会工作介入精准扶贫工作的优势方面，有学者提出社会工作参与精准扶贫工作时，无论是在理念上还是在方法上都存在契合性，不仅社会工作的评估监督机制拥有一定的优势，而且社会工作的资源链接和推动多元合作的技术也有自己的长处，能够巩固脱贫效果，促进贫困户的长远发展。①②③ 社会工作的使命是“扶贫济困、助人自助”，强调尊重人的权利与价值，挖掘人的潜能，增强人的能力，注重恢复人的社会功能，这些价值理念为其在精准扶贫工作中开展服务奠定了伦理基础。在工作关系上，有学者指出，社会工作强调与受助对象建立信任平等的合作关系，注重对人的差异性的理解与包容。④ 在对贫困人群内生动力的激发上，社会工作也有自己的长处，它注重差别化、个性化的服务理念以及专业的需求评估和实务工作方法，这些都能够帮助工作人员科学识别精准扶贫工作的要求，协助他们与不同贫困人群建立多样化的伙伴关系，激发这些贫困人群的求助意愿、责任意识和自助能力。⑤此外，社会工作还能够有效链接扶贫资源，推动社会扶贫大格局的构建⑥，以及加深与本土文化精神资源的结合⑦。第二，在社会工作

① 李迎生，徐向文．社会工作助力精准扶贫：功能定位与实践探索［J］．学海，2016(4)：114－123．

②⑤ 陈成文，姚晓，廖欢．社会工作：实施精准扶贫的推进器［J］．社会工作，2016(3)：10－16，123－124．

③ 高飞，向德平．专业社会工作参与精准扶贫的可能性与可及性［J］．社会工作，2016(3)：17－24，124．

④ 王思斌．精准扶贫的社会工作参与——兼论实践型精准扶贫［J］．社会工作，2016(3)：3－9，123．

⑥ 陈辉．社会工作参与精准扶贫的路径选择［J］．中共福建省委党校学报，2017(3)：100－104．

⑦ 袁君刚．社会工作参与农村精准扶贫的比较优势探索［J］．西北农林科技大学学报(社会科学版)，2017，17(1)：17－22．

介入精准扶贫工作的具体实践探索方面，针对贫困家庭个体层面的需求，社会工作可以借助个案工作的方式来解决贫困人群在日常生活中遇到的问题①；针对贫困家庭群体层面的需求，社会工作可以通过小组工作的方法协助贫困家庭发现自己的问题，并通过民主决策找到问题解决的有效途径，促进贫困家庭之间互助自助②；针对贫困家庭社区层面的需求，社会工作则需要运用社区为本的健康和急救项目、社区发展项目以及基层社区组织建设、文化建设、生计能力建设、社会组织建设等项目帮助贫困人群解决社区层面的问题③。此外，也有学者倡导利用在地资源建立社区为本的社会网络和社会支持来推动贫困社区的重建④⑤，或者通过乡村振兴来解决城乡长期存在的二元结构的不平等现象⑥等。因此，在协助贫困人群应对日常生活中遇到的困难上，社会工作拥有个案工作、小组工作以及社区工作三大方法和相关的一系列技巧，能够帮助贫困人群深入了解致贫的原因，正确评估他们的需求⑦；并且能够根据贫困人群的实际需要开展关系调适、技能提升等服务，促进各种资源的动员与整合⑧，增强贫困人群走出困境的

① 李迎生，徐向文. 社会工作助力精准扶贫：功能定位与实践探索[J]. 学海，2016(4)：114－123.

② 岳天明，李林芳. 民族村寨精准扶贫的社会工作借鉴——以甘肃文县 T 乡为例[J]. 中央民族大学学报(哲学社会科学版)，2017，44(6)：103－109.

③ 钱宁. 发挥专业优势，助力脱贫攻坚成效提升[J]. 中国社会工作，2018(4)：1.

④ 何燕兰. 在地资源利用：社会工作参与精准扶贫路径探索[J]. 学理论，2019(1)：76－79.

⑤ 向荣，陆德泉，陈韦帆. 发展型社会工作对深化精准扶贫的助力策略分析[J]. 贵州民族大学学报(哲学社会科学版)，2018(3)：73－86.

⑥ 陈涛，徐其龙. 社会工作介入乡村振兴模式研究——以北京市 Z 村为例[J]. 国家行政学院学报，2018(4)：73－77，149.

⑦ 周沛. 社会工作和社会保障的同源性及其在和谐社会构建中的重要意义[J]. 江苏社会科学，2006(2)：62－67.

⑧ 王思斌. 精准扶贫的社会工作参与——兼论实践型精准扶贫[J]. 社会工作，2016(3)：3－9，123.

信心和能力以及提升他们融入社会的能力①。第三，在社会工作通过介入精准扶贫工作为社会治理创造连带效应方面，有学者强调，社会工作以社会的发展为专业使命，能够将扶贫工作与社会发展的要求整合起来，开发出多种社会工作干预模式，为社会服务提供新的治理机制，创新社会福利的多元治理。②

总之，我国的扶贫工作已由原来的粗放式阶段进入精细化阶段，帮扶的主体也由过去单一的行政手段转变成多元主体的参与。③ 特别是，中共中央、国务院于 2015 年做出了关于打赢脱贫攻坚战的决定，要求在攻坚阶段"实施社会工作专业人才服务贫困地区计划"。作为精准扶贫多元主体中一员的社会工作，肩负着非常艰巨的使命。④ 虽然已有研究提出社会工作可以从人与环境的互动入手开展精准帮扶工作，加强贫困人群利用环境资源的能力，促进贫困人群的经济资本、社会资本、文化资本和象征资本等方面的建设⑤，或者通过自我、个体、团体、组织、社区等不同层面的增能提升贫困群体的主动性和社会参与能力⑥，但是对贫困人群的干预，尤其是在对脱贫攻坚的深度贫困人群的服务方面，社会工作的参与还停留在寻找

① 程胜利. 社会工作在城市反贫困中的作用及政策建议[J]. 社会，2004(9)：25－27.

② 陆德泉. 社会发展视角探索社会工作的本土化策略——以南非建构发展性社会工作体系的路径为例[J]. 中国农业大学学报(社会科学版)，2017，34(3)：35－45.

③ 林顺利，孟亚男. 嵌入与脱嵌：社会工作参与精准扶贫的理论与实践[J]. 甘肃社会科学，2018(3)：9－15.

④ 王思斌. 精准扶贫的社会工作参与——兼论实践型精准扶贫[J]. 社会工作，2016(3)：3－9，123.

⑤ 李文祥，吴征阳. 社会工作方法创新与扶贫创业模式精准化探索——基于农村扶贫创业的实践研究[J]. 社会科学战线，2018(11)：238－246，2.

⑥ 卫小将. 精准扶贫中群众的主体性塑造——基于赋权理论视角[J]. 中国特色社会主义研究，2017(5)：80－85.

社会工作介入的专业性[①][②]、角色功能定位[③]、评估方式[④]、价值理念[⑤]以及路径和方式[⑥]的可能性上。显然，我国精准扶贫的社会工作实践还处于探索起步阶段，急需根据对深度贫困人群的服务总结社会工作专业服务的实践经验。

三、面临的挑战

通过以上文献回顾可以看到，我国社会工作已经有了参与深度贫困人群脱贫攻坚实践的制度基础。我国社会工作不仅对参与精准扶贫工作的专业优势进行了总结，而且也对精准扶贫的具体实践进行了尝试，积累了一定的实践经验。不过，总体而言，我国社会工作参与精准扶贫工作的时间还比较短，实践经验的积累也不够多，还处于探索阶段，因而存在以下几个方面的问题。首先，我国社会工作扶贫的对象、内容和形式有限，介入广度不够。例如，我国社会工作参与精准扶贫的对象以农村"三留守"人员和残障人士为主，服务内容聚焦于日常照料、教育培育和社会救助，而经常采用的工作

---

① 袁君刚. 社会工作参与农村精准扶贫的比较优势探索[J]. 西北农林科技大学学报(社会科学版),2017,17(1): 17 - 22.

② 高飞,向德平. 专业社会工作参与精准扶贫的可能性与可及性[J]. 社会工作,2016(3): 17 - 24,124.

③ 李红飞,温谋富. 社会工作者在精准扶贫中的角色定位——基于晋江市特困家庭"四帮四扶"项目的分析[J]. 云南农业大学学报(社会科学),2018,12(4): 1 - 4.

④ 李迎生,徐向文. 社会工作助力精准扶贫: 功能定位与实践探索[J]. 学海,2016(4): 114 - 123.

⑤ 王思斌. 精准扶贫的社会工作参与——兼论实践型精准扶贫[J]. 社会工作,2016(3): 3 - 9,123.

⑥ 陈成文,姚晓,廖欢. 社会工作: 实施精准扶贫的推进器[J]. 社会工作,2016(3): 10 - 16,123 - 124.

方法是传统的个案帮扶和小组活动。①②③ 其次，我国社会工作者的专业水平、扶贫能力还很有限，介入深度不够。例如，有学者指出，我国社会工作机构的人员配备、知识技能、业务素质等状况总体不佳，难以提供有深度的专业服务。④ 最后，我国社会工作参与精准扶贫工作在经验总结和模式提炼等方面还很不足，尤其是在如何激发深度贫困人群的内生动力和提升他们的主体性方面，缺乏成熟的服务模式，难以帮助他们应对日常生活中经常出现的返贫风险。⑤ 因此，在精准扶贫的攻坚阶段以及"后2020年"的扶贫实践中，如何更好地发挥社会工作在深度贫困人群服务中的专业优势，以及如何运用社会工作的专业元素充分挖掘和激发深度贫困人群的主体性以提升深度贫困人群应对返贫风险挑战的能力，是我国反贫困社会工作实践面临的一项重要议题，也是我国多元扶贫治理的核心内容之一。

第三节　社会工作参与扶贫的国际经验

事实上，贫困是社会弱势人群面临的最主要困难之一，而社会工作最

① 张红，卢煜钧，鲁汉杰. 农村留守少年自我认同困境的小组工作介入[J]. 西北农林科技大学学报(社会科学版)，2017，17(5)：126－131.

② 贾冰，姜兆刚. 社会工作视角下农村贫困老人的养老危机与对策研究——以辽宁省X村为例[J]. 云南农业大学学报(社会科学)，2020，14(3)：57－61.

③ 范明林，李蓉. 成年残疾人子女家庭照顾风险及其个案管理模式——以上海市S社会工作发展中心为例[J]. 社会建设，2017，4(2)：5－14，57.

④ 彭秀良. 我国社会工作行业组织的发展现状与未来走向[J]. 重庆工商大学学报(社会科学版)，2017，34(4)：67－71.

⑤ 童敏，吴宝红. 风险中的能力：脱贫攻坚社会工作的实践与反思[J]. 中国社会工作研究，2019(1)：113－131，213－214.

初就是从贫困人群的志愿服务中产生的，因此，反贫困工作一直就是西方专业社会工作的关注重点和重要服务领域。① 西方社会工作的专业实践表明，专业社会工作在削减贫困、倡导社会公平方面扮演着极其重要的角色。② 通过回顾西方社会工作参与扶贫实践的历史，可以发现专业社会工作在扶贫实践中所发挥的作用，从而为我国反贫困社会工作实践提供经验参考。

一、科学慈善的兴起

社会工作起源于慈善活动，但在“无差别救济”的慈善救助过程中，由于不同组织提供的服务大量重叠导致了资源浪费，也由于出现了救助中的依赖问题而出现了一些“聪明的穷人”，形成了不良的社会风气。③ 因此，如何科学地帮助穷人，成为当时西方社会面临的核心议题。

1. 科学慈善的起源

历史上，社会工作与贫困救助的关系可以追溯到工业革命之前。1601年，英国颁布了《伊丽莎白济贫法》，该法对导致贫困的原因和贫困人群的类型进行了划分：针对贫困产生的原因，《伊丽莎白济贫法》把它概括为由自然原因导致的贫困和由个人原因导致的贫困两类；针对贫困人群的类型，《伊丽莎白济贫法》把它分为值得救助的和不值得救助的两种，如老人、儿童和

---

① 李迎生，徐向文. 社会工作助力精准扶贫：功能定位与实践探索[J]. 学海，2016(4)：114－123.

② Backwith D. *Social work, poverty and social exclusion*. Maidenhead: Open University Press/ Mcgraw-Hill, 2015.

③ 雷杰，蔡天. 国家、社会与市场的交织：英国社会工作专业化发展回顾[J]. 社会工作，2019(4)：45－55，110.

寡妇就属于前者，而身体健全的穷人则属于后者。① 因此，《伊丽莎白济贫法》规定，对于那些无法依靠自己的能力谋生的人，需要给予其实物救助；而对于那些有劳动能力的人，则需要送入救济院强制他们参加劳动。总体来说，当时英国的济贫法有两大特征。首先，它只是给予穷人简单的物质救济；其次，它将贫困与道德捆绑在一起。这一时期的济贫法为社会工作的出现奠定了基础。1834 年，英国政府又颁布了新的《济贫法》，以提高救助的成效。新济贫法规定，社会有责任对穷人进行救助，而国家有义务保障贫困人群的基本生存权利。②③ 不过，英国的新济贫法仍然秉承了原有济贫法的"道德谴责"的要求，对于去济贫院寻求救济的申请者有着非常严苛的筛查条件，而且要求他们必须在济贫院内接受救助。这样，人们不到万不得已，宁愿去做工资最低的工作，也不愿去济贫院寻求救济。维多利亚时代，英国对贫困救助对象的基本要求不仅涉及个人的节俭、节制等品格，而且还涉及严格的个人和家庭纪律。④ 正是因为这点，为了从不值得救助的对象中筛查出值得救助的对象，工作人员就需要对申请人的个人性格和家庭生活进行详细调查。⑤ 这项工作也就成为之后出现的个案社会工作

---

① 卢成仁. 社会工作的源起与基督教公益慈善——以方法和视角的形成为中心[J]. 华东理工大学学报(社会科学版)，2013，28(1)：44－52，95.

② 周沛. 社会工作和社会保障的同源性及其在和谐社会构建中的重要意义[J]. 江苏社会科学，2006(2)：62－67.

③ 卫小将. 专业是如何打造的？——英美社会工作发展路径与挑战[J]. 学习与实践，2015(4)：118－124.

④ Dowling M. "Social work and poverty: attitudes and actions." *The degree of doctor of philosophy*, 1993.

⑤ Backwith D. *Social work, poverty and social exclusion*. Maidenhead: Open University Press/ Mcgraw-Hill, 2015.

的基本雏形。

十九世纪后半叶，西方社会经历了快速工业化的大发展时期。生活在农村中的人们大规模迁入城市，到城市的工厂里打工，成为城市生活中的“工人阶级”，但是他们来到城市后，面临收入微薄、住房拥挤、环境恶劣以及治病无保障等方面的生活困扰，而且有些人还出现了酗酒、犯罪等问题，而这都是新济贫法无法应对的难题。在英国，一些上流社会的人们和中产阶级因为意识到这些贫困问题可能导致社会动荡，所以对医院的病人、伤残人士、失业者、孤儿和被遗弃的儿童等发起了慈善活动。这些慈善活动最初并没有统一的工作方法和标准，也没有严格界定应该对谁进行什么样的帮助，因此，这一阶段的大部分慈善助人活动都比较随意，相互之间也缺少协调①，导致服务资源浪费的问题比较突出②。

2. 科学慈善的形成

为了保障慈善助人活动取得更好的服务成效，1869 年，英国成立了慈善组织会社(Charity Organization Society)，尝试系统地规范百年以来的慈善工作以及提供的各项服务内容。③当时慈善组织会社的领导提出，如果想要改善穷人的生活状况，就必须使用科学的工作方法，因而也就需要将社会工作者训练成“社会医生”④。不过，当时人们仍将贫困归因于个人性格的脆弱性(weakness of individual character)，并没有看到贫困背后的社会因素的影响。1877 年，慈善组织会社这种工作方式被引入美国的布法罗，并由此迅速

①③④ Howe D. *A brief introduction to social work theory*. New York: Palgrave Macmillan, 2009.

② 童敏. 个案工作发展的基本逻辑与中国本土化框架选择[J]. 社会科学辑刊, 2018(2): 62-68.

在美国其他城市推广开来。在“科学慈善”原则的指导下，慈善组织会社挑选中产阶级女性作为“友善访问者”(friendly visitors)，采用入户访问的方式对寻求救济的家庭进行调查和筛选，以改善过去那种因不加区分便实施救济而导致的依赖行为。①

作为美国慈善组织会社发起者之一的玛丽·里士满(Mary Richmond)由于深受达尔文主义贫困观的影响，也将慈善助人服务的重心放在了个人与家庭的服务层面上。② 里士满相信，贫困的根源是穷人个人性格的问题，只有通过教育才能改善穷人个人的性格，最终才能帮助穷人消除贫困。③ 这些“友善访问者”除了对贫困救济申请者进行筛查之外，还有另外一项重要的工作，就是对他们开展“社会调查”，并在此基础上形成一套针对贫困救济申请者个人及其家庭的服务计划。有了服务计划之后，“友善访问者”还需要定期入户走访，在贫困救济申请者的日常生活中开展个性化的服务，服务内容不仅包括改善人格、提升自立和自主能力等，而且也包括提供物质和技能方面的支持，如金钱、工具以及技能训练等。④ 尽管里士满创造的个案工作方法注重对穷人个人性格的改善，但是她同样也重视社会环境对个人的影响。⑤在里士满看来，最好的社会工作服务是促进个人与环境之间的和谐

① Dubois B, Miley K K (4th ed.). *Social work: An empowering profession*. Boston: Allyn and Bacon, 2002.

②⑤ Franklin D L. "Mary Richmond and Jane Addams: From moral certainty to rational inquiry in social work practice." *Social service review*, 1986, 60(4): 504-525.

③ Richmond M E. "Charitable cooperation." *In proceedings of the national conference on charities and corrections*. Boston: Press of Geoge H Ellis, 1901.

④ Howe D. *A brief introduction to social work theory*. New York: Palgrave Macmillan, 2009.

互动，让双方相互受益。①

除了慈善组织会社创建的个人改变导向的“科学慈善”扶贫路径之外，西方社会同时也进行着广受欢迎的睦邻组织运动。与慈善组织会社所倡导的观念不同，睦邻组织运动认为，造成贫困的根本原因是环境，不是个人，因而需要动员社会资源和改变社区的生活状况才能解决贫困问题。② 1884年，塞缪尔·巴奈特(Samuel Barnett)在英国建立了第一家睦邻组织——汤恩比馆(Toynbee House)，并且邀请高校的大学生作为志愿者到贫民居住的社区，与那里的贫民共同生活，建立起相互信任的关系，一起改善贫民社区的生活环境。③ 简·亚当斯(Jane Addams)于1887年访问英国时了解了英国的睦邻组织运动后，与其同事艾伦·盖特思·斯塔尔(Ellen Gates Starr)在美国共同创建了霍尔馆(Hull House)，由此成为美国睦邻组织运动的领头羊。睦邻组织运动的目的是站在居民的角度，通过发挥居民自身的能力来改善社会环境，并且借此突破富人与穷人之间的阶层藩篱来促进社会公平。④ 亚当斯相信，贫民不是一种永久不变的身份，他们完全可以通过自己的努力来改善自己的经济和社会地位。⑤ 为此，亚当斯在贫民居住的社区建立社区服务中心，通过小组工作和邻里照顾的方式为社区中的贫民提供咨

① Howe D. *A brief introduction to social work theory*. New York: Palgrave Macmillan, 2009.

② Franklin D L. “Mary Richmond and Jane Addams: From moral certainty to rational inquiry in social work practice.” *Social service review*, 1986, 60(4): 504-525.

③⑤ Reinders R C. “Toynbee Hall and the American settlement movement.” *Social service review*, 1982, 56(1): 39-54.

④ 张英阵，郑怡世. 再探Jane Addams的社区工作理念[J]. 社会政策与社会工作学刊，2012(1): 88-123.

询、娱乐和日间照顾等服务，并且结合研究和倡导的策略，推动社区的儿童福利、公共卫生等方面的变革，将中观层面的服务与宏观层面的服务整合在一起。[①] 亚当斯不赞同里士满提出的注重“科学”“理性”的个案工作模式，他认为这种工作模式过于关注个人，也过于理性，他更希望社会工作者能够投身于贫民生活的社区，与他们建立起亲密、信任的伙伴关系，设身处地地从贫民的立场来理解他们的生活现实。[②] 值得注意的是，由于深受美国实用主义大师杜威的影响，亚当斯借用了实用主义的理性探究技术和相应的实验法，在社会工作实践中加入了研究和问责的概念，强调通过提出假设来确定问题，然后借助实践这种社会实验方法来验证假设，接着再提出进一步的假设，这样就能够逐步得出一个越来越理性的结论，确保社会工作者对问题本质的把握。[③] 因此，在亚当斯看来，这种理性探究的方式能够减少社会工作者先入为主的各种预设和过于简单化的干预行为，结合贫民在社区生活中的实际需要，发展出挖掘贫民的能力和资源且带动整个社区生活改变的服务策略。

通过上述历史回顾可以发现，社会工作是从参与扶贫的慈善活动中逐步发展而来的，在其参与扶贫的初期就非常强调贫困人群的个人自主性和自决能力的提升，注重社会环境对个人的影响，特别是在里士满和亚当斯的影响下，社会工作的扶贫实践由最初的道德修补走向了理性探究的专业发

---

① 童敏. 从问题视角到问题解决视角——社会工作优势视角再审视[J]. 厦门大学学报(哲学社会科学版)，2013(6)：1－7.

② 张英阵，郑怡世. 再探 Jane Addams 的社区工作理念[J]. 社会政策与社会工作学刊，2012(1)：88－123.

③ Franklin D L. “Mary Richmond and Jane Addams：From moral certainty to rational inquiry in social work practice.” *Social service review*，1986，60(4)：504－525.

展道路。[①] 因此，社会工作最初的扶贫实践可以被称作“科学的慈善”。不过，之后，在专业地位受到亚伯拉罕·弗兰克斯纳（Abraham Flexner）等权威人士挑战的情况下[②]，里士满开始将个案工作转向治疗取向的医学模式，增添了研究、诊断和治疗等“科学”环节，以此来提高社会工作的专业地位[③]。这样，从干预的方式而言，西方社会工作出现了以里士满为代表的注重个人治疗的个案服务模式和以亚当斯为领袖的关注环境改善的社区服务模式，这两种服务模式既代表了西方社会工作的两种专业方法，也代表了社会工作参与扶贫的两种不同路径，它们一起构成了社会工作的两种基本实务取向，并一直延续至今。[④]

二、发达国家的体制融入与发展中国家的社区发展扶贫实践并行

在扶贫的策略上，发达国家与发展中国家的社会工作走了两条完全不同的发展路径。在经历了初期的科学慈善的社区扶贫工作的探索之后，西方发达国家开始采取国家福利的政策，社会工作也因此转向个人的心理治疗，成为体制的一部分。而发展中国家的社会工作则不同，它们首先面临经济发展的挑战，因而走向了能够带动经济生产的发展性社会工作，把发展作

① Franklin D L. “Mary Richmond and Jane Addams: From moral certainty to rational inquiry in social work practice.” *Social service review*, 1986, 60(4): 504 - 525.

② Flexner A. *Is social work a profession? In proceedings of the national conference of charities and correction*. New York: Columbia University Press, 1915.

③ Specht H, Courtney M E. *Unfaithful angels: How social work abandoned its mission*. New York: The Free Press., 1994

④ Abramovitz M. “Social work and social reform: An arena of struggle.” *Social work*, 1998, 43(6): 512 - 524.

为扶贫工作的关键。值得注意的是，随着二十世纪七十年代之后社会发展理念的倡导，发展性社会工作不再局限于发展中国家的扶贫，而是逐渐走入西方发达国家，成为受到国际社会广泛认可的一种服务策略。

1. 迈入行政体制、坚守微观心理改变的实践

如果说二十世纪二十年代以前西方社会工作参与扶贫的方式主要是依靠社会力量的主导形成科学慈善事业，那么第一次世界大战之后，在大批贫困人群面前，慈善机构的帮扶能力越来越难以应对日益加剧的贫困问题。尤其是二十世纪三十年代出现的席卷西方社会的经济危机，使慈善机构应对贫困的能力更是显得捉襟见肘。在经济大萧条、企业大规模裁员以及社会动荡等社会问题面前，慈善机构不仅缺乏资源，而且也缺乏应对大规模社会危机的能力，因而其不得不放弃之前所坚持的“科学的慈善”的理念。除此之外，二十世纪二三十年代也正是弗洛伊德精神分析学说得到广泛推广的时期，社会工作也因此受到影响，开始转向人们的精神健康问题，而不是直接的物质帮助，这加剧了慈善机构在巨大的社会物质帮助需求面前的困难，很多机构最终倒闭。①

在社会工作领域，那些注重心理治疗和个案辅导的社会工作者认为，社会工作就是协助人们处理个人困扰的职业，没有义务也没有必要参与到由经济危机引发的社会问题的应对中。但是，越来越严峻的社会形势迫使社会工作者不得不重新思考贫困的社会基础、经济援助的价值以及与政府的合作关系等社会工作发展的基本问题，一些社会工作者开始转变想法，质疑

---

① Trattner W. *From poor law to welfare state: A history of social welfare in America* (*5th ed.*). New York: Free Press, 1994.

过去数十年来一直追求提升专业地位以及发展私人机构服务等远离社会关怀的做法给社会工作带来的负面影响。到1933年，受经济危机的影响，许多不太激进的社会工作者也成为罗斯福政府新政措施的拥护者，出现在政府的公共行政部门，为培训社会工作者和改善政府公共行政部门的服务而不懈努力。① 此外，社会工作者还参与了美国1933年《联邦紧急救济法案》、1935年《社会保障法》以及其他重要社会救济政策的制定，并且在其实施中或以管理者的身份或以倡导者的身份发挥了重要的作用。到二十世纪三十年代末期，大量的社会工作者以及他们的服务项目被美国政府引入公共行政部门，成为西方国家的一项正式的制度安排。② 由此，社会工作也开始采用行政的路径来参与扶贫工作。二十世纪四五十年代，随着西方福利国家建设步伐的加快，社会工作也在福利国家中扮演着越来越重要的角色，发挥着举足轻重的作用。③ 不过，即便是作为福利国家的一项制度安排，大部分社会工作者在服务中仍然坚持"个人治疗"取向的服务路径，他们认为，大规模的贫困和经济依赖是由不良的行为习惯和生活态度造成的，因而社会工作的任务就在于找到这些问题并给予及时的解决。④ 到了二十世纪后半期，随着服务领域的不断拓展，社会工作也逐渐从西方福利国家体系制定的社会福利服务方案中撤离出来，转向贫穷救济之外的如心理咨询与心理矫治、

---

① Ehrenreich. *The Altruistic Imagination*, 1985.

② Abramovitz M. "Social work and social reform: An arena of struggle." *Social work*, 1998, 43(6): 512 - 524.

③ 李伟.社会工作何以走向"去社会变革化"？基于美国百年社会工作史的分析[J].社会,2018,38(4): 100 - 132.

④ Specht H, Courtney M E. *Unfaithful angels: How social work abandoned its mission*. New York: The Free Press, 1994.

儿童保障、家庭治疗以及精神健康与医务等方面的服务。

2. 发展中国家的社区和社会发展扶贫路径

二十世纪三四十年代，南半球殖民国家逐渐增多的青少年犯罪、儿童流浪乞讨等社会问题，使得西方国家开始引入“治疗为本”的社会工作进行干预，以安抚殖民国家的百姓。不过，这些发展中国家在摆脱了殖民主义的统治后，国家的经济发展就成为它们关注的首要问题。这样，传统的以治疗为取向的扶贫策略也就不再被看好，并被认为是非生产性的活动，对国家的经济发展没有任何贡献。为此，西非的一些社会福利官员开始探索能够促进国家经济发展的社会工作介入策略，以保障社会与经济的同步发展，应对国家对经济快速增长的要求。他们开发了一些以社区为本的服务项目，如识字教育、基础设施修建、社区卫生中心和学校的建设等，以促进当地的小型农业和畜牧业的发展，带动当地手工艺和乡村产业的振兴，满足当地经济发展的要求。之后，联合国等国际组织开始在全球范围内通过提供技术咨询和资金协助等方式来支持发展中国家实施与经济发展并举的社会发展计划，以此提升社会福利的生产性功能。①

显然，那时人们已经认识到，虽然“治疗为本”的服务能够满足社会的需求、解决社会问题，但是这种类型的服务需要长期的物质、资金和人力投入，具有不可持续性。人们更希望看到的是，这样的投入能够提升弱势群体的经济再生产能力，不仅能为自己也能为国家的发展做出贡献。实际上，联合国等国际组织对发展取向的社会工作实践模式的形成起到了积极的推动作

① Midgley J. “Community practice and developmental social work.” In Midgley J, Conley A (eds.). *Social work and social development: Theories and skills for development social work*. New York: Oxford University Press, 2010: 1 - 28.

用，它们通过举办各种形式的国际会议讨论社会发展的议题，尤其是1960年举办的联合国社会福利部长级会议，进一步明确了社区发展模式和社会发展的重要性，提倡把社会福利服务业作为国家整体发展的重要组成部分，并倡导实现寻求补救、增加收入和促进发展三者之间的平衡。[①] 二十世纪七十年代之后，西方发达国家也出现了社会发展取向的社会工作实践。有学者认为，将发展性观点引入主流社会工作，可以有效解决以往社会工作只强调个人和治疗取向实践的“扭曲发展”问题，改变社会工作不关注经济发展的形象，充分发挥社会工作具有的影响社会发展的潜能，为专业本身的发展带来积极回报。[②]

尽管发展性社会工作自二十世纪四五十年代产生以来就受到人们的广泛关注，并被视作社会工作领域中的一种重要实践模式，但是至今它仍然没有成为社会工作的主流实践模式，这与社会工作发展初期出现的慈善服务中的个案工作存在明显的不同。首先，发展性社会工作的服务焦点既没有放在物质或者服务的提供上，也没有放在治疗或者康复的实践上，而是集中在社区或者社会发展等比较宏观的影响因素上。其次，发展性社会工作强调谋求人类整体的福祉，并且拥有人与环境动态改变的过程分析逻辑，超越了以往社会工作把环境作为给定条件的静态立场。最后，发展性社会工作关注对经济发展的作用，希望作为福利性服务的社会工作能够与经济政策

① Midgley J. “Community practice and developmental social work.” In Midgley J, Conley A (eds.). *Social work and social development: Theories and skills for development social work*. New York: Oxford University Press, 2010: 1-28.

② Morrison J D. “Using a social developmental paradigm as an approach to re-balance the profesision of social work.” *Journal of global social work practice*, 2010, 3(1).

和计划方案紧密结合起来。① 不过，值得注意的是，发展性社会工作的影响远远超出了这一实践模式本身，它带动了社会工作实践中社会面向的服务的发展。

二十世纪七十年代，人们对社区发展和社会发展内涵的理解有了一个根本的转变，开始强调大众在发展项目中的主动参与。这一转变也影响了如今的社会工作实践，成为人们理解社区发展和社会发展的基本逻辑框架。这种强调大众主动参与的逻辑与当时兴起的志愿服务有着紧密的联系，也与第三世界的反殖民主义运动有着内在的联系，人们因此开始质疑那种“自上而下”的专家式的指导，要求把生活的权利重新归还给每个人自己。特别是在女权主义运动以及其他一些倡导权力平等的社会运动的影响下，无论是西方发达国家还是发展中国家，都开始重视让大众主动参与的发展策略，希望寻找到一种能够替代传统的以政府为主导的发展逻辑，让每一个人都能够发挥自身的力量。② 这一时期，发展性社会工作在理论提炼上也有了较大的发展，由美国中西部大学首先倡导的国际社会发展大学联盟（Inter-University Consortium for International Social Development）在这一时期成立，之后，这一大学联盟得到了快速发展，并更名为“国际社会发展联盟”。国际社会发展联盟的主要目标是通过举办专题会议和创办专门的国际杂志（主题是社会发展问题）来将社会发展的理念传播给美国的社会工作实践者

① 马凤芝. 社会发展视野下的社会工作[J]. 广东社会科学，2014(1)：222－228.

② Midgley J. “The theory and practice of developmental social work.” In Midgley J, Conley A (eds.). *Social work and social development: Theories and skills for development social work*. New York: Oxford University Press, 2010.

和研究者。此外，这一国际社会发展联盟还专门在美国的明尼苏达大学(University of Minnesota)设置了社会工作项目，用于鼓励社会发展方面的教育和研究。① 第一部有关社会发展的社会工作著作是由明尼苏达大学的约翰·琼斯(John Jones)和他的同事拉玛·潘迪(Rama Pandey)一起编写而成的，他们第一次从社会工作的角度系统阐述社会发展概念的内涵、方法以及与社会工作的内在关联。② 在这一时期，国际学术杂志上也出现了有关社会发展视角的讨论，有学者开始尝试将社会发展的视角直接运用到社会工作实践中。③

随着发展性社会工作理论成果的不断涌现，新的挑战又出现了，不同的学者对发展性社会工作的内涵有不同的理解，导致发展性社会工作缺乏清晰一致的理论逻辑框架。④ 从参与的层面而言，这些不同学者的观点可以简单概括为两大类：一类是从参与者的角度出发，强调社会发展就是个人成长和自我实现的过程，个人成长和自我实现能提升人们参与社会的能力，从而创造出有关怀、有担当的平等社会⑤；另一类是从参与的社会层面来理解社会发展的要求，注重宏观的社会工作实践，将社区组织、政策分析、项目规划、管理和评估融合在一起，突出社区层面的社会工作专业实践，甚至有学

①④ Midgley J. "The theory and practice of developmental social work." In Midgley J, Conley A (eds.). *Social work and social development: Theories and skills for development social work*. New York: Oxford University Press, 2010.

② Jones J, Pandey R (eds.). *Social development: Conceptual, methodological and policy issues*. New York: St. Martin's Press, 1981.

③ Paiva F J X. "A conception of social development." *Social service review*, 1977, 51(2): 327－336.

⑤ Maas H. *People and contexts: Social development form birth to old age*. Englewood Cliffs, NJ: Prentice Hall, 1984.

者直接将发展性社会工作等同于社区层面的服务。① 与发展性社会工作理论框架直接相关的另一个突出问题是其与注重治疗的主流社会工作实践的关系。这涉及社会发展理念如何成为整个社会工作理论的基本框架②,以及在社会工作的临床实践中如何融入发展理念的尝试③。显然,此时的发展性社会工作试图寻找一种既能够满足社会发展理念的诉求,又能够应对临床实践的治疗要求的整合服务模式。④

在社会发展理念的推广过程中,联合国等国际组织的努力起着关键的作用。正是在联合国工作人员的推动下,1995 年在丹麦的哥本哈根举办了具有深远影响意义的社会发展国际高峰论坛,许多国家的领导人参加了这次高峰论坛,在这次高峰论坛上也通过了长远的社会发展目标——哥本哈根宣言(The Copenhagen Declaration)⑤。之后,联合国又在 2000 年通过了千年发展目标(Millennium Development Goals),强调通过国际合作减少地区贫困,改善妇女的地位和提高儿童的健康水平。⑥ 这样,社会发展的理念就逐渐从发展中国家的主要议题转变成了国际社会的关注焦点,开始走向

① Spergel I. "Social development and social work." In Slevin S (ed.). *Social administration*. New York: Haworth Press, 1978: 24-35.

② Billips J. "The social development model as an organizing framework for social work practice." In Meinert R G, Pardeck J T, Sullivan W P (eds.). *Issues in social work: A critical analysis*. Westpot, CT: Auburn House, 1994.

③ Elliott D, Mayadas N. "Psychosocial approaches, social work and social development." *Social developmental issues*, 2001, 23(1): 5-13.

④ Elliot D. "Social work and social development: Towards an integrative model for social work practice." *International social work*, 1993, 36(1): 21-37.

⑤ Elliot D, Mayadas N. "Social development and clinical practice in social work." *Journal of applied social sciences*, 1996, 21(1): 61-68.

⑥ United Nations. *Investing in development: A practical plan to achieve the millennium development goals*. New York, 2005: 1.

国际舞台。① 与此同时，各地的社区为本的实践受到人们越来越多的关注，在社区层面开展专业服务成为主流。这一发展趋势是与发展中国家非政府组织的快速发展，以及社区居民和非政府组织参与社区建设的热情分不开的。事实上，从二十世纪七十年代起，一些非政府组织就开始参与当地的社区发展，随着它们影响的不断扩大，非政府组织逐渐被视为社区发展中的一支不可或缺的重要推动力量。特别是有关女性社区参与的倡导，它与女性对平等权利的争取结合在了一起，成为女性社会生活保障中不可缺少的部分，像小额贷款、微型企业等妇女合作项目也逐渐被引入发展性社会工作，作为发展性社会工作的一项重要服务策略而受到人们的欢迎。② 此外，环境保护运动也在这一时期兴起，这一运动提出的可持续性发展的理念不仅符合社会发展的基本诉求，转化成社会发展理念的核心内涵之一融入社区为本的实践，而且也带动了发展性社会工作实践成为受到国际社会普遍关注的议题。③

3. 发展性社会工作的国际扶贫路径

二十世纪八十年代，撒切尔政府和里根政府上台之后对社会福利制度进行了大刀阔斧的改革，把市场机制引入社会服务中，人们对社会福利服务的理解出现了根本性的转变：不再仅仅突出政府的作用，而是推崇一种

①② Midgley J. "The theory and practice of developmental social work." In Midgley J, Conley A (eds.). *Social work and social development: Theories and skills for development social work*. New York: Oxford University Press, 2010.

③ Midgley J. "Ideological roots of social development strategies." *Social development issues*, 1993, 15(1): 1 - 13.

多方参与的混合式综合服务。① 正是在政府、社会组织和市场三方的相互作用下，社会发展的理念也逐渐成为西方发达国家的重要议题之一，推动人们跳出传统治疗取向的社会工作服务框架来理解社会工作的实践逻辑，形成能够同时结合政府、社区和市场发展要求的社会工作的整全视角。②这种整全视角并不否认也不怀疑政府在其中发挥的重要作用，只是不再认为政府是服务的唯一提供方，直接参与服务的输送过程，而认为政府需要站到后面一些，学会运用管理和监督的手段把控服务的整体发展。这个整体发展的服务框架就是社会发展的理念。③一旦人们从这一观察角度理解社会发展的内涵，就需要把经济的发展和社会政策的制定放在更为广阔的社会发展的背景下来考察。这样，经济的发展就需要能够带动社会福利服务的改善，而社会福利服务政策的制定又能够支持经济的发展，使两者相互依存、相互促进，避免陷入将两者视为相互对立的传统的社会发展框架中。④

在发展性社会工作的演变过程中，一个重要的概念——“能力”(capacity)出现了。⑤ 这一概念的出现不仅丰富了社会发展的内涵，将社会发展的要求与人们的能力成长紧密联系在了一起，使社会发展有了明确的评判标准，即人们能够拥有更多的机会选择自己所喜欢的生活并且能够更

①③ Midgley J. *Social development: The developmental perspective in social welfare*. Thousand Oaks, CA: Sage Publications, 1995.

②④ Midgley J. “The theory and practice of developmental social work.” In Midgley J, Conley A (eds.). *Social work and social development: Theories and skills for development social work*. New York: Oxford University Press, 2010.

⑤ Sen A. *Development as freedom*. New York: Knopf, 1999.

好地发挥自己的能力和才华，而且也与主流的社会工作实践逻辑取得了一致，即关注人的价值和能力。[①] 与“能力”这一概念相关的另一个重要概念“资产”(assets)也开始受到人们的关注，它是指社区所拥有的能够带来社区发展的各种类型的条件，包括有形的资产和无形的资产。[②] 这样，社会工作者在社区发展中就有一项重要的任务，即帮助社区居民找到那些被人们所忽视的资产，并且协助他们学会有效运用这些资产。实际上，能力和资产这两个概念是紧密相关的，根本无法拆分开来，人们拥有能力的重要表现就是可以有效运用资产，而资产的运用又能够带来人们能力的提升。[③] 不过，对于资产，不同的学者有不同的理解，有的学者强调资金(financial assets)，有的学者注重文化(cultural assets)，而且，每个社区，哪怕是贫困的社区，也都有自己的社区发展的不同资产。[④]

这样，人们对发展性社会工作的核心概念如资产、社会投资、经济参与等经济方面的因素的关注也就具有了哲学层面的内涵，而它也不再局限于发展中国家的社会工作实践的要求，而是推动社会工作重新归于人们的日常现实生活[⑤]，以避免与西方传统的临床社会工作割裂开来[⑥]。实际上，就

①④⑤ Midgley J. “The theory and practice of developmental social work.” In Midgley J, Conley A (eds.). *Social work and social development: Theories and skills for development social work*. New York: Oxford University Press, 2010.

② Kretzman J, McKinght J. *Building community from the inside out: A path toward finding and mobilizing a community's assets*. Evanston, IL: Institute for Policy Research, Northwest and University, 1993.

③ Moser C, Dani A A (eds). *Assets, livelihood, and social policy*. Washington, DC: The World Bank, 2008.

⑥ Elliott D, Mayadas N. “Psychosocial approaches, social work and social development.” *Social developmental issues*, 2001, 23(1): 5-13.

发展性社会工作本身而言，它也在努力融入传统主流的社会工作实践领域：在儿童保障领域，发展性社会工作开始尝试将贫困家庭的脱贫与儿童保障结合起来，在帮助贫困家庭学会资产积累和社会投资的同时，提高家庭保障儿童权益的能力①；在精神健康领域，发展性社会工作把财务管理、创业培训、资源获取、团队工作方式等也融入传统的精神健康服务，并且通过社会企业建设等方式增加精神疾病患者就业的渠道②；在社会救助服务方面，发展性社会工作的优势就更为明显了，除了传统的救助服务以外，社会工作者还可以把微型企业以及社会投资等概念引入社会救助，进而提升服务对象抵抗贫困的能力③；在社会工作传统的社会矫正服务领域，发展性社会工作的社会投资理念具有重要的应用价值，它不仅能够增加矫正对象与他人交往的机会，而且还能够帮助矫正对象融入社区生活，将一般的社区服务与谋求就业和房屋租赁等现实生活需求结合起来，帮助矫正对象更好地回归家庭和社会④。此外，还有像残疾人服务⑤、流浪乞讨人

①② Conley A. "Social development, social investment, and child welfare." In Midgley J, Conley A (eds.). *Social work and social development: Theories and skills for development social work*. New York: Oxford University Press, 2010: 31－54.

③ Caplan M A. "Social investment and mental health: The role of social enterprise." In Midgley J, Conley A (eds.). *Social work and social development: Theories and skills for development social work*. New York: Oxford University Press, 1986: 83.

④ Rainford W. "Crime, social development, and correctional social work." In Midgley J, Conley A (eds.). *Social work and social development: Theories and skills for development social work*. New York: Oxford University Press, 2010: 126－144.

⑤ Knapp J, Midgley J. "Developmental social work and people with disabilities." In Midgley J, Conley A (eds.). *Social work and social development: Theories and skills for development social work*. New York: Oxford University Press, 2010.

员救助①等，也能够结合发展性社会工作的核心概念和技术，提高现有的服务成效。

值得注意的是，近年来，随着国际社会对可持续发展理念的重视，有学者发现，可持续发展理念与社会工作所倡导的公平、平等的价值理念是一致的，目的都是实现社会的可持续发展，而且社会工作拥有一套完整、科学的实践方法和技术，这意味着社会工作可以在可持续发展的国际交流中发挥重要作用。② 正是受到可持续发展理念的影响，发展性社会工作也试图在原有的经济发展与社会服务相结合的社会发展的理念之上，结合可持续发展的要求创新社会发展的理论内涵：社会发展只是一个过程，其目的是带动个人和社会能力的不断提升，实现可持续性的发展。③ 为此，发展性社会工作还引入了环境气候的维度，强调社会发展不仅是经济和社会活动领域之间的平衡，还包括更为核心的人与环境之间的动态发展平衡，并认为这种多维度的持续平衡才是可持续发展。④ 这种将环境因素纳入服务的框架并突出可持续发展理念要求的社会工作，被称为绿色社会工作

① Ferguson K. "Social development, social enterprise, and homeless youth." In Midgley J, Conley A (eds.). *Social work and social development: Theories and skills for development social work*. New York: Oxford University Press, 2010.

② Norton C L. "Social work and the environment: An eco-social approach." *International journal of social welfare*, 2012, 21(2): 299 - 308.

③ Elliot D. "Social development and social work." In Healy L M, Link R J (eds). *Handbook of international social work*. New York: Oxford University Press, 2012.

④ Drolet J L, Sampson T. "Addressing climate change from a social development approach: Small cities and rural communities' adaptation and response to climate change in British Columbia, Canada." *International social work*, 2014, 75(1): 1 - 13.

(green social work)。[①] 绿色社会工作的出现不仅是为了应对环境危机给人们造成的困扰,更重要的是,它把社会发展的理念转化为对环境公平(environmental justice)价值理念的倡导,其核心是要求人们放弃那种以人类为中心的二元对立的思维方式,强调只有放弃了这种思维方式,人们才能够与环境建立起可持续发展的关系。[②] 显然,此时的发展性社会工作已经不是仅针对人们的具体贫困问题寻求解决方案了,而是从哲学层面理解贫困问题的根源并寻求实现人们生活方式发生根本改变的方法和途径,即可持续发展。[③]

不过,发展性社会工作在不断推广并得到人们普遍关注的过程中,也面临不少怀疑和批评,其中最为突出的表现有以下几点。一是缺乏清晰一致的逻辑框架。尽管发展性社会工作经过几十年的发展,特别是近十多年的推广,已经获得社会的普遍认可,被视为社会工作实践模式中的一个极其重要的理论流派,但是到目前为止,人们对发展性社会工作的内涵仍众说纷纭,甚至对发展性社会工作的核心概念"发展"都有不同的认识。[④] 二是价值

① Dominelli L. "Climate change: Social workers' roles and contributions to policy debates and interventions." *International journal of social welfare*, 2011, 20(4): 430－438.

② Dominelli L. "Promoting environmental justice through green social work practice: A key challenge for practitioners and educators." *International social work*, 2014, 57(3): 338－345.

③ Drolet J, Hu H, Taylor M, et al.. "Social work and sustainable social development: Teaching and learning strategies for 'green social work' curriculum." *Social work education*, 2015, 34(5): 528－543.

④ Midgley J, Conley A. "Introduction." In Midgley J, Conley A (eds.), *Social work and social development: Theories and skills for development social work*. New York: Oxford University Press, 2010.

理念的冲突。发展性社会工作推崇的是权利为本(rights-based)的价值理念，即强调每个人都是平等的，都需要拥有平等的发展机会，但是在实际的临床服务中，社会工作者首先需要关注怎么协助人们有效解决眼前的困难，修补现实的不足并应对可能的风险，这样，在运用发展性社会工作处理微观的临床问题时，就很容易让社会工作者陷入不知所措的实践困境中。[①] 三是现实条件的限制。从理论逻辑的架构而言，发展性社会工作强调贫困人群的生活状况改善需要一定的社会资金的注入，以作为这一人群社会发展的资产，这一条件成为运用发展性社会工作实践模式的一个重要前提，然而，这样的社会资金的要求对于普通的社会工作者来说是一个不容易实现的目标，这就成为制约发展性社会工作推广的一个重要的现实因素。[②] 此外，发展性社会工作的一项重要理论假设是认同市场经济的存在，而市场经济本身就是一定社会制度下的产物，如果不对市场经济背后的社会结构进行考察，就会忽视市场经济可能造成的不平等，看不到发展逻辑本身的局限性。当然，最为根本的难题是，发展性社会工作假设贫困人群能够参与经济生产，实际上，那些最需要社会工作者帮助的弱势人群往往参与经济生产的能力有限，有的甚至根本无法参与经济生产，需要他人的长期照顾，或者说，这部分弱势人群本身就是市场经济生活中的弱者。[③] 因此，发展性社会工作并不能取代"治疗为本"的传统社会工作，在某种程度上，它反而需要"治疗为

---

① Loffell J. "Developmental social welfare and the child protection challenge in South Africa." *Practice: Social work in action*, 2008, 20(2): 83 - 92.

②③ Midgley J, Conley A. "Limitations and prospects of developmental social work." In Midgley J, Conley A (eds.). *Social work and social development: Theories and skills for development social work*. New York: Oxford University Press, 2010: 194 - 204.

本”的传统社会工作作为支撑。

不过,发展性社会工作的产生和推广也启发了社会工作者,让社会工作者能够从新的视角来理解社会工作实践中的一些根本问题,拓宽了社会工作者的视野。这些根本问题包括:① 以发展为导向。无论从事什么样的社会工作实践,包括扶贫工作,都需要明确服务的目标。如果认为服务对象是“有问题”的人,社会工作者就会提供治疗修补取向的服务;如果认为服务对象是有学习能力的人,社会工作者就会提供发展取向的服务。显然,发展性社会工作给社会工作者提供了一个很重要的观察视角,即把服务对象视为有成长改变能力的人,而不是被动的、需要别人帮助的人。哪怕服务对象确实无法参与经济生产且需要他人的长期照顾,但这并不意味着服务对象就是一个完完全全的“受助者”,他们同样也有自己的成长改变能力,也有自己的成长改变资产,也需要社会工作者的挖掘和调动。因此,以发展为导向不是针对哪一类社会工作领域的服务对象而言的,它就是社会工作的一个基本的观察视角。[①] ② 注重社会投资。注重服务对象的能力和资源是社会工作的一项重要传统,也是社会工作的伦理价值的要求。但是,这项传统在发展性社会工作看来只是关注到了服务对象成长改变的短期目标,如果希望注重服务对象成长改变的长期目标,作为社会工作者,就需要考察另一个重要概念,即社会投资。[②] 社会投资与能力、资源、增能等概念不同,它不是关

① Midgley J. “The theory and practice of developmental social work.” In Midgley J, Conley A (eds.). *Social work and social development: Theories and skills for development social work*. New York: Oxford University Press, 2010.

② Caplan M A. “Social investment and mental health: The role of social enterprise.” In Midgley J, Conley A (eds.). *Social work and social development: Theories and skills for development social work*. New York: Oxford University Press, 1986: 83.

注当下问题的解决，而是注重长远发展机会的获取，是一个逐渐将资源转变成资产的积累过程，通过这个过程，人们就能具有不断增长的成长改变的能力。① 显然，提升贫困人群生活水平最直接有效的方法就是运用社会投资，这样做不仅能够帮助贫困人群获得参与经济生活的机会，而且也能够增加他们的收入，提高他们如住房、医疗、教育等方面的基本生活保障，让他们能够真正感受到生活应对能力的提升。② 就发展性社会工作的社会投资来说，常见的策略包括人力资本投资（human capital investments）、岗位开发（employment）、小微信贷（micro credit）、小微企业（micro-enterprises）和资产账户（asset accounts）等。③此外，发展性社会工作还把与社会投资紧密相关的成本效益的概念也引入了社会工作实践，强调服务成本的考核也是社会工作专业服务力求效益最大化过程中不可缺少的评估内容。④ ③ 注重社区为本。发展性社会工作不同于机构服务，一直把社区作为自己的服务场域，即使是在国际平台上的发展性社会工作，也仍旧把服务社区中的贫困人群作为自己的首要目标。⑤ 特别是对于长期深陷生活困境的贫困人群来说，他们需要的帮助常常不是某一种类型的机构服务，也不是某种短时间的支持，而是整个生活安排能力的提升以及社会支持关系的建立，因此，社区场景也就自然成为发展性社会工作

① Midgley J, Sherraden M. "The social development perspective in social policy." In Midgley J, Livermore M (eds.). *The Handbook of social policy*. Thousand Oaks, CA: Sage Publications, 2009.

②③④ Midgley J. "The theory and practice of developmental social work." In Midgley J, Conley A (eds.). *Social work and social development: Theories and skills for development social work*. New York: Oxford University Press, 2010.

⑤ Midgley J, Tang K L. "Social policy, economic growth and developmental welfare." *International journal of social welfare*, 2001, 10(4): 263 - 278.

最好的实践场所。[①] 不过，值得注意的是，在发展性社会工作的视角下，在社区中开展服务与以社区为本是不同的，因为社区是人们自然的日常生活场景，只有在这样的场景中，人们才有可能找到自己日常生活所需的尊严、亲情以及社会参与等。因此，可以说，发展性社会工作推崇的社区中的专业服务是把社区作为人们成长改变的生活空间，它具有社会融合（social integration）和正常化（normalization）的内涵，而不仅仅是服务场所。[②] 正是基于这样的考察，发展性社会工作发现，人们只有在社区的生活场景中，才能够真正体验到社会和政策因素对人们日常生活所施加的影响，才能够把社会和政策的改变也当作服务的目标之一，包括社区资源的获取、在地支持网络的建设以及社会政策的倡导等，而不再局限于个人心理困扰的消除。[③]

此外，发展性社会工作在社区实践中还有另一个重要特征，即注重人们的参与和自决。除了发展性社会工作关注社区实践中平等合作的服务关系的建设之外，更为重要的是，与传统社会工作不同，发展性社会工作强调人们的真正成长改变来自自身的改变要求，而不是外部的“专家”指导，只有让人们自己发声，他们的改变要求才有可能被周围的其他人所接受，他们才能因此过上一种有尊严的生活。[④] 而且，只有运用这样的服务策略，他们才能够融入社区生活，学会在安排好自己的日常生活的同时通过资产的积累带动整个社区的发展。[⑤]

---

①②③④　Midgley J. “The theory and practice of developmental social work.” In Midgley J, Conley A (eds.). *Social work and social development: Theories and skills for development social work*. New York: Oxford University Press, 2010.

⑤　Midgley J, Conley A (eds.). *Social work and social development: Theories and skills for development social work*. New York: Oxford University Press, 2010.

三、强调“社会”取向的社会工作

西方社会工作在追求专业化的发展进程中并不总是指向个人心理治疗，到了二十世纪六十年代之后，有了“社会”取向的发展要求。这一发展要求既是对个人治疗取向的反思和批判，也是对日益显著的社会发展要求的回应，它促使社会工作的实践场域发生了根本改变，社区、社会、生活场景等进入社会工作者的视野，成为社会工作实践和理论探索的重要方面。

1. 政府推动下的组织发展

1962 年，哈林顿（Harrington）出版了《另一个美国》（*The other America*），书中揭示了美国富裕社会掩饰下所暗藏的贫穷，引起当时整个美国社会的震惊和关注。① 借此，肯尼迪政府开始了美国的反贫穷战争，社会工作者也陆续投身于反贫穷的政策研讨和制定中。这些政策执行之后，美国社会的贫困问题有所改变。② 接着，美国的约翰逊政府在肯尼迪政府制定的政策的基础上提出了向贫困宣战的要求。为了打破贫困问题的循环，解决贫困儿童的营养、健康、情绪、心理和社会等方面的问题就成为关键，约翰逊政府为此制定了六个方面的核心服务，具体包括贫困儿童的营养补充、免疫、健康检查、医疗保障、学前教育以及营养和健康教育。针对贫困儿童的家庭，约翰逊政府还提出了家庭喘息服务、情绪支持以及社区资源咨询等

---

① Harrington M. *The other Amarica*. Scribner, 1997.

② DiNitto D M, Dye T R. *Social Welfare: Politics & public policy* (*2nd ed.*). New Jersey: Prentice-Hall, 1987.

服务。① 二十世纪五六十年代之后，随着国家福利主义的盛行，为了满足社会各阶层不同层次的需求，西方国家的政府承担了越来越多的社会服务职能。例如，当时的英国政府就为社会提供种类繁多、包罗万象的各种社会服务，包括社区活动中心、老人公寓、家庭照顾、居家服务、日托中心和养老院等，可以说，这些服务覆盖了一个人的一生，"从摇篮到坟墓"都有涉及。在推行高福利政策的鼎盛时期，像英国等西方福利国家还为无依无靠的老年人和精神障碍患者提供住院式的综合照顾，即由国家和政府通过兴办大型的福利院和出具巨资聘用专职工作人员来集中供养和照料这些孤寡老人和精神障碍患者。这种高福利的国家政策对于解决生活无依无靠、日常生活有困难的弱势人群的问题来说具有很好的作用，特别是对于那些生活不能自理的失智失能老人来说，这样的院舍化综合照顾受到了他们的广泛欢迎，再加上英国政府的大力宣传和推行，一些西方发达国家和地区也纷纷效仿英国政府提供这种院舍化综合照顾服务。②

西方国家于二十世纪六七十年代推行的这种福利国家政策，促使社区组织成为国家社会福利的一种干预手段。政府作为社会责任主体积极参与到社会问题的回应中，发展出形式多样的社区项目，从而带动社会问题得到解决。如政府资助的社区行动项目、精神障碍患者社区康复项目、城市更新项目和居民就业训练项目等，皆强调通过加强居民的社区参与提高居民参

---

① Trattner W. *From poor law to welfare state: A history of social welfare in America* (*5th ed.*). New York: Free Press, 1994.

② Hall M P. *The social services of modern England* (*6th ed.*). London: Routledge & Kegan Paul Ltd, 1965.

与其他社会福利服务的期望，甚至还训练其中的积极分子成为组织者，直接推动社区服务的开展。其间，社会工作者成为一支重要的力量，他们将社区组织中的一些实践原则与社会工作专业服务结合起来，发展成社会工作的一种实践方法——社区工作。这样，社区工作就与传统的个案工作以及之后发展起来的小组工作一起成为社会工作的三大专业方法。① 值得注意的是，社区工作有别于传统的个案工作和小组工作，它作为一种专业服务，主要专注于人们生活环境的改善和制度的改革，而不是注重传统专业服务所强调的治疗。

2. 自下而上的草根运动

二十世纪六七十年代也是西方社会民主和民权运动发展的重要阶段。随着民权运动以及反性别歧视和反种族歧视等反对社会歧视运动的兴起，社会弱势人群及贫困问题被认为是由社会压迫、地位不平等等社会结构因素导致的，并非传统的个案治疗取向认为的那样是因为个人能力的不足。② 更为有害的是，这种问题的产生皆因个人能力不足的看法会促使人们放弃自己的权利和责任，导致人们不仅对社会改变熟视无睹，而且还给自己贴上负面的标签，出现个人污名化的结果。③ 这样，贫穷问题的解决就不仅涉及对物质生活条件的改善，同时还涉及对专业权威的反对，以及对自身具有的改变社会环境的能力的发掘。正是因为如此，传统的个案治疗取向的社会工作方法也就无法满足这样的工作要求，而需要社会工作者创新工作的方

①② Segal E A, Brzuzy S. *Social welfare policy, programs and practice*. Itasca, Illinois: F E Peacock Publishers, Inc, 1998.

③ Specht H, Courtney M E. *Unfaithful angels: How social work abandoned its mission*. New York: The Free Press., 1994.

法,把社区参与、社会行动、社会倡导等涉及社会环境改变的方法也纳入工作的手法中。例如,美国的社区工作者索尔·阿林斯基(Saul Alinsky)就曾在美国的芝加哥组织过社区行动的宣传活动,并且取得了成功①;再如巴西作家保罗·弗莱雷(Paulo Freire),他曾在巴西的贫困社区倡导过社区的批判教育学方法,让那里的穷人"意识到自身的社会处境",提高穷人的政治觉悟,帮助他们组织起来管理自己的事务②。显然,这些社区工作的方法不同于传统依赖专家"精英"和政府援助的自上而下的服务方式,而是采用自下而上的原则,启蒙这些看起来贫穷、落后、无力的社会弱势人群,提升他们的意识,让他们也具有改变社会环境的社会行动能力。因此,意识提升(consciousness-raising)和赋能(empowerment)也就成为这种自下而上的社区工作方法的核心要素。③

这种自下而上的社区工作方法的目的是让当地人成为社区改变的核心力量,让他们通过社区组织者的启发,意识到自己的实际生活状况,并通过自己的参与和行动改善生活中的不足之处。④ 这种社区工作方法也促成了大量旨在改善在地生活状况的各种社会组织的诞生,这些组织将群众会议、小组讨论以及类似的能够提高居民参与的各种活动都转化成社区发展的各种方法,以保证当地居民的充分参与及持久改变,让社区真正从内部开始实

① Alinsky S. *Rules for radicals*. New York: Random House, 1971.

② Freire P. "Education: Domestication or liberation?" *Prospects*, 1972, 2(2): 173-181.

③ Lee J A B. *The empowerment approach to social work practice: Building the beloved community*. New York: Columbia University Press, 2000: 34.

④ Midgley J, Conley A (eds.). *Social work and social development: Theories and skills for development social work*. New York: Oxford University Press, 2010.

现改变。不过，这样的社区工作方法也遭到了一些学者的批评，他们认为这种社区工作方法更像是一种信念知识的说法，意识形态的取向太明显，并不是针对各种不同的社区参与形式进行有效分析后所做的科学判断。①

值得注意的是，二十世纪六七十年代兴起的这种自下而上的草根运动促使社会工作开始逐渐放弃要求个人治疗取向的专业发展方向占绝对垄断地位的信念，转而接纳多元化的发展要求，包括一些去专业化的服务尝试，鼓励各种服务方法相互取长补短。这样，通过推动社区发展来促进贫困群体的意识觉醒和能力提升的服务也进入了社会工作者的视野中。

四、证据为本实践与场景实践的多元发展

自二十世纪八十年代以来，西方福利国家开始大幅度削减社会福利服务开支，并且在社会福利服务领域引入市场竞争机制，同时为了提高社会福利服务的管理水平，把服务的管理控制作为主要的改革措施，促使管理主义成为西方国家社会福利服务领域中去专业主义的强大力量，进而专注于服务的风险管理，淡化了之前所注重的社群主义。② 这样，个案管理就成为西方国家社会福利服务的主要手段。个案管理强调服务的综合协调和管理，而不是专业技术和专业价值理念的运用。此外，这一时期还出现了基于系统理论和生态理论的通用社会工作实务模式，把传统个案工作、小组工作和社区工作三大方法整合起来，开始走综合化的实务路径，这种通用模式逐渐

① Midgley J，Conley A（eds.）. *Social work and social development: Theories and skills for development social work*. New York：Oxford University Press，2010.

② Powell，Frederick W. *The politics of social work*. London：Sage Publications，2001.

成为社会工作实务的主流范式。[1] 到了二十世纪九十年代，西方社会工作实践模式则更加多元，相互之间的争论更为激烈。一方面，证据为本的实践模式受到青睐。这种实践模式反对任何基于优势权威形成的辅导逻辑，而将焦点放在如何使服务的问题和流程操作化上，并且根据相关的成效实证研究结果来选择有效的干预措施，从而提高社会工作干预的科学性和有效性。另一方面，场景实践受到关注，很多学者认为，社会工作是一门在实际生活处遇中发展而来的专业，需要根据生活情景的差异做出个性化的动态判断，强调社会工作需要一种能够把握处境化的过程知识和能力（process knowledge and competence）。[2]

与证据为本实践所强调的普遍、一致的实证主义真理观不同，场景实践受到二十世纪下半叶以来盛行的后现代主义思潮和国际化发展要求的影响，反对任何形式的高高在上的宏大真理，认为实证主义真理观背后隐藏着社会强势人群的傲慢以及对社会弱势人群的压迫，强调这样的真理观只会给社会弱势人群的主体性带来束缚和限制，难以让他们真正获得个性的解放。正是基于这样的认识，场景实践把关注的焦点投向人们的日常生活，坚持认为无论是社会工作的实践还是研究都具有动态性、感受性和具身性。[3] 这种场景实践不是把日常生活视为社会弱势人群生活的背景，而是当作不

---

① Johnson L C. *Social work practice: A generalist approach* (*6th ed.*). Boston: Allyn and Bacon. 1997: 30 - 31.

② Fook J. *Social work: a critical approach to practice* (*3rd ed.*). London: Sage Publications, 2002.

③ Ferguson K. "How social workers reflect in action and when and why they don't: the possibilities and limits to reflective practice in social work." *The international journal*, 2018, 38(4): 415 - 427.

断形塑的日常生活实践过程，正是在这样的日常生活处境中，社会弱势人群不仅受到生活环境的影响，同时他们也在影响生活环境，是处于生活环境中并且随着生活环境一起改变的过程。这样，社会工作也就越来越关注社会弱势群体在日常生活处境中的改变可能性以及实现的过程。[①] 关注场景实践的社会工作首先是由澳大利亚和加拿大学者提出的，其中的代表人物包括澳大利亚的简·福克（Jan Fook）、卡伦·希莉（Karen Healy）、斯蒂文·希克（Steven Hick）、吉姆·艾夫（Jim Ife）以及加拿大的学者皮特·莱纳德（Peter Leonard）、罗伯特·马拉利（Robert Mullaly）和埃米·罗西特（Amy Rossiter）等。[②] 这种场景实践的社会工作是在对社会结构分析视角进行批判的基础上发展出来的，其认为社会结构分析视角不仅无视女性主义对人际关系中自我的考察，隐藏着性别不平等，而且忽视人们日常生活经验的价值，让人们陷于“非黑即白”的二元对立的思维困境，看不到人们在现实生活中的日常生活经验基础。[③] 因此，倡导场景实践的社会工作的目的就是让人们放弃传统的二元对立逻辑，重视日常生活中的多种发展可能，提高人们的生活自决能力。[④]

西方社会工作的发展经历了最初通过将物质和资源科学地派送给贫困人群的科学慈善阶段之后，进入了以个人心理治疗为取向的追求科学化的专业实践阶段，到了二十世纪六七十年代，无论是政府还是社会服务组织都

---

① Hicks S, Lewis C. “Investigating everyday life in a modernist public housing scheme: The implications of residents’ understandings of well-being and welfare for social work.” *British journal of social work*, 2018: 1-18.

② Gray M, Webb S A. “Critical social work.” In Gray M, Webb S A (eds.). *Social work theories and methods*. London: Sage Publications, 2009: 76-85.

③④ Fook J. *Social work: Critical theory and practice*. London: Sage Publications, 2002.

逐渐转向运用"社会"的视角来提升社会弱势人群的能力这条发展路径。不过，进入八十年代之后，随着新自由主义、新公共管理服务的兴起，以证据为本、以成效为导向几乎成了社会工作实践中一种势不可挡的强势力量，而后现代主义思潮的影响又促使社会工作把关注的重点放在了日常生活中的场景实践及其风险能力的提升上。尽管西方社会工作的发展经历了不同的阶段，产生了丰富多样的理论和实践模式，但是以能力为导向始终是社会工作实践关注的核心焦点之一，也是社会工作理论建构中的核心内涵。这一核心也为中国本土社会工作的实践和理论建构提供了指引。

第四节　研究问题与研究目标

随着我国全面建成小康社会的临近，扶贫工作进入了攻坚阶段。在处于攻坚阶段的贫困人群中，因病、因残致贫比例居高不下，是攻坚阶段的难点和重点。这些因病、因残致贫的人群不仅因为身体的原因难以就业，而且还给家庭增加了医疗费用的开支，成为家庭长期照料的负担，导致家庭陷入长期的多重贫困中。① 值得注意的是，这些因病、因残致贫人群占比超过 80%。② 由于长期处于多重贫困中，这一人群往往失去了走出贫困的内生动力，处于一种持续性贫困的状态③，因而他们的返贫比例很

① 戈艳霞，李强. 疾病照料负担对困难家庭劳动力就业的影响[J]. 人口与经济，2018(1)：79－89.

② 程凯. 坚持精准扶贫精准脱贫基本方略，着力解决因残致贫问题[J]. 行政管理改革，2018(7)：18－23.

③ 李小云. 冲破"贫困陷阱"：深度贫困地区的脱贫攻坚[J]. 人民论坛・学术前沿，2018(14)：6－13.

高，可达 42%。① 返贫风险就成为对这一人群的服务中必须面对的难题。然而，目前提供财政和物资支持的主流扶贫实践方式尽管能够给这些深度贫困人群带来物质生活状况的改变，但是对他们的内在生活状态改善却很难发挥实质性的作用，无法让他们产生脱贫的“内生动力”。②

在这些深度贫困人群中，最需要关注的是那些长期患病、身体功能受损严重的身体残障人士、精神残障人士、孤寡老人以及尚未成年的孩子等，这些人群通常“无业可扶、无力脱贫”，很难通过劳动力转移或者就业培训实现脱贫。此外，对于深度贫困人口中文化水平低、就业技能缺乏并且丧失部分劳动能力的残障人士等人群来说，即便他们有条件接受技能扶贫，其中也存在少部分因家庭中有需要照顾的成员而无法套用过去普通贫困人口常用的转移培训举措③等情况。这类深度贫困人群有一个共同的特点，就是无法就业，而且面临多重生活困难。在多重生活困难尤其是患病、受灾等问题的多重挤压下，这类深度贫困人群亟须调动他们自身的改变动力以及拥有的改变能力和资源，建立必要的社会支持网络，特别是社区生活中的社会支持网络，以防止返贫或者降低返贫的风险。

为此，深度贫困人群的脱贫攻坚工作也就需要社会工作的专业介入，让社会工作者走进这类深度贫困人群的家庭中，对他们的整个家庭生活安排

---

① 国务院扶贫开发领导小组办公室. 坚决打赢脱贫攻坚战[EB/OL]. [2016-03-01]. http://www.pad.gov.cn/art/2016/3/1/art30145709.html.

② 贺海波. 贫困文化与精准扶贫的一种实践困境——基于贵州望谟集中连片贫困地区村寨的实证调查[J]. 社会科学，2018(1)：75-88.

③ 渠鲲飞，左停，王琳瑛. 深度贫困区技能扶贫运行困境分析——基于能力贫困的视阈[J]. 中央民族大学学报(哲学社会科学版)，2018，45(3)：63-70.

做细致的评估，将这类深度贫困人群整个家庭的多重困难放在一起进行综合考察，充分运用这类深度贫困人群整个家庭的能力和资源，开展具有针对性的个性化综合服务，既关注如何激发这类深度贫困人群的内生动力，也关注如何减轻多重现实困难给他们的生活造成的压力，同时随时注意日常生活中出现的各种风险因素，协助这类深度贫困家庭学习有效应对现实生活困难的方式，提高他们的风险预防意识和应对能力。

一、研究问题

显然，这类深度贫困人群问题的解决有赖于对他们能力的深度发掘和对资源的多方链接，以便在返贫风险高发的日常生活中形成有效的应对风险的能力，这样，就需要将风险与能力结合在一起进行考察。不过，尽管社会工作自诞生之日起就注重对服务对象的能力挖掘和对周围环境资源的链接，并且强调将两者结合在一起，相互促进①，但是它始终忽视对风险因素的分析②，即使引入抗逆力概念之后，其也仅把风险作为能力的消极因素加以管控③④。实际上，这类深度贫困人群在日常生活中经常需要面对随时可能出

① Mosely J E. "Yes, macro practice matters: Embracing the complexity of real-world social work." *Human service organization: management, leadership & government*, 2016, 21(2): 4-6.

② Weick A, Rapp C. Sullivan W P, et al.. "A strengths perspective for social work practice." *Social work*, 1989, 34(4): 350-354.

③ Cowger C D, Anderson K M, Snively C A. "Assessing strengths: The political context of individual, family, and community empowerment." In Saleebey D. *The strengths perspective in social work perspective* (*4th ed.*). Boston: Pearson Education, Inc, 2006.

④ 尽管危机介入模式把风险视为促进服务对象寻求改变的机会，但是它仍然强调风险是可以完全把控的，是一种实证主义的掌控理性逻辑。

现的返贫风险。因此，有必要对这类深度贫困人群的脱贫攻坚社会工作实践进行考察，了解社会工作者是如何帮助这类深度贫困人群在日常生活的风险中挖掘他们自身拥有的能力和运用周围环境的资源的，以便找到有效帮助这类深度贫困人群脱贫及预防其返贫的方法，重新审视能力与风险的内在关系，拓展能力的内涵。

具体而言，本书探讨以下两个问题。

(1) 针对这类无法就业的深度贫困人群的脱贫攻坚任务，社会工作者是如何开展服务的？他们是怎么发掘和运用这类深度贫困人群的能力和资源的？他们在运用这类深度贫困人群的能力和资源的过程中又是怎样应对返贫风险的？

① 这类无法就业的深度贫困人群在日常生活中面临什么样的困难和挑战？存在什么样的返贫风险？

② 社会工作者运用了什么样的服务框架来协助这类深度贫困人群应对生活中的困难和挑战？社会工作者是怎样发掘和运用这类深度贫困人群的能力和资源以及怎样协助他们应对日常生活中出现的返贫风险的？

(2) 针对这类高风险的服务人群，社会工作者在发掘和运用他们的能力和资源时有什么特征？怎样平衡这类深度贫困人群的风险与能力的不同诉求？

① 面对这类深度贫困人群的高返贫风险，社会工作者在发掘和运用他们的能力和资源时有什么特别的要求？这一要求意味着风险与能力之间存在一种什么样的内在关联？

② 依据风险与能力之间的内在关联，社会工作者需要如何重新理解流

行于社会工作服务领域的优势视角？

显然，第一个问题是帮助研究者深入这类无法就业的深度贫困人群的日常生活，了解他们的生活是在社会工作者什么样的有效帮助下实现改变的。第二个问题则是在第一个问题的研究基础上，深入探究这种改变过程中需要重点处理的风险和能力这两个方面的不同诉求，以便从风险的视角重新审视传统的优势视角，促进社会工作实践与理论的深化和扎根。

二、研究目标及意义

本书的研究有一个显著特点，即运用实务研究。通过对无法就业的深度贫困人群的社会工作实践过程的考察，一方面，希望能够总结出深度贫困人群脱贫攻坚社会工作的实践经验，提炼出可以操作实施的实务模式，推进我国社会工作实践的发展；另一方面，又希望能够结合社会工作的实践过程凝练其中的理论概念，深化对社会工作的理论分析，创建具有中国本土特色的实践理论。

1. 研究目标

具体而言，研究的目标包括四个方面：① 深入探索无法就业的深度贫困人群在脱贫攻坚实践中整合家庭、邻里以及社区能力和资源应对返贫风险的过程，从而找到帮助无法就业的深度贫困人群脱贫和预防返贫的有效方法，解决这些深度贫困人群在日常生活中遭遇的实际困难，改善他们的生活状况；② 深入考察无法就业的深度贫困人群脱贫攻坚社会工作的实践过程，从中梳理出社会工作参与脱贫攻坚的服务框架、服务程序和服务方法，明确社会工作在脱贫攻坚中的专业位置和专业身份；③ 深入分析社会工作者在脱贫攻坚社会工作实践中协助无法就业的深度贫困人群平衡能力发掘与风险预防诉求的策略，从而找到社会工作者针对无法就业的高风险深度贫困人群开展精准服务的专业逻辑，提升社会工作者的专业服务水平和质量；④ 深入探讨社会工作者在介入无法就业的深度贫困人群高风险生活时的能力运用策略、方法和技巧，从而将风险视角与能力视角结合起来，拓展传统的社会工作优势视角，提升社会工作实践的理论水平。

总之，这一研究是一项实务研究，既包括实务层面的目标达成，如无法就业的深度贫困人群的实际生活问题的解决、返贫风险的预防等，同时也包括理论层面的目标实现，如风险概念内涵的探讨、风险视角与优势视角关系的分析等，从而促进社会工作在中国本土反贫困实践中的实务和理论的深化。

2. 研究意义

本书中的研究作为一项实务研究，也具有实务和理论两个方面的意义。在实务方面，这一研究能够帮助社会工作寻找开展深度贫困人群脱贫攻坚实践的方法，提高社会工作融入国家发展战略的能力，进一步推动社会工作的专业化和职业化发展。从国家层面来说，借助社会工作参与深度贫困人群脱贫攻坚实践的探索，可以深化社会组织参与扶贫工作，实现多方参与社会治理的格局，做到“共建共治共享”的社会治理的现代化。就社会工作专业自身的发展而言，尽管经历了十多年的快速发展，专业服务的领域、范围、人群等都有了大幅度的拓展，但是社会工作的专业性一直备受怀疑。因此，通过开展如针对无法就业的深度贫困人群等多重困难人群的服务，能够提升社会工作的专业性，保障社会工作专业能够平稳向前发展。当然，通过探索社会工作参与无法就业的深度贫困群体的服务机制，本书中的研究除了能够为这类深度贫困人群找到更好地应对日常生活中出现的返贫风险的办法，改善他们当下的生活状况之外，还能够协助这类深度贫困人群形成后脱贫时代（后2020年）的深度贫困家庭保障机制，也能够为之后宏观政策的改善提供建议。因此，可以说，本书中的研究在当下具有很强的实践意义。

在理论方面，本书中的研究是在国家精准扶贫的实践背景下开展的，是针对因病、因残致贫的深度贫困人群所进行的服务模式探索。尽管近年来关于“扶贫先扶志”“扶贫先扶智”以及“扶贫先扶制”的讨论颇多，但是在理论建树上仍很匮乏，而且已有的扶贫实践也大多是依据自上而下、由外而内的方式展开的推拉式实践，因而生产出来的知识也就缺乏对深度贫困人群“内生性”动力的考察。本书中的研究的视角有所不同，它是以这类无法就业的深度贫困人群自身的能力和资源发掘为焦点的社会工作实践为基础的，它注重对这类深度贫困人群自身的改变意愿和能力的培养，希望通过对社会工作者参与脱贫攻坚实践过程的考察，找到推动深度贫困人群实现“志”的改变的方法和视角。此外，本书中的研究还将引入风险视角来拓宽深度贫困人群脱贫攻坚实践的分析框架，紧扣无法就业的深度贫困人群返贫风险高这一现实困难，探索高风险生活中将风险视角与优势视角结合起来的可能方式，重新审视传统的社会工作的优势视角，将中国本土的深度贫困人群脱贫攻坚实践经验融入理论建构中，创建具有中国本土扶贫实践特色的社会工作理论，为后脱贫时代深度贫困人群的社会工作实践奠定理论基础。

第二章　深度贫困脱贫攻坚社会工作服务项目

精准扶贫战略工作进入拔寨攻坚的冲刺期，《“十三五”脱贫攻坚规划》明确提出到2020年完成全面建成小康社会的宏伟目标。在脱贫攻坚阶段，脱贫难度加大，那些难以依靠自身力量和政策的规模性扶贫来实现脱贫的对象必然会被纳入社会救助兜底保障的范畴，以进一步通过社会保障来实现兜底脱贫。社会保障兜底扶贫主要是通过最低生活保障、养老保险和医疗保险等主要形式来扶持、安置、救济和帮助贫困人口。① 而作为精准扶贫攻坚中无劳动能力的贫困家庭，则面临包括多重疾病的困扰、医疗保障的缺少、不良的生活习惯、紧张的家庭关系、下一代的教育问题等问题在内的多方面的困扰。② 显然，仅仅依靠政府提供的物质资金救助与产业扶贫模式，是难以解决这类深度贫困家庭所面临的由多层次原因相互交织所形成的困

① 公丕明，公丕宏. 精准扶贫脱贫攻坚中社会保障兜底扶贫研究[J]. 云南民族大学学报(哲学社会科学版)，2017，34(6)：89－96.

② 汪三贵，冯紫曦. 脱贫攻坚与乡村振兴有机衔接：逻辑关系、内涵与重点内容[J]. 南京农业大学学报(社会科学版)，2019，19(5)：8－14，154.

境的。此外，由政府行政推动的扶贫模式不仅在精力投入、资源调动、工作专业性和脱贫成效等方面存在局限性，而且容易造成深度贫困家庭对政策的依赖及深度贫困家庭与普通民众的对立，甚至还有可能出现高额的扶贫成本等问题。[①] 因此，随着脱贫攻坚实践的深入，政府逐渐意识到，社会力量的参与已成为有效落实精准扶贫政策的重要支撑。[②]

为了能够有效落实精准扶贫政策，国务院办公厅在2014年11月19日发布的《国务院办公厅关于进一步动员社会各方面力量参与扶贫开发的意见》(国办发〔2014〕58号)中提出，广泛动员全社会力量共同参与扶贫开发，是我国扶贫开发事业的成功经验，要求创新完善人人皆愿为、人人皆可为、人人皆能为的社会扶贫参与机制，形成政府、市场、社会协同推进的大扶贫格局。[③] 2015年，《中共中央 国务院关于打赢脱贫攻坚战的决定》(中发〔2015〕34号)中明确提出，要“实施社会工作专业人才服务贫困地区计划”，通过政府购买服务等方式，鼓励各类社会组织开展到村、到户精准扶贫[④]，从政策层面规定了社会工作参与扶贫的合法性。2017年发布的《关于支持社会工作专业力量参与脱贫攻坚的指导意见》中，对社会工作参与脱贫攻坚做了专门部署，社会工作作为扶贫的一支专业队伍，开始逐步参与脱贫攻坚。

---

① 李迎生，徐向文. 社会工作助力精准扶贫：功能定位与实践探索[J]. 学海，2016(4)：114-123.

② 蒋国河，平卫英，孙萍. 发展性社会工作视角下的农村反贫困实践——W县Y村妇女互助储金会的案例分析[J]. 江西财经大学学报，2018(6)：94-103.

③ 国务院办公厅关于进一步动员社会各方面力量参与扶贫开发的意见，国务院办公厅2014年12月4日，http://www.gov.cn/zhengce/content/2014-12/04/content_9289.htm.

④ 中共中央 国务院关于打赢脱贫攻坚战的决定，中央政府门户网站2015年12月7日，http://www.gov.cn/zhengce/2015-12/07/content_5020963.htm.

第一节　深度贫困脱贫攻坚社会工作项目的介绍

为了加快推进社会救助领域社会工作的发展，厦门市T区2017年通过政府购买服务引入专业社会工作服务机构，选取G街道开展精准化关怀深度贫困人群的服务试点工作，协助深度贫困人群发现和解决生活中遇到的实际问题，协助该街道深度贫困人群做好预防工作，防止他们再次返贫和贫困的代际传递。这一政府购买服务项目被称为“暖心宅急送”。

一、项目选择

厦门市T区“暖心宅急送”个性化精准帮扶社会工作综合服务项目是在T区党委和政府的支持下开展的，该项目以G街道为试点，引入当地的M社会工作服务机构负责此项目，于2017年8月启动。在项目开展的第一年，政府选取了当地的9个村居30户无法就业的多重困难家庭(11户重病家庭、12户残疾人家庭、7户单亲/孤寡家庭)作为服务对象。2018年，厦门市T区党委和政府对第二年的“暖心宅急送”精准帮扶试点项目进行了购买，并对服务开展的区域和服务对象做了调整。服务区域由2017年的9个村居变为2018年的6个行政村，去掉原来的3个社区，并尝试从行政村入手，集中针对其中无法就业的多重困难家庭开展服务。服务对象也由2017年的30户无法就业的多重困难家庭调整为2018年的80户农村低保户家庭，这80户家庭包括家庭成员遭遇重大疾病的家庭、残疾人家庭和特困人员低保家庭等。

本研究之所以选择M社会工作服务机构承接的“暖心宅急送”个性化精准帮扶试点项目作为长期跟进研究的个案，是因为：① 从服务对象来看，该个性化精准帮扶项目的服务对象是无法就业的深度贫困人群，即各个村落(或社区)中少数散居的深度贫困人群，其与主流的区域性扶贫存在明显不同的特征；因此，如何针对这类无法就业且居住松散的深度贫困群体探索有效服务的模式就显得尤为迫切和重要；同时，虽然该地区的这类深度贫困人群可以在政府的政策支持下短期内迅速脱贫，但是他们在日常生活中仍然面临极高的返贫风险，依然会成为社会救助政策的保障对象；显然，探索这类深度贫困人群的服务模式能够为“后2020年”深度贫困人群保障机制的形成提供有益的参考。② 从服务项目的整体框架来看，对这类无法就业的深度贫困人群的服务既涉及一线服务的输送，需要社会工作者深入这类深度贫困人群的日常生活，挖掘他们的能力和资源，激发他们的“内生性”动力和主体性，也涉及他们与基层政府、村委会/居委会、社会组织等相关利益方之间的协调与互动，需要帮助他们拓展社会支持，以应对在日常生活中可能出现的返贫风险；可以说，这是一种需要将深度专业服务与社会支持网络拓展相结合的综合服务框架，能够较好地回应这类深度贫困人群生活改变的诉求，展现社会工作的服务逻辑和特色。③ 从研究的目标来看，该个性化精准帮扶项目不仅比较符合本研究的实务和理论探索的目标，而且正好也为研究者提供了进行实务研究的机会，符合本研究所倡导的实务研究的要求。让研究者能够与一线实务工作者组成实务研究团队，一方面长期跟进实务的开展过程，讨论实务中出现的问题，与一线实务工作者一起寻找解决的方法；另一方面收集相关的研究资料和数据，总结有效的服务模式，从实务经验中提炼出理论，让研究的理论结果尽可能与实务的要求结合起来，建构有用的中国本土实务理论。

二、实施架构

“暖心宅急送”个性化精准帮扶试点项目是由厦门市 T 区民政局发起的政府购买服务项目，涉及厦门市 T 区民政局、项目落地的街道办事处（以下简称“街道”）、村委会/居委会、社会工作服务机构及第三方评估机构等多个利益合作主体。具体而言，该项目利益相关方的各自职责如下。

1. 厦门市 T 区民政局作为项目的发起方和购买方，其主要职责包括：

（1）发起阶段，发起购买服务的项目，提出与之相关的资质要求；

（2）初期阶段，寻找符合资质要求的社会工作服务机构，签订购买服务协议；

（3）中期阶段，动态监管社会工作服务机构的项目落实情况，给予及时指导；

（4）末期阶段，组织第三方评估机构进行项目评估和验收，公布报告结果。

2. 项目落地的街道办事处作为项目的监督方与合作方，其主要职责包括：

（1）初期阶段，协同 T 区民政局确定项目的具体服务人群，与社会工作服务机构洽谈服务的合作形式；

（2）中期阶段，代表 T 区民政局负责监督项目服务的落实情况，定期与社会工作服务机构的项目服务人员进行交流，为其提供当地的政策和保障支持；

(3) 末期阶段，在T区民政局委托的第三方评估机构的主持下，参与对社会工作服务项目的评估和验收。

3. 项目落地的村委会/居委会作为项目执行的合作方，它的主要职责包括：

(1) 初期阶段，与街道协商，确定需要服务的深度贫困人群，向社会工作服务机构介绍该服务人群的特点、服务中可能需要用到的场地等；

(2) 中期阶段，协助社会工作服务机构开展项目的相关专业服务活动，及时向街道反馈社会工作服务机构在专业服务中遇到的困难，寻求街道的支持和帮助；

(3) 末期阶段，协助第三方评估机构对社会工作服务机构的专业服务的进度和成效进行考核，了解社会工作服务机构的服务运作状况。

4. 社会工作服务机构作为项目执行的具体单位，它的主要职责在于：

(1) 发起阶段，组建工作团队，撰写项目标书，向T区民政局申请承接项目；

(2) 初期阶段，与T区民政局签订服务协议，与街道、村委会确定服务的深度贫困人群，开展需求调研，设计服务方案；

(3) 中期阶段，负责服务项目的执行，根据项目的要求开展专业性的服务，及时向村委会/居委会、街道办事处以及T区民政局汇报工作，反馈服务项目的开展状况以及遇到的困难，寻求相关部门的支持，并且与当地的志愿者、社会组织合作，链接社会资源，为深度贫困人群提供服务；

(4) 末期阶段，及时总结项目的服务经验，做好项目的宣传工作，向T区民政局、街道办事处和村委会/居委会提交成功的服务案例和项目的经验总结报告。

“暖心宅急送”个性化精准帮扶试点项目虽然由T区民政局发起、社会工作服务机构具体执行，但是该项目从前期的发起和申请到末期的评估和验收，都需要社会工作服务机构在纵向上与政府合作，在横向上与志愿者、社会组织等其他社会力量合作。因此，可以说，这个项目是在多方主体的协作下才能完成的深度贫困人群社会工作服务项目。

三、项目要求

与西方社会工作专业服务不同，该个性化精准帮扶项目是在多元主体的框架下开展的针对深度贫困人群的服务，这一项目比较突出的特点是，M机构与纵向的政府管理体系中的各个层级相互合作。因此，“暖心宅急送”个性化精准帮扶试点项目涉及多个利益相关方，他们都对服务项目提出了不同的要求。

作为项目发起方和购买方的T区民政局，他们对服务项目的购买有自己的要求，具体表现如下：

(1) 对项目设计的要求。T区民政局所购买的个性化精准帮扶试点项目是探索性的服务项目。虽然T区位于社会工作发展相对前沿的沿海城市F省X市，但是T区的社会工作专业服务力量相对薄弱，因此，T区民政局在尝试引入社会工作专业力量帮扶深度贫困人群时：一方面，希望能对非贫困地区中存在的深度贫困人群提供力所能及的帮扶，能够精准地针对各个村居存在的深度贫困人群开展专业性的服务；另一方面，希望通过政府购买服务这一方式培育当地的社会工作专业力量，让他们能够与当地有关政府部门加强合作，整合社会资源，共同努力，以实现针对深度贫困人群的帮扶目标。因此，该服务项目的设计不仅需要考虑深度贫困人群的需求，而且还需要考察社会工作服务机构运用资源的能力，以及其是否能够整合政府部门、社会组织等不同主体的资源。

(2) 对项目执行的要求。“暖心宅急送”个性化精准帮扶试点项目是T区首次通过政府购买服务的方式在贫困群体中开展的试点项目，由于精准扶贫是现阶段政府主抓的核心任务之一，T区民政局对项目的执行采取了一种边探索、边总结、边推进的方式，定期跟进项目，对项目提供必要的支持。因此，承接项目的社会工作服务机构需要每月向T区民政局报送工作总结和工作计划，还需要参加每三个月举办一次的项目推进会。在推进会上，承接项目的社会工作服务机构需要汇报近期的工作计划和工作状况，包括服务中遇到的困难。根据服务项目的开展状况，T区民政局负责协调计划的执行，为深度贫困人群争取更多的资源。

(3) 对项目成效的要求。T区民政局购买的个性化精准帮扶试点项目有以下几点要求。第一，完成基本服务任务。这些基本服务任务包括保证服务对象入户建档率、每月服务次数、服务对象技能培训次数、服务对象就业数量、政策宣传次数、志愿者队伍建设数量及服务次数等。第二，整合多方资源。这些资源除了包括机构的资源和志愿者之外，还包括当地的其他志愿者组织、慈善组织和社区志愿者等，通过这些资源的整合，承担项目的社会工作服务机构能够组建一支不少于20名成员的志愿者队伍，让更多的社会资源进入服务项目。第三，总结服务经验。这方面的要求涉及：① 在针对深度贫困人群开展精准化帮扶的过程中，需要创新服务模式；② 根据对深度贫困人群的个性化精准帮扶服务过程，总结当地的一线精准帮扶经验；③ 从当地的一线精准帮扶经验中，提炼符合当地实际的深度贫困人群的个性化精准帮扶模式，包括基本的程序、方法和服务框架，为“后 2020 年”政府继续开展深度贫困人群的社会救助提供参考与借鉴。

作为项目监督方与合作方的街道办事处和村委会/居委会是服务项目的落地方，对项目中的社会工作专业服务内容有自己的要求。这些要求包括：

(1) 对落实帮扶政策的要求。由于深度贫困人群面临多方面的困难，他们常常在住房、医疗、就业等多个基本生活需求上得不到很好的满足，因此，政府也针对这一人群制定了一系列的帮扶政策，保障他们的基本生活需要，但是很多深度贫困人群因文化水平不高、信息沟通不畅而在相关政策的知晓与利用上存在严重不足。为此，街道办事处和村委会/居委会的工作人员希望通过社会工作服务能够将深度贫困人群的生活问题解决与政府的帮扶政策落实对接起来，协助深度贫困人群申请合适的社会保障和社会救助。

(2) 对落实常规服务的要求。由于深度贫困人群在日常生活中经常遭遇住房、就医、就业、健康保健、家庭照顾、家庭关系紧张、下一代教育等多方面的现实问题，街道办事处和村委会/居委会希望社会工作者能够走进深度贫困人群的家庭，开展有针对性的服务；同时，由于街道办事处和村委会/居委会作为政府基层社会治理的“末梢”，他们担心过度的资源输入会导致深度贫困人群形成“等、靠、要”的思想，从而加大基层社会治理的难度，因此，街道办事处和村委会/居委会还希望社会工作者在提供个性化精准帮扶服务的过程中能够及时处理因政策动态调整给深度贫困人群造成的负面影响。

作为项目受益方的深度贫困人群，他们通常认为社会工作者是政府“派来”的帮助者，并不清楚社会工作者到底能够提供什么专业服务，能够帮助他们解决什么困难。因此，在项目开始实施阶段，他们对社会工作者并没有清晰的要求，但是随着服务的推进，他们逐步认识到社会工作者可以做什么，从而学会提出相关的服务要求。

（1）对政策方面的要求。由于深度贫困人群社会工作服务是政府购买的项目，在项目服务初期的入户服务中，社会工作者也是在村委会/居委会工作人员的带领下开展的。因此，在深度贫困人群看来，社会工作者具有“半政府”的特征，当他们在日常生活中遇到政策方面的难题时，就希望能够通过社会工作者这个桥梁与村委会/居委会、街道进行沟通，为他们争取利益。因此，社会工作在对深度贫困人群的个性化精准帮扶中也就具有了政策支持的功能。

（2）对服务方面的要求。随着社会工作项目服务的开展，深度贫困人群逐步认识到社会工作者能够在他们日常生活中遇到诸如照顾、就医、就业、教育、家庭矛盾处理等方面的问题时提供专业的支持和帮助，而在平时，他们难以对社会工作者的服务提出具体的要求。不过，由于深度贫困人群身边的社会支持网络较弱，即使在平时，他们通常也希望能够与社会工作者保持交流，希望社会工作者能够帮助他们化解他们内心的担心和不安。

可见，T区的“暖心宅急送”个性化精准帮扶试点项目是当地政府为了达到2020年脱贫目标而引入社会工作专业力量开展服务的一种尝试，当地政府希望通过这一尝试，能够提升深度贫困人群自身的能力，拓展深度贫困人群的社会支持。由于该项目的运作无法仅依靠社会工作专业这一方的力量来完成，而需要涉及多个行动主体，尤其是来自纵向行政关系中政府多个层级主体的参与，他们实际上给深度贫困人群帮扶制定了一个基本的服务框架，为这一人群的服务提供了政策兜底保障，而来自横向社会关系中不同主体的参与，则为深度贫困人群的生活改善提供了多样化的资源和支持。因此，T区的“暖心宅急送”个性化精准帮扶试点项目也就需要社会工作者在一种多元行动主体的框架下开展专业服务，需要社会工作者能够整合各方的不同要求和资源，帮助深度贫困人群实现最优化的改变，探索一种多元行动主体框架下社会工作专业力量参与深度贫困脱贫攻坚的服务模式。

第二节　深度贫困人群的特点

在本研究中，深度贫困人群是针对精准扶贫工作的深入而言的。随着脱贫攻坚战的深入推进，攻坚重点和难点呈现出两大鲜明的特征。一方面，在地域上向深度贫困地区聚焦，政府通过设立专门的扶贫部门，实施基础设施建设、产业扶贫、易地扶贫搬迁、教育医疗住房保障、到村到户帮扶等手段，来推动深度贫困地区消除贫困；另一方面，在人群上向特殊贫困人群聚集。特殊贫困人群是指完全丧失劳动能力或者部分丧失劳动能力且无法依靠产业就业帮扶脱贫的贫困人口，农村中的大病患者及重度残疾人等就属于这类人群。本研究中的个性化精准帮扶社会工作服务项目针对的是非贫困地区的深度贫困人群，他们具有与深度贫困地区的贫困人群不同的特点。

一、分散性

“暖心宅急送”个性化精准帮扶社会工作服务试点项目涉及的服务对

象是散落在各个村居、村落的零散特殊困难人群，他们在居住地点上呈现出分散性的特点，无论是在2017年还是在2018年的服务项目中，这一深度贫困人群在居住地点上都非常分散，每个村落只有两三户深度贫困家庭。例如，在2017年的服务项目中，这一深度贫困人群是由分散在9个村居的30户家庭组成的；而在2018年，经由T区G街道认定，愿意接受社会工作服务的80户家庭中的80人，分散居住在6个村，其中2个村庄位于G街道的西侧，4个村庄位于G街道的东侧，东西两侧的村庄距离15公里之远，并且6个村庄与社会工作服务机构的距离都在5公里以上（最远的有7公里）。

首先，分散性的特点给社会工作者的服务开展带来诸多不便。在自然村落中，民房挨着民房，其间的道路狭窄，车辆出行非常不便，因此，在交通方式上，社会工作者只能选择轻便易行的电瓶车。其次，服务对象居住分散，相互之间的距离较远，可选的交通工具又非常有限，这就决定了社会工作者在开展服务时只能选择聚焦于个体及其家庭改变的服务策略，这样做尽管能够提高深度贫困人群帮扶的精准度，但是也相应增加了服务的工作量。最后，由于这些深度贫困人群居住比较分散，社会工作者在互助服务的提供方面面临较大的挑战，很难有机会让这些深度贫困家庭聚集在一起，形成互助式的社会支持网络。

从图2.1中可以发现，2018年的项目中的精准帮扶对象的分布要比2017年的更为分散。而且，他们集中在交通比较闭塞、生活条件比较差的偏远农村，两端的距离也比较远。这些自然条件方面的特殊性增加了精准帮扶的难度。

图 2.1　G 街道精准帮扶对象分布图

从图 2.1 中可以看到，T 区 G 街道 2018 年的“暖心宅急送”个性化精准帮扶试点项目涉及 6 个自然村，其中深度贫困家庭最多的是 ZD 村，有 20 户，最少的是 TDX 村，有 9 户。即使是属于同一个自然村，深度贫困家庭之间也居住得比较分散。分散性是这一项目中深度贫困人群的核心特征。

二、多维性

在关于贫困的近期研究中，牛津贫困与人类发展中心（Oxford Poverty and Human Development Initiative，OPHI）在阿马蒂亚·森理论（Amartya Sen Theory）的基础上提出了多维贫困的概念，明确指出多维贫困具有三个基本维度：① 健康，包括营养状况、儿童死亡率；② 教育，涉及儿童入学率和受教育程度等；③ 生活水平，包括饮用水、电、日常生活用燃料、室内空间面积、环境卫生和耐用消费品等。[①] 不过，该研究更多的是从西方贫困鉴别的

① 周云波，贺坤. 精准扶贫视角下收入贫困与多维贫困的瞄准性比较[J]. 财经科学，2020(1)：106－119.

角度进行设计的，尤其关注儿童在贫困处境中受到的影响。值得注意的是，在“暖心宅急送”个性化精准帮扶试点项目中，这些深度贫困人群无论是在贫困的成因还是在贫困的压力应对方面，都呈现出多维的特征。

从贫困的成因来看，在2018年的80户深度贫困人群中，因病致贫的有16户，因残致贫的有52户，其他类型的有12户。其中，因病致贫的16户贫困家庭的情况如表2.1所示，因残致贫的52户贫困家庭的情况如表2.2所示，12户其他类型的贫困家庭的情况如表2.3所示。

表2.1　因病致贫家庭中服务对象基本情况表

疾病名称	户数/户	疾病名称	户数/户	疾病名称	户数/户
白血病	2	癌症	4	肺结核	1
颅脑损伤	1	尿毒症	3	肾病、肾结石	2
脑出血	1	类风湿关节炎、慢性病	2		

表2.2　因残致贫家庭中服务对象基本情况表

残疾类型	户数/户	残疾类型	户数/户	残疾类型	户数/户
肢体残疾	18	智力残疾	17	精神残疾	11
听力残疾	3	多重残疾	3		

表2.3　其他类型的贫困家庭中服务对象基本情况表

类　型	户数/户	类　型	户数/户	类　型	户数/户
单亲丧偶	4	孤老	6	体弱无工作	2

事实上，因病致贫、因残致贫以及因其他原因致贫只是贫困人群的分类标准，真正造成这些深度贫困人群贫困的原因则是多维的，因此，这些深度

贫困人群常常面临多方面的生活压力和挑战。首先，无论是因病致贫、因残致贫还是因其他原因致贫，这些深度贫困人群都面临共同的困难，即生计问题，包括生活物资的缺乏、营养的不足、家庭照顾的欠缺、居住环境较差等。其次，因病致贫的深度贫困人群在日常生活中通常存在疾病就医、保健、照护、疾病管理、用药管理等方面的困难，而因残致贫的深度贫困人群则存在身体康复、生活照料、居家安全、社会交往等方面的困难，因其他原因致贫的深度贫困人群则主要面临养老照顾、精神慰藉等方面的困难。特别是多重贫困人群，他们面对着生活中多方面的严峻挑战。此外，有子女教育需要的深度贫困家庭，还需要面对子女课业辅导、同伴交流、子女就学、亲子教育等方面的困难。正是这些深度贫困人群面临的多维性贫困，使得深度贫困脱贫攻坚社会工作实践不仅需要处理物质方面的困难，而且还需要根据每户深度贫困家庭面临的具体困难采取个性化的综合服务策略，协助深度贫困家庭提升整个家庭的贫困问题应对能力。

值得注意的是，由于“暖心宅急送”个性化精准帮扶试点项目的服务对象长期处于贫困的生活状态中，他们通常缺乏摆脱贫困生活的改变动力和意愿，甚至有些还习惯于目前的生活安排，态度消极被动。而且在目前的农村生活中，很多互助关系是建立在血缘和宗亲关系上的，对于接受农村低保支持的深度贫困家庭来说，他们可利用的改变目前贫困生活状态的资源就十分有限，这也是妨碍这些深度贫困人群摆脱贫困的重要影响因素。

三、返贫风险高

尽管政府针对深度贫困人群提供低保、救助等政策保障，帮助他们解决日常生活中面临的物质保障问题，但是在实际生活中，这些深度贫困人群在个人和家庭层面常常还会遇到如患病就医、人际冲突或者突发意外事件等因素的影响。[①] 而这些深度贫困人群由于自身抵抗意外风险的能力比较弱，又存在社会支持不足的困难，导致一旦遭遇意外的风险，他们往往很难仅仅依靠自身的力量解决面临的困难，因而，这些日常生活中的风险极容易导致这些深度贫困人群的生活水平直接降到贫困标准线以下，出现返贫的现象。[②③]

在"暖心宅急送"个性化精准帮扶社会工作试点项目中，像患有慢性病、重症以及精神残疾等的深度贫困人群由于自身疾病的影响，在日常生活中随时需要面对疾病变化的挑战，而一旦这些疾病出现变化，就会使本已非常脆弱的深度贫困家庭陷入就医、治疗、保健、照护等额外费用的支出和负担中，导致重新返贫的风险提高。因此，在深度贫困脱贫攻坚实践中，社会工作者就需要关注这些深度贫困人群的返贫风险，不仅需要帮助他们提高他们在日常生活中的问题解决能力，而且需要帮助他们做好日常生活中的风险预防工作，特别是突发意外事件的及时应对以及跟进服务安排。

四、代际传递风险高

"暖心宅急送"个性化精准帮扶试点项目中的这些深度贫困人群是高风险的社会弱势人群，任何突发意外事件不仅容易让他们再次返回到贫困生

① 徐小言，钟仁耀. 农村健康贫困的演变逻辑与治理路径的优化[J]. 西南民族大学学报(人文社科版)，2019，40(7)：199－206.

② 胡原，曾维忠. 稳定脱贫的科学内涵、现实困境与机制重构——基于可持续生计-脆弱性-社会排斥分析框架[J]. 四川师范大学学报(社会科学版)，2019，46(5)：121－128.

③ 周迪，王明哲. 返贫现象的内在逻辑：脆弱性脱贫理论及验证[J]. 财经研究，2019，45(11)：126－139.

活状态中，而且也容易让他们的子女陷入贫困的怪圈中。造成这种贫困代际传递的现象的原因有：① 这些深度贫困家庭的父母往往把大部分时间和精力放在如何维持最基本的家庭生活保障上，对于事关子女长远发展的营养、健康和教育等方面的投入严重不足，这样就造成贫困家庭的子女在身体健康、教育发展等方面缺乏竞争力，明显落后于同龄人；即使有些深度贫困家庭的父母愿意把时间和精力花在子女身上，但是因为受教育程度较低的限制，无法与其子女进行顺畅的沟通交流。② 这些深度贫困家庭的父母的亲职教育能力有限，在面对子女学业或者成长问题时往往找不到合适的解决方法，容易引发亲子之间的冲突，尤其是对于身处青春期的子女，这些深度贫困家庭的父母时常感到力不从心。③ 这些深度贫困家庭一旦在家庭沟通交流中形成贫困文化，就很容易对子女的成长造成不良的影响，甚至产生贫困的亚文化，在心理、价值等层面给子女灌输一种消极的生活态度，减弱子女改变贫困生活的动力，形成恶性循环的贫困陷阱。不过，尽管这些深度贫困家庭面临许多代际传递的不良因素的影响，但是同时，这些深度贫困家庭的父母也拥有希望子女能够摆脱贫困的强烈愿望。因此，针对这些深度贫困人群开展帮扶服务时，社会工作者就需要特别关注深度贫困家庭中的贫困代际传递风险，协助他们阻断贫困的代际传递。

第三节　深度贫困脱贫攻坚社会工作项目的具体执行过程

“暖心宅急送”个性化精准帮扶项目是 T 区民政局首次购买的关于深度

贫困人群社会工作服务的试点项目，因此，该项目的开展也是民政局与社会工作服务机构一起逐步探索的过程。社会工作服务机构在承接项目初期既需要参与到政府招投标的过程中，也需要与政府民政系统的纵向各层级部门确定未来合作对接的工作对象、工作内容，还需要评估服务的具体内容，设计服务框架。

一、社会工作项目招投标过程

"暖心宅急送"个性化精准帮扶社会工作服务试点项目是通过政府公开项目招标的流程来确定承接方的。在政府确定实施项目购买之后，社会工作服务机构申请参与项目的竞标，通过竞争，最后确定其中适合的社会工作服务机构承接"暖心宅急送"个性化精准帮扶试点项目。具体而言，社会工作服务项目的招标过程通常需要经过以下六个步骤：

第一步，公布。T区民政局通知发放"G街道'暖心宅急送'个性化精准帮扶社会工作服务项目"政府采购磋商文件，社会工作服务机构则根据政府采购磋商文件的要求做好投标的准备。

第二步，竞标。社会工作服务机构提交项目计划书以及政府采购磋商文件所要求的相关材料，进行现场竞标。项目计划书主要用于投标，需依据对该类人群的服务经验以及政府采购磋商文件的服务要求撰写。根据相关要求，项目竞标需要三家或三家以上服务机构参与，否则竞标无效。

第三步，签约。社会工作服务机构中标后，由T区民政局进行网上公示。之后，若各方均无异议，双方开始签订项目合同。

第四步，对接。中标后，社会工作服务机构需要主动对接民政局以及项目实施所在的街道，了解该项目的服务对象的情况。同时，项目实施所在街道需通知项目落地的6个村提交低保困难家庭名单，并选取其中的80户作为“暖心宅急送”个性化精准帮扶社会工作项目的服务对象（以2018年的服务为例）。如果提交的名单中的低保困难家庭的数量少于80户，则增加边缘人群，如低收入家庭等；如果超过80户，则由社会工作服务机构进行筛选。

第五步，筛选。项目落地的6个村（ZD村、TDX村、ZG村、YT村、XK村和TXX村）共提交了104户低保困难家庭名单。社会工作者首先对这些低保困难家庭进行分类，按照家庭面临的主要困难分为因病致贫家庭、因残致贫家庭及因其他原因致贫家庭三大类；然后，社会工作者在村委会和民政部门工作人员的带领下进入每一个村庄，选取名单中的一两户家庭[①]进行入户访视，了解每个村的低保困难家庭的基本生活状况。完成入户访视之后，社会工作者再与村委会和民政部门工作人员一起协商，进行服务对象的筛选。为了保障社会工作专业服务的顺利开展，筛选工作主要依据三项原则来展开：① 患有严重的精神疾病并且病情不稳定需要药物治疗的，不作为该项目的服务对象；② 不愿意接受社会工作服务，或者已经搬家不住在该村的，也不作为这个项目的服务对象；③ 无法与户主取得联系，或者无法确认目前生活状况的，也不作为这个项目的服务对象。

第六步，提交。在村委会的协助下，社会工作者筛选完服务对象之后，需要向服务对象所属的街道、民政局提交该项目的服务对象名单，并且开始着手开展项目的落地工作，准备入户的需求评估和服务项目书的撰写。

---

① 由村委会及民政工作人员提供入户访视名单。

二、社会工作服务机构与政府部门的对接工作

在完成政府购买项目的招投标流程之后，承接项目的社会工作服务机构就需要进入工作对接的阶段。在这一阶段，社会工作服务机构需要主动联系实施项目购买的区民政局、项目落地的街道以及村委会，与其进行沟通协商，对接具体的项目服务任务。

1. 与民政局的对接工作

社会工作服务机构需要与实施项目购买的T区民政局进行对接。

（1）对接方式

① 线上。社会工作服务机构主要通过微信群和钉钉App等线上方式与民政局对接工作。微信群通常用于服务方面的内容和想法的交流与互动，包括与其他利益相关方如街道、村委会等负责人的交流。钉钉App则主要用于服务项目的监管和材料报送，包括入户打卡、项目材料上传以及民政部门有关政策材料的上传等。

② 线下。同时，社会工作服务机构还需要与民政局进行面对面的线下交流，包括每月一次的项目单线交流、每季度一次的相关类型项目的集体交流以及阶段性的项目工作情况汇报。

（2）对接内容

① 服务计划的对接。社会工作服务机构需要每周向民政局提交项目计划表，计划表的具体内容主要包括两部分：一是这一周针对深度贫困人群的服务计划和具体的活动安排；二是下一周的服务计划。

② 服务内容的对接。这方面的对接工作主要包括社会工作服务机构的

相关负责人每月至少到民政局一次，与负责项目管理的工作人员直接沟通交流项目执行情况，提出项目执行过程中遇到的困难以及需要民政局提供的支持。此外，社会工作服务机构每月 2 号前需要完成项目月简报的制作，并且携带纸质版的月简报与民政局负责项目管理的工作人员进行面对面的交流。

2. 与街道的对接工作

社会工作服务机构需要与 G 街道项目负责部门的街政办对接，对接过程中，主要涉及街道街政办主任以及政府购买项目的工作对接人。对接交流的方式主要是线下沟通，交流的内容主要涉及项目的进度、开展状况以及服务中遇到的具体困难。

（1）对接方式

线下为主。社会工作服务机构主要采取线下沟通交流的方式，及时向相应对接人汇报项目服务的进展，并且与其就受助的深度贫困人群面临的现实问题探讨解决的方法，咨询针对深度贫困家庭的相关政策。

（2）对接内容

① 项目月简报的提交。社会工作服务机构需要每月定期向街道的项目对接人提交电子版的项目月简报，让街道及时了解项目的开展情况。

② 服务问题的处理。社会工作服务机构需要每月至少到街道街政办一次，与项目的工作对接人进行面对面的交流，除了及时提交纸质版的项目月简报之外，还需要就项目服务时遇到的政策问题向街道项目对接人以及街道其他部门的相关工作人员了解相关政策情况；对于街道反映的受助深度贫困家庭的状况，社会工作服务机构需要及时跟进，并且做好与街道的沟通工作。

3. 与村委会的对接工作

社会工作服务机构需要与项目落地的村委会对接工作。社会工作服务机构主要采取线下交流的方式与村委会的项目工作对接人进行沟通，并对项目服务中的具体环节和活动安排展开讨论。

(1) 对接方式

线下为主。社会工作服务机构需要与村委会的项目工作对接人就具体的项目服务安排进行沟通，如何时进行入户访视、如何向村民介绍自己的工作身份、如何回答村民在服务过程中提出的政策方面的问题，以及如何协同村委会一起帮助深度贫困家庭解决日常生活中的实际困难等。

(2) 对接内容

① 项目月简报的报送。社会工作服务机构需要每月定期向村委会的项目工作对接人报送电子版的项目月简报，并且及时做好解释工作，让村委会的项目工作对接人准确了解项目的进展以及服务的具体安排。

② 协同工作的安排。社会工作服务机构需要与村委会的项目工作对接人直接确认协同工作部分是否有误。尤其是首次入户访视，社会工作服务机构需要提前与村委会的项目工作对接人取得联系，沟通入户探访的安排和流程，确认无误后，在村委会项目工作对接人的带领下入户。平时入户时，社会工作服务机构也需要与村委会的项目工作对接人联系，做好信息的及时沟通。此外，在服务过程中，社会工作服务机构也需要把受助的深度贫困家庭的表现及时反馈给村委会的项目工作对接人，特别是当受助的深度贫困家庭遇到一些生活变故时，社会工作服务机构还需要与村委会一起做好跟进服务。

三、团队组建

在与民政局、街道以及村委会对接服务的过程中，社会工作服务机构同时还需要组建服务项目的工作团队，团队的人员包括服务项目的主管、服务项目的一线社会工作者、服务项目的志愿者以及服务项目的专业督导等。尤其是这种针对深度贫困家庭的服务，因为遇到的问题可能涉及生活的很多方面，更需要采取团队工作的方式，以便能够针对深度贫困家庭的多方面需求开展精准的综合专业服务。这样的工作团队涉及两方面的资源整合。

一是服务项目工作团队与基层政府工作团队的整合。社会工作服务机构组建了服务项目的工作团队之后，就需要与项目落地的6个村的村委会取得联系，整合主要由村委会项目工作对接人组成的基层工作团队的力量。实际上，T区民政局在项目开始实施的时候就清晰地认识到，深度贫困家庭的服务涉及生活的方方面面，尽管政府通过购买项目引入了社会工作专业服务，但是这并不意味着来自基层政府的工作者就可以退出精准帮扶的第一线，而需要采取不同于传统的多团队综合服务的方式，让基层政府工作团队与社会工作专业团队各自发挥自己的长处，相互取长补短。为此，T区民政局在服务项目实施之初，就明确规定项目落地的6个村的村委会除了需要监督服务项目的执行之外，还需要参与服务项目的执行，并且通过民政局组织的项目推荐会组建6个项目落地村的基层工作团队。这样，在服务项目的实施过程中，社会工作专业团队就可以与基层政府工作团队进行双向的互动交流：一方面将专业服务开展过程中遇到的困难及时反馈给政府基层工作团队，争取获得政府有关部门的支持和帮助；另一方面及时了解政府基层工作团队掌握的信息，做好服务的落实和跟进工作，真正实现基层社会治理的转型。

二是服务项目工作团队与志愿者团队（社会志愿者）的整合。在项目开展过程中，社会工作服务机构的项目工作团队绝不能“单打独斗”，仅仅依靠自己的专业工作团队的力量帮助深度贫困家庭，这样做不仅不利于充分发掘深度贫困家庭以及社区拥有的资源，而且更为重要的是，也不利于深度贫困家庭自助互助能力的提升，无法真正实现深度贫困家庭的心理脱贫。为此，服务项目的社会工作专业团队需要将深度贫困家庭的解困帮扶与家庭、邻里和社区资源的挖掘联系起来，如链接志愿者和爱心单位等，包括曾经的服务对象、社区志愿者、大学生志愿者、机关事业单位的党员志愿者、慈善会的义工以及爱心商家等，在促进深度贫困家庭改善的同时，加强邻里和社区的互助，从而为深度贫困家庭的改变提供更多的机会和更好的支持环境。从社区层面而言，服务项目的社会工作专业团队通过这样的整合，能够将特定的针对深度贫困家庭的“暖心宅急送”个性化精准帮扶服务延伸到社区层面，带动村民参与社区活动和社区服务，促进社区基层治理的转型。

此外，值得注意的是，由于像这样的深度贫困家庭的社会工作实践涉及生活的很多方面，而且探索性很强，因而需要组建服务项目的督导团队和实务研究团队。督导团队的组建是为了保障深度贫困家庭社会工作实践的专业性，提升专业服务的品质，而实务研究团队的组建则是为了更有效地应对社会工作专业实践过程中出现的新情况，帮助服务项目的一线社会工作者在这样的新情况中找到有效的应对办法。此外，通过实务研究团队的跟进，服务项目的经验就能够得到及时的总结和提炼，让服务项目的一线社会工作者边做边学习，边学习边做，在专业实践中得到锻炼和成长。

四、对象识别

由于“暖心宅急送”个性化精准帮扶试点项目涉及的服务人群比较多，不仅有贫困者，还包括其照顾者、其他家庭成员以及参与专业服务的其他相关方，如邻里、社区志愿者团队以及其他社会组织等。就一般情况而言，在识别服务项目的帮助对象时，可以根据服务的关注度将他们分为重点服务人群和相关服务人群。重点服务人群是整个服务项目关注的重点，也是整个服务项目的目标人群，服务项目是否有成效也需要以他们的改变为考察焦点。而相关服务人群则是在服务项目执行过程中为了推动重点服务人群改变而需要对其施加影响的服务人群。尽管他们不是服务项目重点关注的对象，但也是整个服务项目实施过程中不可缺少的需要服务的对象。

1. 重点服务人群

“暖心宅急送”个性化精准帮扶试点项目的重点服务人群是经T区民政局和G街道在2018年认定，并且愿意接受社会工作专业服务的80户农村低保家庭。这些重点服务人群的家庭具体包括：遭遇重大疾病打击的家庭、成员身有残疾而且难以康复的家庭，以及特困人员家庭等。由于这些重点服务人群摆脱贫困的意愿和在生活中面临的返贫风险不同，因此，服务项目的社会工作专业团队还需要依据改变意愿和返贫风险这两项指标对这些重点服务人群进行进一步分级分类。这样，这些重点服务人群就可以以家庭为单位，被划分为危机、重点和一般三个服务层级。其中，危机服务层级的家庭服务层级最高，需要社会工作者的密切关注，因为这种家庭正处于返贫的高风险中，随时有可能发生使整个家庭重新陷入贫困的极端情况和危机事件。因此，社会工作者的服务重点应放在高风险事件的处理和危机事件的预防上，目的是降低这种家庭的返贫风险。重点服务层级的家庭服务层级居中，这种家庭返贫的风险不是很高，但是改变的意愿和改变的能力都比较强，因此，这种家庭是社会工作者开展专业服务时关注的重点，也是整个服务项目中最容易出现正向改变成效的家庭。一般服务层级的家庭服务层级最低，尽管这种家庭的返贫风险不高，但是其改变的意愿也不强，如果强迫这种家庭做出改变，不仅耗费的资源比较多，而且服务成效也不明显，甚至还很容易产生服务关系的紧张，妨碍服务项目的稳定推进，因此，针对这种家庭，社会工作者主要采取持续跟进的方式，做好服务关系的维护，及时了解他们的生活变化，以便能够深入发掘他们的改变机会。

显然，在三个服务层级中，重点服务层级的家庭是整个项目重点服务人群中的重点，也是整个服务项目推动深度贫困家庭产生内生性改变动力的关键。针对这种家庭，服务项目的社会工作专业团队也就需要做进一步的分类，根据他们在改变过程中面临的主要困难，可以将重点服务层级的家庭分为以下四种类型：因病的重点服务层级家庭是指那种改变困难主要集中在疾病治疗和健康保健方面的重点家庭；因残的重点服务层级家庭面临的主要困难表现为残疾的康复和照顾；其他类型的重点服务层级家庭则是指因孤寡或者其他原因导致生活困难的重点家庭；有子女教育要求的重点服务层级家庭面临子女教育的困难，他们通常不愿意看到自己的子女也像他们那样面临多重生活困难，因此，他们改变的意愿要比一般深度贫困家庭强得多。

2. 相关服务人群

深度贫困人群是“暖心宅急送”个性化精准帮扶试点项目的重点服务人

群，与这一重点服务人群相关联并且能够给深度贫困人群的生活改变提供必要支持的其他人群，就是相关服务人群。例如，邻里、亲友、爱心人士以及社区志愿者和村委会干部等，这些相关服务人群不仅是重点服务人群生活环境的重要组成部分，在服务项目实施过程中，他们能够推动重点服务人群发生积极的改变，而且他们本身也能够在服务项目实施过程中获得成长，从而与重点服务人群的改变形成积极互构的关系。因此，相关服务人群也是“暖心宅急送”个性化精准帮扶试点项目的服务人群之一，并且不可忽视，否则，“暖心宅急送”个性化精准帮扶试点项目就会变成“给予—接受”这种单纯的帮扶救济项目，丢失了社会工作“助人自助”的核心特色。

由于相关服务人群与重点服务人群的关系不同，因而就会对重点服务人群产生不同的影响。根据这样的不同影响，可以将相关服务人群分为非正式支持的相关服务人群和正式支持的相关服务人群。前者与重点服务人群的交往更为紧密，能够在日常事务和情感方面给予重点服务人群重要支持；后者与重点服务人群的交往更为正式，能够给予重点服务人群政策和资源方面的重要支持。值得注意的是，无论是非正式支持的相关服务人群还是正式支持的相关服务人群，对于重点服务人群来说，他们都是必不可少的，特别是对于身陷多重生活困难的深度贫困家庭来说，他们既需要日常的帮助和情感支持，也需要政策的支持和物质的帮扶。

五、需求评估

由于深度贫困人群的问题涉及日常生活的多个方面，而且这些方面又常常相互交错在一起，无法单独地割裂开来进行评估。因此，针对“暖心宅急送”个性化精准帮扶试点项目的深度贫困家庭(重点服务人群),就需要从多个维度对他们的需求状况进行评估,以便准确了解他们的成长改变要求和面临的生活挑战。这种多维度的需求评估不仅涉及深度贫困家庭自身面临的困难和挑战,而且也涉及应对这些困难和挑战的能力与资源,是一种“能力—资产”导向的需求评估。

1.“能力—资产”导向的需求评估

尽管这种“能力—资产”导向的需求评估把能力和资产分成了两个完全不同的部分来介绍(能力侧重于深度贫困家庭自身拥有的内部改变的条件,而资产则侧重于深度贫困家庭外部环境中存在的改变条件),但是实际上,这两个方面有时很难区分,因为任何内部能力的运用都需要一定的外部资源作为条件,而外部资源的运用又离不开人们自身拥有的内部能力。更为重要的是,这两者在实际生活中是相互影响、相互促进的。这里,为了介绍的方便,我们将能力和资产分割开来。

(1) 能力导向

之所以对深度贫困家庭的能力进行评估,是因为:第一,即使这些深度贫困家庭在日常生活中深陷多重困难,但是他们仍拥有一定的应对这种贫困处境的能力,如果不把这些能力发掘出来,就会出现“越帮越穷”的现象,根本无法实现深度贫困家庭内生性改变动力的增长;第二,将需求评估聚焦于深度贫困家庭的能力,聚焦于那些他们能做的事情上,就可以推动深度贫困家庭中的成员从相互抱怨、相互指责转向相互支持、相互配合,一起寻找日常生活中可以做得更好的事情上,哪怕是一点点小事,都能减轻一些生活中的压力,避免他们重新陷入相互指责的怪圈中;第三,作为社会工作者,如果把需求评估的焦点放在深度贫困家庭的能力上，就可以避免与深度贫困家庭建立一种传统帮扶的“给予—接受”的依赖型的服务关系，而是能够与深度贫困家庭培养起一种合作的服务关系，一起行动，寻找日常生活中的可改变之处。当然，这并不意味着社会工作专业团队不关注深度贫困家庭实际困难的解决，而是强调一种能够促进深度贫困家庭参与的解决实际困难的方式。

显然，这里所说的能力导向实际上是一种促进深度贫困家庭参与、发挥深度贫困家庭能力的需求评估方式，其核心假设是：人们在现实的生活困难面前只有找到有效的应对办法，才能推动现实生活的改变。这样，评估深度贫困家庭在多重生活困难面前的应对能力，就成为深度贫困家庭寻求成长改变的现实基础。一旦脱离了这样的现实基础，哪怕人们能够全面了解深度贫困家庭面临的问题，也无法精准施策，无法带动深度贫困家庭发生积极的改变。因此，可以说，这里的能力导向的需求评估是一种聚焦于深度贫困家庭改变事实的精准评估，目的是实现精准施策。

（2）资产导向

针对深度贫困家庭，除了需要进行“能力导向”的需求评估之外，社会工作专业团队还需要考察深度贫困家庭所在社区的资产状况，进行“资产导向”的需求评估。与“能力导向”的需求评估不同，“资产导向”的需求评估聚焦于深度贫困家庭的外部环境，了解社区中存在哪些资源可以运用于深度贫困家庭的生活改善，以及这些深度贫困家庭的资源运用状况。这样，社会工作专业团队在开展需求评估时，就需要深入考察这些深度贫困家庭的社会支持状况：① 深度贫困家庭所拥有的非正式支持，如亲友、邻里、社区热心人士、志愿者等，能够帮助深度贫困家庭解决面临的日常生活照料和情感支持等方面的问题；② 深度贫困家庭所拥有的正式支持，如社会组织、企事业单位、社区等，能够帮助深度贫困家庭减轻生活中面临的经济、物质、专业服务等方面的压力；③ 深度贫困家庭所能获得的政策支持，如低保、大病救助、教育救助等，能够为深度贫困家庭提供生活的“兜底”保障。值得注意的是，之所以针对深度贫困家庭开展“资产导向”的需求评估，是因为：第一，深度贫困家庭任何能力的运用都需要一定的社会支持作为条件，只有挖掘到合适的“资产”，提供有力的外部支持，深度贫困家庭的能力运用才有了现实的生活基础；第二，深度贫困家庭的能力是动态发展的，需要借助能力的运用和学习过程才能获得成长，因此，深度贫困家庭也就需要通过能力与资源结合提供的学习机会来促进自身的成长；第三，深度贫困家庭只有在能力运用的过程中才能了解现实生活的要求，从而更好地认识自己，学会深入挖掘自身拥有的潜力，提升个人在现实生活中的自主性。

因此，将“能力”与“资产”结合在一起对深度贫困家庭开展需求评估，其目的并不是把“能力”和“资产”这两个方面的优势加在一起，而是采取“人在情境中”这一人与环境协同改变的视角来考察深度贫困家庭的成长改变要求，以便为深度贫困家庭的成长改变找到现实的生活基础以及有效的改变路径。显然，对于深度贫困家庭这样面临多重困难的人群来说，“能力—资产”导向的需求评估框架尤为重要，因为这样的社会弱势人群成长改变的内生性动力不足，他们更需要借助一定的外部社会支持，才能带动自身的成长改变的发展要求。当然，就返贫风险的预防而言，加入“资产”需求评估的内容，更能够帮助深度贫困家庭抵御日常生活中出现的各种返贫风险。

2. 需求评估与服务实施同步的入户登记表

实际上，“能力—资产”需求评估除了将深度贫困家庭的“能力”和“资产”结合起来进行综合评估之外，还需要改变人们一直以来把需求评估与服务实施分割开来的服务理念。需求评估与服务实施同步的做法既可以增强需求评估与服务实施的匹配性，让两者的关系能够清晰呈现出来，以便在服务过程中根据服务实施的状况和成效进行及时有效的调整，也可以减少过度需求评估的风险，让社会工作专业服务能够直接聚焦于深度贫困家庭的改变，进而围绕这一核心提高专业服务的效率。

(1)“一户一档、一档一案”的服务设计

由于深度贫困家庭的致贫因素有很多，因此，社会工作专业团队在开展服务时就不能只考察自己能够做什么，还需要结合深度贫困家庭的整个现实生活状况，综合分析深度贫困家庭的现实需求，提出个性化的综合服务方案，对每一户深度贫困家庭进行建档建卡，保证“一户一档、一档一案”。这样，社会工作专业团队就能够紧紧依据需求评估开展专业服务，让深度贫困家庭的精准帮扶服务具有针对性和综合性，真正做到个性化的精准评估和精准施策。不过，需要特别注意的是，这里所说的“一户一档、一档一案”并不是指开展一次需求评估之后就确定了服务方案并一直按照这个方案执行到案例的结束，而是采取“即时评估，即时服务”和“即时服务，即时评估”的动态跟进方式来开展服务。这样做，一方面能够保证服务的针对性和及时性，帮助深度贫困家庭应对日常生活中随时可能出现的问题和风险；另一方面，能够增强服务的综合性和有效性，提升深度贫困家庭在日常生活中应对多重生活困难的能力，避免顾此失彼。

在“暖心宅急送”个性化精准帮扶试点项目中，这种需求评估与服务实施同步的“一户一档、一档一案”的服务设计包括以下几个具体步骤。

第一步，根据贫困中的能力与资产设计深度贫困家庭入户访视需求评估表。

第二步，寻找因病致贫、因残致贫、有子女教育需要、因其他原因致贫的典型深度贫困家庭（每一种类型选取一个典型）。

第三步，对选取的典型深度贫困家庭进行试点调查，修正需求评估表。

第四步，对每户深度贫困家庭开展入户访视需求评估，并且根据需求评估表统计每户深度贫困家庭的相关服务需求，同时设计和实施每户深度贫困家庭的个性化综合服务方案。

在实际的服务中，社会工作专业团队需要根据每户深度贫困家庭每次个性化综合服务方案的实施情况填写入户访视登记表，以便实施项目服务的动态持续跟踪管理。入户访视登记表的基本内容安排如下：

第一部分：深度贫困家庭的一般信息。

第二部分：深度贫困家庭的贫困中的资产（家庭基础部分）（资产；服务）。

第三部分：深度贫困家庭的贫困中的能力（需求；服务）。

第四部分：深度贫困家庭的贫困中的资产（社会支持部分）（资产；服务）。

第五部分：深度贫困家庭的日常生活安排（需求；服务）。

把上述五个部分的内容整合起来，就能够形成一份“‘暖心宅急送’个性化精准帮扶试点项目社工入户访视登记表”。这一表格的具体内容见表2.4。

表 2.4　G 街道“暖心宅急送”个性化精准帮扶试点项目社工入户访视登记表

编号：________

<table>
<tr><td>姓名</td><td></td><td>性别</td><td></td><td>年龄</td><td></td><td>群体类别</td><td></td></tr>
<tr><td>文化程度</td><td></td><td>联系方式</td><td colspan="2"></td><td>住址</td><td colspan="2"></td></tr>
<tr><td rowspan="4">家庭成员</td><td>姓　名</td><td>关系</td><td>年龄</td><td>文化程度</td><td>工作</td><td colspan="2">备　　注</td></tr>
<tr><td></td><td></td><td></td><td></td><td></td><td colspan="2"></td></tr>
<tr><td></td><td></td><td></td><td></td><td></td><td colspan="2"></td></tr>
<tr><td></td><td></td><td></td><td></td><td></td><td colspan="2"></td></tr>
<tr><td>主要致贫原因</td><td colspan="7">(1) 因病________;(2) 因残________;
(3) 因灾/突发事件________;　(4) 其他________</td></tr>
<tr><td rowspan="3">资产（家庭基础部分）</td><td colspan="7">贫困状况</td></tr>
<tr><td>家庭主要收入来源</td><td colspan="2"></td><td rowspan="2">预估服务</td><td colspan="3" rowspan="2">☐ 经济援助　☐ 住房申请
☐ 居家环境改善　☐ 其他_____</td></tr>
<tr><td>居家环境</td><td colspan="2"></td></tr>
<tr><td rowspan="13">能力</td><td colspan="7">就业状况</td></tr>
<tr><td rowspan="3">就业</td><td>困难</td><td></td><td rowspan="3">预估服务</td><td colspan="3" rowspan="3">☐ 就业渠道　☐ 职业规划
☐ 就业技能培训　☐ 职业技能培训
☐ 职场准备　☐ 法律指导
☐ 创业信息获取及创业支持
☐ 其他________</td></tr>
<tr><td>能力</td><td></td></tr>
<tr><td>期待</td><td></td></tr>
<tr><td colspan="7">健康状况</td></tr>
<tr><td>疾病情况</td><td colspan="2">☐ 尿毒症　☐ 癌症_____
☐ 中风_____　☐ 残疾_____
☐ 其他_____</td><td rowspan="3">预估服务</td><td colspan="3" rowspan="3">☐ 陪伴就医
☐ 健康保健指导(饮食安排)
☐ 用药指导　☐ 情绪管理
☐ 情感支持　☐ 替代照顾
☐ 减压活动指导　☐ 医疗政策指导
☐ 经济援助________</td></tr>
<tr><td>疾病治疗和用药情况</td><td colspan="2"></td></tr>
<tr><td>健康照护情况（睡眠、饮食、保健……）</td><td colspan="2"></td></tr>
<tr><td colspan="7">家庭子女教育情况</td></tr>
<tr><td rowspan="3">家庭子女教育</td><td>就学状况</td><td></td><td rowspan="3">预估服务</td><td colspan="3" rowspan="3">☐ 经济资助　☐ 教育规划辅导
☐ 学业辅导　☐ 亲子教育指导
☐ 升学指导　☐ 亲职教育指导
☐ 师友配对</td></tr>
<tr><td>学习困难</td><td></td></tr>
<tr><td>学习能力</td><td></td></tr>
</table>

续　表

<table>
<tr><td rowspan="9">资产（社会支持部分）</td><td colspan="5">非正式支持</td></tr>
<tr><td>照顾类型</td><td colspan="2">□ 自我照顾　□ 配偶照顾
□ 亲属照顾________
□ 子女照顾________
□ 其他________</td><td rowspan="4">预估服务</td><td rowspan="4">□ 照顾技能提升
□ 照顾者支持小组
□ 兴趣培养小组
□ 志愿服务
□ 团体活动
□ 人际交往培训</td></tr>
<tr><td>次要照顾者</td><td colspan="2"></td></tr>
<tr><td rowspan="2">日常交往群体</td><td>主要交往群体</td><td></td></tr>
<tr><td>交往情况</td><td></td></tr>
<tr><td colspan="5">正式支持</td></tr>
<tr><td rowspan="3">日常来往的政府单位</td><td>已有政策支持</td><td>□ 村/居委会____
□ 工会____
□ 妇联____
□ 残联____
□ 社会组织____
□ 其他____</td><td rowspan="3">预估服务</td><td rowspan="3">□ 协助申请资源　□ 政策解读
□ 协助整理资料　□ 外出交通
□ 失败经验处理
□ 争取政策支持________</td></tr>
<tr><td>寻找政策的尝试与困难</td><td></td></tr>
<tr><td>期望</td><td></td></tr>
<tr><td rowspan="3">家庭日常（一日）生活安排</td><td>上午</td><td colspan="2"></td><td rowspan="3">预估服务</td><td rowspan="3">服务时间安排
□ 上午
□ 下午
□ 晚上</td></tr>
<tr><td>下午</td><td colspan="2"></td></tr>
<tr><td>晚上</td><td colspan="2"></td></tr>
</table>

值得注意的是，G街道“暖心宅急送”个性化精准帮扶试点项目社工入户访视登记表并不是一开始就成形的，而是经过两年多的实践摸索逐渐完善的，像“能力”需求评估中的就业状况、健康状况以及家庭子女教育状况这三项是带动深度贫困家庭改变的最重要的三个方面的动力，而“资产”需求评估中的家庭基础部分也是在实践中发现的。此外，了解深度贫困家庭日常（一日）生活安排是为了方便服务安排，以方便深度贫困家庭参与社会工作专业团队组织的活动。

（2）个案入户会谈记录表

根据“能力—资产”导向的需求评估框架，“暖心宅急送”个性化精准帮扶试点项目的社会工作专业团队需要从“能力”和“资产”两个方面做好深度贫困家庭个案入户会谈记录，以便能够及时、准确地呈现专业服务开展的具体过程，进而获得实际成效。个案入户会谈记录表具体包括六个部分的内容：第一部分，会谈的基本信息；第二部分，会谈的目标；第三部分，会谈的计划；第四部分，会谈的过程（服务内容和服务方式）；第五部分，目标完成情况及反思（包括完成部分和未完成部分的原因分析）；第六部分，下一步的计划方案。

① 个案入户会谈记录表的基本框架

第一部分，会谈的基本信息，包括会谈对象的姓名、年龄、性别以及会谈的地点和时间安排等。

第二部分，会谈的目标，即本次会谈希望达到的目标及程度，不仅需要涉及会谈对象的成长改变要求，同时还需要涉及家庭互动方式的改变诉求，特别是深度贫困家庭对危机事件的处置和风险的预防。

第三部分，会谈的计划，包括“3W＋1H”，即“谁（who）、对谁（whom）、开展什么内容的会谈（What）＋采用什么方式（How）”。

第四部分，会谈的过程，即社会工作者具体影响会谈对象及其家人的过程，包括会谈的内容、会谈技巧的运用和会谈对象及其家人的反馈。

第五部分，目标完成情况及反思，涉及对预定的目标是否完成以及完成的程度进行考察，同时，还需要进一步总结目标完成的经验，反思其中未完成部分没能完成的具体原因。

第六部分，下一步的计划方案。这是对接下来的个案入户会谈安排进行规划，主要包括两个方面：如何将成功的经验保持下去，维持已有的改变成效；如何从不成功的尝试中吸取失败的教训，找到更有效的应对办法，提高会谈的改变成效。

② 个案入户会谈记录表的填写要求

由于个案入户会谈的过程涉及较多信息，因此，社会工作专业团队在记录会谈信息时就要有所侧重，避免使自己陷入繁重的个案会谈记录的文书工作中，才能让自己将更多的精力集中于实际的专业服务上。为此，社会工作专业团队在记录个案入户会谈过程时就需要坚持以下一些基本原则。

第一，描述总体，突出重点。在对总体状况进行简要描述的基础上，选择个案入户会谈中的重点进行细致的介绍，例如，入户会谈中的突发事件或者入户会谈中的重要发现等，以便通过个案入户会谈的记录过程深挖会谈过程中的重要信息，拓展专业服务的可能空间。

第二，注重对话，呈现过程。针对个案入户会谈中的重点内容，采用对话式的记录方式，呈现当时的感受和想法等，以便能够在一种现实的生活交往中观察和理解专业服务的开展过程。除了能够提升社会工作专业团队在实践场景中的反思能力之外，这样做还能够方便社会工作专业团队在现实生活中找到专业服务得以拓展的空间。

此外，在目标完成情况及反思和下一步的计划方案这两部分内容中，社会工作专业团队需要围绕“怎么做”或者“怎么做将更有效”展开讨论，以便在现实的生活场景实践中寻找可以有效行动的办法，避免将行动策略的探讨转变成纯粹的原因分析。

3. 深度贫困家庭的基本需求

为了针对“暖心宅急送”个性化精准帮扶试点项目中的深度贫困家庭设计社工入户访视登记表和规划各项服务活动的安排，服务项目的社会工作专业团队通过走访T区G街道的街道办事处、6个村的村委会和80户深度贫困家庭以及需求问卷调查了解到，这些深度贫困家庭面临的基本需求主要包括以下几个方面。

(1) 就业需求

这些深度贫困家庭的生活状况不容乐观，他们在满足生活必需的同时，还常常需要支付一笔较大的教育和医疗费用开支，存在着改善家庭收入状况和获得就业信息机会的需求，这一需求占比达23%。在走访的80户深度贫困家庭中，适龄就学总人数为42人，其中包括幼儿园7人、小学18人、初中5人、高中或中专7人、大专及本科5人；家庭成员中至少一人患有严重疾病需要照顾的达16户，家庭成员中至少一人残疾需要照顾的有52户。因此，“暖心宅急送”个性化精准帮扶试点项目的深度贫困家庭主要面临三大需求：就业需求、健康照顾需求和子女教育需求。值得注意的是，这三个方面的需求密切相关，且原因都可以归结为这些深度贫困家庭的成员的文化水平普遍偏低、工作受限、收入不足，面对大额的医疗费用和子女就学费用明显入不敷出。

“现在年纪大了，去找工作，很多(用人单位)都说年纪太大了，不要。做看护不是固定的工作，像现在连看护工作也没有了，物业费都不知道能不能交上。”(资料来源于与服务对象LTC的访谈记录)

“现在身体得了病，每周需要去医院治疗3次，平时吃的很多药都要自己在外面买,不能刷医保卡,费用很高。我还是希望自己能够找到几份儿零活补贴点自己的医药费。"(资料来源于与服务对象 SYP 的访谈记录)

由于深度贫困家庭中的某些成员患的疾病通常是慢性病或者需要高额医疗费用支出的疾病,有时仅仅依靠自己医保卡的报销也远远不够,"自己现在吃的药单单靠刷自己的医保卡是远远不够的,现在我吃的药有很多都需要自费,不能报销"。(资料来源于与服务对象 LTZ 的访谈记录)

(2) 健康管理需求

这些深度贫困家庭健康照顾方面的需求主要来自两个方面:一方面是农村传统的劳作影响了他们的健康,导致他们的腰椎、胃、眼睛等部位普遍存在慢性疾病,这些慢性疾病受到季节变化、劳动时间、劳动频率等因素的影响,常常表现出阶段性发作的特点;另一方面是由于重大疾病或者肢体残疾造成的伤害,不仅影响他们的睡眠、饮食、情绪等日常生活的方方面面,极容易使他们出现其他并发症,而且他们常常不知道如何通过饮食方式的调整以及简单的保健运动来缓解身体的不适。

"我每周的周一、周三、周五都要去第二医院做透析,回到家里就会觉得有些累,也不喜欢锻炼,有时候晚上疼起来,很难入睡,只能坐着挨到天亮。"(资料来源于与服务对象 SYP 的访谈记录)

"七八年前,我因为胃穿孔做过手术,平常吃饭吃得很少,也不爱锻炼,每天就在家泡泡茶,看看窗外的风景。"(资料来源于与服务对象 LTC 的访谈记录)

可见,这些深度贫困家庭中的患者,一方面由于身体功能受损,另一方面由于不了解简单易行的保健运动,他们的日常生活功能严重受损,这极大地影响着他们对自己目前贫困生活状况改变的信心和能力。

（3）家庭照顾需求

由于这些深度贫困家庭中都有需要被照顾的成员，如重大疾病患者、残障人士或者孤寡老人等，因此，也就需要深度贫困家庭中身体状况好一些的成员来承担照顾的责任，成为家庭照顾者。通常而言，家庭照顾者有以下三种类型。① 配偶照顾者。这种类型的照顾由深度贫困家庭中的配偶来承担，他们不仅需要担负家庭的生计责任，同时还需要负责照顾家庭成员，无论是自己外出工作还是出行，都受到明显的影响；配偶照顾者的经验和精力直接影响着照顾的质量以及家庭成员的康复状况。② 父母照顾者。这种类型的照顾责任由深度贫困家庭的父母来承担，由于这类照顾者年龄偏大、精力有限，他们通常需要他人的支持和帮助。③ 子女照顾者。这种类型的照顾任务主要由深度贫困家庭的子女来负责，如果子女需要上学或者外出工作，他们的照顾时间和精力就会受限，他们通常也需要他人的支持和帮助。

“前段时间我身体不舒服，发烧了三四天，都是女儿在照顾我，她很懂事，现在自己都会做饭了。”（资料来源于与服务对象 WXJ 的访谈记录）

“儿子现在走路都困难，根本提不了重物，平时修车时都需要家人帮忙，要不然没办法工作。”（资料来源于与服务对象 CYM 的访谈记录）

对于深度贫困家庭来说，因病、因残或者因其他原因致贫，不仅意味着家庭中的体弱的成员需要一笔额外的治疗和康复费用，而且还意味着整个家庭需要承担照顾的责任，这同样也是深度贫困家庭面临的重要生活挑战，特别是对于其中有不止一位病患或者残疾成员的家庭来说，这一挑战更为严峻。

(4) 子女教育需求

在这些深度贫困家庭中，子女教育需求比较突出：一方面是因为这样的家庭收入比较低，就业不稳定，而且常常受疾病治疗和残疾康复等原因的影响，使得父母在家陪伴孩子的时间不稳定，有的甚至都没有多少空余时间与孩子交流；另一方面是因为这样的家庭文化程度普遍偏低，即使父母内心渴望能够多陪伴孩子，也时常因为不知道如何陪伴而放弃了与子女沟通交流的机会。一旦在家庭生活中发生冲突，父母常常采用粗暴的方式处理，影响孩子的健康成长。

"平时孩子在外上学，也不会打电话回家分享在校生活情况，周末回到家，也是和朋友出去玩，不愿意主动和我们说话。"（资料来源于与服务对象SYP的访谈记录）

"我家孩子闷闷的，几乎不和我们说话，很少看到他和同学一起玩，学习成绩也不好。我们没有什么文化，不知道怎么教，再说他也不听我们的。"（资料来源于与服务对象WZJ的访谈记录）

"女儿在一个烧烤店打工，平时工作情况怎么样也不会和我交流，也不愿意让我们到她工作的地方去找她。她下班时间比较晚，一回到家，就在房间里面玩手机，不和我们说话。"（资料来源于与服务对象LTH的访谈记录）

尽管缺乏子女教育技巧是很多家庭面临的挑战，不仅是深度贫困家庭的困扰，但是对于深度贫困家庭来说，这一问题更为突出，除了他们因自身文化水平受限而很难给孩子提供具体的指导之外，他们的特殊处境也容易使人们把他们的子女教育状况与家庭贫困联系起来，形成消极的"刻板印象"，甚至产生社会歧视。显然，这不利于深度贫困家庭生活状况的改善。

（5）生活环境改善需求

这些深度贫困家庭对于生活环境改善的需求比较突出，占比达16%。由于深度贫困家庭的特殊性，这些家庭中的主要劳动力常常出现“一人身兼数职”的情况，他们既是家庭的主要经济支柱，又是家庭病患或者残疾成员的家庭照顾者，有的甚至还是家庭生活的主要操持者，负责家人每天的三餐和家务的整理等。在这样沉重的生活压力下，这些深度贫困家庭往往无力顾及家庭环境的改善，导致家庭环境出现脏乱、昏暗、异味重等不良状况，这既不利于深度贫困家庭成员的身体健康，也不利于培养深度贫困家庭成员的改变意愿。

“我们入户探访了一些服务对象，他们的居家环境特别差，尤其第一次入户时，我们印象很深，服务对象家里的味道特别重，很难闻，我们觉得长期居住在这样的环境中肯定对身体健康有影响。”（资料来源于与社会工作者ZZZ的访谈记录）

“我感觉有些服务对象家里乱糟糟的、异味很重，吃饭用的勺子、锅铲、筷子什么的就放在洗手间旁边，蟑螂、老鼠在家里乱跑，整个家庭环境看上去很脏乱，很不卫生。”（资料来源于与志愿者CTT的访谈记录）

很显然，深度贫困家庭生活环境的改善已经不仅是一个环境卫生问题了，它同时涉及家庭病患和残疾成员的康复以及家庭其他成员的健康生活，甚至对深度贫困家庭成员的社会交往都有直接的影响。因此，服务项目的社会工作专业团队需要对此给予特别的关注。

（6）政策支持需求

面对多重生活困难，这些深度贫困家庭对自己可以享受到的政策保障并不完全了解。尽管街道、村委会、妇联等相关部门及组织会主动帮助符合资格的深度贫困家庭申请相关补助，但是由于深度贫困家庭自身对相关政策不了解，因此双方在交流过程中时常会出现一些误会，甚至会发生冲突，导致这些深度贫困家庭与村委会之间的关系紧张。对此，作为项目购买方的政府有关部门也希望社会工作专业团队能够在项目服务中为这些深度贫困家庭提供政策方面的咨询和宣传服务。

“听我的病友（另一个地区的病友）说，尿毒症可以申请残疾证，不清楚我们这边是否也可以申请。如果可以，我出门坐公交车就可以免费了，这样，我也可以省点钱。”（资料来源于与服务对象SYP的访谈记录）

“像现在这样租房子过日子也有4年多了，很快就满5年了，等天气凉点的时候，我想请你们过来一起讨论关于我申请保障性住房的事情和我以前租房子被骗的事情。”（资料来源于与服务对象ZJF的访谈记录）

实际上，在入户走访过程中，很多深度贫困家庭的要求都会涉及政策方面的咨询，这方面的需求不仅与这些深度贫困家庭的基本生活保障相关联，而且还影响他们对政府的信任以及参与服务项目的合作态度。更为重要的是，像“暖心宅急送”个性化精准帮扶这样的深度贫困家庭试点项目，关乎国家政策的执行和落实，因此，保证在政策允许的范围内开展专业服务是这类服务项目的核心要求之一。

（7）情绪疏导需求

这些深度贫困家庭的成员由于平时生活压力比较大，再加上自身身体健康状况不佳等原因，常常表现出情绪不稳定的现象，甚至出现对社会和政府的不满与怨恨，特别是在生活状况出现变动或者生活中遭遇一些不公平现象的时候，他们的情绪就更容易受到影响。这些深度贫困家庭情绪疏导的需求具体表现为以下几个方面。① 对未来生活的担忧。因为这些深度贫困家庭除了生活贫困之外，还常常面临疾病、残障或者孤老的挑战，容易对未来的生活安排表现出担忧。② 对现实生活的不满。这些深度贫困家庭在长期的多重贫困的生活压力下，心理的承受能力比较差，极容易对现实生活中的一些挫败产生怨恨情绪，出现偏激行为。③ 对家庭子女教育的失望。由于受自身的健康状况和文化水平的限制，这些深度贫困家庭往往在家庭子女教育中感到无助，不知道如何教育孩子，特别是在与孩子发生冲突时，无法做到换位思考，无法及时处理孩子的情绪。④ 对苦衷无处可倾诉的苦恼。在这些深度贫困家庭中，不少家庭成员面临苦衷无处可倾诉的现象，特别是其中因孤寡导致贫困的家庭，这一现象更为明显，因为常年缺乏沟通交流，这些深度贫困家庭常常不知道如何与别人倾诉和交流。

"我每个月领四五百块钱的困难补助，根本不够交物业费和水电费的，现在没有工作了，平时过得很艰难。前段时间，我出行用的助力车也被扣了，我们这些孤寡老人真的很需要社会的关心。"(资料来源于与服务对象LZP的访谈记录)

"为了给妻子治病，家里能卖的都卖了。现在住的房子还是跟朋友借的，申请了那么多次保障性住房，我们都没有摇到号码。有些人家里条件不错，也来申请，真的很不公平！今年我再申请不到的话，就告到上级领导那里去。"(资料来源于与服务对象HT的访谈记录)

对于长期生活在多重困难中的深度贫困家庭来说，情绪疏导是不能忽视的一项重要需求，这不仅涉及情绪疏导本身，同时也涉及极端行为和危机情况的防范，关系到返贫风险的预防。因此，及时疏导深度贫困家庭成员的负面情绪就成为“暖心宅急送”个性化精准帮扶试点项目的重要内容。

(8) 情感支持需求

如果说情绪疏导需求针对的是深度贫困家庭成员的负面情绪，那么情感支持需求针对的则是深度贫困家庭成员的正面情绪。由于这些深度贫困家庭成员身患重大疾病或者残疾，外出行动成了一件困难的事情，特别是在疾病复发和就医过程中，他们不仅因身体虚弱而需要有人陪同照顾，而且还时常会遭遇别人歧视和异样的眼光。因此，久而久之，其中不少深度贫困家庭成员不愿意出门，或者害怕社会交往，尽可能减少与社会接触的机会。但是，同时，这些深度贫困家庭成员又非常希望有人陪他们说说话，能够串串门，和亲朋好友聊聊天。

“自己没有工作，也没有经济收入，朋友相约见面，基本都是朋友请客。家里条件不好，也不想向父母伸手要钱去请朋友吃饭。现在，我很少联络朋友了，何况大家也有自己的家庭，有很多事要做。”(资料来源于与服务对象LXY的访谈记录)

“儿子上学时，家里只剩下我自己一个人，因为家里经济条件不好，也不想串门，平时只能看看电视，连个说话的人都没有，想发脾气都找不到人。”(资料来源于与服务对象LTZ的访谈记录)

显然，贫困给这些家庭带来的影响不仅是经济收入方面的问题，它同时也给这些家庭造成了社会交往上的困难，阻碍他们与别人建立一种积极的情感联系，从而进一步加剧了他们“孤立无援”的生活处境。

(9) 危机处理需求

由于这些深度贫困家庭在日常生活中遭遇意外事件的风险要比普通家

庭高得多，而且一旦遭遇困境，他们处理危机的能力又比普通家庭弱，因而这些深度贫困家庭在意外危机事件的处理中很容易重新陷入返贫困境中。例如，家庭成员突然疾病复发，需要这些深度贫困家庭额外支付一笔巨额的医疗费用；或者因生活压力的影响导致精神疾病患者病情复发，无论是对自己还是对家庭都会造成极大的伤害。面对这样的意外事件，危机处理就成为社会工作专业团队首先需要关注的服务焦点。

“我们遇到了好几户精神疾病患者发病的贫困家庭，由于受到经济条件和文化水平的限制，这些家庭遇到成员发病时不知道如何处理，总是担心送去医院治疗不仅需要花费一大笔钱，而且也会让邻里和其他人知道，觉得丢脸。”(资料来源于与服务项目社工的访谈记录)

“有一个需要服务的对象，脾气特别暴躁，经常跑到村委会闹事。有一次，村委会的工作人员打电话告诉社工，这名服务对象又去村委会闹事了，砸了村委会的牌子，希望我们社工能够协助村委会及时稳定他的情绪。”(资料来源于与服务项目社工的访谈记录)

显然，尤其在有精神疾病成员的深度贫困家庭中，其遭遇意外事件的风险比较高，这与精神疾病的病症特征(具有迁延性和反复性)有关。此外，精神疾病还容易造成社会交往能力的减退，增加社会冲突的风险。

(10) 社会交往需求

由于这些深度贫困家庭成员在社会交往中受到疾病和残疾的影响以及自身社会交往能力的限制，他们往往要比普通人遭遇更多的困难，特别是在找工作方面，因为平时提供给他们的机会不多，所以他们比较容易成为被骗的对象。

“前段时间朋友说有个企业招保安，我过去咨询时，对方要求交500元的押金。我担心被骗，就没有去那家企业工作。以前因为找工作被骗过很多钱，心里总有这个担心。”（资料来源于与服务对象LTC的访谈记录）

实际上，这些深度贫困家庭成员因为受到疾病和残疾的影响，平时就会减少出门的机会，更多的时间是在家里度过的。这样，他们的生活就极容易陷入这样的怪圈：越不愿意交往就越不了解社会，越不了解社会就越不愿意交往。

“我平时都在店里，对外面的社会都不太了解，现在让我去旁边的街道办事处走一走，我都有可能迷路。”（资料来源于与服务对象CYM的访谈记录）

“我这个人比较孤僻，不喜欢出门，就连到楼下走一走也不喜欢，平常就待在家里泡泡茶。”（资料来源于与服务对象LTC的访谈记录）

通过运用“能力—资产”导向的需求评估框架，社会工作专业团队了解到“暖心宅急送”个性化精准帮扶试点项目的深度贫困家庭存在就业、健康管理、家庭照顾、子女教育、生活环境改善、政策支持、情绪疏导、情感支持、危机处理、社会交往等10个方面的主要需求，其中，就业需求、健康照顾（包括健康管理和家庭照顾）需求和子女教育需求这三个方面的需求最为突出。显然，对这些需求状况的了解为社会工作专业团队设计项目服务框架提供了科学依据和基础。不过，值得注意的是，由于深度贫困家庭需求的复杂性和多样性，整个项目采取的是持续评估跟进的策略，要求需求评估与服务介入齐头并进。

六、目标设定

完成“暖心宅急送”个性化精准帮扶试点项目初期的需求评估之后，社会工作专业团队就需要依据需求评估的结果初步拟定服务项目的介入目标，具体包括服务项目的总目标和子目标。

1. 总目标

“暖心宅急送”个性化精准帮扶试点项目的总目标是建立针对深度贫困家庭的个性化精准帮扶综合服务机制，提升深度贫困家庭应对生活多重困难的能力，阻断贫困二代传递，降低返贫风险，形成“三社联动”的多方合作的社会支持机制。

按照“暖心宅急送”个性化精准帮扶试点项目所要求的“经常化、个性化、专业化、本地化、多样化”的服务理念：项目的社会工作专业团队一方面针对深度贫困家庭的需求建立个性化动态跟进机制和风险预防机制，增强深度贫困家庭应对日常生活多重困难的能力；另一方面挖掘项目落地社区和社会的志愿服务资源，充分运用项目落地社区现有的可用资产，强化社区、社会组织和社会工作“三社联动”机制，为深度贫困家庭创建多方合作的社会支持网络，探索社会工作介入深度贫困家庭精准化帮扶服务的实践路径，发挥社会工作在国家“脱贫攻坚”重大战略中的作用。

2. 子目标

根据服务项目的帮扶人群类型，“暖心宅急送”个性化精准帮扶试点项目的子目标可以细分为针对项目重点服务人群的子目标和针对项目相关人群的子目标，具体内容如下。

(1) 针对项目重点服务人群

① 建立“一户一档、一档一案”，采取“即时评估，即时服务”和“即时服务，即时评估”的个性化动态综合服务跟进方式。

② 针对有就业能力的深度贫困家庭，通过拓宽就业渠道，提高其就业能力，改善其家庭的经济收入状况。

③ 针对需要健康照顾的深度贫困家庭，开展入户精神慰藉服务，提供家庭照顾技能训练和喘息服务，提高家庭照顾能力，缓解家庭的照顾压力，促进家庭的健康管理。

④ 针对有子女教育需求的深度贫困家庭，开展子女的课业辅导、社会交往能力训练以及亲子教育服务，做好贫困代际传递的预防。

⑤ 收集相关政策，制作政策简易读本，开展政策咨询，协助深度贫困家庭处理政策方面的困惑，提高服务对象寻求社会救助的能力。

⑥ 及时跟进高风险的深度贫困家庭，协助家庭成员处理危机事件，做好返贫风险的预防工作。

⑦ 针对有社会交往需求的深度贫困家庭，开展社会交往能力的训练，促进深度贫困家庭之间开展互助，拓展他们的社会支持。

(2) 针对项目相关人群

① 加强"三社联动"，建立社区、社会组织和社会工作联合预防及协同处理危机的紧急应对网络，增强深度贫困家庭应对生活危机的社会支持系统。

② 挖掘社区和社会志愿服务资源，建立一支不少于 100 人的志愿者队伍，加强社区的志愿服务能力。

③ 建立项目的实务研究团队，提炼项目服务经验，撰写项目服务的操作手册，规范项目服务的流程，提升服务提供者的专业服务能力。

第三章　深度贫困脱贫攻坚社会工作多维实践

由于这些深度贫困人群受疾病、残疾及其他多重因素的交织影响，他们不仅缺乏重新就业的改变动力，而且也缺乏重新就业的能力，即使有机会重新获得就业的机会，也会被繁重的家庭负担拖累，因为他们在平时的生活中需要面对比普通人更多的困难和挑战。因此，对深度贫困人群而言，他们首先需要面对和处理的是如何管理好自己的日常生活，如何更有效地应对日常生活中的各种压力，以避免再次陷入贫困境地。在此基础上，深度贫困人群的重新就业才有可能成为现实。正是因为围绕日常生活的管理和返贫风险的降低，服务项目的社会工作专业团队才能够与这些缺乏就业动机和就业能力的深度贫困人群建立起专业的服务关系，顺利地走进他们的家庭去开展专业的服务。这样，服务项目中的社会工作专业团队就可以深入每一户深度贫困家庭，了解他们的具体情况，将他们各个方面的不同需求整合起来，采取一种个性化的综合服务策略，既关注他们在日常生活中遭遇的各种实际困难，做好基本生活的兜底保障服务，降低他们的返贫风险，也关注他们每个家庭的独特需求，充分发掘他们自身拥有的能力和资源，提升他们摆脱贫困、改变现状的意愿和能力，真正做到精准对焦，精准施策，提高专业服务的实际成效。

第一节　返贫风险预防：分级分类人群管理的兜底实践

如何针对这些深度贫困人群的需求特征做好整个人群的服务，是服务项目社会工作专业团队开展深度贫困人群服务面临的首要挑战。作为专业服务的提供者，服务项目的社会工作专业团队既不能只关注整个深度贫困人群中返贫风险比较高的家庭，只做好风险预防的工作，也不能只注重其中改变意愿比较强、改变可能性比较大的家庭，只做好生活改善的服务，甚至也不能不管其中改变意愿比较低、改变可能性比较小的家庭。这是因为，最好的风险预防是在这些深度贫困人群的平时生活中就做好生活改善的服务，而在开展生活改善服务时也会面临返贫的风险，因此需要同时做好风险预防的工作。即使是深度贫困人群中那些看起来改变意愿比较低、改变可能性比较小的家庭，也会随着服务项目的社会工作专业团队对他们了解的深入，找到改变的途径和方式。这样，深度贫困人群需求的分级分类就成为社会工作专业团队开展服务首先需要解决的议题。

一、分级分类人群管理

在“暖心宅急送”个性化精准帮扶试点项目的尝试中，通过多次调整，服务项目的社会工作专业团队逐渐探索总结出动态的分级分类人群管理方法，即根据风险和能力两个维度对首次入户了解后的深度贫困家庭进行分级分类。分级依据的是深度贫困家庭面临的风险层级，表明接受服务的深度贫困家庭目前在日常生活中面临的返贫风险的高低；分类依据的是深度贫困家庭改变需求的类型，表明接受服务的深度贫困家庭愿意做出改变的方向及拥有的能力和资源等方面的特征。简单来说，服务项目的社会工作专业团队在首次入户访视中需要对每一个深度贫困家庭做出两个判断：返贫风险的高低和改变需求的特征。前者保障深度贫困家庭的生活稳定，后者促进深度贫困家庭的生活改变。值得注意的是，这里所讨论的返贫风险既可能来自现实生活中的一些突发事件，如意外的人员伤亡、财产损失或者自然灾害等，让这些深度贫困家庭感到无力应对，也可能来自生活经历中的一些主观感受和想法，如创伤经历、怨恨甚至敌视等，导致这些深度贫困家庭觉得自己遭遇的不公平严重威胁他们的人际关系，并由此带来返贫风险的提高。

在“暖心宅急送”个性化精准帮扶试点项目的实践中，为了保障项目服务的简便易行，服务项目的社会工作专业团队在面向深度贫困家庭进行风险评估时，依据风险和能力两个维度的标准将对深度贫困家庭的服务分为三个级别：危机、重点和一般。社会工作专业实践中的具体划分标准如下。

（1）危机

危机这一级别的服务依据风险和能力两项标准来划分：一是深度贫困家庭面临的风险。这些风险主要涉及重病复发（尤其是精神疾病复发）、面临严重的人际冲突、遭遇生活变故的严峻挑战①，这些都极易使他们陷入困境，导致面临极高的返贫风险。二是深度贫困家庭改变的能力。由于深度贫困家庭此时生活在极高的返贫风险中，服务项目的社会工作专业团队也就需要围绕返贫风险的应对和预防开展专业服务，把降低返贫风险作为此时的服务目标。此外，需要注意的是，尽管判断深度贫困家庭是否出现高返贫风险有三项指标（重病复发风险、人际冲突风险和生活变故风险），但是实际上这三项指标是相互影响的，只要其中一项指标的出现风险比较高，服务项目的社会工作专业团队就可以将这一深度贫困家庭确定为危机服务级别。

（2）重点

重点这一级别的服务也是依据风险和能力两项标准来划分的。就风险而言，这一级别的深度贫困家庭没有遭遇重病复发、人际冲突或者生活变故的风险，属于没有危机的生活状态，不需要服务项目的社会工作专业团队将主要精力集中在危机的应对上，而可以针对这种级别类型的深度贫困家庭开展常规性的专业服务；就能力来说，这种级别类型的深度贫困家庭不仅具

① 现有研究已经对贫困高风险家庭的风险因素做过详细的分类：① 家庭成员身心健康因素，如家庭成员中是否有身心障碍、精神疾病、药或酒等成瘾行为和自杀行为等；② 家庭经济因素，如低保，低收入，家庭主要劳力出走或服刑、失业等；③ 家庭关系因素，如家庭成员关系不和、关系冲突（家庭暴力）和关系紊乱等；④ 家庭功能因素，如照顾虐待、照顾疏忽、照顾压力大（以老养残、以残养老、以残养残、一人养多残或者多老以及隔代抚养等）；⑤ 家庭社会资源因素，如家庭的社会支持系统薄弱、可及的福利资源有限、争取福利资源的意识和能力薄弱以及存在社会排斥等；⑥ 家庭面临突发事件因素，如突发意外伤害、灾害、重大疾病、死亡、重大经济变故等非常态急性事件，且这些事件超出了家庭正常的应对能力。由于项目重点依据具体实践的可行性来划分，这里将深度贫困家庭的高风险评估标准确定为三项：重病复发风险、人际冲突风险和生活变故风险。

有比较明确的改变意愿，如有比较明确的改变目标，或者有比较强烈的改变要求等，而且也具有一定的改变能力，如有改变行动的尝试，或者有较好的社会支持等，特别是那些有子女教育需求的深度贫困家庭，他们通常愿意为子女的教育采取改变的行动尝试。之所以将这种级别类型的深度贫困家庭界定为重点，有两个原因：一是这种级别类型的深度贫困家庭最容易、也最需要做出积极的生活改善，是整个“暖心宅急送”个性化精准帮扶试点项目的重点工作之一；二是这种级别类型的深度贫困家庭是整个深度贫困家庭改变的关键，这一级别类型的深度贫困家庭的生活改善能够为其他类型的深度贫困家庭做示范，起到服务项目的引领作用，因此，他们是整个深度贫困家庭改变示范的重点。

（3）一般

一般这一级别的服务不同于前两种级别类型，除了这一级别类型的深度贫困家庭没有出现高返贫风险之外，他们的改变意愿比较低，如没有明确的改变目标或不愿意做出任何改变的行动尝试等，而且这一级别类型的深度贫困家庭的社会支持通常比较弱，这也阻碍他们做出任何改变的行动尝试。不过，值得注意的是，尽管目前这一级别类型的深度贫困家庭不愿意做出生活的改变，但是这并不意味着他们就不会做出改变的行动尝试，只是目前的生活状况不足以推动他们做出生活改变的安排。因此，作为服务项目的社会工作专业团队也就需要有耐心与他们建立比较好的信任关系，在不断深入了解中逐渐找到他们日常生活中可以改变而且愿意做出改变的小“亮点”，由此逐步培养他们的改变意愿和改变能力。对这种级别类型的深度贫困家庭，服务项目的社会工作专业团队绝不能采取像前两种级别类型那样的"主动出击"的服务策略，而需要将服务的焦点放在信任合作关系的建立和维持上；否则，服务项目的社会工作专业团队越希望这一级别类型的深度贫困家庭发生改变，他们越不愿意做出改变，改变意愿也就变得越低。

简单而言，所谓分级就是依据风险和能力两个维度的标准将整个需要服务的深度贫困家庭分为危机、重点和一般三个级别：针对危机类型，服务重点是协助他们处理危机的应对和预防工作；针对重点类型，服务焦点是促进他们日常生活的改变；针对一般类型，服务重心则是与他们建立和维持信任合作关系。显然，通过这样的分级，服务项目的社会工作专业团队就能够针对整个深度贫困人群开展专业服务，既能够把握整个人群的变化，又能够抓住这类人群服务的核心：返贫风险预防和日常生活改变。

为了实现"暖心宅急送"个性化精准帮扶试点项目的目标，服务项目的社会工作专业团队在完成了服务分级之后，还需要根据其中的重点服务级别类型的深度贫困家庭的成长改变需求做进一步改变方式的分类，以便有针对性地开展个性化的精准帮扶综合服务。尽管这一级别类型的深度贫困家庭在日常生活中面临的主要挑战有所不同，而且各自的情况差别也较大，但是可以依据他们在日常生活中面临的主要挑战，将他们的改变意愿分为三类：因病致贫、因残致贫和因其他原因致贫。

（1）因病致贫

因病致贫的重点深度贫困家庭因家庭成员的重病治疗和生活照顾而导致整个家庭陷入多重困境。因此，他们在日常生活中的改变意愿也就主要围绕疾病的治疗与照顾形成，如就医就诊、疾病管理、用药管理、健康保健、疾病预防及家庭照顾等，整个家庭的生活安排都会受到重症病人的影响。

当然，由此还会带来一系列其他的生活问题，如家庭的经济困难、家庭的环境卫生状况差、家庭的人际沟通氛围不佳、社会交往的障碍及精神慰藉需求难以得到满足等。这些问题交错在一起，会给深度贫困家庭造成极大的生活压力。显然，针对这种因病致贫的重点深度贫困家庭，服务项目的社会工作专业团队需要以重病的治疗、照顾和预防为服务的主线，将整个家庭的不同需求联系起来，逐步推动整个家庭日常生活的改善，提升整个家庭应对多重困境的能力。例如，服务项目的社会工作专业团队就可以把这种类型的家庭环境卫生改善、家庭人际沟通氛围的调整等方面的改变要求与重病患者的康复和照顾结合起来，采用个性化的综合服务策略推动专业服务的开展。

（2）因残致贫

因残致贫这种类型的重点深度贫困家庭常常需要对家庭中残障成员的生活进行安排，如残障的康复训练、残障的补助申请、残障成员的家庭照顾及残障成员的出行等，他们的生活安排直接关乎整个家庭的日常生活安排。特别是精神残疾，还会涉及就医就诊、疾病管理、健康保健及疾病复发预防等方面的要求，给本已贫困的家庭带来很大的风险。为此，服务项目的社会工作专业团队就要根据这种类型的家庭中的残障成员康复和照顾需求设计服务介入方案，围绕残障成员的康复和照顾将家庭其他方面的改变需求整合起来，有针对性地开展个性化的精准帮扶综合服务。不过，值得注意的是，这种因残致贫的重点深度贫困家庭在残障成员的外出、社会交往和就业方面面临的挑战非常突出，需要服务项目的社会工作专业团队给予特别的关注。

（3）因其他原因致贫

因其他原因致贫这种类型的重点深度贫困家庭尽管在日常生活中面临

的挑战差异比较大，但是他们通常都需要面对因孤寡带来的生活问题，如生病时缺乏照顾者，或者随着年龄的增长需要日常照料服务以及行动不便时谁来养老等问题。显然，针对这种类型的重点深度贫困家庭，服务项目的社会工作专业团队就需要以日常照料或者特殊时期的照顾为服务的主线，将他们的养老及其他方面的需求结合起来，根据每户家庭的具体需求采用个性化的综合服务策略，实施精准化的帮扶服务。

针对以上重点深度贫困家庭所采用的因病致贫、因残致贫和因其他原因致贫的分类方式，有两个方面需要服务项目的社会工作专业团队做进一步的跟进。① 有子女的重点深度贫困家庭。在"暖心宅急送"个性化精准帮扶试点项目的实践中，服务项目的社会工作专业团队发现，有子女教育需求的深度贫困家庭改变的意愿要比没有子女教育需求的家庭更为强烈，而且这一需求本身就成为推动深度贫困家庭增强改变意愿的重要着力点：一方面，它能够带来贫困代际传递风险的降低；另一方面，它又能够带动深度贫困家庭其他方面改变要求的提高。因此，在针对重点深度贫困家庭的专业服务中，服务项目的社会工作专业团队就需要考察接受服务的深度贫困家庭是否有就学的子女、关于子女的教育是如何安排的等方面的信息，将对子女教育的服务融入整个重点深度贫困家庭的服务，并将其当成个性化精准帮扶综合服务的一部分。② 交叉类型的重点深度贫困家庭。实际上，在深度贫困家庭中往往会同时出现因病致贫与因残致贫的例子，甚至还有因其他原因致贫同时存在的现象，像精神残疾的深度贫困家庭就是典型的例子，他们既需要关注疾病的治疗，又需要注意残障的康复。有的深度贫困家庭除了有重病患者需要照顾之外，还有残障成员需要康复。因此，对交叉类型的重点深度贫困家庭，服务项目的社会工作专业团队就不能拘泥于某一种类型的专业服务，而需要根据接受服务的家庭的具体情况将不同类型的专业服务整合起来，形成更为综合的服务介入方案。当然，此时服务项目的社会工作专业团队也就面临更大的挑战，他们需要针对这种交叉类型的重点深度贫困家庭开展更为精准、深入的需求评估。

因此，从实践操作的角度来看，可以将分级分类人群管理的兜底实践简要概括为三步：第一步，分级，即确定是否存在高返贫风险，对存在高返贫风险的深度贫困家庭开展风险应对和预防服务，降低整个深度贫困人群的返贫风险；对没有高返贫风险的深度贫困家庭开展第二步的分类服务。第二步，分类，即确定是否存在改变的意愿，对存在改变意愿的深度贫困家庭进行因病致贫、因残致贫和因其他原因致贫的需求评估，围绕其核心的因病、因残和因其他原因开展个性化的综合服务，促进其生活改善；对没有改变意愿的深度贫困家庭则注重信任合作关系的建立和维持。第三步，兼顾，即确定是否存在有子女教育需求和交叉类型的情况，对有子女教育需求和交叉类型的深度贫困家庭，则需要提供可兼顾其子女教育和交叉需求方面的服务。这样，分级分类人群管理的兜底实践才能既顾及所有家庭的需求，又简便易行，真正实现深度贫困家庭的兜底要求。

二、分级分类人群管理的依据和服务机制

显然，之所以开展分级分类人群管理的兜底实践，主要依据两项原则。第一，分级分类指导，即根据深度贫困家庭面临的风险预防和生活改善这两项主要挑战进行有针对性的精准帮扶服务。由于“暖心宅急送”个性化精准

帮扶试点项目中的深度贫困家庭具有家庭居住方式分散、家庭贫困成因多样、家庭抵抗风险能力弱及家庭贫困代际传递风险高等特征，因而也就需要服务项目的社会工作专业团队依据风险和能力两个维度考察接受服务的所有深度贫困家庭，既需要对深度贫困家庭分级做好返贫风险的预防，也需要对深度贫困家庭分类做好日常生活的改善，让其中最愿意改变的家庭成为带动其他深度贫困家庭改变的示范，做到以点带面。第二，打包整全服务(packaging care)①，即依据深度贫困家庭个性化的综合服务要求将这些不同要求组合起来，形成有针对性的整全服务包，既能够顾及深度贫困家庭不同方面的改变要求，也能够关注深度贫困家庭的社会支持状况，实现服务成效最大化。值得注意的是，从形式上看，这种打包整全服务类似于个案管理(case management)，都是根据受助对象的多样性服务需求设计综合性的服务安排，将不同的服务有效地组合起来，但是实际上，两者存在明显的区别。首先，打包整全服务注重在具体的生活场景中开展服务，要求在受助的深度贫困家庭自己的生活安排的基础上提供必要的专业支持，目的是促进他们自身应对日常生活困扰能力的提升，是发展取向的；个案管理只是针对个案的欠缺部分提供支持，目的是修补个案的不足。正因如此，服务项目的社会工作专业团队在设计打包整全服务时，就需要根据受助的深度贫困家庭的日常生活安排开展专业服务，针对因病致贫、因残致贫及因其他原因致贫的深度贫困家庭规划具体的服务。其次，打包整全服务更为关注受助的深度

① 打包整全服务是二十世纪八十年代中期西方社会在多元福利服务政策指导下推行多元主体参与服务的一种方式，它主张放弃狭隘的专业主义思路，倡导从服务对象的角度出发协助服务对象学会整合身边多元主体的不同资源，杜绝越帮越穷的“养懒汉”现象。

贫困家庭自主安排能力的提升。作为服务项目的社会工作专业团队，他们的作用是协助这些受助的深度贫困家庭更好地应对日常生活中遭遇的困难和挑战，而非指导他们做出改变和调整。因而，这些受助的深度贫困家庭自身拥有的生活经验就成为他们学习改变的前提和条件，这也要求服务项目的社会工作专业团队更多地关注这些受助的深度贫困家庭自己是如何学习的，可以说，打包整全服务是一种经验学习、指导的方式，不仅服务项目的社会工作专业团队需要知道怎么应对，更为重要的是，这些受助的深度贫困家庭也要知道怎么应对。因此，这是一种增能的服务逻辑。此外，这种打包整全服务还会关注微观服务与宏观服务的整合，如"三社联动"社会支持框架的建设、对相关政策的咨询等，注重这些受助的深度贫困家庭的支持和环境的改善，它依据的是社会工作所倡导的"人在情境中"的基本假设。

就分级分类人群管理的服务机制而言，它主要涉及三项具体的服务机制：针对高返贫风险深度贫困家庭的危机处置和风险预防机制，针对高改变意愿深度贫困家庭的分类服务机制，以及针对低风险、低改变意愿深度贫困家庭的监护跟进机制。这三项服务机制都是分级分类人群管理兜底实践不可缺少的，它们相互作用，一起构成深度贫困家庭兜底实践的保障服务网络；一旦忽视其中任何一项服务机制，就很容易出现"顾此失彼"的现象，特别是针对这种返贫风险高、服务需求多样的深度贫困家庭服务，情况更是如此。这样，服务项目的社会工作专业团队就能够根据深度贫困家庭的不同需要开展有针对性的综合服务，真正做到分级分类指导和打包整全服务，实现个性化的精准帮扶。

1. 分级服务设计

由于深度贫困家庭面临极高的返贫风险，因此，针对返贫风险的高低设计专业服务安排就成为这种针对深度贫困家庭的服务首先需要考察的内容。它不仅涉及返贫风险级别的识别，而且涉及各种返贫风险级别的服务要求及不同返贫风险级别之间的相互转换。

(1) 风险级别设计及其依据

"暖心宅急送"个性化精准帮扶试点项目的社会工作专业团队在近两年的服务探索中，将受助的深度贫困家庭分为三个服务层级，即依据返贫风险的高低将受助的深度贫困家庭分为危机、重点和一般。其中，危机属于高返贫风险的深度贫困家庭，重点和一般属于没有出现高返贫风险的深度贫困家庭。

在"暖心宅急送"个性化精准帮扶试点项目中，深度贫困家庭返贫风险的高低主要依据三项指标来判断：① 重病复发风险；② 人际冲突风险；③ 生活变故风险。重病复发风险主要根据深度贫困家庭成员重病复发的情况来识别，对其的识别通常需要专业医护人员的支持，识别标准包括重病复发的严重程度、就医治疗要求、家庭照顾要求及相应的治疗费用和照顾负担等。社会工作者需要掌握重病复发的一些基本症状，同时还需要及时联系医护人员做好诊断工作。人际冲突风险主要依据对深度贫困家庭人际冲突状况的考察来判断，包括人际冲突的频率、强度、时长以及人际冲突中是否情绪波动过大、是否出现伤人或者自伤的念头、是否出现过激行为等。生活变故风险主要根据对深度贫困家庭日常生活安排的了解来判断，包括是否有亲人过世、是否遭遇意外事故、是否面临自然灾害以及重大的生活变迁等。当然，当几项指标一起呈现出处于高风险状态的时候，这样的深度贫困家庭面临生活挑战的压力更大，遭遇返贫的风险也就更高。

显然，对高返贫风险的深度贫困家庭来说，服务项目的社会工作专业团队的首要任务是协助他们应对面临的危机，做好风险的预防，以降低可能出现的返贫风险。具体而言，包括两个方面的服务：危机处置和风险预防。就危机处置来说，它具体涉及危机事件的化解、危机后续服务的跟进及危机事件之后的补救服务等。例如，服务项目的社会工作专业团队如果在入户访视服务中发现深度贫困家庭中的成员精神疾病复发，就需要首先在获得其家人的同意后联系医院就诊，化解危机事件，之后再安排患者的住院治疗及其他相关的危机后续服务。除此之外，服务项目的社会工作专业团队还需要开展危机事件的补救服务，如疏导患者家人的情绪、协助他们做好日常生活的安排等，尽可能减少危机事件带来的伤害。就风险预防来说，这方面的服务主要涉及风险的识别、风险的规避及风险应对技能的提升等，其目的在于帮助深度贫困家庭学会识别危机事件出现的征兆，在危机事件还不严重时就做好应对的准备。值得注意的是，作为服务项目的社会工作专业团队，不能把危机处置和风险预防这两种服务拆分开来，在协助深度贫困家庭处置危机的过程中，需要帮助他们学习如何做好风险预防，减少危机事件出现的可能性；同样，在风险预防服务中，也需要协助这些深度贫困家庭掌握危机处置的方法，尽可能减少极端情况的出现。

为了帮助深度贫困家庭及时有效地应对面临的危机，在“暖心宅急送”个性化精准帮扶试点项目中，服务项目的社会工作专业团队根据危机级别的深度贫困家庭的情况形成了“1 名项目主管/项目总监+1 名项目社工”这种"以老带新"的组合方式，每周至少与这种级别的深度贫困家庭进行一次面对面的访视服务，同时每周至少安排一次电话或微信访视跟进。之所以这样安排危机级别的深度贫困家庭的访视服务，有如下几个方面的考虑。首先，由于危机问题处理的复杂性和紧迫性及农村生活的独特性，由服务经验相对丰富的项目主管或项目总监负责此项工作，才能解决危机事件中出现的问题，保证危机级别的深度贫困家庭服务的顺利开展。其次，高返贫风险的深度贫困家庭的个案虽然数量不多，但是他们的状况通常很不稳定，而且在危机处境中极容易出现过激的行为和意想不到的后果，因此，也就需要服务项目的社会工作专业团队进行高频率的服务介入。只有这样，服务项目的社会工作专业团队才能够根据危机级别的深度贫困家庭的实际情况对服务进行及时有效的调整和跟进。再次，在危机突发事件的处置中，往往需要服务项目的社会工作专业团队链接社会资源，根据危机级别的深度贫困家庭的实际需求进行对接。显然，这样的服务要求也需要有经验的项目主管或项目总监来统筹整个服务的安排。此外，"暖心宅急送"个性化精准帮扶试点项目是在"精准扶贫"国家战略推行之下政府购买的服务，它是一项跨部门、跨专业的综合服务，涉及基层政府的承诺和责任，因此，针对高返贫风险的深度贫困家庭的服务安排，包括入户访视过程中的协同、高返贫风险个案需求的评估、危机事件的处置和风险的预防等，服务项目的社会工作专业团队都需要及时与街道和村委会/居委会等利益相关合作方协商，建立协同处理的机制。这样做一方面能够提高服务项目的社会工作专业团队化解风险、处置危机的能力，另一方面又能够拓展受助的深度贫困家庭的社会支持。

对“暖心宅急送”个性化精准帮扶试点项目中改变意愿比较强烈的深度贫困家庭，服务项目的社会工作专业团队就需要将他们划为重点级别的服务个案。由于这一级别的深度贫困家庭的返贫风险不高，而他们的改变意愿比较强，因此，也就需要服务项目的社会工作专业团队做好及时的跟进服务，帮助他们提高日常生活的应对能力，改善目前的多重贫困处境。为此，针对这一级别的深度贫困家庭，服务项目的社会工作专业团队规划了“1名项目社工＋1名新社工”的团队服务方式，要求服务团队至少每半个月开展一次面对面的直接服务。这种服务既可以是一对一的个案辅导服务或者入户访视服务，也可以是有明确改变目标的小组服务，其目的是通过服务挖掘和培养受助深度贫困家庭自身拥有的能力，帮助他们学会运用身边的资源，更好地应对日常生活中的挑战，建立以家庭能力提升为导向的分类服务机制。

针对“暖心宅急送”个性化精准帮扶试点项目中返贫风险比较低而且改变意愿也比较低的深度贫困家庭，服务项目的社会工作专业团队就可以将他们归为一般服务级别的个案，选择“1名项目社工/新社工＋1名志愿者”的团队服务方式为其开展服务。对这种级别的深度贫困家庭，服务项目的社会工作专业团队至少每月开展一次入户探访关怀服务，了解他们近期的生活状况，建立以关怀为核心的监护跟进机制。如果这一级别的深度贫困家庭的生活状况发生明显改变，服务项目的社会工作专业团队需要及时将有关信息反馈给利益相关方，并且调整相关的服务风险级别以及服务的内容和方式。“暖心宅急送”个性化精准帮扶试点项目的深度贫困家庭返贫风险分级及其相关服务安排的具体内容可见表3.1。

表 3.1 “暖心宅急送”个性化精准帮扶试点项目返贫风险分级表

风险等级	案例等级	评估依据	服务机制	服务安排	服务次数	服务内容
高	危机	1）重病复发风险：重病复发，尤其是精神疾病复发； 2）人际冲突风险：人际冲突的状况和人际冲突中的危险状况； 3）生活变故风险：亲人过世/意外事故/自然灾害/重大生活变迁。 几种风险同时出现，则表明返贫风险更高	以降低返贫风险为重点的危机处置和风险预防机制	1名项目主管/项目总监＋1名项目社工	每周至少1次入户访视服务＋每周至少1次电话/微信访视跟进	危机处置和风险预防
低	重点	1）改变意愿：明确的改变意愿； 2）改变可能：改变的可能性高； 3）改变支持：家庭改变支持强。 提出的改变内容不仅需要切实可行，而且需要与服务项目的社会工作专业团队的能力相匹配	以提升家庭能力为导向的分类服务机制	1名项目社工＋1名新社工	每半个月至少1次面对面直接服务；可以是个案辅导/入户访视服务/小组工作	生活改善和家庭能力提升
低	一般	1）改变意愿：没有明确的改变意愿或者不愿意做出改变； 2）改变可能：提出的改变要求不切实际； 3）改变支持：家庭改变支持弱。 对于不愿意接受社会工作探访服务的，需要做进一步的深入了解；对于其中确实无法接触到的，则需要联系利益相关方	以提供探访关怀为核心的监护跟进机制	1名项目社工/新社工＋1名志愿者	每月至少1次入户探访关怀服务	近期生活状况了解和信任合作关系维护

(2)级别的动态转换

在“暖心宅急送”个性化精准帮扶试点项目的实施过程中，上述分级机制并不是固定不变的，而是随着受助深度贫困家庭的状况不断变化，是一种动态的调整机制。也就是说，随着危机的消除和困境的缓解，分级机制中的危机个案就需要调整危机的等级，转换成重点个案或者一般个案；而当重点个案或者一般个案面临危机事件时，他们也就成为服务项目的危机个案，需要服务项目的社会工作专业团队按照危机个案的要求增加服务的频次和调整服务的内容。当然，重点个案与一般个案之间也会出现相互转化的现象，只要一般个案在生活的变动中出现了改变的契机，他们就有了明确的改变意愿，转变成重点个案；同样，当重点个案的改变受挫或者生活趋于平稳时，生活中暂时没有其他重要的改变契机出现，此时的重点个案也就需要转变成一般个案；否则，即使服务项目的社会工作专业团队积极推动这样的重点个案做出改变，也只会进一步挫败他们的改变信心。“暖心宅急送”个性化精准帮扶试点项目的风险分级服务机制可见图 3.1。

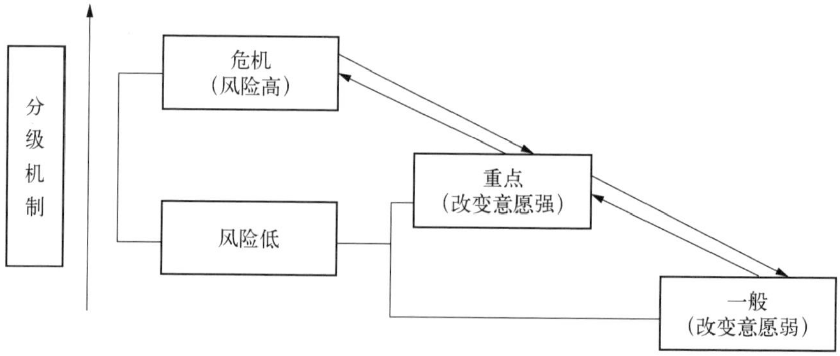

图 3.1 “暖心宅急送”个性化精准帮扶试点项目风险分级服务机制图

危机、重点和一般三种级别的服务个案之间要做到合理转换安排，则需要服务项目的社会工作专业团队根据每户受助的深度贫困家庭的具体情况以及日常生活中出现的变化而定。下面这个案例能够很好地呈现同一个个案是如何在不同级别的服务之间相互转换的，可以帮助我们了解“暖心宅急送”个性化精准帮扶试点项目的分级服务机制的动态性。

“吴阿婆，88岁，是一位高龄独居老人，社会工作者接触她时，发现她不爱与人说话。从村委会工作人员那里得知，阿婆之前有被骗经历，现在不爱与陌生人说话。阿婆虽然高龄，但是能够自己行动，而且儿子每天过来送三餐，因而社会工作者将其列为一般个案，只跟进阿婆的日常情况。

一天，社会工作者入户访视时发现，阿婆不再像往常一样坐在门前，于是社会工作者进行入户了解，发现阿婆摔伤后卧床，现在已经无法行动了，因此社会工作者立刻将其列为危机个案，开展辅导服务。社会工作者对阿婆的情况进行评估后，发现阿婆存在的风险很高，而她的照顾者只有来送三餐的儿子、儿媳，大部分时间她都是自己一个人待着，无人看护，因此社会工作者从她的支持网络出发来开展服务。首先，社会工作者联系其家属照顾者，告知其阿婆存在的风险和问题，与家属商量是否能够花更多一点时间观察照顾老人；其次，社会工作者联系阿婆的邻居，与邻居协商在经过阿婆家门的时候与阿婆打招呼，确认她的情况，及时监控情况；最后，社会工作者让村委会工作人员向其他村民了解阿婆的社会交往情况，与村委会工作人员协商如何在路过时进门看看阿婆的情况。在多方的合作下，阿婆的认知状况虽然仍旧较差，但是没有出现意外情况，目前情况保持稳定。因此，社会工作者又将阿婆列为一般个案。”（资料来源于服务项目过程记录）

值得注意的是，之所以设置“暖心宅急送”个性化精准帮扶试点项目的分级服务机制，是为了实现个性化精准帮扶的目标。这一分级服务机制能够根据深度贫困家庭自身的改变要求和改变状况有针对性地设计服务活动的安排，调动深度贫困家庭自身的改变动力和改变资源，带动他们走出生活的困境；它是支持和发展取向的，而不是以专业服务为标准指导深度贫困家庭降低他们的返贫风险这种保护和管控取向的。只有这样，才能避免“越帮越弱”的服务困境。

2. 分类服务设计

“暖心宅急送”个性化精准帮扶试点项目中的深度贫困家庭除了面临返贫风险比较高的生活挑战之外，同时还具有需求的多样性、生活化和常态化的特征。因此，针对他们设计的服务也就需要呈现这些特征，这就要求服务项目的社会工作专业团队依据分类服务设计的原则，能够以每户受助的深度贫困家庭面临的主要生活挑战为主线，将他们所需要的不同类型的服务有效地整合起来，协助他们在日常生活中提高应对生活危机的能力。

（1）分类服务设计及其依据

所谓分类服务设计，就是以受助的深度贫困家庭面临的主要生活挑战为主线，将不同类型的服务有效地整合起来。这样的服务设计有两个方面的核心要求。一是以面临的主要生活挑战为主线。这意味着分类服务设计依据的是这些深度贫困家庭面临的现实生活状况，其以这些深度贫困家庭的现实要求为出发点设计服务的安排；而传统的专业服务设计的理念，从某个概念出发规划服务活动安排，只关注概念分类的清晰性，不强调服务的实用性。例如，针对因残致贫的深度贫困家庭，根据残障的等级来分类，确定需要提供的服务，或者针对因病致贫的深度贫困家庭，根据病患的病种进行分类，以此为基础来设计服务的安排。显然，这种按照某个概念来设计服务的理念，只适合机构这种人为场景中的服务，不适合生活场景中的服务要求。为此，“暖心宅急送”个性化精准帮扶试点项目也就需要依据这些受助的深度贫困家庭在现实生活中面临的因病致贫、因残致贫和因其他原因致贫这三条主线来设计不同类型的服务。二是有效整合不同类型的服务。由于这些深度贫困家庭面临多重贫困，他们有多方面的需求，而且有时候这些不同需求看上去并没有直接的关系，很容易使服务项目的社会工作专业团队陷入这样一种困境：服务得越多，越不知道服务方向在哪里，出现“要的越多，丢的越多”的现象。因此，这一特征要求服务项目的社会工作专业团队在服务中除了需要明确受助的深度贫困家庭面临的主要挑战之外，还需要结合他们自身的家庭生活特点做好两个方面的不同类型服务的整合，即根据受助的深度贫困家庭是否有子女教育的需求将家庭子女教育融入针对家庭面临的主要挑战的服务中，以及根据受助的深度贫困家庭类型交叉情况整合不同类型的服务。此外，正是深度贫困家庭的整合服务要求，服务项目的社会工作专业团队还需要掌握完全不同于传统社会工作服务的方式，即学会将当下服务中受助的深度贫困家庭面临的短期服务需求结合到主线的服务中。

之所以需要针对受助的深度贫困家庭采取分类服务机制，是因为“暖心宅急送”个性化精准帮扶试点项目的受助对象是一群特殊类型的服务对象，他们不是生活的某个方面或者某几个方面遭遇困难，而是整个生活都深陷困境，因此，他们遭遇的问题也就具有了三个方面的核心特征：① 生活化；

② 常态化；③ 多样性。[①] 所谓生活化，是指这种类型的服务对象面临的是整个日常生活安排遭遇挑战，因而他们所需要的服务不能局限于生活的某个方面或者某几个方面，更不能把他们遭遇的困难从日常生活中抽离出来，只针对抽离出来的“生活问题”开展服务，而需要把这些“生活问题”放回服务对象的日常生活中，并以此作为提升他们日常生活应对能力的契机，专注于他们日常生活能力的改善，因而该项目服务是一种“生活化”的专业服务。常态化则是指这种类型的服务对象所遭遇的问题是一种生活的常态，具有长期性，不可能在短时间内得到解决，甚至有可能伴随人的一生。显然，这样的服务就有了长期跟进的要求。多样性则是指这种类型的服务对象所面临的困扰是多方面的，不仅涉及日常生活中多个方面的安排，这些安排常常相互牵制，容易使服务对象陷入两难的生活境地；而且涉及个人内部心理的弱势和外部资源的弱势，这两方面的弱势又经常纠缠在一起，恶性循环。正因为如此，这种类型的服务对象要摆脱困境是十分不容易的，他们除了自身的生活应对能力比较弱之外，还极容易受到环境变动的影响，生活的风险也比较高。

实际上，只要随着社会工作专业服务的深入，像深度贫困人群这种具有生活化、常态化和多样性服务要求的人群就会逐渐成为社会工作专业服务的重要人群之一，如失独家庭、失智失能老人、重症患者以及严重精神障碍

① 实际上，进入二十一世纪之后，社会工作专业服务的社会环境发生了巨变，社会工作者常常需要面对长期在困境中挣扎的弱势人群，他们不仅明显受到社会环境的影响，面临巨大的生活压力，而且这些问题持续时间长、反复性高，使得服务对象经常感到失望、沮丧、无助，甚至绝望和自暴自弃，无力掌控自己的生活，需要社会工作者采用一种能够将不同影响因素融合在一起的综合服务，同时关注个人改变和环境改善，并且能够让两者相互促进。

患者等就是典型的例子。显然，深度贫困家庭代表的不仅是一种特定类型的人群，而且也是一种特定类型的服务。这就需要服务项目的社会工作专业团队在“暖心宅急送”个性化精准帮扶试点项目中探索出一种不同于传统的个案工作、小组工作和社区工作的社会工作服务方式，围绕生活化、常态化和多样性的要求安排专业服务，实现受助对象日常生活安排能力的提升。

(2) 分类服务中的专业服务安排

在“暖心宅急送”个性化精准帮扶试点项目中，服务项目的社会工作专业团队的工作人员在近两年的尝试中逐渐总结出深度贫困家庭分类服务中的具体专业服务安排，它包括两个部分。① 共性的服务安排。这类服务安排是所有类型的深度贫困家庭服务中都需要的，如政策解读与咨询、居家安全环境改善、照顾者喘息以及资源链接等。当然，不同类型的深度贫困家庭所需要的共性服务安排的内容是不同的。例如，因病致贫的深度贫困家庭在政策解读与咨询中就偏向于医疗救助、就医政策等，而因残致贫的深度贫困家庭则更多地咨询残疾补助、残疾证的申请以及残疾人的就业支持等方面的政策信息，对于因其他原因致贫的深度贫困家庭来说，他们常常希望了解有关养老和家庭财产方面的政策。因此，尽管是共性的服务安排，服务项目的社会工作专业团队也需要根据每户受助家庭的具体情况确定具体的共性服务内容。② 个性的服务安排。这类服务安排是特定类型的深度贫困家庭所需要的服务。在“暖心宅急送”个性化精准帮扶试点项目中，受助的深度贫困家庭可以被分为因病致贫、因残致贫以及因其他原因致贫三种基本类型，同时以家庭子女教育为补充类型。就因病致贫的深度贫困家庭而言，围绕疾病治疗和照顾，他们需要的主要服务包括：就医服务、用药管理、疾病管理、健康经验挖掘与健康指导以及情绪管理等。就医服务主要涉及就医就诊是否方便、是否有人陪伴、就医过程中如何描述清楚患者的病情等；用药管理则主要涉及是否按照医嘱及时服药、服药是否有不良反应以及服用药物是否过期等；疾病管理则主要包括疾病复发的识别及应对、疾病复发的预防以及平时的保健等；健康经验挖掘与健康指导主要包括健康生活经验的识别、健康生活方式的学习以及健康生活方式的培养等；情绪管理涉及的范围则比较广，主要包括疾病担心的化解、积极心态的培育以及消极情绪的疏导等。对于因残致贫的深度贫困家庭而言，他们需要的服务主要包括：生活照顾配套服务、康复服务、社会交往、情感支持、居家安全与风险预防、精神疾病的风险管理等。生活照顾配套服务主要涉及残障人士的家庭照顾以及出行的配套照顾服务；康复服务则主要涉及与残障人士康复训练相关的服务；社会交往则主要包括残障人士社交机会的提供、社交技能的学习以及社区融入等；情感支持则主要涉及积极情感培育方面的服务，如参与公益活动、展现残障人士的才华以及困境中的抗逆力培养等；居家安全与风险预防主要包括磕伤碰伤的预防、跌倒的预防以及急救知识的学习等；对于精神障碍患者，还需要做好精神疾病的风险管理，包括精神疾病复发的识别、危机处置以及康复指导等。就因其他原因致贫的深度贫困家庭来说，他们需要的服务主要涉及就业指导和家庭照顾等方面。如果受助的深度贫困家庭有子女教育需要，服务项目的社会工作专业团队还需要提供学业辅导、亲子教育以及同伴学习等方面的服务。学业辅导的服务主要涉及课业的指导、学习习惯的培养、学习时间的管理以及学习兴趣的培养等；亲子教育则是围绕亲子关系改善而提供的各种服务，如亲子沟通、亲子情感关系的改善等；同伴学习主要涉及同伴的交流、同伴的合作、团队精神的培育以及同伴支持的建立等。“暖心宅急送”个性化精准帮扶试点项目分类服务的具体内容可见图 3.2。

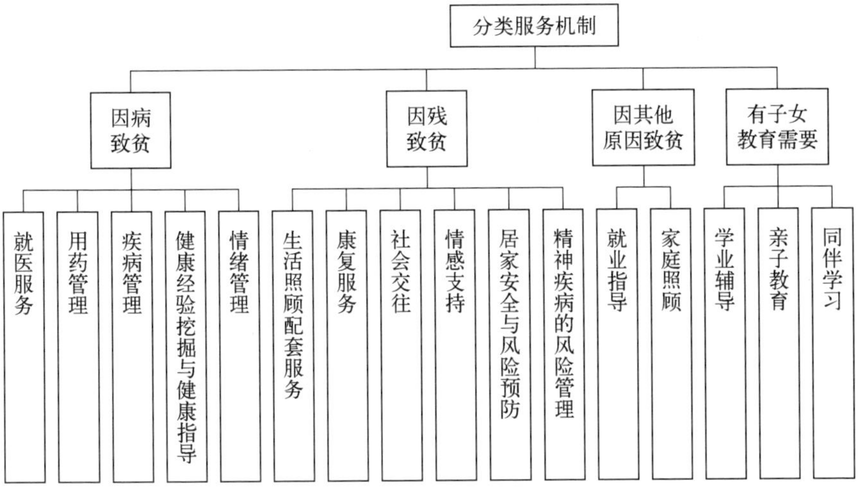

图 3.2　“暖心宅急送”个性化精准帮扶试点项目风险分类服务机制图

“我们(社会工作者)根据不同情况提供分类化服务,既能够避免资源浪费,又能够提供适宜的个性化服务。如服务对象林叔叔,由于他儿子有精神疾病复发的风险,我们就提供精神疾病风险管理的服务;如服务对象黄女士,有长期慢性疾病,导致精神状态较差,我们就指导她做一些日常的健康管理以及和子女一起参与社会活动,促进情绪改善;像翁女士这样有孩子的家庭,我们也会有针对性地提供有关学业辅导、学习习惯改善的服务。”(资料来源于与服务项目社工的访谈记录)

需要注意的是,这里所呈现的“暖心宅急送”个性化精准帮扶试点项目的分类服务只是厦门近两年的实践探索经验的总结,并不是固定不变的模板,需要服务项目的社会工作专业团队随着服务的深入不断修改完善。此外，这里所呈现的深度贫困家庭分类服务机制是运用“理想类型”所做的总结，在实际服务中，服务项目的社会工作专业团队需要根据受助的深度贫困家庭的具体情况将共性的服务安排与个性的服务安排结合起来，真正做到以深度贫困家庭的现实生活为依据实施个性化的精准帮扶，实现服务成效的最大化。

三、动态跟进的个案管理服务模式

通过对深度贫困家庭进行分级分类人群管理的服务之后，“暖心宅急送”个性化精准帮扶试点项目的社会工作专业团队就能够针对整个人群的服务产生基本的服务框架，做到既不忽视其中任何一户深度贫困家庭，也不过分突出其中任何一户深度贫困家庭。但是，就每户深度贫困家庭而言，他们又是个别化的，不仅各自的需求各不相同，而且各自在应对日常生活中遭遇的多重生活困难时也拥有不同的能力和资源，很难做到相互模仿和复制。因此，服务项目的社会工作专业团队就需要在分级分类人群管理的基础上针对每户受助的深度贫困家庭的具体情况进行个案管理，动态跟进每户受助的深度贫困家庭的变化，及时调整专业服务的安排。

1. 个案管理的发展脉络

个案管理最早可追溯到睦邻组织运动和慈善组织会社等在处理个案问题上建立的有效管理和整合协调的机制。① 作为西方社会工作创始人之一

① 黄耀明.失独家庭重建的个案管理实务与反思[J].闽南师范大学学报(哲学社会科学版),2017,31(3)：86－91.

的里士满早期在慈善组织会社的活动中就特别强调资源协调的重要意义，积极倡导通过社会服务机构之间的合作实践来解决复杂的问题，因此奠定了个案管理的雏形。

个案管理作为社会福利援助技术的一种专业服务方法，是在精神健康服务的去机构化、社区服务的去集权化、居家服务需求的案主增加、对社会支持的重要性和照顾者需求的认知增加以及降低成本需要等基础上发展而来的①，它既是社区照顾政策推行的结果，又是对传统社会工作方法的发展与完善。二战后，西方国家大力推动福利国家的建设，形成了大型机构化的照顾模式。但是，大型照顾机构往往采用科层化的管理模式，由程序化的专业照顾团队进行运作，给服务对象带来诸多负面的感受和消极的社会影响。这种大型机构化的照顾模式，一方面，使得服务对象与社会产生隔绝，让他们缺乏正常的、人性化的生活环境，难以过上有意义的社会生活；另一方面，又给政府带来了沉重的财政负担。②二十世纪六十年代之后，西方国家开始推行社区照顾政策，在社区建立小型化、专业化的服务机构，提供贴近人们日常生活的服务。不过，将服务的重心放回到社区之后，人们很快就发现，服务落到社区这种方式并没有让社会问题得到缓解，人们在日常生活中面临的问题越来越多样化、越来越严重，如长期照顾、健康保健、身心健康、药物滥用、贫困救助等，而且这些问题还常常交错在一起，很难依靠单一的方法、单一的专业技术进行解决，使得社区尽管增加了很多服务，但是仍然存在大量多重问题、多重需求的服务对象。为了应对这一困境，不同领域的专

①② 仝利民. 个案管理：基于社区照顾的专业社会工作方法[J]. 华东理工大学学报(社会科学版)，2005(2)：29－33，44.

业社会组织和非正式照顾者也被纳入社区照顾的体系中，以增加专业服务的多样性，但是追求专业化、精细化的服务分工阻碍了各专业服务之间的合作，让专业服务仅仅能够解决具有特定问题的服务对象，一旦遇到具有多重问题、多重需求的服务对象，这样的专业服务则面临“补了东墙缺西墙”的困境。对于服务对象来说，他们虽然接受了不同社会工作机构的服务，但是最后得到的却是间断性的、重复性的社会服务，这不仅导致服务对象的真正需求没有得到满足，而且同时还造成服务资源的严重浪费以及服务不公平现象的产生。二十世纪七八十年代之后，西方各国在政府财政危机和人口老龄化的压力下，尤其受到新保守主义福利意识形态的影响，开始推行削减社会福利的政策，通过制度性的安排，纷纷发展以家庭照顾为基础的非正式照顾和由非专业社会服务组织参与的社区照顾体系。不过，这样的服务策略也带来很多问题，如服务散乱、缺乏管理、服务网络复杂难以操作、服务重叠缺乏协调等，导致服务资源浪费成为更为突出的一个问题。在成本效益原则的指引下，人们在传统个案工作的基础上发展出个案管理的专业社会工作方式，目的是进一步强化多元化的社区照顾功能和作用，同时达到降低服务成本、减少福利服务开支的预定目标。[①] 个案管理作为一种新型的社会福利服务供给模式，目的是回应福利多元主义、案主问题多重化、新管理主义对成本效益最大化的追求，具有整合多方资源、满足多重需求、提供持续服务以及低成本、高效率等特点。[②]从二十世纪八十年代开始，个案管理逐渐从

①② 仝利民.个案管理：基于社区照顾的专业社会工作方法[J].华东理工大学学报(社会科学版),2005(2)：29－33,44.

医疗护理领域拓展到社会服务领域，成为西方社会工作实务的重要服务模式。① 到了二十世纪九十年代，个案管理逐渐受到人们的关注，成为西方最重要的福利服务输送方式之一。② 个案管理服务模式的快速发展，一方面反映了接受服务的受助对象面临越来越多样的服务需求和服务资源多方整合的需要，另一方面也反映了政府层面社会福利政策的变化和资助优先次序的调整，呈现出照顾服务的发展从之前的以机构服务为主转向目前以社区为主的特征。③

2. 个案管理的核心内涵和技术

个案管理是由来自不同职业和服务机构的专业人员所组成的工作团队向服务对象提供满足其长期性、综合性需求的一揽子服务计划，是一种对多种服务进行协调、整合并且实施总体把控的服务过程。④ 个案管理的受助对象一般是有着多样化、复合性需求的社会弱势群体，这一群体面临的问题较为复杂，需要服务的时间较长，而且具有不稳定的特点。⑤将多种不同的服务资源整合起来通过特定的服务体系输送给服务对象，除了能够增强服务对象获得和使用资源的能力，而且也能够保证服务对象获得基本的生活保障。同时，在服务输送过程中，服务对象的社会支持网络也能够得到很好的挖掘

① 唐咏，魏惠兰. 个案管理模式兴起及其在医务社会工作中的启示[J]. 社会工作(学术版)，2011(6)：46－50.

② 钟莹，梁国勋. 个案管理：社区戒毒工作的新模式[J]. 华东理工大学学报(社会科学版)，2008(2)：23－28.

③ 仝利民. 个案管理：基于社区照顾的专业社会工作方法[J]. 华东理工大学学报(社会科学版)，2005(2)：29－33，44.

④⑤ 黄耀明. 失独家庭重建的个案管理实务与反思[J]. 闽南师范大学学报(哲学社会科学版)，2017，31(3)：86－91.

和整合，从而促进社会多方资源的最佳配置。一般而言，个案管理具有以下四个方面的特征：注重不同服务整合、关注资源运用能力、强调专业关系建立、侧重服务对象参与。①

宋丽玉(1998)认为，从内容构成要素来看，个案管理由个案管理者、服务对象需求和福利服务体系三个部分组成。从个案管理者来说，针对服务对象的需求，个案管理者需要首先评估服务对象的需求及其所处的场景，然后根据评估的结果规划服务方案，对于其中无法直接提供服务的部分则转介给相关服务机构。针对福利服务体系，个案管理者则主要通过服务方案的规划、实施以及联系和协调服务对象所需的资源，为服务对象倡导和提供一个功能较为整全的服务网络。从服务对象需求而言，由于各个福利服务部门和机构有不同的服务规定、服务程序以及资格审核的要求，服务对象常常不知道如何申请才能获得相关的服务，因此，也就需要个案管理者的联系、协调和指导。从福利服务体系来看，一旦有多个服务部门和机构参与服务对象的服务，服务的责信问题就会变得很复杂，常常出现相互推诿的现象，这就要求个案管理者依据科学的原则安排服务对象的需求评估，并且结合服务对象的需求科学设计服务方案，保证各个服务部门和机构的服务有章可循、有据可依。对此，个案管理者在服务方案的实施过程中就需要针对服务的可接受性、可及性、可近性以及责信度等四个方面进行评估，明确个案管理的实际服务成效。② 美国社会工作协会(NASW)竭力提倡有经验

① 黄耀明．失独家庭重建的个案管理实务与反思[J]．闽南师范大学学报(哲学社会科学版)，2017，31(3)：86－91．

② 赵环，孙国权．刍议个案管理模式在禁毒社会工作中的运用[J]．社会工作下半月(理论)，2008(8)：4－7．

的社会工作者全面使用个案管理这种服务输送方式，这是因为，在个案管理服务输送过程中，社会工作者往往被视为辅导者/咨询者、倡导者和协调者，他们在具体的服务输送过程中发挥着沟通、联系、协调、监督等多方面的作用，能够有效避免服务的中断、分割等不利于服务成效实现的情况发生。①

3. 个案管理的服务内容

与传统的服务模式相比，个案管理服务模式的工作重点包括两个方面：一方面是注重服务对象的发展或者强化服务对象的资源网络（resource network）；另一方面是除了增进服务对象所需要的知识和技能之外，还需要提升服务对象获取资源及运用资源的能力。② 有学者指出，个案管理服务模式主要着力于以下四个方面的照顾服务：① 从服务提供者层面来看，个案管理注重服务团队的多元性，强调这种服务团队需要由不同职业或者不同专业的人士组成，他们向服务对象提供的是一种综融性和连续性的一揽子服务计划；② 从服务对象层面而言，个案管理的服务需要满足那些被多重问题困扰的服务对象的需求，这种类型的服务对象不仅面临的问题比较复杂，而且他们的服务需求也常常是多样化的，服务需要的时间更长；③ 从服务过程来说，个案管理本质上是一种对多重服务进行协调、整合的过程，注重考察服务的成本与效益，坚持效益大于成本的服务原则，并且关注服务的连续性以保证服务质量；④ 从服务技术角度来看，个案管理不仅重视将多重

① 宋丽玉，曾华源，施教裕，等. 社会工作理论：处遇模式与案例分析[M]. 4 版. 台北：洪叶文化事业有限公司，2012.

② 赵环，孙国权. 刍议个案管理模式在禁毒社会工作中的运用[J]. 社会工作下半月（理论），2008(8)：4－7.

的服务资源输送给服务对象，而且强调拓展服务对象自身拥有的社会支持网络。①

个案管理源于个案工作，但又区别于个案工作。个案管理不仅包括个案工作的基本服务内容，而且还包括为服务对象及其照顾者提供的一种持续性的实质帮助。与个案工作相比，个案管理更强调服务对象的独特性、服务资源的协调与管理以及服务效率与成本的控制。②个案管理与个案工作之间的比较可见表3.2。

表3.2 个案工作与个案管理的比较

类型/内容	个案工作	个案管理
案主	问题比较单一的案主	多重、复杂问题的案主，或一家有两个以上的案主
问题类型	单一资源可解决的问题	需多重资源解决的问题
问题性质	治疗性、矫治性	危机性、复健性、教育性
目标	协助案主解决问题	促成案主有能力使用资源
分析诊断	深入心理和社会层面	关注人与情景的实际情况
主要方法	一对一、面对面	评定、规划、协调、链接
工作角色	工作者即主要协助来源	工作者结合相关服务资源
案主参与	较为被动	重视案主改变的潜能
处置时间	短期	较为长期
记录格式	开放式或半结构式	具体、明确、详细、结构

资料来源：林胜义.社会工作概论[M].2版.台北：五南图书出版公司，2001：57.

①② 仝利民.个案管理：基于社区照顾的专业社会工作方法[J].华东理工大学学报(社会科学版)，2005(2)：29-33，44.

不过,值得注意的是,尽管为了清楚介绍个案管理与个案工作的差别,两者被视为完全不同的服务方式进行比较,但是在实际服务中,两者常常被交叉使用,有时两者之间的界限也并不分明,因为一旦服务对象某个方面的问题比较突出,就需要采用个案工作的服务方式,把这个方面的问题作为单独需要解决的任务来安排服务活动,而这个方面的问题得到缓解之后,又需要运用个案管理的服务方式帮助服务对象学会在日常生活中去应对这个方面的问题。因此,在实际服务中,需要灵活使用个案管理与个案工作这两种服务方式。二者之间,个案管理偏向日常生活中的综合服务,个案工作则强调某个具体方面的问题解决。

4. 个案管理的服务流程

个案管理的服务流程与个案工作类似,具体包括个案的选择及服务关系的建立、对服务对象的问题进行初期评估、服务计划的制定、资源的协调与计划的执行、服务计划与质量的监督和评估以及结案等六个步骤。第一步,个案的选择及服务关系的建立。个案管理者在开展个案管理服务时,首先需要选择那些适合个案管理服务方式的作为个案管理的服务对象,并且与这些服务对象建立信任合作的服务关系。第二步,对服务对象的问题进行初期评估。确认服务对象需要解决的问题,明确服务对象在解决问题的过程中可能用到的资源以及服务对象在利用这些资源时可能遇到的障碍。根据对以上三个问题的回答,确认服务的条件和成本、服务对象的能力和需求以及资源,明确个案进展的评估指标等服务内容,为在最有利的环境中制定、提供个别化的服务方案做准备。第三步,制定服务计划。个案管理服务计划是一套能够为服务对象提供一揽子整全服务的可行的服务活动方案。

这种服务计划的制定需要考虑五个方面的要求：① 充分掌握各种可用服务的品质和价格方面的信息；② 资源的获取需要保持一定的弹性；③ 明确各部门之间的财务责任与要求；④ 确认服务的目标和达成目标的方法；⑤ 注重服务对象的参与，达到增强自我选择、自我决定、自我照顾、自我实现的目标。第四步，资源的协调与计划的执行。个案管理的计划执行是一个协调不同服务资源共同参与服务的过程，其中，个案管理者所承担的角色主要是服务的协调者、倡导者和提供者。第五步，服务计划与质量的监督和评估。个案管理的服务监督与评估主要包括结果评估和成本评估两个部分。结果评估包括个案管理服务是否满足服务对象的需求、目标达成的情况、服务对象对服务结果的满意度以及服务的品质和效果等内容；成本评估则是个案管理所强调的对服务成本的管理和监控，它包括为个案管理服务投入的各种人力、财力和物力。第六步，结案。个案管理服务的结案需要根据服务目标的达成情况来决定，当服务对象具有了一定的运用资源网络的能力时，个案管理员就可以与服务对象共同商讨是否需要结案。① 不过，由于个案管理服务的对象（如精神障碍患者、高龄老年人等）很多面临多重问题的困扰，而且这些困扰持续的时间很长，因此，个案管理服务的持续性就变得非常重要。②

为了清晰呈现个案管理服务流程的六个步骤及其之间的关系，具体的个案管理服务流程图可见图 3.3。③

①② 仝利民.个案管理：基于社区照顾的专业社会工作方法[J].华东理工大学学报(社会科学版),2005(2)：29－33,44.

③ 欧颖,李春凯.危机介入与个案管理在失独群体中的应用探究[J].社会工作,2013(4)：86－93,154.

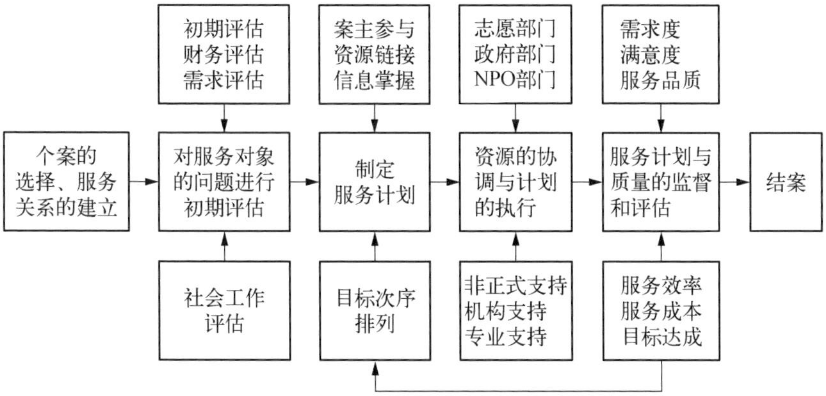

图 3.3　个案管理服务流程图

当然，在实际的服务中，个案管理服务流程的这六个步骤并不是固定不变的，如服务需求评估就需要在整个个案管理服务过程中不断使用，以便随时了解服务对象的变化，调整服务的计划，特别是像深度贫困人群这类生活风险比较高的服务对象，日常生活中发生的重要事件会对他们的生活造成直接的影响，关系到服务是否能够执行以及服务目标是否能够达成。因此，个案管理员需要随时保持服务的警觉，依据服务对象的成长改变要求调整服务的流程。

5. 深度贫困家庭的个案管理

显然，个案管理的服务模式非常适合脱贫攻坚社会工作实践中的深度贫困家庭的问题解决，能够针对每户深度贫困家庭不同的实际需求提供个性化的精准帮扶。两者的适切性主要表现在以下三个方面。① 深度贫困家庭所面临的困境具有多样、复杂的特征。在“暖心宅急送”个性化精准帮扶试点项目中，农村的深度贫困家庭由于疾病、残疾以及其他意外事故等情况在经济、就医、住房、家庭关系、生活环境、返贫风险、贫困代际传递等方面存在多重困难，这些困难往往相互纠缠，从生活的不同方面给深度贫困家庭造成压力，有的深度贫困家庭还面临存在多个重症患者或者残障成员的现实，整个家庭的功能严重缺失和弱化。② 深度贫困家庭的问题具有长期性。这些受助的“暖心宅急送”个性化精准帮扶试点项目中的深度贫困家庭不仅面临多重复杂的问题，而且他们自身的文化水平不高，应对能力偏弱，这样，在内外因的相互作用之下，这些深度贫困家庭的生活状况就处于一种恶性循环当中，外部巨大的生活压力导致“内生动力不足”，而“内生动力不足”又促使外部生活压力增加。因此，针对这种处境下的深度贫困家庭，个案管理专业服务除了不能聚焦于内部或者外部的某个方面之外，还需要保持持续性，长期跟踪深度贫困家庭的变化，给他们提供及时、必要的支持，而这也是个案管理服务的核心要求。③ 深度贫困家庭的需求具有多样化的特点。“暖心宅急送”个性化精准帮扶试点项目中的深度贫困家庭之间的需求差异是比较大的，每户家庭不仅面临不同的生活现实的要求，而且他们的改变意愿和能力也不尽相同。这就要求“暖心宅急送”个性化精准帮扶试点项目的专业服务能够根据每户受助的深度贫困家庭的具体情况设计个性化的精准帮扶综合服务的一揽子计划，将每户受助的深度贫困家庭的不同方面的能力和资源充分挖掘出来，实现最佳的服务成效和最小的成本支出。这样的服务策略与个案管理的服务思路是一致的。此外，需要特别强调的是，“暖心宅急送”个性化精准帮扶试点项目是一次跨部门、跨专业的服务尝试，既涉及政府兜底服务的要求，也涉及社会组织以及企事业单位的主动参与，甚至还涉及深度贫困家庭的邻里互助等。因而，多方服务资源的挖掘、协调和整合是“暖心宅急送”个性化精准帮扶试点项目的突出特点，这一特点只有采用个案管理的服务方式，才能够得到良好的呈现，才能够避免陷入在使用传统社会工作个案、小组和社区工作方法时出现的顾此失彼的困境。

尽管深度贫困家庭比较适合运用个案管理的服务方式，但是在精准扶贫社会工作服务的相关研究中，到目前为止，只是有学者提出个案管理运用于社会救助对象具有一些优势①，却很少有研究针对深度贫困家庭开展个案管理的探索，更不用说总结深度贫困家庭个案管理的服务经验了。因此，针对深度贫困家庭进行个案管理服务的探索和经验总结是非常值得的，这一服务经验不仅有利于服务的开展，而且像那些日常生活遭受重大打击并且短时间内很难复原的弱势人群，如失独家庭、重症患者、困境儿童以及戒毒人员等都面临多样的、复杂的现实生活挑战，更需要个案管理的服务。值得注意的是，分级分类服务是针对整个受助的深度贫困群体设计的，目的是根据这一群体的特征，通过分级和分类服务协助这一群体及时处理面临的生活挑战，既不忽视这一群体高返贫风险的服务需求，也不忽视这一群体不同类型的改变要求，因而分级分类服务是针对整个人群的兜底实践。个案管理则不同，这种服务方式只是针对单个家庭或者个人而开展的专业服务，目的是针对每户深度贫困家庭各自的特点，将这一家庭不同方面的服务需求组合起来，有针对性地设计个性化的精准帮扶综合服务方案，帮助深度贫困家庭提升日常生活的应对能力。因此，分级分类服务是针对深度贫困家庭整个人群的服务框架，而个案管理服务只是针对深度贫困家庭单个家庭的

① 高灵芝，杨洪斌．个案管理应用于社会救助的优势与思路[J]．东岳论丛，2010，31(9)：139－143．

服务框架，两者是不同层面的服务。当然，两者在实际服务中是不可拆分的，分级分类服务需要借助个案管理服务才能将整个人群的服务转化为每个家庭的服务；同样，个案管理服务也只有借助分级分类服务才能保证服务的发展方向，使其不会因为每个家庭多样、复杂的需求整合要求而迷失服务的推进方向，进而避免顾此失彼的现象。可以这样简单归纳：分级分类服务是针对整个人群的个案管理，而个案管理是针对单个家庭的分级分类服务，它们一起组成针对深度贫困人群的个性化精准帮扶服务，架构起帮助深度贫困人群降低返贫风险的兜底服务网络。

第二节　生活困难解决：潜能挖掘的能力实践

建构起了“暖心宅急送”个性化精准帮扶试点项目的分级分类人群管理的兜底服务网络之后，深度贫困人群也会面临着潜能挖掘的难题，特别是其中改变意愿比较强、改变可能性比较大的家庭，他们是整个深度贫困家庭中改变可能性最大的人群。服务项目的社会工作专业团队需要针对这些改变意愿比较强、改变可能性比较大的深度贫困家庭开展深入的服务，即重点级别类型的深度贫困家庭的社会工作实践。

一、潜能挖掘能力实践的依据

重点级别类型的深度贫困家庭在整个深度贫困人群中属于改变意愿比较强、改变资源比较丰富的，但是由于他们长期深陷贫困，不仅在实际生活中面临多重生活困难的挑战，而且受自身文化水平和改变能力的限制，他们的改变意愿要比一般贫困人群低，特别是在多重现实生活困难的冲击下，他们的改变意愿往往很不稳定，极容易受到环境变化的影响。为此，服务项目的社会工作专业团队也就需要避免过分纠结于这一深度贫困家庭的问题，而应重点关注他们自身拥有的潜能，采取“以能力为导向”的服务原则，尽可能地挖掘和调动他们自身拥有的改变潜能，带动他们“内生性改变”动力的提升。当然，这种“内生性改变”动力并不意味着是个人自身的心理特征，它需要在一定的现实环境中才能生长出来，其中最为重要的环境就是家庭。尤其是对于深度贫困人群而言，家庭成员之间的相互交流状况直接影响着家庭成员潜能的发挥。因此，若要针对重点级别类型的深度贫困家庭开展这种深度的潜能挖掘，就需要采取“以家庭为本、以能力为导向”的服务原则。

所谓“以家庭为本、以能力为导向”的服务原则，是指以整个深度贫困家庭为服务单位，采用针对整个家庭的动态观察视角开展服务，关注整个深度贫困家庭的生活安排能力的提升，以提高整个深度贫困家庭的贫困应对能力。显然，针对这种深度贫困家庭的潜能挖掘实践，主要有两个方面的服务要求：一是“以家庭为本”；二是“以能力为导向”。需要注意的是，“以家庭为本”不仅仅是指针对整个深度贫困家庭开展服务，把家庭作为一个服务单位，它同时还包含服务观察视角层面的要求，即把家庭作为一个基本服务场景，从多元视角出发安排服务活动。也就是说，服务项目的社会工作专业团队不能仅从某个家庭成员的角度思考服务的安排，而需要把家庭成员放在整个家庭的互动网络中去理解他们的改变要求，设计服务的安排，避免因某个家庭成员的改变导致家庭成员之间冲突的加剧。这样，服务项目的社会工作专业团队的任何服务安排也就需要有整个家庭动态变化的观察视角，避免服务只聚焦于某个家庭成员或过分夸大他的改变要求，或者只关注整个家庭的服务需要而忽视不同家庭成员的不同的成长改变要求。显然，这种“以家庭为本”的针对深度贫困家庭的服务原则包含这样一种基本假设：任何人的自我都不是个人对自己的看法和评价，而是社会中的自我，是个人对自己在人际交往中的位置和状况的认识与评价，是一种人际关系中的自我(self-in-relation)①。

“以能力为导向”不是不关注深度贫困家庭在现实生活中面临的多重问题，只强调他们能做的，而是恰恰相反，注重深度贫困家庭在现实生活中面临的由多重问题带来的挑战，只是其关注的问题的角度与传统的问题视角不同，即假设深度贫困家庭在现实生活中就是面临多重问题的，而这也是不可否认的生活事实。正是因为如此，在面对现实生活的多重挑战时，深度贫困家庭中的成员像每一位普通人一样，所能做的就是寻找生活中可以改变之处，即在多重现实困难面前关注做什么可以带来生活的改变。因此，这里所说的“以能力为导向”是指深度贫困家庭在多重现实困难面前能够做并且能够带来积极生活改变的方式。这里涉及三个方面的要求：一是选择多重生活问题中可以改变的某个问题或者问题的某个方面，把改变作为中心；二是关注可以改变的方面中能够做的，从能够改变的能力入手；三是注重这种改变能力的提升，直接带动现实生活的积极改变。显然，“以能力为导向”，

① 人际自我是由女性主义学者提出的，因为不满意于弗洛伊德的抽离日常生活的本质论的个人自我观，女性主义学者强调：个人的自我不能脱离日常生活，周围他人既是个人自我产生的条件，也是个人自我发挥作用的重要组成部分。

说到底，是以有效解决问题能力的提升带动现实生活的改变，增强深度贫困家庭对现实生活的掌控感。它相信每个人都是有能力的，能够在多重现实困难面前做出自己的尝试和改变。具体而言，针对这些改变意愿比较强、改变可能性比较大的深度贫困家庭，特别是有子女教育需求的深度贫困家庭，服务项目的社会工作专业团队可以采用三种常见的潜能深度挖掘的方式开展服务，这些方式包括：现有能力的发掘、新的能力的学习以及资源获取能力的拓展。现有能力的发掘，是针对深度贫困家庭现有的生活状况进行能力的挖掘，这种方式关注深度贫困家庭在现有生活中仍旧有效的生活应对经验和改变意愿等，不要求这些深度贫困家庭做出新的生活安排，是对现有应对能力的维持；新的能力的学习，则是对深度贫困家庭在应对现有生活状况中的一些无效应对方式进行改善，需要深度贫困家庭学习更有效的应对方式，提升这些深度贫困家庭对现有生活问题的应对能力，是对现有应对能力的提升；资源获取能力的拓展，则是对深度贫困家庭在获取环境资源扩展自身发展空间方面的能力提升，它鼓励深度贫困家庭学会主动寻找周围环境中的资源，调整现有的生活安排，改善环境的应对方式。值得注意的是，这三种潜能挖掘的能力实践方式是逐步深入的，它们之间相互影响、相互促进，而且这三种潜能挖掘的能力实践方式的具体内容也需要根据深度贫困家庭的类别有所侧重。例如，因残致贫的深度贫困家庭更为注重康复训练和照顾能力的提升等，因病致贫的深度贫困家庭则关注用药管理和健康管理等，而因其他原因致贫的深度贫困家庭则强调养老照顾和精神慰藉等。如果是有子女教育需求的深度贫困家庭，对其的潜能挖掘实践还需要结合对子女教育能力提升的内容安排。这三种潜能挖掘实践方式的具体内容见表 3.3。

表 3.3 “暖心宅急送”个性化精准帮扶试点项目潜能挖掘能力实践表

改变类型/能力方式	现有能力的发掘	新的能力的学习	资源获取能力的拓展
因病致贫	自我照顾、重要他人照顾、风险管理等	健康管理、用药管理	政策资源、社区资源、公益资源、邻里资源
因残致贫	康复练习、居家安全、家庭照顾、风险管理等	就业能力、康复训练、照顾能力	
因其他原因致贫	精神慰藉、风险管理等	社会交往	
有子女教育需求	课业辅导、亲子互动、同伴互助等	亲子教育	

尽管在介绍深度贫困家庭潜能挖掘实践时，“以家庭为本”的原则与“以能力为导向”的原则是分开解释的，但是在实际服务中，服务项目的社会工作专业团队需要随时将两者结合起来，并将其作为深度贫困家庭潜能挖掘专业实践的指导。简单来说，“以家庭为本”是服务的观察视角，而“以能力为导向”则是服务的实现方式。例如，深度贫困家庭中的重病患者需要用药管理的服务，学习其中的新知识，这样的学习就不能脱离家庭照顾者的要求和能力，需要将其放在患者与照顾者的互动关系中来审视，因为重病患者的用药行为变化与照顾者相关联，需要以照顾者的照顾能力的调整为条件。同样，照顾者的照顾技能学习也需要与患者的照顾要求结合起来；否则，即使照顾者的照顾技能提升了，但是对他们的生活改变可能也是没有明显益处的，显然，这样的学习是无法持久的，甚至还有可能造成家庭照顾关系的紧张。所以，“以家庭为本”的原则与“以能力为导向”的原则是不能拆开的，只关注“以家庭为本”的原则，忽视“以能力为导向”的原则，就会以整个家庭的要求为名义，忽视不同家庭成员的不同改变要求，加剧深度贫困家庭成员

之间的冲突；如果只关注“以能力为导向”的原则，忽视“以家庭为本”的原则，同样也会因为过度强调某个家庭成员的改变要求而忽视其他家庭成员的改变意愿，导致深度贫困家庭成员之间的冲突。

此外，需要注意的是，表 3.3 中列出的三种潜能挖掘实践方式的具体内容只是为了说明三种潜能挖掘实践的区别，所以才将它们分为不同的栏目进行介绍，但是在实际服务中，这三种潜能挖掘实践方式常常是相互交错在一起的。例如，在因病致贫的自我照顾方面，深度贫困家庭既可以运用现有的能力挖掘方式，也可以应用新的能力学习方式，更可以采用资源获取能力的拓展方式来增强自我照顾。像表 3.3 中的其他内容也会出现类似的情况，似乎三种潜能挖掘实践方式都能够运用。不过，就常见的服务顺序和服务方式来说，因病致贫中的自我照顾属于现有能力的挖掘方式，因为服务项目的社会工作专业团队在服务因病致贫的深度贫困家庭时，首先需要考察这些受助的深度贫困家庭的重病患者的自我照顾能力以及重要他人的照顾能力，在保证了深度贫困家庭现有积极功能的基础上才能开展下一步的专业服务。由于现实服务处境的复杂、多样，服务项目的社会工作专业团队在具体的服务过程中有时也可以打破这种从现有能力挖掘方式入手的工作方法，针对受助的深度贫困家庭的改变要求，从最容易改变的地方开展专业服务，如先采用资源获取能力的拓展方式来增强深度贫困家庭重病患者的自我照顾，再着手对重病患者的现有能力进行挖掘。其实，不管服务项目的社会工作专业团队采用什么样的潜能挖掘实践方式，其目的都是一样的，就是充分利用当下的服务机会协助受助的深度贫困家庭实现最大化的生活改变。

二、家庭为本的服务

家庭作为人类社会的基本组织单位，是个人生存和发展的重要场所，也是个人情感关系培育的重要平台。随着工业化和全球化进程的加快，人们置身于一个面临多重生活危机和风险的社会情境中。[①] 深度贫困家庭更是如此，如何协助他们有效应对危机、规避风险，便成为精准帮扶工作中的重大挑战，因为很多深度贫困家庭并没有独自应对风险和危机的能力，家庭功能的稳定性偏低。[②] 这样的生活处境导致深度贫困家庭即使暂时摆脱了贫困的生活困境，也很容易再次甚至反复陷入贫困生活中。这就是深度贫困家庭自身所具有的脆弱性。[③] 针对深度贫困家庭而开展的脱贫工作，我国已有丰富的实践及理论成果：有的以深度贫困家庭的经济为中心，以制约他们家庭经济发展的短板为突破口，强调通过发展家庭经济推动贫困家庭在经济上摆脱贫困[④]；也有学者提出通过加大国家投入，并且借助社会化的抚育与赡养的方式，加强社会的底线保障，或者通过加强地方政府管控和移风易俗等方式，降低农民的家庭人情开支和社会交往成本，协助贫困家庭脱贫[⑤]；

---

① 姚进忠，邱思宇. 家庭抗逆力：理论分辨、实践演变与现实镜鉴[J]. 人文杂志，2018(11)：116－128.

② 孔铮. 构建中国的家庭政策体系：国际经验及启示[J]. 经济与社会发展，2013，11(4)：96－100.

③ 祝建华. 城市居民家庭贫困脆弱性的测度、因素识别与消减策略[J]. 河北大学学报(哲学社会科学版)，2019，44(3)：129－138.

④ 段塔丽. 资源环境约束下连片特困山区农户家庭精准脱贫路径选择——基于陕南秦巴山区农户家庭的调查与分析[J]. 陕西师范大学学报(哲学社会科学版)，2019，48(5)：37－49.

⑤ 刘景琦. 新"生存伦理"陷阱：连片贫困区农民家庭转型困境的一种解释[J]. 社会学评论，2019，7(3)：50－59.

也有学者进一步分析了贫困与疾病之间的关系，认为疾病的发生不仅导致金融资本和物质资本的匮乏与受损，还导致家庭的人力资本、教育资本以及再生产能力的中断，最终引发长期贫困[①]。

在国外已有的研究中，也提到了随着经济的发展，越来越多的贫困群体除了在经济上需要得到协助之外，还需要在技能培训、家庭照护等方面得到外界的支持。[②] 家庭需求日益增长的主要原因之一是家庭面临越来越重的照顾负荷。[③] 针对这一家庭发展中的困境，近年来，欧洲国家专门为家庭提供了一系列政策支持，他们依托志愿者组织，结合所采取的政策措施，为家庭照护者提供暂托护理、培训辅导、心理咨询等服务。欧洲国家所采取的这些措施是希望家庭照顾者能够从繁忙的照顾中抽身出来，得到必要的短暂喘息，从而减轻因长期照顾所产生的身体和精神上的巨大压力。[④] 这些家庭照顾支持政策的实施标志着西方国家从过去福利国家的机构式院舍照顾方式转向家庭支持模式，表明西方福利改革政策理念已经由"替代家庭功能"转变为"支持家庭功能"。[⑤]

在"暖心宅急送"个性化精准帮扶试点项目中，服务项目的社会工作专业团队也是围绕着家庭来开展专业服务的，并采用"以家庭为本"的服务理

① 徐小言. 农村居民"贫困-疾病"陷阱的形成分析[J]. 山东社会科学，2018(8)：66－72.

② 朱传一. 国外社会保障与社会工作发展的新趋势[J]. 世界经济与政治论坛，1990(1)：32－36.

③ 杨团. 以家庭为本、社区服务为基础的长期照护政策探索[J]. 学习与实践，2014(6)：82－91，2.

④ 曹方咏峥，林熙. 欧洲国家的公共政策支持：家庭照护[J]. 老龄科学研究，2019，7(3)：71－80.

⑤ 何欢. 美国家庭政策的经验和启示[J]. 清华大学学报(哲学社会科学版)，2013，28(1)：147－156，161.

念。由于这一项目是在政府提供基本经济保障的条件下开展的，因而服务项目的社会工作专业团队将专业服务聚焦于深度贫困人群的家庭生活安排、家庭内部沟通以及家庭重要事件应对等问题的处理上。

1. 家庭生活安排

目前针对深度贫困家庭生活安排的研究并不多见，即使是针对家庭生活安排的资产为本取向的扶贫实践，也只是一种以家庭生计为中心的实践探索，强调家庭对于生计安排的理性规划能力、积累能力和发展能力。① 这种关注家庭生计的实践探索背后存在这样的假设：深度贫困家庭应该具有发展的意识、意愿和能力。实际上，多数普通人觉得最简单也最基本的日常生活安排，如健康饮食、居家生活环境布置、出行安排以及家庭照顾等，对于接受社会救助的深度贫困家庭来说，却是一件不容易做好的事情。因为，这样的深度贫困家庭中的成员，不仅文化水平低、生活挑战应对能力弱，而且有的患重病或者残障在身需要照顾，甚至有的深度贫困家庭中同时有几位需要重点照顾的家庭成员。正是因为如此，家庭生活安排对于深度贫困家庭的生活改善有着极其重要的作用，除直接影响深度贫困家庭的生活状况之外，还直接关系到深度贫困家庭返贫风险的降低以及贫困代际传递的阻断等问题的解决。

家庭生活安排涉及家庭每日生活的组织和时间安排，深度贫困家庭也一样，因此，“暖心宅急送”个性化精准帮扶试点项目的社会工作专业团队通过考察深度贫困家庭典型一天的日常生活安排来规划有针对性的服务，如

① 张曦.家庭再生产、贫困发生与精准扶贫政策实践[J].华南农业大学学报(社会科学版),2019,18(4):10-20.

家庭每日是从几点开始一天的生活流程的、谁来负责家庭的早餐、早餐是怎么安排的、之后家庭的安排又是什么等。这样，服务项目的社会工作专业团队就能够根据受助的深度贫困家庭典型一天的安排状况找到其中容易改变之处，从容易之处开始开展专业服务。当然，在这个过程中，服务项目的社会工作专业团队也需要关注深度贫困家庭一天安排中容易出现高风险的地方，做好风险的预防工作。

2. 家庭内部沟通

家庭成员之间的内部沟通状况直接影响家庭应对环境挑战的能力，深度贫困家庭也不例外，他们也需要有良好的家庭内部沟通，以增强整个家庭应对日常生活多重困难的能力。家庭内部沟通不仅涉及家庭成员之间的信念传达、信息交换和情绪表达等，而且涉及任务的分工和组织以及问题解决的过程。需要注意的是，家庭内部信息沟通过程常常与家庭成员之间的关系交错在一起，两者相互影响。① 特别是在地位不平等而一成员需要依赖另一成员的时候，这种家庭内部信息沟通就会明显受到权力关系的影响，强势的成员会要求弱势的成员按照自己的意愿行动，从而导致家庭内部沟通的受阻以及家庭成员之间冲突的加剧。② 对于受到多重生活问题困扰的深度贫困家庭而言，在家庭内部沟通过程中，这种权力冲突的困境更为明显，除了现实的生活压力让他们极容易遭受挫败，从而导致一种消极的家庭内部

① Greene G J. "Strategic therapy and social work intervention." In Francis J Turner(5th ed.). *Social work treatment: Interlocking theoretical approaches*. New York: The Oxford University Press, 2011.

② Segal L. "Brief family therapy." In Home A M, Passmore L (2nd eds.). *Family counseling and therapy*. ITASCA, IL: F E Peacock Publishers, 1991.

沟通方式之外，还常常因为自身的文化水平的影响、不善于在家庭成员之间沟通、缺乏必要的沟通交流技巧等，加剧家庭成员之间的冲突，使家庭成员在现实生活困难面前容易陷入消极沟通的恶性循环中。[①] 可见，作为“暖心宅急送”个性化精准帮扶试点项目的社会工作专业团队，就不能把家庭内部沟通简单视为只是一种信息的沟通交流，因为它同时也是一种家庭权力关系的运作方式，这种家庭权力运作方式直接影响家庭成员之间的关系状况以及问题解决能力。

因此，在“暖心宅急送”个性化精准帮扶试点项目中，服务项目的社会工作专业团队就需要深入考察每户受助的深度贫困家庭的内部沟通状况，运用权力沟通的视角审视深度贫困家庭成员之间的相互影响，尤其需要关注以下三个方面[②]：① 权力关系，注意考察沟通双方或者多方之间的权力位置，了解谁具有影响力，处于强势的一方，谁无力反驳，处于弱势的一方；② 循环影响，关注沟通双方或者多方之间相互影响的整个过程，避免只从一方的立场理解深度贫困家庭的内部沟通状况，例如，在有子女教育需要的深度贫困家庭中，服务项目的社会工作专业团队就不能仅从父母的角度来了解孩子的学习情况，也不能仅从子女的角度来分析父母的亲子教育能力；③ 交往边界，注重对沟通双方或者多方之间的交往边界的了解，分析深度贫

① 纪文晓. 从西方引介到本土发展：家庭抗逆力研究述评[J]. 华东理工大学学报(社会科学版)，2015，30(3)：29－42.

② 值得注意的是，针对家庭内部沟通有不同的解释理论，最常见的是结构式家庭治疗和家庭策略治疗：前者注重家庭成员之间的关系和边界；后者关注家庭成员之间的沟通方式和策略。实际上，两者在二十世纪九十年代之后开始出现融合的现象，产生了美国的华盛顿学派。详细内容请参见：Haley J，Richeport-Haley M. *Directive family therapy*. New York：Haworth Press，2007.

困家庭的内部沟通是否影响或者超越了家庭关系的界限，如亲子之间的交流是否过于亲密，影响了家庭中的夫妻关系或者兄弟姐妹关系，从而导致家庭内部关系的紧张和冲突①。

3. 家庭重要事件的应对

家庭重要事件的应对反映了家庭在生活中重要事件面前的应对能力，它直接关系到家庭生活状况的好坏以及家庭的发展，特别是对于深度贫困家庭而言，情况更是如此，因为深度贫困家庭在现实生活中面临多重困难的挑战，而且这样的挑战常常不是短时间内就能得到解决的，有的甚至伴随家庭的整个发展历程，需要家庭成员学会管理这些生活压力。就深度贫困家庭遭遇的重要事件而言，它可以依据重要事件的来源的特征分为生理的、人际的和社会的三种。生理的重要事件是指疾病或者生理功能方面的突发事件，这些事件导致整个家庭陷入困境中，如重病的恶化、精神疾病的复发或者残障导致的身体功能的缺失等，这些重要事件都会打乱整个家庭的生活安排，甚至使整个家庭陷入危机处境中；人际的重要事件是指家庭人际关系冲突导致的突发事件，这些事件往往关系到家庭成员双方或者多方不同的利益，如果处理不当，就会促使整个家庭陷入对抗甚至解组的困境中；社会的重要事件是指社会生活方面的突发事件，这些事件往往使整个家庭陷入重大的调整中，如亲人的过世、公共卫生疫情的突发等，这些重要事件迫使整个家庭改变原来的生活方式，学习新的社会生活的适应技能，而这对于深度贫困家庭来说是非常不容易做到的。由于深度贫困家庭大多是因病致贫

① Keim J. "Strategic family therapy: The Washington school." In Horne A M (3rd ed.). *Family counseling and therapy*. Itasca, IL: F E Peacock Publishers, 2000.

或者因残致贫的家庭，因此，他们在现实生活中一旦遭遇某一方面的重要事件，这一重要事件就会转化为其他方面的重要事件，给深度贫困家庭带来巨大的生活挑战，这也是深度贫困家庭返贫风险比较高、长期处于贫困处境的根本原因之一。

针对深度贫困家庭重要事件的应对，它通常涉及三个元素：压力源（stressor）、压力（stress）和压力应对（coping）。① 压力源是指那些给深度贫困家庭造成压力的事件，这些事件既可以来自外界生活的变化，也可以是深度贫困家庭成员的生活经历，只要这一事件给深度贫困家庭造成压力，它就是压力源。当然，压力源也有不同的分类：如根据压力源出现的时间长短，可以把压力源分为长期的压力源和急性的压力源；也可以根据压力源出现的状态，把压力源分为常态的压力源和非常态的压力源。② 压力与压力源不同，它是一种主观的感受状态，它让深度贫困家庭面临压力源的时候感受到紧张和不安。显然，对于不同的家庭或者家庭成员来说，即使是相同的压力源，也会因为主观感受的不同，体会到不同程度的压力。压力应对则是指深度贫困家庭在感受到压力之后针对压力处境所采取的回应行为。这种回应行为是否有效对于压力的缓解来说至关重要，无效的应对行为只会进一步加剧压力的感受，夸大压力源的影响。因此，“暖心宅急送”个性化精准帮扶试点项目的社会工作专业团队在考察受助的深度贫困家庭的重要事件应对

① Gitterman A. “Advances in the life model of social work practice.” In Francis J Turner(4th ed.). *Social work treatment: Interlocking theoretical approaches*. New York: The Free Press, 1996.

② 纪文晓. 从西方引介到本土发展：家庭抗逆力研究述评[J]. 华东理工大学学报(社会科学版)，2015，30(3)：29－42.

时，就不能只关注重要事件的压力源、压力或者压力应对的处理，实际上，这三个元素是相互影响的，它们一起构成深度贫困家庭对重要事件的应对机制。[①] 也就是说，针对深陷重要事件困境的深度贫困家庭，服务项目的社会工作专业团队需要从三个方面入手开展专业服务。① 压力源。服务项目的社会工作专业团队首先需要确定导致深度贫困家庭陷入困境的重要事件的压力源，分析其中哪些可以减少或者消除，通过链接相关的资源，针对这些压力源开展服务，如政策解读和咨询、困难补助的申请等就属于这种类型的服务。② 压力。服务项目的社会工作专业团队需要帮助深度贫困家庭学会压力管理，包括压力情绪的疏导、压力事件的重命名以及压力中的放松练习等。③ 压力应对。服务项目的社会工作专业团队需要协助深度贫困家庭学习压力应对的方法，包括压力事件的预测、压力应对成效信息的反馈以及压力应对经验的总结等。[②]通过这三个方面的专业服务，服务项目的社会工作专业团队就能够保证受助的深度贫困家庭减少重要事件的出现，即使生活中出现了重要事件，也能够及时帮助这些深度贫困家庭降低他们的返贫风险。[③]

4. 家庭为本的服务的基本原则

在"暖心宅急送"个性化精准帮扶试点项目中，受助的深度贫困家庭的返贫风险很高，因而服务项目的社会工作专业团队需要随时关注整个家庭

---

①② Germain C B, Gitterman A. "Ecological perspective." In Edwards A. *Encyclopedia of social work* (*19th ed*). Silver Spring, MD: National Association of Social Workers, 1995.

③ 王志敏，曲玮. 贫困地区农户家庭风险抵御能力实证分析——以甘肃省陇南市、定西市为例[J]. 西北人口，2016，37(1)：123－128.

的生活状况，不能仅仅局限于其中的重病患者或者残障成员，因为在这样的高返贫风险家庭中，任何家庭成员在生活中遭遇的重要事件都极容易转变成整个家庭的重要事件，从而使整个家庭陷入危机。正是因为如此，“以家庭为本”的服务原则就有了两层内涵：一是以整个家庭为服务对象，如服务项目的社会工作专业团队针对整个家庭开展的政策解读与咨询、居家安全环境改善等就属于这种以整个家庭为服务对象的服务；二是以整个家庭为服务框架，即使针对家庭中的单个成员或者几个成员开展服务时，也把这样的服务放在整个家庭的服务框架中进行考察，如家庭喘息服务、用药管理、康复训练以及亲子教育等都属于这种类型的服务。尽管从形式上看，以整个家庭为服务对象的服务不同于以整个家庭为服务框架的服务，但是实际上，两者都把整个家庭作为服务的焦点，目的都是提升整个家庭应对生活多重困境的能力，只是前者更为关注家庭的共性服务需求，后者更强调家庭的个性服务诉求。在实际的深度贫困家庭服务中，往往后者的服务要求更容易被服务项目的社会工作专业团队所忽视，仅把这类家庭服务简化为对单个家庭成员或者几个家庭成员的服务。显然，这样的以单个家庭成员或几个家庭成员为服务对象的服务框架极容易造成深度贫困家庭成员之间的紧张和对立，进而破坏整个家庭应对高返贫风险的能力。

因此，“暖心宅急送”个性化精准帮扶试点项目的社会工作专业团队在开展服务时，就需要学会采用以整个家庭为服务框架的策略，把家庭成员之间的关联视为一种生活的常态，注意考察他们之间的相互影响过程。这样，家庭成员之间的联系就不会随着某一家庭成员的不在场而中断，所有家庭成员始终处于一种动态的相互影响的过程中。可以说，这种“以家庭为本”

的原则是一种动态的家庭观察视角。① 为此，服务项目的社会工作专业团队在针对深度贫困家庭开展专业服务时就需要遵守以下三项原则。① 零损害原则，即针对深度贫困家庭中任何一位家庭成员开展专业服务时，都需要考察这一服务对整个家庭的影响，尊重每一位家庭成员的要求，选择不给任何一位家庭成员增添损害的服务，避免由于服务导致部分家庭成员利益受损。需要注意的是，这里所说的零损害不是指受助的深度贫困家庭因为社会工作专业团队的服务不受损害，而是强调社会工作专业团队不能因为服务的要求而给受助的深度贫困家庭带来新的损害，因为只有在不受损害的基础上，服务项目的社会工作专业团队才能够与受助的深度贫困家庭建立稳定的信任合作关系。② 处境化原则，即针对深度贫困家庭开展专业服务时，需要把受助家庭成员的需求放在具体的场景中进行考察，明确受助的范围和界限，并由此确定相关联的家庭成员，了解不同的受助家庭成员在这一处境中的不同需求，避免因服务界限不清导致家庭成员之间的误解和冲突。③ 最小化原则，即针对深度贫困家庭开展服务时，服务项目的社会工作专业团队首先需要安排的是如何通过外部资源的链接让受助的深度贫困家庭成员发挥那些仍旧有效的应对能力，让他们的生活处于微小的改变中，逐渐增加改变的希望，而不是给受助的深度贫困家庭提供直接的帮扶，满足他们的

---

① 值得注意的是，家庭辅导从二十世纪七八十年代起逐渐从单人视角向双人视角转变。它关注家庭成员之间的情感关联，特别是以母子之间的情感联系作为重要的考察依据，推崇一种以主观情感联系为基础的服务，延伸出以客体关系理论（Object Relations Theory）、人际关系学派（the American Interpersonal School）或者主体心理学（Self Psychology）等注重家庭成员关系的理论为基础的服务。具体内容请参考：Miehls D. "Relational theory and social work." In Francis J Turner (5th ed.), *Social work treatment: Interlocking theoretical approaches*. New York: Oxford University Press, 2011: 401－412.

需求，这种直接满足需求的方式会导致“越帮越弱”的现象。显然，此时的资源链接是为了推动受助的深度贫困家庭成员运用自己的能力解决面临的问题，让他们关注自己能做的，把注意力集中在可以改变的生活中的微小事情上。此外，在推动受助的深度贫困家庭成员尝试生活中的微小改变时，服务项目的社会工作专业团队还需要关注尝试的成效以及受助的深度贫困家庭成员与周围他人特别是与其他家庭成员的协同，避免因为受助的深度贫困家庭成员的改变导致家庭成员之间冲突的加剧。

实际上，家庭为本的服务中的这三项原则是相互关联的，正是因为需要遵守零损害原则，服务项目的社会工作专业团队在开展专业服务时就不能将注意焦点锁定在某个或者某几个深度贫困家庭成员身上，而需要依据处境化原则把相关的家庭成员找出来，针对他们开展有针对性的服务。当然，在服务的过程中，服务项目的社会工作专业团队也需要关注最小化原则，既能够帮助受助的深度贫困家庭成员发挥自己的能力，又能够通过他们的改变带动家庭其他相关成员的改变，从而提升整个家庭的多重生活困境的应对能力。因此，可以说，在“暖心宅急送”个性化精准帮扶试点项目这种针对深度贫困家庭的服务中，零损害原则是专业服务的底线，处境化原则是专业服务的聚焦点，而最小化原则是专业服务的着力点，三者一起推动深度贫困家庭日常生活状况的改变。

三、能力为导向的服务

除了家庭为本的服务要求之外，在“暖心宅急送”个性化精准帮扶试点项目中，服务项目的社会工作专业团队还需要坚持一种能力为导向的服务要求。这意味着,“暖心宅急送”个性化精准帮扶试点项目的社会工作专业服务不是从受助的深度贫困家庭的问题入手采取修补的策略,而是恰恰相反,从他们的能力出发,关注他们如何在现实的多重生活困境的挑战中提升生活的应对能力。具体而言,依据能力改善的方式和途径,这种能力为导向的服务涉及能力挖掘、能力提升和能力拓展三种基本服务策略。

1. 能力挖掘

能力挖掘,顾名思义,就是针对深度贫困家庭已有的能力开展服务,协助他们把自身拥有的能力发挥出来。需要注意的是,“暖心宅急送”个性化精准帮扶试点项目的社会工作专业团队不能把能力挖掘简单理解成让受助的深度贫困家庭做自己能做的,或者完全由受助的深度贫困家庭自己决定需要做什么,因为深度贫困家庭之所以遭遇多重生活困难,就是因为他们缺乏有效的生活应对能力。因此,能力挖掘也就包含了三层含义。① 具有现实性,需要从受助的深度贫困家庭面临的现实生活挑战入手,在他们的现实生活中找到可以改变的空间,绝不能把受助的深度贫困家庭的能力与他们的实际生活割裂开来,抽象地讨论和界定受助的深度贫困家庭到底具有什么能力。否则,即使服务项目的社会工作专业团队找到了受助的深度贫困家庭拥有的能力,这种能力也对他们实际生活问题的解决没有帮助,最后就会转变成自我安慰的借口,弱化他们的改变能力。② 具有能动性,需要注重深度贫困家庭在现实生活困难应对中仍旧有效的行动方式。也就是说,这里所说的能力挖掘是针对受助的深度贫困家庭的有效应对行动而言的,它既不是想法,也不是感受,更不是人格的特质,而是行为,是一种能够给深度贫困家庭带来现实生活改变的有效行为。正是借助这样的仍旧有效的应对行动，深度贫困家庭才有了把握现实生活改变的能力。他们对现实生活的改变信心、改变能力甚至对自身价值的肯定，都建基于这种有效的应对行动上。因此，作为服务项目的社会工作专业团队也就需要紧紧抓住这一点，避免宽泛地界定深度贫困家庭在现实生活中拥有的能力。当然，这并不是说除了有效应对行动之外其他都不是深度贫困家庭的能力，而是强调其他任何能力都需要紧紧围绕有效的应对行动，如果无法直接带来应对行动成效的增加，这样的能力就无法对现实生活产生积极的影响，因而也就不能称其为能力，不能将其划入能力挖掘的范围内。③ 具有辩证性，即在关注深度贫困家庭有效的应对行动方式的同时，还需要考察他们在现实生活困难的挑战面前对无法改变或者暂时无法改变的现实的接纳方式，这也是深度贫困家庭应对现实困难能力的重要组成部分，只是与那些仍旧有效的应对行动相比，这些能力通常处于一种隐性的状态，容易被受助的深度贫困家庭甚至服务项目的社会工作专业团队所忽视。① 简单来说，这种能力挖掘的服务策略就是通过让受助的深度贫困家庭保持那些仍旧有效的现实生活困境的应对方式来增强他们的改变信心。

具体而言，服务项目的社会工作专业团队在面对“暖心宅急送”个性化精准帮扶试点项目的受助深度贫困家庭时，通常需要经历四个步骤才能找到受助深度贫困家庭那些仍旧有效的行动应对方式。第一步，拟定问题清单，即通过与受助的深度贫困家庭沟通，明确他们在现实生活中遭遇的问

① 这种对无法改变的现实生活的接纳能力被称为放弃，它也是人们问题解决能力的重要组成部分。有关放弃与问题解决能力之间的关系，请参考童敏：《从问题视角到问题解决视角——社会工作优势视角的再审视》，载《厦门大学学报(哲学社会科学版)》2013 年第 6 期，第 1 - 7 页。

题，把这些问题排列出来，拟定需要解决的问题清单。在这些问题中，与深度贫困家庭的基本生活安排关联越紧密，也就越重要，因而也就需要在问题清单中排在前面的位置。第二步，确定改变空间，即通过与受助的深度贫困家庭协商，确定问题清单中可以改变的问题，选择最容易改变的问题作为着手点，将这一问题与具体的发生场景以及相关方联系起来，确定需要着手服务的人、事和场景。第三步，肯定有效行动，即借助与受助的深度贫困家庭深入的交流，找出他们在应对这一问题处境时仍旧有效的行动，并且给予及时的肯定，让受助的深度贫困家庭在生活困境中察觉到自己的能力所在。第四步，巩固接纳方式，即围绕受助深度贫困家庭的有效应对行动，协助他们找出面对这一应对行动受阻时的接纳方式，巩固他们接纳现实不足的能力。当然，在实际的能力挖掘的服务中，这四个步骤并不是截然分开的，需要服务项目的社会工作专业团队根据受助深度贫困家庭的现实生活状况的变化做出及时的调整。不过，无论怎么调整，能力挖掘服务的目标只有一个，就是维持受助深度贫困家庭现有的生活困境的应对能力。

2. 能力提升

能力提升就是协助深度贫困家庭学会运用新的应对方式处理现实生活中的多重困难，提升现实生活的应对成效。显然，能力挖掘只是让受助的深度贫困家庭感受到自己在多重生活困境面前所拥有的能力，但是要真正做到生活的改善，就需要深度贫困家庭学习新的、更有效的生活困境中的行动应对方式，因为只有找到了更有效的行动应对方式，深度贫困家庭才能够将自己的潜力发挥出来；只有这样，他们才能不仅感受到自己是可以改变的，而且还能够通过这样的改变看到自己是有能力影响自己的生活安排的，从而对自己、对环境都更有信心，也更愿意主动参与生活的改变，寻找现实生活中的改变机会。因此，能力提升的服务策略也就包含了以下两层含义。一是协助深度贫困家庭在能力挖掘的基础上学习新的行动应对方式，让受助的深度贫困家庭的应对行动更有效。这也意味着，能力提升需要以能力挖掘为基础，因为一旦受助深度贫困家庭的能力提升没有建立在能力挖掘的基础上，就会导致以下状况：看上去开展了很多服务，甚至受助深度贫困家庭也学了很多新的应对行动，但是实际上他们的生活基础却变得越来越脆弱，特别是对于返贫风险很高的深度贫困家庭而言，这样的服务安排就会因为生活中的某个或者某些事件使他们的生活状况出现大幅度的回退。二是采用最小化原则协助深度贫困家庭学习新的行动应对方式。这意味着，除了帮助深度贫困家庭更容易掌握这种行动应对方式之外，更为重要的是，服务项目的社会工作专业团队需要协助深度贫困家庭学会一种经验学习的方式，即在现实生活的尝试中学习新的行动应对方式。这样，能力提升的学习就不能是一步到位的认知层面的知识学习，而是一种需要一边做、一边反思且能够把自己的生活经验总结出来的“在行动中反思”的学习。因此，这种能力提升的学习就不仅是有效应对行动方式的学习，它同时还包括行动尝试效果的反馈以及根据反馈及时调整行动尝试的学习，可以说，是一种有效行动机制的建立。

从操作执行的角度来看，这种能力提升的学习通常需要经历四个步骤。第一步，确定有效行动，即明确受助的深度贫困家庭在现实生活困境中有哪些仍旧有效的应对行动，让受助的深度贫困家庭了解自己所拥有的能力，明确新的行动学习的基础。第二步，布置行动任务，即依据受助的深度贫困家庭尝试有效行动的结果布置新的行动任务。这种行动任务布置具体包括两个方面：面谈内的一起尝试和面谈外的行动指导。也就是说，服务项目的社会工作专业团队首先需要与受助的深度贫困家庭一起尝试新的行动任务，让他们了解新的应对行动的要点，初步掌握新的行动应对方式。在此基础上，服务项目的社会工作专业团队就可以布置面谈外的行动任务，让受助的深度贫困家庭在平时的生活中直接运用这种新的应对行动。第三步，跟踪行动效果，即督促受助的深度贫困家庭关注新的行动尝试的效果，建立成效反馈的经验学习机制。对于其中有效的应对行动，就需要总结出有效的原因；对于其中无效的应对行动，也需要分析导致无效的影响因素。只有通过这样的行动经验的总结，才能真正提升深度贫困家庭的生活困难应对能力。第四步，制定行动目标，即协助受助的深度贫困家庭学习在行动尝试经验的基础上提出具体的行动尝试的目标，明确自己在生活困境中需要努力的方向。显然，这样的行动目标是由受助的深度贫困家庭自己提出来的，不是服务项目的社会工作专业团队要求深度贫困家庭所做的行动尝试。当然，作为服务项目的社会工作专业团队，需要协助这些受助的深度贫困家庭，让他们根据自己的行动尝试经验提出改变的目标。总之，能力提升的学习是一种在自身行动尝试基础上的经验学习，既需要不断的行动尝试，也需要在行动中反思，其目的是提升深度贫困家庭应对行动的成效。

3. 能力拓展

与能力挖掘和能力提升这种注重自身内部能力改善的服务不同，能力拓展是协助深度贫困家庭学会运用周围环境的资源，通过外部资源的有效运用改善自身的生活状况。实际上，只要服务项目的社会工作专业团队关注深度贫困家庭在多重生活困境中的行动应对，把有效的行动应对方式作为能力的核心内涵，就必然涉及如何协助深度贫困家庭运用周围环境的资源。可以说，深度贫困家庭遭遇的多重生活困境，是与他们运用周围环境资源的能力直接相关的，不是表现为缺乏环境资源，就是表现为缺乏环境资源获取的能力。当然，在专业服务实施的开始阶段，深度贫困家庭常常希望通过直接获得服务项目的社会工作专业团队提供的外部环境资源来解决自身面临的困难，因而也就需要借助服务项目的社会工作专业团队的资源链接才愿意做出适当的改变。不过，作为服务项目的社会工作专业团队不能这样理解外部环境资源的作用，直接将外部环境资源与深度贫困家庭进行链接，而需要通过链接外部环境资源来推动深度贫困家庭学会运用资源，其目的是提升深度贫困家庭在多重现实生活困境中的应对能力，不是仅仅为了满足他们提出的需求或者以弱势为名义向其提供过度的“保护”。

正是因为如此，对于深度贫困家庭而言，能力拓展也就具有了以下三个层面的内涵。① 资源链接中的能力拓展，即借助服务项目的社会工作专业团队链接的外部资源，让受助的深度贫困家庭在一定的支持条件下学会运用自身拥有的能力或者学习新的应对行动。因此，在“暖心宅急送”个性化精准帮扶试点项目中，服务项目的社会工作专业团队在运用资源链接技术时，就不能仅仅考察受助的深度贫困家庭的需求，而需要重点关注他们在现实生活困境中已有的应对能力和学习能力，通过资源链接把外部的支持转化为对内部的行动应对能力的提升。② 行动尝试中的能力拓展，即在协助深度贫困家庭挖掘自身拥有的能力和学习新的应对行动的过程中，让他们同时关注外部环境资源的运用状况，树立起人与环境相互依存、相互转化的服务理念，实现环境资源运用能力的拓展，避免只注重自身内部改变或者只强调外部环境改善的成长发展取向。③ 微小改变中的能力拓展，即在微小改变中协助深度贫困家庭实现主动寻找和运用环境资源能力的提升，使受助的深度贫困家庭从被动接受外部环境资源的支持转化为主动开拓外部环境资源，寻找更有支持性和发展空间的外部环境。显然，这三种能力拓展的内涵虽然在形式上有些不同，但核心是一致的，就是协助受助的深度贫困家庭学会运用外部环境资源，促进自身应对日常生活多重困境挑战能力的提升，它们所依据的逻辑基础就是“人在情境中”，把人的成长改变放在与环境相互交互影响的过程中来理解。值得注意的是，在这种人与环境交互影响的过程中，尽管有时环境对人的影响非常突出，很大程度上决定了人的成长发展空间，但是人如何选择、选择什么样的应对行动最终取决于人自身。从这个意义上而言，能力拓展与能力挖掘和能力提升一样，目的仍旧是协助“暖心宅急送”个性化精准帮扶试点项目中的受助深度贫困家庭提升自身在多重现实生活困境中的应对能力。

由于能力拓展更关注人与环境的交互影响过程，因此服务项目的社会工作专业团队在运用这种服务策略时，也就需要在服务过程中更注重考察深度贫困家庭是如何识别和利用外部环境资源的。通常而言，这种能力拓展的服务策略需要借助四个步骤才能实现。第一步，识别环境阻碍，即协助深度贫困家庭识别在能力发挥过程中所遭遇的环境方面的阻碍因素，列出这些阻碍因素的清单。在这一步，作为服务项目的社会工作专业团队需要避免两种常见的错误做法：根据自己所拥有的资源直接向深度贫困家庭提供服务，或者直接针对环境中的不足提供力所能及的服务。之所以要避免这两种常见的做法，是因为它们都忽视了深度贫困家庭自身能力成长的要求，把环境的改变作为服务的焦点。第二步，链接外部资源，即根据深度贫困家庭能力发挥中遭遇的阻碍提供外部资源的支持，以保证深度贫困家庭能够将自身的能力呈现出来，增强他们对生活改变的意愿和信心。需要强调的是，这里所说的链接外部资源不是将外部资源与受助的深度贫困家庭联结起来那么简单，它同时需要服务项目的社会工作专业团队有选择性地提供外部资源，通过这样的外部资源的提供给深度贫困家庭提供能力发挥的机会，因而这样的资源链接可以说是一种能力导向的。第三步，采用陪伴学习，即协助深度贫困家庭在通过资源链接获得的机会中学习更有效的应对行动。由于这样的学习是一种能力导向的，因此，在学习过程中，服务项目的社会工作专业团队就需要采用直接示范的方式，一边做、一边学，一边学、一边做，把陪伴和学习这两种方式紧密结合起来。第四步，反思行动成效，即引导深度贫困家庭关注行动尝试的成效，并通过行动成效的考察做好下一步学习的安排。正是借助对行动成效的考察，深度贫困家庭才能从关注自身的具体应对行动转向行动相关方之间关系的处理，逐渐了解自己所需要面对的现实生活处境，从而为自身的发展创造更大的发展空间。当然，在对行动成效的反思中，又能进一步促使他们确认能力发挥所需要的外部资源，促使深度贫困家庭形成积极主动学习的循环圈。可见，能力拓展的这四个步骤实际上是不能截然分开的，它们环环相扣，一起推动深度贫困家庭学习运用周围环境的资源，带动深度贫困家庭在现实生活中逐渐拓展自身的能力。

显然，能力导向的社会工作实践是一种立足于现在、聚焦于未来的专业实践，它关注深度贫困家庭在目前多重现实困难面前的可改变之处，在这个现实基础上推动深度贫困家庭的成长改变，因而也就具有了能力挖掘、能力提升、能力拓展三个层次层层递进的基本服务策略。不过，值得注意的是，在实际的服务中，服务项目的社会工作专业团队既可以从能力挖掘入手开展能力导向的社会工作实践，关注深度贫困家庭自身拥有的能力，也可以从能力拓展着手推进能力导向的社会工作实践，注重深度贫困家庭自身对周围环境资源的运用，甚至可以同时从深度贫困家庭的能力挖掘和能力拓展这两个方面着力实施社会工作的专业服务。

第三节　环境支持增强：多方参与的资产实践

能力导向的服务策略立足于深度贫困家庭在多重现实困难面前的可改变之处，采用能力挖掘、能力提升、能力拓展的服务策略，推动深度贫困家庭成长改变。但不管采用哪种能力导向的服务策略，服务项目的社会工作专业团队都需要依据“人在情境中”的服务框架安排服务活动，让深度贫困家庭的能力成长始终不脱离现实的生活处境，同时又能够结合现实生活改变的要求，具有人与环境交互影响的视角。因此，对于深陷多重现实生活困境的深度贫困家庭，服务项目的社会工作专业团队也就需要采用多方参与的资产实践的服务策略，将深度贫困家庭的这种“以家庭为本、以能力为导向”的服务与现实生活环境的改善紧密结合起来，延伸社会工作专业实践的广度和深度。

一、多方参与的资产实践及其依据

对于“暖心宅急送”个性化精准帮扶试点项目的受助深度贫困家庭而言，社会支持是其降低返贫风险和摆脱多重生活困境的重要条件，特别是对于其中有因病或者因残而完全失去劳动能力的深度贫困家庭而言，他们重新就业的可能性极低，在日常生活中需要长期的照顾和支持。就他们自身来说，也由于他们长期陷入多重生活困境中，不仅家庭内部的支持和外部环境的支持明显不足，而且由于受自身文化水平等因素的影响，他们的家庭沟通能力和获取外部资源的能力通常也存在明显不足。这样，在内外部因素的相互作用下，这些深度贫困家庭在日常生活中常常表现为外部资源的缺乏和使用外部资源能力的欠缺。

正是因为如此，“暖心宅急送”个性化精准帮扶试点项目需要采取多方参与的、以增强深度贫困家庭社会支持并且能够促进他们主动进行社区参与为目的的资产实践。“资产为本”(asset-based)的社会工作实践是从“需求为本”(ieeds-based)的社会工作实践的基础上发展而来的，它是为了弥补“需求为本”的社会工作实践中经常出现的负面标签化、过度依赖外部资源以及参与热情低等短板而提出的。这一实践模式最早是由美国西北大学的克雷茨曼恩(John Kretzmann)和麦克奈特(John McKnight)总结得出的，他们在1993年出版了《社区建设的内在取向：寻找和动员社区资产的一条路径》(*Building Communities from the Inside Out: A Path Toward Finding and Mobilizing a Community's Assets*)一书，对“资产为本”的社会工作实践原则和基本逻辑进行了系统阐述，认为“资产为本”的社会工作实践具有以下三个重要原则。① 以“资产为本”。这一原则要求社会工作实践以整个社区为单位，强调把社区作为一个整体来安排专业服务活动，从社区的优势出发，充分运用社区所拥有的公共资源和物资资源。② 以内部为焦点(Internally Focused)。这一原则强调每个社区都有自己独特的氛围和文化，社区中的每个人都有自己的能力和特长，社区居民才是解决社区问题和发展社区的专家，因此需要通过专业服务让居民走出家门、承担社区责任，增强居民一起解决社区问题的能力。③ 以社区关系改善为核心(Relationship Driven)。这一原则要求社会工作专业实践不能像传统的以“需求为本”的服务那样只关注社区中某些人或者某类人群的生活改变，而需要聚焦于居民之间关系的改善以及互助关系的增强。克雷茨曼恩和麦克奈特指出，“资产为本”的社会工作实践的这三项原则可以简化为五个关键要求：关注社区居民能力、注重社区组织培育、加强公共资源运用、发挥物资资源优势和促进社区关系联结。[①] 显然，“资产为本”的社会工作实践其实是优势视角在社区层面的运用，它通过社区居民能力的发挥促进居民的社区参与以及居民之间关系的改善，并且借助社区组织的培育促进整个社区的发展。

到目前为止，“资产为本”的社会工作实践已经被多个学科所采纳，并且在多个不同领域有了尝试和探索，例如，由儿童改变入手带动的社区发展[②]、

---

① Kretzmann J, McKninght J. *Building communities from the inside out: A path toward finding and mobilizing a community's assets*. Evanston, IL: Institute for Policy Research, Northwest and University, 1993.

② Butterfield J A K, Yeneabat M, Moxley D P. "'Now I know my ABCDs': Asset-based community development with school children in Ethiopia." *Child. Sch*. 2016, *38*: 199 - 208.

推动青少年精神健康发展的农村“资产为本”的实践①以及针对农村可持续生产的“资产为本”的实践和研究等②。总之，“资产为本”的社会工作实践自二十世纪九十年代提出之后就广受欢迎，已经被视为社会工作在社区实践中的一种重要模式。③

“暖心宅急送”个性化精准帮扶试点项目的多方参与资产实践也遵循了“资产为本”的服务思路，其目的是协助深度贫困家庭学会运用周围环境的资源，主动参与社区的事务，为深度贫困家庭建立起互助、支持的社区环境。这里所说的多方参与包含三层含义：一是这种“资产为本”的实践需要加强深度贫困家庭的非正式支持与正式支持之间的整合，弥补深度贫困家庭在社会支持方面的不足，让深度贫困家庭拥有更好的抵御返贫风险的能力；二是这种“资产为本”的实践需要促进深度贫困家庭与其他家庭之间的互助，提高深度贫困家庭运用社区资源的能力，推动深度贫困家庭更好地融入自己生活的社区；三是这种“资产为本”的实践需要增强项目落地社区的“三社联动”，注重社区社会组织的培育以及村委会工作人员的参与，在社区、社会组织和社工之间建立良好的联动机制，提升整个项目落地社区的应对贫困的能力。当然，这三个层面的“资产为本”的社会工作实践是紧密关联的，它

① Candice P B, Louise H, Rhonda L W, et al.. “Harnessing the social capital of rural communities foryouth mental health: An asset-based community development framework.” *Aust. J. Rural Health*, 2008, 16: 189 - 193.

② Hanna N. “An integration of the livelihoods and asset-based community development approaches: A South African case study.” *Development Southern Africa*, 2015, 32(4): 511 - 525.

③ 王茜. 社区内生力：“资产为本”的社区发展理论研究[J]. 中外企业家，2016(10)：193，199.

们共同围绕着深度贫困家庭建立起多方参与的资产实践的服务。由于前两个层面的“资产为本”的社会工作实践与深度贫困家庭的直接服务紧密联系在一起，因而前两个层面的内容放在深度贫困家庭的服务中介绍，这里重点分析“暖心宅急送”个性化精准帮扶试点项目中第三层面的“资产为本”的社会工作实践，即深度贫困家庭专业服务中多方协同机制的完善。

二、多方协同的沟通机制

在“暖心宅急送”个性化精准帮扶试点项目中，服务项目的社会工作专业团队需要建立一种“纵向＋横向”的相互交错的多方协同沟通机制，因为“暖心宅急送”个性化精准帮扶试点项目一方面是政府为了保障深度贫困家庭的基本生活而开展的购买服务项目，作为服务项目的社会工作专业团队也就需要与政府（通常涉及区、街、村三级）的相关部门建立好纵向的沟通机制，以便发挥政府在服务项目中的指导和监管作用；另一方面，这一试点项目是政府为了创新基层治理而采取的吸纳社会力量参与深度贫困家庭精准帮扶的服务，因而服务项目的社会工作专业团队也就需要充分挖掘社区的资源，带动社区志愿者参与深度贫困家庭的精准帮扶，体现社会工作专业服务自身的特点和优势。可以说，在“暖心宅急送”个性化精准帮扶试点项目中，服务项目的社会工作专业团队实际上起着一种交叉网络的搭建作用，真正实现政府部门纵向的行政资源与社区横向的社会资源的有效整合。

这种交叉网络式的多方协同沟通机制不是简单地为了争取更多的力量参与精准帮扶服务，而是基层治理理念的改变，即运用一种多元的视角开展专业服务。这就涉及服务重要相关方（政府、社会工作者和深度贫困家庭）

的角色定位的转变。① 政府从直接服务者转变成服务指导者。在“暖心宅急送”个性化精准帮扶试点项目中，政府的角色至关重要，它直接影响着试点项目的顺利开展和服务成效的实现，因而政府就需要主动作为，发挥其在服务项目中的主导作用。不过，需要注意的是，政府在试点项目中的这种主导作用不是通过直接服务实现的，而需要借助服务项目招标方案的制定、服务项目执行过程中的指导以及对服务项目的进度和成效的考核等方面来达成。这样，政府在试点项目中的角色也就需要从直接服务者转变为服务指导者。② 社会工作者从单一专业的服务者转变成团队服务的协调者。由于“暖心宅急送”个性化精准帮扶试点项目中的受助深度贫困家庭常常面临多重现实生活困难的挑战，因此，服务项目的社会工作者也就需要根据每个受助深度贫困家庭的情况建立多专业的服务团队，为深度贫困家庭提供个性化的精准综合帮扶服务。例如，针对因病致贫的深度贫困家庭，服务项目的社会工作专业团队就需要吸纳医护人员参与，而针对因残致贫的深度贫困家庭，则需要康复师的加入。正是因为如此，参与服务项目的社会工作者也就需要具有一种多专业团队的工作理念，在服务项目的执行过程中始终保持一种合作的工作方式，发挥其在多专业团队中的协调者的作用。③ 深度贫困家庭从受助对象转变成服务的合作者。由于“暖心宅急送”个性化精准帮扶试点项目采取了“以能力为导向”的服务策略，受助的深度贫困家庭就从服务的被动接受者转变成了服务的主动参与者，他们不再是服务项目社会工作专业团队的指导对象，而是服务项目的合作者，与社会工作专业团队一起寻找多重现实生活困境中的问题解决的方法。

因此，建立“暖心宅急送”个性化精准帮扶试点项目的这种多方协同沟通机制的核心，是转变传统的服务理念，树立多元服务的视角，这不仅需要把社会工作专业团队作为深度贫困家庭成长改变中的一部分支持力量，而且需要将受助的深度贫困家庭也作为他们自身成长改变不可缺少的力量之一。这样，针对深度贫困家庭在日常生活中所遭遇的困扰，也就没有了服务提供者与服务受助者这种二元对立的划分，所有相关方都成为问题解决的行动者，他们一起在特定的场景中建立起问题解决的支持网络，实现多方协同。

就具体的沟通机制而言，“暖心宅急送”个性化精准帮扶试点项目根据近两年的实践逐渐建立起较为稳定的三项常规的沟通机制，即定期交流机制、定期汇报机制和定期分享机制。

1. 定期交流机制

定期交流机制主要是针对“暖心宅急送”个性化精准帮扶试点项目的服务执行过程而设计的，它的目的是促进服务相关方的相互合作，发挥支持网络各方的作用，保障服务的顺利开展。因此，定期交流机制也就与服务项目的任务安排有着直接的关联，如服务开始阶段的入户访视就需要服务相关方的相互配合。就“暖心宅急送”个性化精准帮扶试点项目来说，它的定期交流机制主要表现在以下三个方面：

(1) 入户访视。在对深度贫困家庭的入户访视中，服务相关方就需要将各方所掌握的信息进行沟通，特别是在开始阶段的入户访视的需求评估中，更需要服务项目落地的街道和村委会工作人员的支持，这不仅是为了准确了解受助深度贫困家庭的具体生活状况以及他们在现实生活中面临的多重困难，更为重要的是，社会工作者作为外来者需要一定的专业身份和信任关系才能针对深度贫困家庭开展专业服务，而这就需要通过街道和村委会工作人员的介绍，来帮助服务项目的社会工作专业团队与受助深度贫困家庭建立起这种服务的信任合作关系。显然，在此多方参与的基础上，“暖心宅急送”个性化精准帮扶试点项目才能够顺利开展。

（2）政策解读。由于像“暖心宅急送”个性化精准帮扶试点项目这种针对深度贫困家庭开展的服务常常涉及相关政策的咨询与解读，因而服务项目的社会工作专业团队也就需要定期与服务项目落地的街道和村委会保持联系，及时沟通政策方面的信息，如政策解读中疑问的解答、新政策的要求以及相关规定的介绍等。这样，服务项目的社会工作专业团队在政策咨询与解读中也就需要承担四项任务：① 政策资源链接，即帮助受助的深度贫困家庭联系相关的政府部门，从而让他们更为准确地了解相关政策的信息；② 政策信息解答，即在咨询了政府相关部门的基础上，向受助的深度贫困家庭介绍相关政策的信息，让他们及时了解政策的相关内容；③ 政策补助申请，即协助受助的深度贫困家庭申请相关政策的补助，让政策能够惠及这些需要帮助的深度贫困家庭；④ 政策疑问提交，即将受助的深度贫困家庭在政策方面的疑问提交给相关的政府部门，及时反馈这些深度贫困家庭的现实困难和需求。

（3）案例跟进。深度贫困家庭有一个显著特点，即返贫风险很高，他们需要面对多重的现实生活压力，而这样的压力往往不是短时间内就能消除的，因此，服务项目的社会工作专业团队就需要建立一种案例跟进的多方参与的协同机制。特别是其中危机类型的案例，这类家庭深陷危机，随时都会出现意想不到的不良后果。针对这样的案例，服务项目的社会工作专业团队就需要做好跟进工作，及时了解案例的变化情况，并将这些变化及时反馈给服务相关方，做好对意外情况的防范。同时，服务项目的社会工作专业团队还需要及时掌握服务相关方有关这类案例的信息，帮助自己更为准确地判断受助的深度贫困家庭的现实生活状况，根据他们的变化及时做好跟进服务。

2. 定期汇报机制

定期汇报机制主要是针对“暖心宅急送”个性化精准帮扶试点项目的服务安排和进展情况而制定的，目的是让服务相关方及时了解服务项目的安排和进度，做好服务项目的过程管理和服务成效的监督，保障项目的服务质量。因此，服务项目的社会工作专业团队在开展“暖心宅急送”个性化精准帮扶试点项目时，需要放弃这种社会工作者只需要对专业服务负责的传统的专业服务理念，把自己的专业服务放在多元服务视角下来理解，建立一种多方参与的定期汇报机制，让社会工作专业服务能够扎根于现实的服务机制。就定期汇报机制来说，它具体涉及三个层级的工作汇报要求：

(1) 村居合作汇报。在“暖心宅急送”个性化精准帮扶试点项目中，村居是服务项目社会工作专业团队的重要合作者，无论是服务开始阶段的入户访视，还是服务中间阶段的服务跟进，或者是服务结束阶段的成效汇报，都需要服务项目的社会工作专业团队与村居的工作人员相互配合，一起完成服务项目的实施。尤其是那些需要跟进的案例，极容易引发社会管理上的问题，让村居了解服务的安排和进度，就成为保证服务项目顺利实施的重要措施之一。至于多长时间向村居汇报一次工作的安排和进度，则主要根据服务项目的实际情况而定。通常而言，服务项目的社会工作专业团队需要一个月至少向村居做一次工作汇报，争取村居相关工作人员的支持。值得注意的是，在村居层面的工作汇报中，服务项目的社会工作专业团队需要把汇报的重点放在项目的具体服务安排上，如服务活动的计划安排、服务活动的分工、服务活动中遇到的困难以及需要得到的支持等，以促进服务项目的社会工作专业团队与村居工作人员之间的服务合作。

（2）街道成效汇报。对于服务项目落地的街道而言，他们更为关注服务的进度和成效，因为他们在政府购买服务项目的实施过程中主要承担着指导和监管的责任。因此，“暖心宅急送”个性化精准帮扶试点项目的社会工作专业团队就需要定期向街道汇报工作，如服务的进度、服务预期目标的达成情况、服务的成效以及下一阶段的服务安排等，让服务项目落地的街道及时了解服务项目的进度和成效。此外，由于社区在基层治理的“三社联动”中发挥着极其重要的作用，所以服务项目的社会工作专业团队也就需要在服务项目成效的汇报中关注社区品牌创建方面的成效，让社会工作专业服务能够与社区的发展紧密结合起来，发挥社区在基层治理中的核心作用。向街道汇报工作的频率则需要根据项目的具体情况而定，一般来说，一季度不能少于一次。

（3）区市创新汇报。由于区市相关政府部门通常也是政府购买服务项目的出资方，因而他们不仅需要负责服务成效的考核，而且需要负责整个政府购买项目的招标流程，有向社会说明和宣传服务项目的责任。这样，服务项目的社会工作专业团队在向区市相关政府部门汇报工作时，除了呈现服务项目的进度和成效之外，还需要重点介绍服务项目的创新之处及其价值，如服务项目的特色、服务项目的创新之处、服务项目的社会影响以及服务项目的可复制性和可推广性等，让区市政府有关部门及时了解服务项目的特色和价值以及对创新基层社会治理的作用。

为此，“暖心宅急送”个性化精准帮扶试点项目专门安排了服务项目的季度推进会，让服务项目的社会工作专业团队及时向区、街道、村居三个层级的相关方汇报服务项目的进度和成效，介绍项目的阶段性服务内容、服务特色以及遇到的困难等，由区民政局牵头，多方协调服务的安排，协助服务项目的社会工作专业团队克服服务中遇到的困难，同时确定下一阶段的服务重点。

实际上，“暖心宅急送”个性化精准帮扶试点项目的这三个层级的汇报机制并不是相互割裂的，它们常常需要相互配合，一起为试点项目的顺利开展提供保障。这不仅是因为这三个层级的有关部门需要相互协调，也是因为深度贫困家庭遇到的困难往往是多方面的，涉及多个层级的工作。

3. 定期分享机制

定期分享机制主要是针对“暖心宅急送”个性化精准帮扶试点项目的服务经验交流和学习而设计的，它的目的是促进服务项目经验的总结、提炼和推广。由于“暖心宅急送”个性化精准帮扶试点项目在 T 区是首次尝试，没有任何模式和经验可以参考，而且这种有关深度贫困家庭的服务涉及的服务范围非常广，涵盖的服务内容也比较多，给承接服务项目的社会工作专业团队带来很大的挑战。因此，从“暖心宅急送”个性化精准帮扶试点项目一开始实施，服务项目的出资方就要求服务的相关方建立定期分享机制，及时分享和交流服务项目的经验，总结其中的服务规律。

就具体的分享机制而言，“暖心宅急送”个性化精准帮扶试点项目建立了服务项目季度分享会制度，并将其与项目季度推进会结合在一起，其工作内容主要涉及以下两个方面：

（1）服务经验分享。由“暖心宅急送”个性化精准帮扶试点项目承接的服务机构展现服务项目推进过程中的成功经验，与服务相关方分享服务中的各种有效的服务方法、服务安排和服务流程等，促进服务相关方之间的相互学习。由于“暖心宅急送”个性化精准帮扶试点项目是一项跨部门、跨专业的综合服务，不同于传统的社会工作专业服务，无论是服务的方法、安排还是流程，都需要在服务相关方的配合下才能顺利实现，因此，从不同的观察视角审视专业服务就变得非常必要，它能够让服务项目的社会工作专业团队真正了解专业服务的现实基础以及多方参与的资产实践的不同要求，保证专业服务经验的现实性和有效性。

（2）服务模式总结。由于“暖心宅急送”个性化精准帮扶是一项试点项目，经验总结和模式提炼也就成为这一试点项目的重要内容安排，这不仅关系到试点项目的实施推进（需做到及时总结服务经验，及时调整服务方向），而且直接影响到试点项目的宣传推广以及基层治理的创新。为此，服务项目的社会工作专业团队与当地高校合作，建立了专门针对“暖心宅急送”个性化精准帮扶试点项目的实务研究团队，双方每月进行一次面对面的直接沟通，让高校的研究人员与实务领域的工作人员就试点项目推进中的具体实务问题展开研讨：一方面从中梳理出服务的成功经验，提升服务的成效；另一方面与国内外的资料进行对比，总结“暖心宅急送”个性化精准帮扶试点项目的服务模式。值得注意的是，“暖心宅急送”个性化精准帮扶试点项目的经验总结和模式提炼采取的是一种双向建构的方式，它既包括实务工作者的主动参与和自身实务经验的呈现，也包括研究者的观察分析和自身实务经验的分享，是双方相互对话、一起建构的过程，需要双方本着真诚、开放的态度进行交流，共同寻找试点项目中的有效经验，探索和总结实务中的有用知识。显然，这种试点项目的经验总结方式不同于传统的将实务与研究严格区分开来的研究方式，它遵循了“行动中反思”①的原则，始终将知识的生产（研究）放在实务场景中，并且与实务的开展直接联系在一起，视研究为实务必不可少的一部分。

正是借助定期交流机制、定期汇报机制和定期分享机制这三项常规的沟通机制，“暖心宅急送”个性化精准帮扶试点项目的社会工作专业团队才能够与服务的合作方（村居）、管理方（区和街道）以及同伴（其他机构的社工和实务研究者）建立起多方参与的协同沟通机制。当然，试点项目的实施过程还会涉及一些特殊情况，如意外事件的沟通、社区紧急任务安排的通知等，这取决于试点项目的具体要求。

三、多方协同的行动机制

除了多方协同的沟通机制之外，在“暖心宅急送”个性化精准帮扶试点项目中，服务项目的社会工作专业团队还需要建立一种多方协同的行动机制，特别是在与服务项目落地的村委会合作的过程中，就需要有这样一种行

① “行动中反思”（reflection-in-action）是由美国教育学家舍恩（Donald Schön）提出的，他认为实践是复杂、含混、不稳定的“洼地”，人们根本无法将科学理性的知识直接运用于实践中，而需要在“行动中认识”（knowing-in-action），学会在“行动中反思”。详细内容请参见：Schön D. *The reflective practitioner: Hoe professionals think in action*. New York: Basic Books, Inc, 1983.

动机制来保证服务项目活动的顺利开展。与多方协同的沟通机制不同，多方协同的行动机制是针对具体的服务项目活动安排而言的，它需要各方一起参与服务活动的安排，一起完成服务的任务，在行动上有相互协调的要求。这也意味着服务项目的社会工作专业团队在服务深度贫困家庭的过程中不仅需要吸纳多元服务的理念，转变服务的视角，而且需要改变传统的单一专业的服务方式，学会多方参与的协同行动的服务策略。就“暖心宅急送”个性化精准帮扶试点项目而言，服务项目的社会工作专业团队需要建立三项常见的多方协同的行动机制，即协同访视机制、协同跟进机制和协同关爱机制。

1. 协同访视机制

协同访视机制是针对深度贫困家庭入户访视而设计的多方参与的协同机制，其目的是协助服务项目的社会工作专业团队与受助的深度贫困家庭快速建立专业信任关系，并且能够针对受助的深度贫困家庭提出的需求给予及时、有效的回应。之所以需要建立这样的多方参与的协同访视机制，是因为：① 深度贫困家庭常常面临多重的现实生活困扰，仅仅依靠一种专业或者一方的力量很难满足深度贫困家庭的需要；② 深度贫困家庭受到多方面因素的影响，不仅与当下的生活条件有关，而且也与过去的经历有联系，因此，也就需要从多个方面了解深度贫困家庭的现实生活状况；③ 深度贫困家庭往往表现为社会支持的不足，甚至有些还面临社会污名的负面影响，这就要求服务项目的社会工作专业团队借助他们身边的重要他人才能建立起信任合作的专业服务关系。显然，多方参与的协同访视机制正是这种针对深度贫困家庭的服务项目中不可缺少的一种服务机制。

通常而言，这种针对深度贫困家庭开展服务的协同访视机制主要涉及三个方面的内容：

（1）首次访视的协同。由于服务项目落地的村委会更了解受助的深度贫困家庭的情况，他们也更加熟悉当地的文化习俗和人际关系网络以及当地的一些“潜在”的规则，因此，在首次访视服务中，服务项目的社会工作专业团队也就需要与村委会有关工作人员协商好入户访视的具体安排，包括明确“5W＋1H”的内容，即访视对象（whom）、访视人员（who）、访视内容（what）、访视时间（what time）、访视流程（what process）以及访视方式（how，如访视的穿着、访视中的身份介绍、访视携带的伴手礼等）。这样，服务项目的社会工作专业团队也就能够与村委会等其他服务相关方建立起协同行动的机制。

（2）常规访视的协同。除了首次入户访视需要多方参与之外，在平时的常规入户访视中，服务项目的社会工作专业团队也需要具有多方参与的协同行动的意识，不仅入户访视之前需要与服务相关方取得联系，沟通入户访视的服务安排，让服务相关方及时了解服务项目的进展，而且入户访视之后在信息整理过程中也需要与服务相关方及时沟通，特别是入户访视中发现的受助深度贫困家庭的一些特殊表现，需要及时反馈给服务相关方，以便做好紧急事件的预防和应对。此外，在常规访视服务中发掘的可以帮助受助深度贫困家庭发生积极改变的服务焦点，也需要与服务相关方沟通，做好跟进服务的协同安排。

（3）例外访视的协同。由于深度贫困家庭在日常生活中常常面临比较高的返贫风险，很容易因生活中意外事件的影响而打乱整个家庭的正常生活规律，出现危机情况。因此，服务项目的社会工作专业团队也就需要随时做好例外入户访视的服务准备，针对受助深度贫困家庭出现的危机情况进行及时的干预。在这种例外访视服务中，服务项目的社会工作专业团队绝不能“单打独斗”，而需要首先与服务相关方取得联系，将受助深度贫困家庭的情况反馈给服务相关方，与服务相关方一起制定例外访视的服务计划，做好服务的分工和协同的安排。此外，在例外访视服务中，服务项目的社会工作专业团队还需要根据案例的进展情况以及服务的要求及时调整自己专业服务的位置，与服务相关方保持良好的协同合作关系。

显然，协同访视机制的这三项内容都是针对“暖心宅急送”个性化精准帮扶试点项目中的访视服务而言的，实际上，服务项目的社会工作专业团队在完成了访视服务之后，还需要根据受助深度贫困家庭遇到的问题以及提出的改变要求继续做好跟进服务的安排，以便能够协助深度贫困家庭降低返贫的风险，克服现实生活中面临的困难。

2. 协同跟进机制

作为“暖心宅急送”个性化精准帮扶试点项目的一项重要服务安排的跟进服务，它不仅联结深度贫困家庭的访视服务，具有深化访视服务的功能，而且与深度贫困家庭的社会支持服务紧密相关，发挥着促进多方参与协同行动的作用。因此，可以说，正是借助这种协同跟进服务的机制，受助的深度贫困家庭的“潜能挖掘”能力实践才能与多方参与的资产实践紧密联系在一起，并相互促进。当然，在实际的服务中，这种协同跟进服务既可以来自受助的深度贫困家庭在访视服务中提出的要求，作为入户访视服务的延伸，也可以来自多方参与资产实践中提供的参与机会，作为入户访视服务的拓展。不管采取哪种方式，作为服务项目的社会工作专业团队都需要把受助的深度贫困家庭的自身能力改变放在第一位，提升他们自身对现实生活困境的应对能力和应对信心；否则，就会出现“越帮越弱”的现象：接受服务后，深度贫困家庭变得更加依赖外部资源，缺乏改变的内生动力。

在“暖心宅急送”个性化精准帮扶试点项目中，服务项目的社会工作专业团队设计了两种协同跟进机制：常规服务的跟进和应急服务的跟进。前者是针对常规入户访视中的服务要求所提供的跟进服务，后者则是针对例外入户访视中出现的服务情况所提供的跟进服务。

(1) 常规服务的跟进。由于深度贫困家庭在现实生活中往往面临多重困难，因此，服务项目的社会工作专业团队在开展常规的入户访视服务时，也就需要根据受助深度贫困家庭的要求安排必要的跟进服务。跟进服务的方式可以有多种，既可以是个案的方式，也可以是小组的方式，还可以是社区活动的方式，甚至有时还可以同时采取几种不同的跟进服务方式。不过，需要注意的是，在针对深度贫困家庭开展常规的跟进服务时，服务项目的社会工作专业团队需要遵守三项基本原则：① 共同参与，即邀请受助的深度贫困家庭一起参与跟进服务的安排，包括跟进服务方案的讨论以及服务方案的执行等，由此提升受助深度贫困家庭的生活应对能力，避免让受助深度贫困家庭觉得他们应该得到特殊的照顾，而不需要自己付出努力；② 及时沟通，即在跟进服务的执行过程中，服务项目的社会工作专业团队需要给受助的深度贫困家庭提供充分表达自己意见的空间，让他们有机会把自己在现实生活中的真实想法呈现出来，保证跟进服务能够依据受助深度贫困家庭的真实需要来开展。同时，服务项目的社会工作专业团队作为服务提供方，也需要把跟进服务中面临的实际困难告知受助的深度贫困家庭，让他们能够客观地面对现实中的实际困难；③ 适当承诺，即服务项目的社会工作专业团队需要针对受助深度贫困家庭的要求给予适当的承诺，承担起自己可以承担的责任，避免受助深度贫困家庭要求什么就承诺什么的情况。由于深度贫困家庭的不少要求都会涉及政策方面的诉求，因此，服务项目的社会工作专业团队在了解受助深度贫困家庭的要求之后需要咨询服务相关方或者有关部门，明确这样的要求到底需要采取什么样的跟进服务安排，在政策允许的范围内给予受助深度贫困家庭必要的支持。此外，服务项目的社会工作专业团队还需要遵守保密原则，避免在跟进服务的过程中给深度贫困家庭带来不必要的困扰。

(2) 应急服务的跟进。一旦深度贫困家庭陷入危机，服务项目的社会工作专业团队就需要安排应急服务的跟进，协助深度贫困家庭及时处理危机，降低他们的返贫风险，并且帮助他们做好危机的预防工作。通常而言，应急服务的跟进不仅涉及服务相关方的参与，而且常常也需要联结其他社会资源，邀请其他专业人士的参与。因此，服务项目的社会工作专业团队就不能仅仅局限于对自身拥有资源的调动，而需要联系机构或者政府相关部门的资源，为深度贫困家庭搭建应急处置的社会支持网络。值得注意的是，在应急服务的跟进安排中，服务项目的社会工作专业团队还需要做好危机预防的服务，帮助受助深度贫困家庭减少危机出现的可能，学会及时处置危机，避免极端事件的出现。

当然，跟进服务的安排也可以结合到入户访视服务中，带动入户访视服务的深入。实际上，两者在现实的服务中是相互交错在一起的，它们相互促进，一起推动深度贫困家庭做出积极的改变。

3. 协同关爱机制

“暖心宅急送”个性化精准帮扶试点项目中的另一项重要服务安排是协同关爱机制，这一协同机制是针对深度贫困家庭在节假日或者特殊时间的需要而设计的服务安排，包括节假日的入户慰问、节假日的结对帮扶、生病住院期间的物资慰问以及生活困难阶段的救济补助等。因此，服务项目的社会工作专业团队可以借助节假日慰问和病困慰问的传统机制安排协同关爱的服务。例如，链接社会资源，在节假日“送温暖”，或者联系志愿者，在节假日结对帮扶，或者在节假日安排集体“庆生”活动等，促进村民与村民之间、村民与志愿者之间的互动。在安排协同关爱服务时，服务项目的社会工作专业团队不能将关爱服务简单地理解为物质资源的提供，而需要根据受助深度贫困家庭的具体情况设计有针对性的关爱服务，如与受助深度贫困家庭的特殊日子结合起来，或者与他们的现实需要联系起来，在帮助深度贫困家庭解决面临的实际困难的同时，让他们真正体会到社会对他们的关心。

根据关爱提供的时间阶段特征，可以将深度贫困家庭的协同关爱机制分为常见的三类，即节假日关爱机制、特殊节日关爱机制和病困时期关爱机制。节假日关爱机制是针对节假日提供的关爱服务，它可以保证深度贫困家庭在传统的节假日期间也能够像普通家庭那样充满节假日的温馨氛围，特别是在重要的中国传统节日如春节、中秋节这样的节日里，需要给这些深度贫困家庭提供关爱服务。特殊节日关爱机制是针对深度贫困家庭的特殊日子而开展的服务，如“庆婚”“庆生”等，其目的是增加家庭成员之间的交流和村民之间的互动。病困时期关爱机制则是针对深度贫困家庭的特殊困难时期提供的关爱服务，包括困难补助申请、住院协助照顾等，目的是消除深度贫困家庭的无助感，增强村民之间的互助。

四、多方协同的互助机制

除了多方协同的沟通机制和行动机制之外，在“暖心宅急送”个性化精准帮扶试点项目中，另一项重要的多方参与的资产实践的机制，就是多方协同的互助机制。这一机制主要是为了促进村民与村民之间、村民与社区之间以及村民与社会志愿者之间的互助而规划的，通过这样的多方协同的互助机制，“暖心宅急送”个性化精准帮扶试点项目可帮助深度贫困家庭建立起广泛的社会支持网络。如果说多方协同的沟通机制和行动机制主要针对的是服务相关方和服务合作方的话，那么，多方协同的互助机制则主要针对的是服务的受助方以及他们周围的其他人。因此，多方协同的互助机制是多方参与的资产实践中不可或缺的重要组成部分，只有通过这种多方协同的互助机制的建设，才能让受助的深度贫困人群走出家门，融入社区生活，带动整个社区应对贫困能力的提升。

就村民互助的内容而言，可以将深度贫困家庭的多方协同的互助机制分为三个层次：社区参与、社区互助和社区公益。社区参与这种多方协同的互助机制是帮助深度贫困家庭主动参与社区的活动安排、融入社区生活，其目的是拓展深度贫困家庭的社会交往圈，为深度贫困家庭摆脱生活的困境创造条件。社区互助的多方协同的互助机制则是为了促进深度贫困家庭之间以及深度贫困家庭与社区其他村民之间的互助而规划的服务安排，它的目的是增强村民之间的相互支持，帮助深度贫困家庭解决在现实生活中遇到的具体小困难，改善深度贫困家庭的社会支持关系。社区公益的多方协同的互助机制与社区参与和社区互助不同，它不是针对深度贫困家庭而设计的，而是针对整个社区来规划的，目的是激发深度贫困家庭的爱心，发挥深度贫困家庭的能力，通过社区公益活动的开展带动整个社区应对贫困能力的提升。由于多方协同的互助机制与深度贫困家庭的直接服务密切相关，因此，这里只做简要的说明，具体的内容将放在深度贫困家庭的服务中介绍。

显然，对于像"暖心宅急送"个性化精准帮扶试点项目中的深度贫困家庭来说，除了发掘、提升和拓展这些家庭自身的能力外，还需要改善家庭外的环境，保证给深度贫困家庭提供必要的社会支持。即使他们在生活中遭遇了变故，也能够得到及时、有效的帮助和支持，避免再次陷入贫困。因此，如何调动多方力量参与，为深度贫困家庭提供及时有效的支持，就成为防止深度贫困家庭返贫工作中不可缺少的重要措施。因此，服务项目的社会工作专业团队在挖掘、提升和拓展深度贫困家庭的能力的过程中，需要将外部环境的改善也作为支持深度贫困家庭改善的重要条件，通过互助、志愿服务、结对帮扶等手段，让多方力量参与深度贫困家庭的精准帮扶工作，保证深度贫困家庭拥有更多应对贫困生活的社区资产基础，减少返贫情况的出现。特别值得一提的是，服务项目的社会工作专业团队还可以将村委会的工作人员也作为志愿者和爱心人士的一部分，与深度贫困家庭建立起一种关爱帮扶的支持机制。这样，村委会的工作人员不仅能够及时了解深度贫困家庭的风险变化状况，而且能够将政策的保障与社会工作的服务结合起来，推进深度贫困帮扶的"三社联动"机制创新。

实际上，人群的分级分类兜底实践与家庭的潜能挖掘的能力实践以及环境的多方参与的资产实践是相互关联的，它们一起构成深度贫困人群脱贫攻坚实践的三个基本维度，即兜底实践、能力实践和资产实践。深度贫困人群不同于一般贫困人群，他们不仅重新就业的可能性极低，而且脱贫的“内生动力”也明显不足，存在三个方面的突出困难：一是生活极其脆弱，返贫风险很高；二是改变动力不足，能力挖掘欠缺；三是社会支持缺乏，资产基础欠佳。值得注意的是，这三个基本维度是相互影响的，因为返贫风险很高，所以他们的改变能力欠缺、社会支持不足。同样，因为能力挖掘欠缺，他们的资产条件欠佳、生活极其脆弱。而社会支持缺乏，又会反过来影响能力的挖掘和返贫风险的预防。因此，针对深度贫困人群，需要建立三个维度的整合实践，除了减少深度贫困家庭的返贫风险之外，还需要同时做好深度贫困家庭的潜能挖掘和资产建设，增强深度贫困家庭应对贫困的能力。

第四章 深度贫困脱贫攻坚社会工作多维实践的整合服务

深度贫困人群遭遇的生活困扰是多方面的，涉及生活的方方面面，具有多重性，而这些方面又相互交错在一起，很难完全分割开来。因此，针对深度贫困人群所开展的脱贫攻坚社会工作实践也就需要运用一种整合服务的框架，既要关注他们在日常生活中面临的高返贫风险，又要关注他们自身拥有的能力及环境中存在的资源。

第一节 深度贫困脱贫攻坚社会工作多维实践的整合方式

作为一种多维整合服务，首先需要具有整合的方式，能够将深度贫困脱贫攻坚社会工作实践中的人群分级分类兜底实践、家庭潜能挖掘的能力实践、社会多方参与的资产实践这三者联结起来，相互促进，避免“各自为政”甚至相互抵消的现象出现。

一、深度贫困脱贫攻坚社会工作多维实践的整合框架

深度贫困人群存在三个方面的突出困难：一是生活极其脆弱，生活风险大，返贫风险高；二是改变动力不足，被动接受服务，能力挖掘不足；三是社会支持薄弱，资产基础欠佳。针对这三个方面的困难，"暖心宅急送"个性化精准帮扶试点项目设计了三个维度的服务：人群分级分类的兜底实践、家庭潜能挖掘的能力实践、社会多方参与的资产实践。尽管这三个维度的服务能够为面临多重现实困难的深度贫困人群提供有针对性的支持，但是这并不意味着这样的多维社会工作专业实践可以各自为政、相互割裂。实际上，这三个维度的社会工作实践是相互影响的，因为在深度贫困人群的日常生活中存在着诸多难以对抗的风险性因素导致他们改变动力欠缺、社会支持不足，而能力挖掘不足和资产条件欠缺又会增加他们生活的脆弱性，出现极高的返贫风险；同样，高返贫风险的生活又会进一步加剧深度贫困人群改变动力的欠缺和社会支持的不足。因此，深度贫困人群这三个方面的困扰是相互影响的，它们相互刺激，一起形成了深度贫困人群贫困生活的恶性循环圈。显然，针对深度贫困人群这样的生活状况，社会工作专业团队需要建立一种整合的实践框架，将三个维度的社会工作实践紧密结合起来，除了降低深度贫困人群的返贫风险之外，同时还需要做好深度贫困人群的家庭潜能挖掘和社会资产建设，提升深度贫困人群应对贫困的能力。

在"暖心宅急送"个性化精准帮扶试点项目中，社会工作专业团队根据深度贫困人群的特点将脱贫攻坚三个维度的实践紧密联系起来，具体见图 4.1。

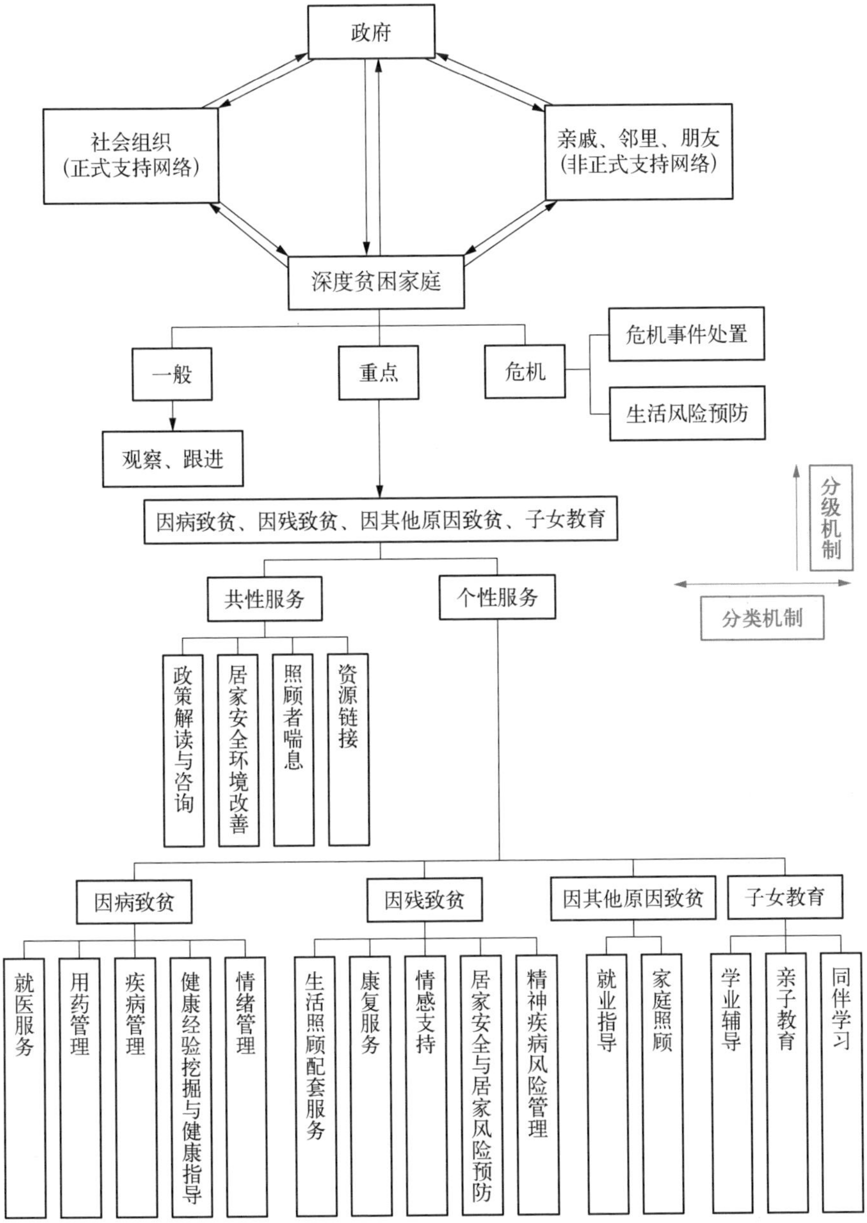

图 4.1　“暖心宅急送”个性化精准帮扶试点项目的多维实践整合框架图

仔细阅读图 4.1 可以发现，在“暖心宅急送”个性化精准帮扶试点项目中，社会工作专业团队采用了一种多维整合框架的服务逻辑，围绕着深度贫困家庭建立起三个维度的实践，即人群分级分类的兜底实践、家庭潜能挖掘的能力实践和社会多方参与的资产实践。值得注意的是，无论是社会多方参与的资产实践还是人群分级分类的兜底实践，针对的基本单位都是深度贫困家庭。因此，可以说，这是一种以家庭为中心的三维整合实践，它需要遵守以下三项原则。

第一，政府主导的多方参与原则。对深度贫困家庭来说，由于他们长期陷在贫困的生活状态中，他们的环境支持力度明显不足，不是缺乏必要的家庭支持，就是社会资源获取的能力欠缺，很容易受环境变化的影响而重新陷入贫困状态。对这种面临多重生活困难的深度贫困家庭来说，政府发挥的作用是最基础的，也是最重要的，因此，服务项目的社会工作专业团队也就需要把“政策解读与咨询”作为一项重要的服务内容来落实，以保障政策兜底作用的实现。在整个深度贫困脱贫攻坚社会工作实践中，要加强与政府有关部门的交流与合作，及时沟通信息，发挥政府的主导作用。同时，社会工作专业团队也需要协助深度贫困家庭改善家庭外部环境，保证给予深度贫困家庭必要的社会支持，如通过邻里互助、结对帮扶等手段增强这些深度贫困家庭的非正式社会支持，或者借助志愿服务、资源链接等方式加强社会资源的引入，提升深度贫困家庭的正式社会支持。只有这样，服务项目的社会工作专业团队才能够帮助深度贫困家庭建立起成长发展所需要的资产，使深度贫困家庭即使遭遇变故，也能够得到及时、有效的帮助，避免再次陷入贫困生活的状态，降低返贫风险。

第二，风险与能力并重的整合服务原则。由于深度贫困家庭不仅面临的问题复杂，呈现的需求多样，而且他们的返贫风险也比较突出，随时需要应对生活危机事件的出现，因而，针对这样的人群，服务项目的社会工作专业团队也就需要将应对风险的服务与注重能力挖掘的服务整合起来，在“危机处置”和“风险预防”中结合每户深度贫困家庭自身的风险等级，深入挖掘深度贫困家庭的成长改变能力；同样，在深入挖掘深度贫困家庭的成长改变能力的同时，也需要做好“危机处置”和“风险预防”的风险应对服务。特别是随着需要服务的深度贫困家庭的数量增多，服务项目的社会工作专业团队就更需要对自己的时间和精力做出细致的规划，保证服务的精准性。因此，人群分级分类的兜底实践也就需要与家庭潜能挖掘的能力实践及社会多方参与的资产实践整合起来，保证为深度贫困家庭提供精准化的综合帮扶服务，避免因过分注重他们能力的挖掘而忽视他们生活中存在的高返贫风险，或者因为过分关注深度贫困家庭的高返贫风险而忽视他们自身拥有的成长改变能力。

第三，能力与资源交互的综合服务原则。在通过人群分级分类兜底实践之后，深度贫困家庭将面临家庭潜能挖掘的难题，特别是其中改变意愿比较强、改变可能性比较大的深度贫困家庭，他们是整个深度贫困人群中改变可能性最高的重点家庭，他们的改变可以为整个深度贫困人群起到示范的作用。不过，值得注意的是，尽管这些重点家庭成长改变的意愿比较强，改变的可能性也比较高，但是由于他们长期陷在贫困生活的状态中，他们的改变意愿要比一般的困难家庭低，而且在实际生活中他们往往需要面对多重的现实生活困难，除了常见的经济困难之外，还有像残障或者疾病等原因带来身体功能的受损，有的甚至还面临日常生活安排的困难。因此，即使针对这些改变意愿比较强烈的重点家庭，服务项目的社会工作专业团队也需要将能力挖掘与资源链接结合起来，既可以从深度贫困家庭的能力挖掘入手，增强他们运用环境资源的能力，拓展他们的生活空间，也可以从资源链接开始，为这些深度贫困家庭提供能力学习的机会，提升他们应对生活困难的能力。

可见，在深度贫困脱贫攻坚社会工作多维实践整合的框架下，服务项目的社会工作专业团队需要把深度贫困家庭作为基本的服务单位，围绕深度贫困家庭建立一种能力导向的生态系统的服务视角，即以整个深度贫困家庭的能力为服务考察的焦点，通过潜能挖掘（能力挖掘、能力学习和能力提升）和风险应对提升深度贫困家庭在高风险生活中的日常生活安排能力，并且借助同伴互助、志愿服务及资源链接等方式，加强深度贫困家庭在特定场景实践中的环境资源的运用能力，协助深度贫困家庭建立包括正式社会支持和非正式支持在内的以政府为主导的多方参与的社会支持网络。

需要注意的是，在针对深度贫困家庭开展服务时，服务项目的社会工作专业团队需要采用多元视角，即把每个家庭成员视为一个独立的个体。他们不仅拥有自己的不同需要，而且在与其他家庭成员的交流中形成了自己独特的沟通方式。因此，家庭成员的能力挖掘过程也就涉及不同家庭成员之间权力关系的调整，是一种充斥着权力关系的动态影响过程。从这一点而言，"暖心宅急送"个性化精准帮扶试点项目的社会工作实践超越了生态系统视角，融入了社会建构主义的多元服务逻辑。

二、深度贫困脱贫攻坚社会工作多维整合实践的基本步骤

显然，社会工作专业团队在针对深度贫困家庭开展"暖心宅急送"个性化精准帮扶试点项目时，采用了多维实践整合框架。这种整合框架的服务，首先需要社会工作专业团队实施分级分类的人群兜底实践，在此基础上针对改变意愿强、改变可能大的重点类型的深度贫困家庭开展潜能挖掘的能力实践，之后，再根据深度贫困家庭的发展要求拓展出多方参与的资产实践，为深度贫困家庭建立多层次的社会支持网络。

1. 项目前期：人群分级分类的兜底实践

在承接了"暖心宅急送"个性化精准帮扶试点项目后，社会工作专业团队需要根据深度贫困人群的返贫风险状况、改变的意愿、改变的能力进行分级分类的人群管理。这样安排服务，一方面是为了提高社会工作专业实践的精准性，让社会工作专业团队能够根据深度贫困家庭最为紧迫的需求提供及时的专业服务；另一方面是为了降低深度贫困人群的返贫风险，保证深度贫困人群的基本生活要求能够得到及时的满足。

在这一阶段，服务项目的社会工作专业团队有以下四项主要任务。① 确定受助名单。进行入户探访，确定受助的深度贫困家庭名单，把其中不愿意接受服务或者不适合作为服务对象的深度贫困家庭筛选出来，以便能够针对那些需要服务的深度贫困家庭开展有针对性的服务。② 评估风险和需求。针对那些需要服务的深度贫困家庭，服务项目的社会工作专业团队则需要根据风险和需求两个方面的评估确定每户受助深度贫困家庭的风险等级和需求状况，了解每户深度贫困家庭不同生活方面的主要需求。③ 拟

定分级分类人群管理服务框架。根据深度贫困家庭风险和需求评估的结果，拟定深度贫困家庭分级分类人群管理服务框架，包括明确哪些深度贫困家庭属于风险比较高的危机类型，哪些属于风险不高的重点或者一般类型。④ 建立个案管理档案。根据分级分类人群管理服务的框架，针对其中每一户深度贫困家庭建立个案管理的档案，做到"一户一档、一档一案"。对危机类型的深度贫困家庭，针对他们的风险应对能力开展服务。对重点类型的深度贫困家庭，则主要根据他们的改变意愿开展有针对性的服务。对一般类型的深度贫困家庭，则主要做好跟进和观察的工作。

"我们入户访视时发现，在面临多重生活困难的深度贫困家庭中，有些是因为比较严重的疾病导致的贫困，有些是因为残疾导致的贫困，还有一些是因为家庭中老年人多、教育负担重等因素导致的贫困。由这些不同类型的因素导致贫困的家庭所需要的帮扶是不一样的，因此，我们在服务中进行了分类化的处理，以每户家庭最主要的问题为帮扶的侧重点。"（资料来源于与项目社工的访谈记录）

"有些家庭真的很难看到改变的希望，如我们入户访视时见到的一户家庭，这个家庭中只有一位60多岁的老人，智力有些障碍，家里堆得满满的，全是他捡回来的废纸箱等物品，房间里很黑，异味很重，他平时做饭也在房间里，没有炉子，就把几块砖搭起来当炉子用，很容易着火，做饭时烟味很重，不知道他是怎样在这样的环境中生活的。"（资料来源于与项目社工的访谈记录）

显然，通过分级分类人群管理服务框架下的个案管理方法，服务项目的社会工作专业团队就能针对脱贫攻坚中的深度贫困家庭的不同需要开展专业服务，既能够关注到高风险的危机家庭的风险应对要求，及时帮助他们处理生活中面临的危机事件，又能够顾及改变意愿比较强而风险不太高的重点类型的深度贫困家庭，针对他们日常生活中面临的具体挑战进行分类指导。同时，服务项目的社会工作专业团队还能够跟进改变意愿比较低但风险不太高的一般类型的深度贫困家庭，不强迫他们做出生活的改变，而是“在随后的深入交往中寻找他们的改变意愿和改变机会”（资料来源于社工实务研究团队的焦点小组讨论记录）。

这样，通过分级分类人群的兜底实践，服务项目的社会工作专业团队就能够针对这种返贫风险比较高而生活中又面临多重生活困难的深度贫困人群开展精准化的帮扶。这样既能够降低他们的返贫风险，又能够提升他们的日常生活安排能力。

2. 项目中期：家庭潜能挖掘的能力实践

一旦与受助的深度贫困家庭建立了稳定的服务关系及分级分类人群管理机制，整个服务项目就进入了中期。在这一阶段，服务项目的社会工作专业团队最主要的任务是协助重点类型的深度贫困家庭实现改变，其中需要完成以下四个方面的任务。① 确定重点家庭的生活挑战。根据重点类型的深度贫困家庭致贫的原因，确定其在日常生活中面临的主要挑战，如针对因病致贫的家庭，需要确定因什么重病致贫、在疾病治疗中他们面临什么困难等。对因其他原因致贫的家庭也一样，需要明确这些家庭在实际生活中到底面临什么困难。尤其是对有子女教育需求的深度贫困家庭，服务项目的社会工作专业团队需要给予特别的关注，需要分析这种类型的深度贫困家庭在子女教育中面临的挑战。② 评估重点家庭的能力和资源。了解了重点类型的深度贫困家庭的主要生活挑战之后，服务项目的社会工作专业团队就需要与家庭成员进行深入的沟通交流，评估重点类型的深度贫困家庭在应对主要生活挑战中所拥有的能力和资源，如他们拥有的改变意愿、他们曾经做过的行动尝试及其成功经验，以及他们对身边环境资源的了解状况等，找到这些深度贫困家庭寻求成长改变的能力基础。③ 拟定“以家庭为本、以能力为导向”的服务方案。根据每户重点类型的深度贫困家庭面临的主要挑战和拥有的能力，服务项目的社会工作专业团队需要制定每户家庭的个性化精准帮扶的综合服务计划，帮助整个家庭提升应对日常生活挑战的能力。因此，在完成这一任务时，服务项目的社会工作专业团队也就需要避免两种效果不佳的服务取向：太关注某个家庭成员的成长改变要求，把家庭视为其成长改变的环境；太关注家庭面临的问题，忽视促使家庭成长改变的能力和资源。④ 整合重点家庭的不同能力。完成了“以家庭为本、以能力为导向”的服务方案制定之后，服务项目的社会工作专业团队就需要从重点类型的深度贫困家庭现有的能力入手开始服务，无论采取的是现有能力挖掘还是资源链接的方式，目的都是让这些深度贫困家庭从关注生活中的困难转向关注生活中的能力，找到现实生活中那些可以改变之处。在此基础上，服务项目的社会工作专业团队还需要抓住机会，推动这些深度贫困家庭学习新的能力和学会运用身边的环境资源，将能力挖掘、能力提升和能力拓展这三种方式整合起来。

值得注意的是，尽管处于项目中期阶段的社会工作专业团队的主要任务是推动那些改变意愿比较强、改变可能性比较大的重点类型的深度贫困家庭发生积极的改变，但这并不意味着服务项目的社会工作专业团队在这一阶段只需要关注重点类型的深度贫困家庭，不需要考虑危机类型和一般类型的深度贫困家庭的服务。事实上,无论是危机类型还是一般类型的深度贫困家庭,都是服务项目的社会工作专业团队在这一阶段需要关注的,只是与项目前期相比,这一项目阶段的主要任务中增加了如何协助重点类型的深度贫困家庭寻求成长改变的任务。因此,在这一项目阶段,如何协助重点类型的深度贫困家庭发生积极的改变就成为服务项目的社会工作专业团队首先需要考察的内容。

"我们在与服务对象接触时发现,有些服务对象很容易受家庭其他成员的影响。虽然他们自身的改变动力比较弱,但是如果有家庭中其他成员的鼓励和支持,他们就很容易坚持做下去。特别是家庭中那些患有重病或者残疾的服务对象,这种情况就更明显了,他们自己寻求改变的可能性非常小,需要家庭中其他成员在必要的时候给予其肯定和支持。"(资料来源于与项目社工的访谈记录)

随着脱贫攻坚社会工作专业实践的逐步开展,服务项目的社会工作专业团队就会发现,面向深度贫困家庭的服务离不开家庭成员之间的相互支持。这不仅因为家庭成员的很多改变意愿来源于家庭的生活安排,而且他们的改变意愿直接来自家庭成员的肯定和支持。这样的服务方式也符合社会工作专业伦理所强调的"助人自助"的要求,能够帮助受助的重点类型的深度贫困家庭将他们自身拥有的能力和资源充分运用起来。

"我们在开始做'暖心宅急送'个性化精准帮扶试点项目时觉得,这个群体面临的困难太多了,他们需要很多资源和支持,而我们社会工作者拥有的资源有限,很难满足他们的要求。同时,我们又觉得,社会工作最根本的宗旨是'助人自助',希望他们能够更多依靠自身的力量来把自己的生活过好。

因此，我们从项目服务一开始就想着采取能力导向的服务原则，看看他们自己能够做什么，然后尽全力协助他们做好自己的日常生活安排。”(资料来源于与项目社工主管的访谈记录)

针对重点类型的深度贫困家庭，服务项目的社会工作专业团队从项目服务一开始就确立了能力导向的服务策略，根据这种类型的家庭面临的主要生活挑战，协助他们寻找各种可能的能力和资源，推动他们的生活发生积极的改变。

“我们一开始也不知道如何发掘这个群体的能力和资源，但是随着服务经验的积累，我们逐渐发现，开始时最好让家庭中最愿意改变的家庭成员做小的改变尝试，让其他家庭成员不时给予其肯定和支持，然后再让他们尝试新的学习任务，包括和我们一起了解和申请相关的补助，或者参与我们组织的社区活动等，逐渐增强他们的社会交往能力，帮助他们学会运用环境中的资源。”(资料来源于与项目社工主管的访谈记录)

有意思的是，服务项目的社会工作专业团队在将重点类型的深度贫困家庭的能力调动概括为能力挖掘、能力提升和能力拓展三种策略时还发现，如果深度贫困家庭有子女教育需求的，他们的改变意愿往往比其他家庭强烈得多，而且关注的焦点也主要集中在如何支持孩子的学业和健康成长方面。“我们自己没有多少文化，生活就这样了，但是不能苦了孩子，希望孩子能够比我们有出息”。(资料来源于服务项目过程记录)这样，重点类型的深度贫困家庭的能力调动也就有了从子女教育入手这条独特的路径，而且这条路径常常又与重点类型的深度贫困家庭的其他路径如因病致贫、因残致贫及因其他原因致贫的路径联系在一起，它们相互影响，一起成为推动深度贫困家庭发生积极改变的重要方式。

因此，针对改变意愿比较强、改变可能性比较大的重点类型的深度贫困家庭，服务项目的社会工作专业团队也就需要采取以“以家庭为本、以能力为导向”的服务策略，根据他们在现实生活中面临的主要挑战，从他们现有的生活状况出发，开展现有能力的发掘、新能力的提升及资源获取能力的拓展等不同形式的家庭潜能挖掘的能力实践，真正调动他们内在的改变动力，提升他们应对日常生活挑战的能力，降低他们返贫的风险。

3. 项目后期：社区多方参与的资产实践

随着重点类型的深度贫困家庭能力实践的拓展，服务项目也就进入了第三个阶段——项目后期。在这一项目服务阶段，服务项目的社会工作专业团队也就需要把主要的精力放在社区多方参与的实践上，帮助这些受助的深度贫困家庭在社区层面上拓展环境资源运用的能力，使深度贫困家庭能够真正融入社区的生活中，提升整个社区应对贫困的能力。为此，服务项目的社会工作专业团队需要承担以下四个方面的主要任务。① 建立社会支持网络。针对其中有长期需要他人帮助的深度贫困家庭，如有卧床不起的老年人、行动不便的残障成员及患有重病需要他人长期照护的家庭成员的深度贫困家庭，服务项目的社会工作专业团队就需要根据每个受助的深度贫困家庭的具体困难，建立不同层级的社会支持网络，协助这些受助的深度贫困家庭解决现实生活中的实际困难。② 促进邻里互助。一旦受助的深度贫困家庭拥有了拓展环境资源的意愿，服务项目的社会工作专业团队就需要抓住这样的机会，组织村民互助小组或者举办社区活动，拓展他们的社会交往圈，改善他们与邻里的关系。当然，服务项目的社会工作专业团队也可以通过结对帮扶或者引入志愿服务等方式，让这些受助的深度贫困家庭有更多社会交往的机会。③ 推动社区参与。对行动方便的深度贫困家庭成员，服务项目的社会工作专业团队则需要推动他们参与社区的活动，特别是社区的公益慈善活动，鼓励这些受助的深度贫困家庭力所能及地服务社区中的其他弱势人群，让他们为社区分忧，增进他们的社区融入。④ 加强社区的“三社联动”。在这一项目阶段，服务项目的社会工作专业团队还需要根据深度贫困家庭的发展要求，通过链接社区资源，有针对性地解决整个社区在应对贫困时的能力，包括“三社联动”危机事件处理的应急机制的建设、社区健康意识的提升以及整个社区资源运用能力的提升等，为深度贫困家庭的成长改变创造更好的社区支持环境。

“我们在对深度贫困家庭开展入户访视时发现，这些贫困家庭的社会支持网络其实很薄弱，在他们遇到困难的时候，很少有其他人能够帮助他们，导致他们遇到的困难会随着时间不断被放大。例如，他们遇到身体不舒服的时候，不知道如何疗养，也没有人告诉他们应该怎样做；由于受身体残疾的影响，再加上缺乏康复工具，导致他们中的一些人长久以来很少出门，不了解社区的情况；由于家里所有人都不识字，也不知道孩子身心健康的重要性，所以很少能关注到孩子这一方面的发展要求，更不会主动与周围人交流这方面的事情。”（资料来源于与项目社工的访谈记录）

实际上，在针对这些深度贫困家庭开展资产方面的社会工作实践时，服务项目的社会工作专业团队发现，让这些受助的深度贫困家庭走出家门是第一步。然而，要做到这一点也并不容易，需要服务项目的社会工作专业团队针对每户受助深度贫困家庭的具体情况设计有针对性的服务活动：有就医需求的，“我们就安排志愿者陪护”（资料来源于与项目社工的访谈记录）；有家庭康复照顾需求的，“我们就会安排家庭健康照顾知识的讲座或者家庭照顾者喘息服务等”（资料来源于与项目社工的访谈记录）；有子女教育需求的，“我们就会根据他们的要求组织亲子活动和同伴互助小组等”（资料来源于与项目社工的访谈记录）。这样，就能够帮助受助的深度贫困家庭将潜能挖掘的能力实践与多方参与的资产实践结合起来，让两者相互促进。

除了需要针对行动不便的深度贫困家庭成员建立社会支持网络以及推动受助的深度贫困家庭加强邻里互助之外，服务项目的社会工作专业团队还需要鼓励受助的深度贫困家庭成员主动走出家门，参与社区活动，特别是社区的公益慈善活动，让受助的深度贫困家庭成员从被动的受助者角色转变成主动提供服务的帮助者角色。这样的角色转变是非常重要的，它能够促使受助的深度贫困家庭社会身份的改变。“一旦让这些受助的深度贫困家庭成员担任活动的组织者或者志愿者角色，他们的精神状态就会变得完全不一样，原来那些不爱说话、不爱交往的都会在社区活动中变得更加主动、自信一些。特别是那些深度贫困家庭的孩子，他们在社区的公益慈善活动中都感到很开心、很有成就感。”（资料来源于服务项目过程记录）同时，在社区层面开展“三社联动”时，加强街道和村委会的工作人员的参与也很重要：一方面，能够让他们了解社会工作专业团队组织的活动安排，及时掌握服务项目的进度；另一方面，能够让他们在轻松的活动氛围中加强与深度贫困家庭的交流，深入了解深度贫困家庭的生活困难及其在生活中存在的返贫风险，建立社区层面的关爱帮扶支持机制，保证帮扶政策落实到位。实际上，这些“村委会的工作人员只要有时间，也愿意参加社会工作者组织的活动，他们自己表示，能够真正帮助这些特别困难的贫困家庭，他们也挺开心的”(资料来源于与项目社工的访谈记录)。

第二节　项目前期人群分级分类兜底实践的基本内容

人群分级分类的兜底实践是针对整个需要服务的深度贫困人群而言的，它的主要内容涉及依据风险和改变意愿这两个维度对受助的深度贫困家庭进行分级和分类，以明确在受助的深度贫困家庭中有多少属于风险比较高且需要学习危机应对知识的危机类型的深度贫困家庭，有多少风险不高而改变意愿比较强、改变可能性比较高的重点类型的深度贫困家庭，以及有多少风险不高、改变意愿也不强的一般类型的深度贫困家庭。一旦明确了深度贫困人群的分级分类之后，在具体的实施过程中，服务项目的社会工作专业团队则需要借助针对每户受助的深度贫困家庭设计的个案管理的服务方案来开展服务。

一、危机类型的个案管理内容

个案管理是针对每户受助的深度贫困家庭而言的，它是指项目服务的具体实施方式，它要求服务项目的社会工作专业团队根据每户深度贫困家庭的具体情况实施有针对性的个性化精准帮扶服务。这样，深度贫困脱贫攻坚社会工作实践也就具有了两个层面的服务安排：一是整个人群的安排，它遵循人群分级分类的服务框架；二是单个家庭的安排，它遵循个案管理的服务要求。也就是说，深度贫困脱贫攻坚社会工作实践的个案管理是在人群分级分类兜底实践的服务框架下实施的，需要遵循分级分类的基本服务原则。

就“暖心宅急送”个性化精准帮扶试点项目而言，服务项目的社会工作专业团队“在第一年服务的30户深度贫困家庭中，确定了危机类型的深度贫困家庭（危机个案管理）9户，重点类型的深度贫困家庭（重点个案管理）11户，一般类型的深度贫困家庭（一般个案管理）10户；在第二年服务的80户深度贫困家庭中，确定危机类型的深度贫困家庭（危机个案管理）4户，重点类型的深度贫困家庭（重点个案管理）38户，一般类型的深度贫困家庭（一般个案管理）40户”（资料来源于服务项目评估记录）。

针对其中的危机个案管理，服务项目的社会工作专业团队处理的主要危机事件包括精神疾病复发、自杀、家庭意外事件、家庭内外纠纷中的情绪失控等。其中，有些危机类型的深度贫困家庭面临危机事件发生的风险，需要做好风险预防服务；有些则已经陷入危机状态，需要学习危机事件的处置。无论是风险预防还是危机处置，服务项目的社会工作专业团队都需要首先与项目落地村的村委会工作人员取得联系，建立危机个案管理的应急处置机制；同时，还需要调动危机类型的深度贫困家庭中的重要他人和其他社会支持力量，让他们一起参与到危机事件处置和生活风险预防中。

1. 危机事件处置

在承接了“暖心宅急送”个性化精准帮扶试点项目之后，服务项目的社会工作专业团队依据分级分类人群兜底实践的要求，从需要服务的深度贫困家庭中筛查出危机类型的深度贫困家庭，并且针对这类家庭实施危机类型的个案管理，特别是其中的危机事件处置，需要服务项目的社会工作专业团队具备紧急调动相关资源和紧急援助的能力。

“服务对象王叔叔是村里多年的低保户，他家的低保被取消之后，王叔叔特别生气，脾气变得非常暴躁，甚至出现了伤人的暴力行为。他跑到村委会，掀翻了工作人员的办公桌，对办公人员破口大骂，导致村委会难以正常办公，有些工作人员因此担心自己的安全问题。”（资料来源于服务项目过程记录）

针对这样的危机事件，服务项目的社会工作专业团队在危机事件处理过程中，首先需要与项目落地村的村委会工作人员保持联系，对这种危机类型的深度贫困家庭的基本情况进行初步了解，掌握这种类型的家庭最紧迫的需求以及引发危机事件的原因；同时，服务项目的社会工作专业团队还需要与村委会以及政府其他部门的相关工作人员建立危机事件处置的团队工作小组，及时沟通信息，及时协商处置的方法。因为村委会的工作人员以及村庄小组长等不仅了解政府的相关救助政策，而且熟悉农村生活的特点，能够为危机事件中的深度贫困家庭提供必要的政策咨询和社会支持。而社会工作专业团队则主要负责情绪的疏导、诉求的了解以及信息的沟通等，协助基层政府采用柔性化的管理方式处理村民们在政策实施过程中遇到的矛盾冲突。

对于由家庭内部原因导致的危机事件，服务项目的社会工作专业团队则需要采取完全不同的危机处置方式，除了帮助遭遇危机事件的深度贫困家庭疏导情绪和调整不合理的认知之外，还需要运用资源链接者的身份帮助这些深度贫困家庭减轻日常生活中面临的现实压力。

“服务对象李叔叔在儿子、妻子接连去世的双重打击之下出现了精神问题，不久，又中风处于半自理状态，平时的生活依靠女儿的照顾。更为糟糕的是，最近照顾他的女儿也因为快要生孩子，无法继续在家照顾他。李叔叔的情绪变得非常低落，时常自责、哭泣，认为自己是别人的累赘，还出现了自杀的念头。”(资料来源于服务项目过程记录)

“这户深度贫困家庭，丈夫患有尿毒症，长期接受治疗，病情比较稳定；妻子残疾，不识字，没有稳定的工作。前段时间，丈夫的病情突然加剧，被送进了危重病房，不久后去世，留下了妻子、儿子和父亲。从丈夫病情突然恶化到离世后的安排这一阶段，这户家庭转变成了项目中的危机类型的深度贫困家庭，成为危机管理的对象。”(资料来源于服务项目过程记录)

显然，在面对这种因生活安排突然出现变故，导致家庭生活压力剧增的突发事件时，服务项目的社会工作专业团队就需要与村委会的有关工作人员结伴去看望这样的家庭，了解家庭成员面临的现实困难，给予家庭成员必要的情绪疏导，并且协助家庭成员了解和申请相关的补助，渡过生活中的危机。此外，服务项目的社会工作专业团队还需要为这样的危机类型的深度贫困家庭做一些长期的生活安排，如链接社会资源，保障这类深度贫困家庭能够获得专项的物质资助和技术支持，减少他们在现实生活中面临的压力；或者帮助这类深度贫困家庭建立必要的社会支持网络，降低危机事件出现的可能。当然，在帮助这类危机类型的深度贫困家庭的过程中，服务项目的社会工作专业团队始终需要依靠村委会以及有关政府部门的支持，因为他们最了解各种救助政策，也最清楚各种救助政策的申请手续，能够协助这种类型的深度贫困家庭及时申请到相关的补助，以解现实生活中的燃眉之急。

此外，在针对这种遭遇危机事件的深度贫困家庭开展专业服务时，服务项目的社会工作专业团队还需要运用危机事件处置的过程挖掘能力，培育这类深度贫困家庭应对危机事件的能力，如处于危机时的情绪疏导、压力舒缓，以及危机应对的行为选择、危机中寻求支持的途径和方法等，帮助这类深度贫困家庭建立危机事件的紧急应对机制。

2. 生活风险预防

在“暖心宅急送”个性化精准帮扶试点项目中，服务项目的社会工作专业团队不仅需要协助深度贫困家庭处理已经遇到的危机事件，做好危机处置的工作，而且需要帮助深度贫困家庭应对高风险的生活处境。尽管此时深度贫困家庭还没有遇到危机事件，但是一旦处理不好这种高风险处境中的生活安排，这些受助的深度贫困家庭很容易遭受危机事件的打击，甚至出现重新返贫的情况。为此，服务项目的社会工作专业团队也就需要具有一种风险意识，帮助深度贫困家庭提前做好风险的筛查、识别和预防，防止危机事件的出现。这就是深度贫困家庭危机个案管理中的生活风险的预防服务。

“一些深度贫困家庭中有家庭成员患有精神疾病，当他们与家人发生冲突，出现幻听、幻觉的时候，很容易出现疾病复发的情况。但是，他们的家人往往不知道这些基本的知识，也难以对患者的一些异常变化（如自言自语、神情发呆或者说一些无法理解的奇怪的话等）给予足够的关注，所以，常常在已出现一些极端事件时，患者的家人才会主动求助。这个时候，患者的精神疾病已经复发了，需要送往医院进行住院治疗；还有一些深度贫困家庭，他们的居家环境不太好，不仅照明不足、光线昏暗，而且家里到处堆放着杂物，电线裸露，很容易引发火灾等事故。”（资料来源于服务项目过程记录）

对于这种危机类型的深度贫困家庭，服务项目的社会工作专业团队则需要提升他们的风险意识，让他们在平时的生活中看到这些情况存在的风险，做好风险规避工作，如链接医院资源，让医生向精神疾病患者的家人介绍有关疾病方面的预防知识以及应急处置的方法；或者直接告知那些居家环境不良的家庭可能面临的火灾风险，同时链接社会资源帮助他们改造居家环境。在居家环境的改造方面，还有一类深度贫困家庭，他们常常也面临极高的危机事件出现的可能，即那些独居老人或有残障成员的家庭，由于地面湿滑，或者墙角、桌角尖锐，他们很容易出现跌倒摔伤或者碰伤的情况。

“我们在入户访视时会根据这类家庭居家环境的特点采取有针对性的居家环境改造工作，如在墙角和桌角粘上防撞的橡胶，为那些独居老人送上防滑的拖鞋，或者为那些残障人士购买助行器等，及时协助这些深度贫困家庭消除潜在的居家生活中的安全风险。”（资料来源于与项目社工的访谈记录）

此外，在闽南地区还有另一种生活风险，就是一到夏天会有台风入境。对于突如其来的台风暴雨天气，这些深度贫困家庭往往会遭遇极大的风险，特别是其中独居老人的家庭和有残障成员的家庭，他们在恶劣天气中常常会面临生活物资紧缺的情况。

“面对这种情况（台风暴雨天气），我们会根据深度贫困家庭的社会支持状况做差别化的处理。对于其中社会支持状况比较好的，我们就会与他们的子女、邻里取得联系，以推动周围重要他人提供直接、快速的帮助；对于其中社会支持状况相对不足的家庭，我们就会与村委会的工作人员联系，在极端恶劣天气中链接相关生活物资，送到他们手中。”（资料来源于社工实务研究团队的焦点小组讨论记录）

因此，在深度贫困脱贫攻坚社会工作实践中，针对其中风险等级比较高的深度贫困家庭开展危机个案管理的服务是必不可少的，它不仅涉及对已经发生的危机事件的处置，而且还涉及对尚未发生危机事件的生活风险的预防。通过对这种危机类型的深度贫困家庭的个案管理服务，服务项目的社会工作专业团队才能真正降低深度贫困家庭的返贫风险，做好深度贫困人群的兜底实践。

二、重点类型和一般类型的个案管理内容

在“暖心宅急送”个性化精准帮扶试点项目中，针对重点类型的深度贫困家庭，服务项目的社会工作专业团队同样也需要采取个案管理的服务方式，只是重点类型的个案管理与危机类型的个案管理不同，它关注的焦点是如何挖掘与调动深度贫困家庭的能力和资源，推动他们在日常生活中发生积极的改变。由于每户深度贫困家庭的需求各不相同，因此，服务项目的社会工作专业团队也需要根据深度贫困家庭的主要需求划分出不同重点类型的个案管理，包括因病致贫家庭的个案管理、因残致贫的个案管理、其他类型的个案管理以及子女教育类型的个案管理等四种重点类型。

正是因为个案管理的服务要求不同，重点类型的个案管理不再像危机类型的个案管理那样只是采用个案工作的方式，而需要结合受助深度贫困

家庭各方面的生活需求，综合运用不同的社会工作服务方法，包括小组工作和社区工作等。因此，服务项目的社会工作专业团队在深入评估了重点类型的深度贫困家庭的需求之后，就需要确立“以家庭为本、以能力为导向”的服务策略，根据受助的重点类型的深度贫困家庭的共性需求和个性需求设计相应的服务，而不局限于个案工作方法的运用。例如，针对重点类型的深度贫困家庭的政策解读与咨询的共性服务要求，服务项目的社会工作专业团队既可以采取个案工作的方式，在受助的重点类型的深度贫困家庭遇到政策问题时，开展一对一的政策了解、政策解读、政策资源争取等相关的服务；同时，也可以将这些政策方面的问题进行梳理，然后通过小组讨论、社区宣传等方式促进重点类型的深度贫困家庭加深对相关政策的了解，提升他们的政策运用能力。在个性化的服务需求方面，服务项目的社会工作专业团队也可以采取与共性化服务需求相似的综合服务方式，只是此时的服务需要侧重于受助的重点类型深度贫困家庭的具体情况。实际上，深度贫困家庭的共性化的服务需求与个性化的服务需求常常相互交错在一起，很难截然分开。这就意味着重点类型的深度贫困家庭的服务是一种综合性的服务。基于此，重点类型的深度贫困家庭社会工作实践也就需要被单独划分出来，并将其作为服务项目中期阶段的核心服务内容。

针对那些返贫风险不高、改变意愿不强的深度贫困家庭，服务项目的社会工作专业团队也需要运用个案管理的服务方式，帮助这些深度贫困家庭建立一般类型的个案管理档案，进行长期、低频率的跟进服务，及时了解他们的日常生活状况。面对这种一般类型的个案管理服务，服务项目的社会工作专业团队需要承担以下两个方面的主要任务。① 维持信任合作的服务关系。在一般类型的个案管理服务中，尽管服务项目的社会工作专业团队不需要把主要精力放在如何促进这类深度贫困家庭改变上，但是与他们建立信任合作的服务关系同样也是非常重要的，因为只有保持这样的服务合作关系，他们才能将自己的实际生活状况告诉社会工作者，让社会工作专业团队能够及时了解他们日常生活的变化。“只要有机会，我们都会主动找他们，和他们打声招呼，简单聊一点日常的话题，增进相互之间的情感交流。”（资料来源于与项目社工的访谈记录）② 服务类型的调整。一旦这种一般类型的深度贫困家庭在日常生活中遭遇了危机事件或者产生了较为强烈的改变要求时，服务项目的社会工作专业团队就需要根据他们的实际状况调整风险的等级和个案管理的类型，采取相应的跟进服务。当然，在实际的服务中，服务项目的社会工作专业团队也可以邀请一般类型的深度贫困家庭参与小组和社区的相关活动，增进他们的社会交往能力。

第三节　项目中期家庭潜能挖掘能力实践的基本内容

针对重点类型的深度贫困家庭，服务项目的社会工作专业团队需要依据“以家庭为本、以能力为导向”的服务原则开展家庭潜能挖掘的能力实践，包括共性化的服务和个性化的服务两个方面。不过，值得注意的是，尽管在介绍家庭潜能挖掘的能力实践时我们对共性化的服务与个性化的服务之间的差别做了明确的区分，但是在实际服务中，这两者是不可能截然分开的，需要服务项目的社会工作专业团队根据受助的重点类型的深度贫困家庭的实际情况将这些不同方面的服务衔接起来,形成个性化的综合精准帮扶服务。

一、重点类型深度贫困家庭的共性化服务内容

尽管不同的深度贫困家庭在实际的生活中面临不同的困难,有的甚至差异很大,但是在实际的服务中,他们仍然有一些共性方面的需求需要服务项目的社会工作专业团队提供相应的及时服务。就"暖心宅急送"个性化精准帮扶试点项目而言,这些共性化的服务主要包括政策解读与咨询、居家安全环境改善、照顾者喘息以及资源链接等。

1. 政策解读与咨询

党的十九大报告提出,坚决打赢扶贫攻坚战,确保到2020年我国在现行标准下农村贫困人口实现脱贫。为此,中央和地方政府相继出台了一系列针对深度贫困群体的相关政策,包括大力实施各项专项扶贫,与各种福利政策挂钩,进行兜底保障,以缩小贫困对象的范围。这些政策具体包括"住房安全保障政策、教育扶贫政策、健康扶贫医疗政策、社会帮扶政策等"。由于这些不同类型的政策涉及不同部门,在落实过程中面临着各种困难,而且大部分脱贫攻坚的服务对象文化程度比较低,他们在家庭面临困难时很多时候并不知道如何去申请相关的政策保障和支持,容易采用"道听途说"的方式了解一些片面的政策方面的信息,导致对政策的理解存在一些偏差。因此,如何协助深度贫困家庭根据实际生活中面临的困难寻找相应的政策支持,就成为深度贫困脱贫攻坚社会工作实践中的一项重要内容。就"暖心宅急送"个性化精准帮扶试点项目来说,这些深度贫困家庭遇到的政策问题

主要涉及以下四个方面。

（1）低保补助

低保补助主要针对无劳动能力、无生活来源的老弱病残等常年生活困难的人群。低保补助采用的是一种补差的算法，例如，低保线是一个月800元，不是每个月给受助对象800元，而是要测算受助对象的收入和支出，测算完之后补到800元。如果一个三口之家，测算完之后，把家庭成员的所有收入加起来，扣除支出，然后除以3，不足的部分以800乘以3的标准补齐。对于文化程度较低的深度贫困家庭来说，一方面不了解这样的计算方法，很容易产生误解；另一方面由于他们在疾病治疗、残疾康复过程中有一些隐性的支出，难以进入到低保的审核当中，容易对低保政策的公平性产生怀疑。对此，服务项目的社会工作专业团队需要进行耐心的讲解。

有些行为在低保补助申请过程中是明文禁止的。由于申请补助的深度贫困家庭不了解这些情况，就会导致申请到的低保补助被撤销。

“张叔叔，男，45岁，肢体残疾一级，刚结束住院治疗回到家里。张叔叔的家庭收入来源包括低保补助、残联补助以及出租桌椅而得来的收入。社会工作者在入户访视中了解到，张叔叔将自己的身份信息借给朋友开基金账户，走工资流水账，这是低保政策明文规定禁止的行为，容易导致低保补助被取消。”（资料来源于服务项目过程记录）

针对对低保补助政策及其执行要求不太熟悉的深度贫困家庭，服务项目的社会工作专业团队需要协助他们收集相关政策的信息和规定，并将这些规定打印成直观、清晰的文字材料。入户访视时，社会工作者要帮助这些受助的深度贫困家庭了解低保补助政策的具体要求；同时，还需要与村委会联系，协助这些深度贫困家庭处理低保补助申请过程中遇到的问题。

(2) 医疗相关政策

疾病是使大多数深度贫困家庭陷入困境的核心原因之一，特别是其中因病致贫的深度贫困家庭，情况更是如此。在实际生活中，受助的深度贫困家庭成员往往不止患有一种疾病，而是几种严重疾病交织在一起，不仅治疗费用高，而且治疗周期比较长，常常是一人患病，整个家庭就像被拖入一个“无底洞”，面临严峻的生活挑战。近年来，政府出台相关政策措施，提出健康扶贫医疗保障，具体包括基本医疗保险、大病保险、民政救助＋健康扶贫专项基金及“大病关爱壹佰基金”，以保障深度贫困家庭能够摆脱因疾病治疗带来的生活困境。

“王阿姨，女，66 岁，清洁工，负责打扫村路，已丧偶。王阿姨的儿子目前正在医院接受治疗，大笔的治疗费用让整个家庭陷入贫困状态。因为王阿姨不识字，所以也不知道如何申请获得政策的支持。”(资料来源于服务项目过程记录)

“李叔叔，男，44 岁，患有尿毒症，因换肾花费了 60 多万元，现在每月去医院治疗检查一次，一次需要花费 1 万多元，药费自付 10%。李叔叔的妻子平时打零工，最近想找一份能够缴纳医保和社保的工作。李叔叔担心，如果妻子找到这种缴纳医保和社保的工作，整个家庭的低保补助会被取消。”(资料来源于服务项目过程记录)

虽然国家向贫困家庭提供了一系列医疗政策的支持，但是仍有一些深度贫困家庭因其成员文化水平受限等原因而不知如何去获取这些政策的支持。在实际服务中，更为常见的情况是，由于这些深度贫困家庭面临多重现实困难，会出现同时申请几种政策支持的要求。因此，服务项目的社会工作专业团队就需要协助服务对象咨询相关政策的信息，了解各种政策的申请要求，以协助深度贫困家庭对自己的生活做出合理的选择和安排。

（3）就业政策

在“暖心宅急送”个性化精准帮扶试点项目中，不少深度贫困家庭因疾病治疗和残障康复需支付数量不低的医疗费用，特别是其中有孩子的家庭，还需要支付孩子就学的一些费用。他们一方面希望政府能够给予更多的生活补助，解决他们的基本生活困难；另一方面，也希望自己能够有更多的就业机会，解决家庭经济困难的问题，给家庭增加更多的收入，改善家庭的生活状况。因此，一些深度贫困家庭成员在社会工作者进行入户访视时明确向社会工作者提出自己希望获得就业方面和困难户创业方面的信息。

“李叔叔，男，36 岁，已婚，因意外事故造成重度残疾，丧失生活自理能力。家庭的经济主要是依靠妻子在工厂打工支撑的，妻子被工厂辞退后，就在家里做一些计件活。在妻子被辞退后，李叔叔希望能够帮妻子找一些参加职业培训的机会，提升她的工作竞争力。

社工介入：第一，向有关部门咨询就业方面的政策，了解到对于女性的职业技能培训，需要参加人员先交培训费，通过考试后再返还这笔培训费用；第二，向民政部门了解重度残疾补贴方面的政策，提供相应的咨询联系方式，引导服务对象自主做好后续的跟进。”（资料来源于服务项目过程记录）

由于大多数深度贫困家庭面临多重的现实困难，不仅家庭中常常有需要照顾的重症患者或者残障人士，而且受文化水平和自身就业能力的影响，深度贫困家庭在就业方面仍困难重重。不过，对于深度贫困家庭来说，这项工作有着多重的意义，除了能够减轻他们在经济上的生活压力之外，还影响他们与社会的交往状况以及每位家庭成员对自己的认知和评价。因此，虽然这项工作的成效并不显著，但是服务项目的社会工作专业团队仍需要把它作为整个服务项目的重要服务内容之一，协助受助的深度贫困家庭做好相关就业政策的咨询。

（4）住房保障政策

在住房保障政策方面，深度贫困家庭常常涉及易地扶贫搬迁政策、保障性住房政策以及农村危房改造政策等，特别是保障性住房政策和农村危房改造政策，在“暖心宅急送”个性化精准帮扶试点项目的尝试中，不少深度贫困家庭咨询这方面的政策信息。他们不仅不了解住房保障方面的政策信息，而且也不知道如何主动收集相关的政策信息，更不知道如何准备材料办理申请手续。

“吴叔叔，63 岁，多年前儿子去世，目前与妻子居住在出租房中，主要依靠低保补助和失地养老补贴维持生活。吴叔叔自己的祖屋去年由于墙边堆放垃圾着过火，房屋有些塌陷，房间内的光线昏暗。由于祖屋无法重新翻修，吴叔叔已经申请到另外一块空地进行翻建。为了防止他人占用自己申请下来的这块地，吴叔叔让人建了地基先把这块地围了起来。目前，吴叔叔正在为房屋翻建发愁，找亲戚借钱，担心借不到；资金筹措不到，错过了房屋翻建补助的时间要求，又需要重新申请，而且仍然面临没有钱翻建的问题。

社工介入：第一，咨询危房翻建延期申请的相关政策，开展政策解读，缓解服务对象的压力。一方面，协助服务对象通过村委会工作人员了解相关政策，并且与服务对象一起思考除了延期之外，还有哪些方式可以解决房屋翻建的资金问题，如自己可以在建房方面承担什么工作以减少房屋翻建的支出等；另一方面，直接咨询街道以及民政部门的工作人员，收集相关信息，向服务对象详细解读危房翻建政策。第二，在综合评估服务对象的能力之后，给服务对象链接临时工作，增加服务对象的经济收入。第三，与相关部门合作，寻找是否有其他方式暂时支付服务对象房屋修建的费用。"（资料来源于服务项目过程记录）

事实上，政策落实是一个非常复杂的多方合作、共同行动的过程。从相关政策的咨询、申请再到具体落实，往往需要花费比较长的时间，而深度贫困家庭遭遇的困难通常比较急切，需要一些快速的解决办法，这样，两者之间就会出现矛盾。因此，服务项目的社会工作专业团队在开展政策咨询与解读服务时，不能仅仅关注政策信息的收集和解读，还需要评估深度贫困家庭自身的能力与资源，协助他们找到一种综合的应对方法，既能够获得相关政策的支持，保障深度贫困家庭的长期利益，又能够链接社会资源，快速减轻深度贫困家庭面临的多重生活压力。

2. 居家安全环境改善

居家安全环境改善是针对深度贫困家庭日常生活中那些居家环境不良并且给家庭成员的健康生活造成明显影响的问题而开展的专业服务，其目的是帮助深度贫困家庭建立一种更为健康积极的生活方式。由于深度贫困家庭面临多重的现实困难，他们往往无力顾及居家环境的问题，有的人的家里不仅到处堆放杂物，而且还有明显的异味，严重影响家庭成员的身心健康。因此，居家安全环境改善也就成为深度贫困脱贫攻坚社会工作实践的一项重要任务。值得注意的是，服务项目的社会工作专业团队在实施居家安全环境改善的服务时，不仅需要关注深度贫困家庭物质生活环境的改善，而且，更为重要的是，关注深度贫困家庭人际交往环境的改善，让深度贫困家庭成员拥有更好的家庭支持。为此，服务项目的社会工作专业团队就需要邀请深度贫困家庭成员一起参与居家安全环境的改善，除了让他们有强烈的参与感之外，还能够通过参与的过程让他们了解自己到底需要什么样的居家安全环境以及自己需要什么样的改变才能创建和维持这样的居家安全环境等，从而改善深度贫困家庭成员之间的人际关系，增强深度贫困家庭成员主动参与家庭生活的能力。

“王女士，35 岁，身体残疾，目前与 8 岁的女儿生活在一起。王女士的居住环境比较杂乱、昏暗，有明显异味。显然，这样的居家环境不仅严重影响到王女士及其女儿的身体健康，导致女儿经常生病，而且还存在巨大的居家安全隐患，容易引发火灾。”（资料来源于服务项目过程记录）

“黄同学，某初中在校学生，14 岁。黄同学的父亲年纪大了，而且需要经常下地劳作，母亲患有精神疾病，无力顾及家务，导致家里常常没有人打扫卫生，也没有人引导黄同学学习整理自己的房间。黄同学的房间非常杂乱，衣服、书籍随意放在地上，用过的纸巾扔得到处都是，地上积满了灰尘。”（资料来源于服务项目过程记录）

从深度贫困家庭的日常生活来看，糟糕的生活环境不仅影响着他们的身体健康，而且也影响着他们的心理健康，特别是对于儿童青少年而言，脏乱的居家环境同时也影响着他们的学习环境，容易导致贫困代际传递。因此，服务项目的社会工作专业团队在开展居家安全环境改善服务时，也就需要与深度贫困家庭结成联盟，共同行动，帮助深度贫困家庭学会挖掘和运用自身拥有的能力和资源，解决居家安全环境方面的问题。

“针对深度贫困家庭脏乱的居家环境，我们开展了‘明亮家园’和‘家政好帮手’计划，在入户访视时给服务对象安排居家环境改善的任务，并给予必要的指导和支持，如协助服务对象进行家居用品整理、家具布置、居家环境美化、生活空间改造以及链接资源开展家政维修等，转变服务对象对家庭环境和家庭教育的认识，让他们意识到环境改变对身心健康的影响。”(资料来源于与项目社工的访谈记录)

“在指导黄同学整理居家环境的过程中，我们引导她与我们一起搬运收纳箱，按照她自己设计的居家环境方式进行整理，并且协助她矫正学习时的坐姿，调整书桌的位置，让整个学习环境更加明亮。在这个过程中，她的奶奶也参与进来，认为环境变整洁后，看起来很舒服，希望孩子能够维持好自己房间的卫生。”(资料来源于服务项目过程记录)

需要注意的是，服务项目的社会工作专业团队在协助深度贫困家庭进行居家安全环境改造的过程中，需要把人的改变放到具体的环境中，不仅关注深度贫困家庭如何整理居家安全环境，发挥他们在日常生活安排中的主动性，而且同时关注居家安全环境变化之后对深度贫困家庭的影响，调动他们在生活变化过程中的改变动力，由此形成人与环境相互促进的良性循环。例如，“王女士在居家安全环境改善之后，白天就在家对房间物品进行整理，对生活变得更为主动。而且，她原先对保障性住房的申请顾虑重重，现在在社工的鼓励下，开始关注保障性住房政策的信息收集，参与了新一年度的保障性住房申请，还主动找到街道办事处的工作人员进行咨询”（资料来源于服务项目过程记录）。可见，居家安全环境改善的核心是挖掘深度贫困家庭的能力，提升他们应对日常生活多重困难的能力。

3. 照顾者喘息

对于深度贫困家庭的照顾者而言，他们不仅面临长期照护的责任，需要承受因家庭照顾带来的各种压力，而且常常需要负责整个深度贫困家成员的生活安排，承担养家糊口的重任，因此，在时间和精力方面时常存在冲突，面临多重生活责任选择的困难。[①] 此外，由于不少深度贫困家庭的重病患者或者残障人士的状况是不可逆的，很难看得到照顾的尽头，容易导致家庭照顾者体力严重透支，精神上感到无助。“我们发现有些深度贫困家庭照顾者因为长期照顾家人的原因，情绪状态不稳定，有时还表现出悲观的生活态度，特别是那些精神障碍患者的家庭照顾者，随时需要顾及患者的情绪和感受，照顾的压力更大。”（资料来源于与项目社工的访谈记录）为此，服务项目的社会工作专业团队需要采用链接社会资源的方式，把专业照护资源引入深度贫困脱贫攻坚的社会工作实践中，使其作为短期的替代照顾者，为深度贫困家庭的照顾者提供迫切需要的喘息服务，让他们能够在生活的重担之下得到身心放松、压力舒缓的机会。

“喘息服务不仅仅是让家庭照顾者得到喘息的机会，而且还需要让被照顾者也走出来一起参加活动。只有这样设计喘息服务的活动安排，才能改善照顾者与被照顾者之间的紧张关系，让双方都能够在喘息服务中缓解日常生

① 同雪莉.长期患病家庭抗逆适应过程研究——基于家庭生活实践的质性分析[J].社会科学研究，2018(5)：108-115.

活中的紧张关系。”（资料来源于社工实务研究团队的焦点小组讨论记录）

在“暖心宅急送”个性化精准帮扶试点项目中，社会工作专业团队通过前期入户访视发现，因病致贫和因残致贫的深度贫困家庭，往往因家庭成员中有不止一个重病患者或者残障成员而导致照顾者与被照顾者之间关系紧张，不仅被照顾者由于身体原因很少走出家门参与社会活动，容易心情不佳，而且照顾者在长期照顾和家庭生计的重压下积累了许多负面情绪，无处排解。为此，服务项目的社会工作专业团队专门设计了“我想陪你看电影”的喘息服务活动。

“在重阳节来临之际，我们设计了‘我想陪你看电影’的社区活动。通过观影、蒙眼喂食互动、表彰照顾者等环节的活动开展达到 3 个目标：① 让被照顾者能够有机会走出家门参与社区活动，给照顾者喘息的机会；② 通过互动环节的活动设计，增加重症患者、残障人士与家庭成员特别是照顾者之间的互动，改善这些深度贫困人群的家庭关系；③ 肯定照顾者的重要作用和辛勤付出，鼓励重症患者、残障人士做力所能及的事回馈照顾者，增强深度贫困人群的家庭支持。”（资料来源于服务项目过程记录）

显然，照顾是一种双向的影响，而不是单方面的照顾者喘息，只有改善了被照顾者与照顾者之间的互动关系，深度贫困家庭的照顾重任和生计压力才能得到缓解。因此，在深度贫困脱贫攻坚社会工作实践中，服务项目的社会工作专业团队需要把照顾者喘息放在整个家庭互动关系中去考察，不仅需要给照顾者提供舒缓压力的喘息机会，而且需要在这种照顾关系中输入正向的意义和肯定的元素，改变照顾者“单打独斗”“孤立无援”的局面。

4. 资源链接

资源链接作为社会工作者的一项非常重要的专业技能，不仅能够动员社会中的各种正式和非正式的资源，为有需要的深度贫困家庭提供必要的生活保障和社会支持，而且能够为深度贫困家庭学习运用周围环境中的资源提供机会，增强深度贫困家庭运用环境资源的能力。特别是对于深陷危机事件中的深度贫困家庭或者急需做出成长改变的深度贫困家庭来说，社会工作专业团队的资源链接就成为直接推动深度贫困家庭做出积极改变的条件。

“李阿姨，女，67岁，丈夫十年前因车祸导致肢体残疾一级，生活不能自理，日常的吃饭穿衣都依靠李阿姨的帮助，需要24小时照顾。李阿姨有两个儿子，多年前相继去世。李阿姨目前没有工作，也没有收入，依靠政府的低保补助生活，平时不仅需要支付一些零散的医药费用，而且需要支付丈夫用的纸尿裤以及日常的生活消费等，家庭经济十分困难。”（资料来源于入户访谈记录）

实际上，深度贫困家庭在日常生活中随时都可能遇到困难，需要服务项目的社会工作专业团队根据深度贫困家庭的需求做好资源链接的工作。有时，这样的资源链接是非常具体的，直接针对深度贫困家庭某个现实生活的具体需求，如纸尿裤、护理垫等，但是这样的资源链接对于深度贫困家庭来说却有着非常重要的意义，除了能够帮助深度贫困家庭直接解决具体的现实生活困难之外，还能够借此为深度贫困家庭提供生活方式调整和学习的机会。因此，服务项目的社会工作专业团队也就需要细化这样的资源链接要求，并且将这样的要求与深度贫困家庭的学习能力结合起来。“暖心宅急送”个性化精准帮扶试点项目的资源链接需求可见表4.1。

表 4.1 “暖心宅急送”深度贫困家庭服务对象物资需求信息(2020 年 4 月)

物资分类	物资名称	爱心物资(可以善款购买全新物资、二手可用物资)	物资数量	物资单位	预算单价/元	预算小计/元	备注
厨房用品	柴火灶	常规	1	套	￥200.00	￥200.00	
护理用品	纸尿裤	L 码	648	包	￥17.00	￥11 016.00	6 片/天/人×30 天×12 个月×5 人
	护理垫	常规	216	包	￥20.00	￥4 320.00	2 片/天/人×30 天×12 个月×3 人
居家用品	茶几	长 120 厘米 宽 60 厘米 高 45 厘米	1	套	￥500.00	￥500.00	
	床	长 180 厘米×宽 150 厘米	1	张	￥500.00	￥500.00	
	沙发	3 人位+2 人位+茶几	2	套	￥1 000.00	￥2 000.00	
康复用品	血压仪	常规(AC 慈善单位已对接)	1	对	￥250.00	￥250.00	
	血糖仪	常规	1	台	￥300.00	￥300.00	
生活用品	电热毯	长 180 厘米×宽 150 厘米	2	件	￥120.00	￥240.00	
	碗柜	长 50 厘米 宽 34 厘米 高 65 厘米	1	套	￥50.00	￥50.00	

续　表

物资分类	物资名称	爱心物资(可以善款购买全新物资、二手可用物资)	物资数量	物资单位	预算单价/元	预算小计/元	备　注
学习用品	简易书桌	长 120 厘米 宽 45 厘米 高 72 厘米(AT 慈善单位已对接)	2	套	￥100.00	￥200.00	
	台灯	常规(AT 慈善单位已对接)	1	台	￥100.00	￥100.00	
助残用品	轮椅	常规(手拨)	1	架	￥600.00	￥600.00	
	助听器	适合老人(AC 慈善单位已对接)	1	套	￥360.00	￥360.00	
					总计：	￥20 636.00	已对接到 PF 有限公司现金捐赠 10 000 元

实际上，社会工作的资源链接不仅是社会物质资源的链接，还包括志愿服务的链接，如结对帮扶、同伴学习等，以及政策资源的链接，如政府相关部门的对接以及相关政策信息的收集等。由于志愿服务的链接通常涉及社区资产建设，而政策资源的链接涉及政策的解读和咨询，因此，前者的内容介绍被放在社区多方参与的资产实践中，后者的内容介绍则被放在政策解读与咨询中，这里不再赘述。

二、重点类型深度贫困家庭的个性化服务内容

根据深度贫困家庭面临的主要生活挑战以及自身拥有的改变意愿和动力，服务项目的社会工作专业团队可以将这样的家庭潜能的能力挖掘实践分为因病致贫、因残致贫和因其他原因致贫三种类型。此外，有子女教育需求的深度贫困家庭还面临因子女教育带来的生活挑战，如何应对这样的挑战对于贫困代际传递的阻断发挥着重要的作用。只有这样，服务项目的社会工作专业团队才能够针对深度贫困家庭的不同需要开展有针对性的个性化服务。

1. 因病致贫

因病致贫的深度贫困家庭面临的主要生活挑战来自疾病的治疗与管理，例如，如何就医、如何用药、如何进行疾病的管理和情绪管理以及如何挖掘深度贫困家庭的健康经验并且给予必要的健康指导等，以保证在充分挖掘深度贫困家庭能力的同时，能够有针对性地帮助他们解决日常生活中面临的困难。值得注意的是，尽管这种重点类型的深度贫困家庭面临相同的因病致贫的主要生活挑战，但是实际上，每个深度贫困家庭面临的实际生活

挑战是不同的，作为服务项目的社会工作专业团队需要把自己放在每个深度贫困家庭的实际生活处境中，体验他们在现实生活中遭遇的困难以及在应对这些困难的过程中所形成的自己独特的能力和资源，针对每一个深度贫困家庭设计个性化的综合服务方案。

（1）就医服务

由于深度贫困家庭中的成员患有疾病或者残疾的比例很高，生活很不方便，加上不少深度贫困家庭成员不会使用网络进行网络预约，导致就医困难。特别是有不止一人患有疾病或者残疾的深度贫困家庭，他们缺乏就医陪伴的困难就更为突出。在“暖心宅急送”个性化精准帮扶试点项目中，不少深度贫困家庭表达过需要就医陪伴的需求。因此，服务项目的社会工作专业团队需要把这一服务视为因病致贫类型的深度贫困家庭个性化服务中的重要内容之一。

“刘叔叔的妻子患有严重的皮肤病，看过当地不少医生，但效果不理想，因此，希望到市里最好的医院看病。刘叔叔自己患有多种慢性病，出行不便，所以希望社工能够陪着自己的妻子去市里看病。”（资料来源于服务项目过程记录）

对于这些深度贫困家庭来说，一方面就医过程确实需要耗费很多的时间和精力，有的甚至需要亲属的支持；另一方面受健康观念的影响，觉得小病不是病，只有到了自己没有办法坚持的时候，才会主动到医院就医。因此，怎样为这些行动不便的深度贫困家庭提供上门的就诊服务，或者提供短距离的就诊服务，就成为深度贫困家庭就医服务中的重要内容。同时，这些就医服务能够提升整个社区的健康保健意识和健康服务水平。

“在链接就医资源时，我们最应该考虑的是当地社区的资源，因为这些医生生活在本地，能够为深度贫困家庭提供及时、长期的支持。例如，我们在社区的走访中就挖掘了一位自身残疾却很有能力的医生。由于他自己身患残疾，所以能够对深度贫困家庭感同身受，在提供诊断和治疗服务的过程中，他特别认真负责，提供价格也相对便宜一些的药品。”（资料来源于与项目社工的访谈记录）

在帮助这些深度贫困家庭就医的过程中，服务项目的社会工作专业团队还需要与村委会、街道联系：一方面让他们了解深度贫困家庭近期的生活状况的变化，及时帮助深度贫困家庭链接政策方面的资源；另一方面也可以与他们合作，一起处理就医过程中以及就医之后的跟进服务，做好针对每户深度贫困家庭的个性化综合精准帮扶工作。

（2）用药管理

因病致贫的深度贫困家庭面临的一个重要挑战是如何安全服药，做好用药管理，因为在这些深度贫困家庭中，有身患重病的家庭成员，有的甚至还患有多种慢性疾病，需要同时服用多种药物。然而，在实际的日常生活中，这些因病致贫的深度贫困家庭不仅缺乏正确遵从医嘱服药的习惯，而且常常为了减少就医费用的开支，服用过期的药物，有的甚至自己找无证医生配药。这样做除了不利于疾病的治疗之外，还容易引发药物的一些副作用，导致身体出现不适，甚至出现疾病复发的现象。

“我吃药也是自己琢磨着瞎吃，有时候会看医生，但医生给开的药又会有副作用，吃进去就会头晕，因此，有时候自己也就不敢继续吃下去。如果再去看医生，又要花很多钱，所以有时候自己就凭感觉吃，觉得哪一种药吃

进去之后舒服一些，这段时间就多吃一些。”（资料来源于服务项目过程记录）

“我们服务过的深度贫困家庭的疾病患者各自都患有慢性疾病，他们家里放着很多药，有治疗不同疾病的，其中有些还是过期的。这些深度贫困家庭的患者在身体不舒服的时候首先会服用以前买的药物，在身体状况稍微好一些的时候他们就会立刻停止服用。这种不规律服药的习惯很容易导致疾病的复发或者加重。”（资料来源于与服务项目社工的访谈记录）

在“暖心宅急送”个性化精准帮扶试点项目中，这些受助的深度贫困家庭除了不按照医嘱规律服药以及服用过期药物之外，还有一种常见的情况，即有些深度贫困家庭成员不识字，也不了解医学的基本常识，因而容易出现自己决定是否用药及用什么药这种乱用药和乱停药的情况。此外，这些深度贫困家庭成员因为受自身表达能力和沟通能力的限制，在就医过程中会遭遇一些不愉快的经历，这也是导致这些深度贫困家庭不主动寻求专业医生帮助的重要原因之一。当然，有些深度贫困家庭也会从节省家庭开支的角度考虑而主动放弃就医。显然，不管是哪种情况，在深度贫困脱贫攻坚社会工作实践中，确实需要加强对深度贫困家庭的用药指导，以便能够增强深度贫困家庭自身应对疾病的能力。

“我们在入户访视过程中会根据不同家庭的不同情况进行服务安排。对于缺乏医学常识、不识字的家庭，我们会根据具体情境中的实际问题咨询相关医学专家进行用药分类和指导的服务；对于因慢性病多次求医后失去信心的深度贫困家庭，我们除了通过同理他们在求医过程中的不易缓解的不满情绪，并且通过食疗、锻炼以及生活方式的调整来降低慢性病带来的不良生活体验之外，还会鼓励他们继续寻求专业的医生去接受正规的治疗，同时运用义工服务网络去帮助深度贫困家庭找到合适的医生；针对其中缺乏就医途径、就医资源的深度贫困家庭，我们会链接免费的义工医生提供专业诊断，并且争取相关的政策资源来支持深度贫困家庭购买适合的药物，指导他们在日常生活中谨遵医嘱、规律服药。”（资料来源于与服务项目社工的访谈记录）

可见，用药管理不只是一个选择什么药物、什么时候服用药物的医学问题，它同时还涉及整个深度贫困家庭的健康意识和照护能力，如自己所患的疾病是由什么主要原因引起的、按照医嘱服药有什么作用、在平时的生活中需要保持什么样的健康生活方式等，如果需要家庭照顾，需要什么样的家庭照顾、家庭照顾者需要掌握什么技能等。就整个社区来说，用药管理还涉及整个社区的健康意识，如正确服用药物的方法是什么、什么样的慢性疾病需要服用什么样的药物以及服用过期药物有什么危害等。因此，针对用药管理在社区层面的问题，服务项目的社会工作专业团队就可以采取小组或者社区类型的活动方式，提升整个社区的健康意识和用药管理的能力。

（3）疾病管理

除了就医服务和用药管理之外，与疾病直接相关的深度贫困家庭的服务还包括疾病管理，如疾病的预防和病人的生活安排、饮食要求，以及健康生活方式的培养等，通过这些疾病管理的服务，因病致贫类型的深度贫困家庭不仅能够减少疾病复发带来的身体损害以及相应的费用支出，而且能够提升整个家庭的健康管理的能力，增强整个家庭应对生活多重困难的能力。实际上，疾病对深度贫困家庭造成的影响不仅包括经济方面，还涉及家庭关系的变化以及家庭氛围的改变，因为每一次疾病复发都是对整个深度贫困家庭的一次打击，需要整个家庭调整原来的生活方式，以增加对患者的照顾和支持。

“在‘暖心宅急送’个性化精准帮扶试点项目中，我们在疾病管理方面主要开展了‘健康保健三计划’，以提高整个深度贫困家庭的疾病应对能力。第一，‘家家都有保健员’。这个计划主要针对需要长期照顾的深度贫困家庭，因为这类深度贫困家庭的照顾者无法长时间外出，因此，我们采用送服务上门的方式帮助这类深度贫困家庭解决面临的疾病指导方面的问题。第二，‘健康随我行’。这个计划主要针对的是患有慢性病的深度贫困家庭，其目的是帮助这类深度贫困家庭了解慢性病管理的基本知识，提高他们对慢性病的管理能力。例如，我们曾经组织过的‘降压行动队’活动，就属于高血压管理学习小组，该小组的目标就是提高深度贫困家庭中高血压患者的疾病管理能力。第三，‘保健我知道’。这个计划主要针对社区层面上健康保健意识比较薄弱的家庭，它的目的是帮助这类家庭提高疾病管理的意识，增强社区的自助和互助的能力。为此，我们与村民一起制作了慢性病管理的自助学习手册和社区的宣传单。”（资料来源于与服务项目社工的访谈记录）

实际上，“暖心宅急送”个性化精准帮扶试点项目中的深度贫困家庭的大多数成员都患有眼睛、腰椎、高血压等方面的疾病，这些疾病与深度贫困家庭成员的生活方式有着直接的关系。这也意味着，疾病管理需要与深度贫困家庭成员的生活方式的调整结合起来，需要减少其中危害最大的作息方式，增加他们生活方式中的健康元素。

(4) 健康经验挖掘与健康指导

挖掘深度贫困家庭患者自身的健康管理经验并且给予适当的指导，这是深度贫困脱贫攻坚社会工作实践中需要采用的一项服务内容，它能够帮助因病致贫类型的深度贫困家庭学会运用自身拥有的健康管理的经验，从他们自己拥有的能力出发，提升他们在日常生活中的应对能力。显然，这样做是采纳了优势视角理论中的服务策略，它除了能够保障深度贫困家庭自身拥有的能力，不给他们的自尊心造成损害之外，还能够根据每个深度贫困家庭的具体情况发展出个性化的精准帮扶计划，增强深度贫困家庭的自助和互助能力，让受助的深度贫困家庭能够有效降低去医院就医的次数，减少医疗费用的开支，提高他们的日常生活安排能力。

"'健康小能手'互助小组针对的是深度贫困家庭中有患有重症(如尿毒症、癌症等)的患者的家庭。小组成员共10名，包括患者和家庭照顾者各5名。该小组的目的是通过组员自身健康管理经验的分享以及专业医生的指导，让组员在自己的日常饮食安排的基础上学会食疗，提升组员的日常生活安排能力。该小组活动共分为六节，依照'理论、实践、分享'三者相结合的方式设计每一节的活动安排，每一节的活动主题分别是'认识你我他''和你聊聊慢性病''你善待自己了吗''关于中草药你知道多少''寓医于食'和'合作与分享'，以帮助组员了解自己的饮食习惯及其对疾病的影响，并且在实践的基础上学会分享各自的食疗经验。在整个小组活动的安排中，我们重点突出：① 帮助组员了解自己的健康管理经验，学会从自身的经验出发学习新的知识和技能；② 协助组员学会与他人分享自己的健康管理经验，增强组员的社会交往能力；③ 疏导患者和照顾者的负面情绪，加强两者之间的相

互支持。整个小组持续了六周，每周一次。小组成效达到预期结果。”（资料来源于服务项目过程记录）

通过“健康小能手”这样的互助小组活动，深度贫困家庭中的重症患者及其照顾者就能够挖掘和调动自身拥有的健康管理的经验和能力。例如，他们开始知道秋冬换季时节容易疾病复发、平时在饮食和睡眠上需要注意什么等。此外，服务项目的社会工作专业团队在小组活动结束之后还安排了小组任务，让家庭照顾者与患者一起制定日常生活的作息和饮食安排表，促使他们合理地安排自己的日常生活。

（5）情绪管理

疾病不仅给深度贫困家庭的重症患者带来身体上的不适和病痛，还极容易使他们因此产生消极的情绪和心理状态，而且由贫困和重病等原因造成的污名化影响又会进一步加深对重病患者的伤害，加剧患者与社会的割裂和对抗，从而增加他们的心理压力。就重病患者的深度贫困家庭的照顾者来说，他们也常常因为重病患者的照顾要求无法走出家门，缺少身心放松的喘息机会，导致照顾者也面临很大的心理压力。显然，不论是病患还是照顾者，因疾病和贫困产生的消极心理和负面情绪往往是传统扶贫方式无法解决的，而这些负面的感受又会进一步阻碍深度贫困家庭自我造血能力的培养，使深度贫困脱贫工作的实践困难重重。为此，在针对深度贫困家庭开展的专业服务中，服务项目的社会工作专业团队也就需要把情绪管理作为重要任务之一，引导重病患者的深度贫困家庭将生活的关注重心从对不足的应对转向对生活中积极元素的挖掘，充分调动深度贫困家庭自身拥有的改变动力和改变能力，促进他们的自我成长。

"'玩转生活'情绪管理小组针对的是深度贫困家庭中患有重病的家庭成员及其家庭照顾者，其目的是帮助这些家庭成员及其家庭照顾者学会放松自己，在进行新事物的探索尝试过程中能够看到自己所拥有的潜力，主动呈现自己的积极感受，逐渐改变看待生活的消极态度。具体而言，该小组的目标包括：① 通过引导小组组员尝试新的事物，学会'做中学'的思考方式，直接感受外界事物的变化，放松自己，提高自我成长改变的信心；② 引导小组组员学习换位思考的方式，让他们不再局限于自己的重病或者局限在消极感受中，学会从多种角度理解问题，能够看到日常生活中的改变希望，主动呈现自己内心的积极感受，提升自我成长改变的能力。该小组活动持续了一个多月，每周一次，共有六节，这六节小组活动的主题分别是'夏季里的相遇''绘转彩陶画''陶泥转转乐''捏转气球''点转蜡烛''互动回暖'。"（资料来源于服务项目过程记录）

需要注意的是，上述"玩转生活"情绪管理小组并不像传统的情绪管理小组那样直接从情绪入手开始专业服务，而是从思维方式的调整着手，推动深度贫困家庭中患有重病的家庭成员及其家庭照顾者在感受方式上进行改变，让他们不再局限于自己的消极情绪和感受中，能够看到成长改变的希望，学会从积极的角度展现自己内心的各种感受。显然，人们的情绪与思维方式和感受方式是紧密相关的，它们相互影响、相互促进。只有学会从积极的角度感受和思考日常生活中遭遇的问题，才能够真正建立起积极健康的心态。

2. 因残致贫

在重点类型的深度贫困家庭中，因残致贫是其中重要的一类，这一类的深度贫困家庭在日常生活中面临的最主要挑战是如何应对因残障带来的各种生活困难，如日常生活的照料、身体功能的康复、社会交往、情感支持、居家安全与居家风险的预防以及精神疾病复发风险的管理等。与因病致贫的深度贫困家庭不同，因残致贫的深度贫困家庭在照顾方面的责任更大，而且残障给患者及其照顾者的生活带来很多的不便，包括出行、社会交往、就业以及社会参与等，如果涉及精神残障，社会污名对他们生活的影响就更为明显。因此，在深度贫困脱贫攻坚社会工作实践中，社会工作专业团队就需要针对这种类型的深度贫困家庭设计个性化的精准帮扶服务方案。

（1）生活照顾配套服务

由于残障给人造成的影响涉及生活的方方面面，特别是在基本生活保障方面，这些残障成员有着诸多的不便。因此，在“暖心宅急送”个性化精准帮扶试点项目中，服务项目的社会工作专业团队首先针对重点类型的深度贫困家庭中的残障成员进行分类。首先，根据自主生活能力和劳动能力将他们分为轻度、中度和重度。其次，采取类别化的处理。针对轻度残障成员，服务项目的社会工作专业团队主要通过提供展现他们才能的机会，促进他们的社会交往和就业。对于中度和重度的残障成员，服务项目的社会工作专业团队则主要通过链接社会资源提供生活照顾的配套服务，包括居家照顾物资的提供、日常的家政服务、日常照料的志愿服务以及邻里互助网络的建设等，帮助这些残障成员的深度贫困家庭解决日常居家照顾过程中面临的多重生活困难。

“我们专门为这些行动不便的残障人士的家庭设计了‘合力脱贫攻坚，精准帮扶到家’的系列服务活动，根据每户家庭的个性化需求链接家政公司、企事业单位和志愿者等社会资源，提供包括打扫卫生、清洗家电、理发等综合的生活照料的配套服务，帮助他们解决实际生活中的各种小困难。特别是针对闽南地区的台风季节，我们建立了紧急求助热线，帮助他们快速链接资源，及时提供生活照料方面的服务，降低他们生活中的返贫风险。此外，我们还开展了‘倾情礼赞新中国，巾帼奋进新时代’家庭照顾者的表彰活动，把三八妇女节的活动安排与深度贫困家庭的能力发掘服务结合起来，加强这些深度贫困人群的家庭支持。”（资料来源于与服务项目社工的访谈记录）

显然，有残障成员的深度贫困家庭在现实生活中面临多方面的实际困难，特别是其中的生活照料，涉及他们日常生活中最为基础的生活安排，这方面的安排直接影响他们的生活状况和心理状态。如果在这方面遭遇困难，很容易由此引发有残障成员的深度贫困家庭其他方面生活困扰的出现，最终导致返贫风险的增加。因此，在深度贫困脱贫攻坚社会工作实践中，服务项目的社会工作专业团队就需要特别关注这方面的服务安排，保证因残致贫的深度贫困家庭能够提高日常生活挑战的应对能力。

（2）康复服务

康复服务一直以来都是针对残障者开展服务的重要服务内容，对于深度贫困家庭的残障成员而言，情况更是如此。由于这种类型的残障成员还面临贫困的问题，因而他们在获取康复服务资源上处于更为弱势的地位。例如，因为缺乏物质支持，他们无法获得必要的康复器具，即使有了必要的康复器具，也常常面临缺乏专业康复指导的困难。实际上，残障成员的康复服务不仅涉及他们自身，同时还涉及他们的家庭照顾者以及其他家庭成员，甚至还涉及社区中的其他居民，因为在残障成员的康复过程中，会涉及家庭照顾者以及其他家庭成员如何配合的问题。作为残障成员的重要他人，他们为残障成员提供必要的支持是非常重要的，他们同样也需要学习如何促进残障成员的康复。此外，每个村居都有残疾人联络员以及其他相关的工作人员，他们也是残障成员康复服务的重要支持者，能够为残障成员链接政策资源，提供社区层面的社会支持。

"'残疾人康复体育关爱家庭计划之行'，是为落实中国残联办公厅《关于印发〈残疾人康复体育关爱家庭计划（试行）〉的通知》（残联厅发〔2015〕23号）和《厦门市残疾人康复体育关爱家庭计划（试行实施方案）的通知》等文件精神，让那些出门不便或者家庭困难的重度残疾人在居家环境中享受到基本康复体育的服务，并且结合'暖心宅急送'个性化精准帮扶试点项目的要求而实施的服务活动方案，其目标包括：① 传播残疾人康复体育知识，培养残疾人康复体育意识，通过康复体育的体验活动促进残疾人的康复；② 为'暖心宅急送'个性化精准帮扶试点项目的8名重度残疾人提供适宜的康复体育器材、配套发放康复体育器材使用说明书，并邀请康复体育指导员到家庭内进行现场指导；③ 扩大社会宣传，提升公众对残疾人生存状况的关注，吸引更多社会资源参与残疾人公益事业。除了举办启动仪式这一大型活动之外，社工与康复指导员、村委会残疾人联络员一起入户关怀残疾人，为残疾人提供适宜的康复体育器材；在入户时，社工与康复指导员一起向残疾人及其家人详细介绍康复体育器材的功能和使用要求，并指导残疾人及其家人进行现场体验，为受助的深度贫困家庭提供一次有针对性的康复健身体育指导服务。"（资料来源于服务项目过程记录）

因此，在提供康复服务的过程中，服务项目的社会工作专业团队不能将康复服务简单理解成只是残障成员身体功能的康复，如果这样的话，则这一服务看起来与社会工作实践没有任何直接的关系。实际上，残障成员的康复，特别是居家康复，与家庭照顾者以及其他家庭成员有着密切的联系。因此，残障成员的康复实质上是生活方式的重构，不仅需要他们自身的调整和适应，而且需要家庭照顾者以及其他家庭成员在生活方式上做出改变，以便能够提升整个家庭应对日常生活中各种挑战的能力。当然，从这种社会支持的角度来看，残障成员的康复服务还涉及社区生活方式的调整，包括社区健康意识的提升、社区残障成员权益保护机制的建设以及社区残障成员社会融入等。只有这样，才能最大限度地发挥有残障成员的深度贫困家庭的能力，减少他们因残障成员身体功能缺失所遭受的社会歧视。

（3）情感支持

残障成员的生活困难不仅表现在现实生活的方方面面，而且也表现在心理层面，他们在日常生活中比普通人更容易遭受挫折，情绪也更容易受到外界的影响，特别是深度贫困家庭中的残障成员，他们还面临社会污名的影响，需要应对他人或者社会对他们的歧视。因此，在深度贫困脱贫攻坚社会工作实践中，服务项目的社会工作专业团队也就需要特别关注有残障成员的深度贫困家庭在情感方面的需求，除了需要舒缓他们的心理压力之外，还需要转变他们的人际沟通方式，协助他们学会从积极正向的角度与周围他人交流，帮助他们提高在生活困境中的情感应对能力，让他们的整个家庭具备更为良好的情感支持的功能。

“小军，11 岁，内向胆小，家里来了陌生人的时候总是躲在母亲身后，平时沉默寡言。对于自己的家庭情况，小军觉得很自卑，认为自己这样的家庭情况会被同学看不起。除了上学之外，小军的课余生活较为枯燥，只有周末下午会到村篮球场自己玩一会儿，然后回家。小军的学习成绩处于中上水平，考试后会问同学的成绩，然后与自己进行比较，对自己的学习成绩比较在意。小军的母亲患有残疾，对小军的安全表现出过分担心，总是怕小军在学校受到同学的欺负。平时，小军由爷爷照顾。

社工评估后发现，小军的自卑心理与母亲的过度担心有直接的关系，因此，社工邀请母子二人一起参加亲子活动，让母亲看到小军的能力和长处，促使她学会运用鼓励的方式与小军沟通，改变母子的沟通方式；同时，社工肯定母亲对小军的悉心照顾以及为小军做出的改变，舒缓她的心理压力，给母亲必要的情感支持。”（资料来源于服务项目过程记录）

因此，服务项目的社会工作专业团队在帮助因残致贫的深度贫困家庭时，需要把整个家庭的情感需求作为重要的服务内容之一，不仅需要开展直接针对情感需求的情绪疏导服务，而且需要把深度贫困家庭的情感需求放在人际沟通的服务框架内来考察，从双向互动的视角来理解双方或者多方的要求，通过调整他们的沟通方式建立一种积极的家庭情感支持。显然，这样的情感支持就不只是不抱怨或者少抱怨，而是将一种负向的情感交流转变成一种正向的情感交流，其核心是要让受助的因残致贫的深度贫困家庭看到日常生活中的改变希望，发现生活中的正向内涵。

（4）居家安全与居家风险预防

由于残障人员受自身身体条件的限制，很容易在居家生活中遭遇安全方面的问题，特别是深度贫困家庭的残障成员，由于他们的居住环境相对较差，缺乏必要的保护措施，很容易在居家环境中磕伤、碰伤或者烫伤等。因此，在深度贫困脱贫攻坚社会工作实践中，服务项目的社会工作专业团队需要考察深度贫困家庭中残障成员的安全风险，提升他们的居家安全意识，让他们学会如何有效应对日常生活中的居家安全风险，做好居家安全的预防服务，以降低因残致贫深度贫困家庭的返贫风险。

"'安全伴我行'计划针对'暖心宅急送'个性化精准帮扶试点项目中行动不便的残障成员和重病患者开展服务。通过入户评估，服务项目的社会工作者为3户有残障成员的深度贫困家庭提供个性化居家环境改造服务，布置防摔、防磕用具，防止他们出现意外情况；同时，社会工作者还帮助残障成员开展自助预防计划，设计《防摔防磕安全自助手册》，为4户深度贫困家庭中的残障成员进行解读。此外，社会工作者还通过'携手助困，陪伴成长'的助残日主题社区活动宣传居家安全知识。"（资料来源于服务项目的总结材料）

此外，在"暖心宅急送"个性化精准帮扶试点项目中，社会工作专业团队还设计了"风险监控员"计划，专门针对11户精神残疾深度贫困家庭、6户重度残疾的深度贫困家庭和5户高龄照顾者的深度贫困家庭开展居家风险预防的服务，邀请残障成员的家庭照顾者主动关注居家生活中的风险，学会及时处理这些风险，避免生活中意外事件的发生。

（5）精神疾病风险管理

导致精神疾病复发的原因有很多，包括负面生活事件、社会支持不足以及服药不规律等，这些都是影响精神疾病复发的重要因素。[①][②] 尤其是深度

① 刘晴.精神分裂症患者复发原因分析[J].现代中西医结合杂志，2013，22(24)：2677－2679.

② 蔡梦燕，陈勇华，王旭东.精神分裂症患者复发再入院的影响因素与治疗策略[J].中医药管理杂志，2016，24(12)：157－158.

贫困家庭中的精神残障成员，他们在日常生活中面临的压力更大，也更容易受生活环境变化的影响。因此，精神残障人员的疾病复发风险的识别就变得非常重要，它能够帮助精神残障人员的家庭成员及时了解精神残障人员的状况，发现在与精神残障人员沟通交流中可能存在的风险，做好风险的规避和预防服务，避免因精神疾病的复发给精神残障人员以及他们的家人造成无法挽回的伤害。

在"暖心宅急送"个性化精准帮扶试点项目中，有不少因残致贫的深度贫困家庭属于精神残障的家庭。他们中的有些人谨遵医嘱及时服药，能够通过药物控制恢复到较好的生活状态；有的受家庭条件的限制，难以接触到正规的医院治疗；有的受社会污名的影响，不愿意主动寻求医生的帮助，也无法正视自己的实际情况。

"李叔叔，丧偶，曾患癫痫病丧失部分劳动能力，目前与儿子住在一起。李叔叔的性格比较懦弱、优柔寡断，说话经常重复。因为不敢爬高、不敢坐车，李叔叔目前没有固定工作。李叔叔的儿子患有强迫症、神经症、中度焦虑和中度抑郁。由于抗拒检查，李叔叔的儿子已经很久没有去医院做身体检查了，并且自主停药。李叔叔担心儿子如果不服药、不复查，疾病就会发作，病情也会变得更加严重，但是同时他又担心，如果儿子住院，家里无法为其支付医疗费。由于儿子从小跟随爷爷奶奶长大，因此与李叔叔之间的情感非常淡漠。社工通过评估发现，李叔叔不了解如何正确评估儿子病情是否复发，只是一味地担心，导致亲子关系紧张。

社工除了鼓励李叔叔的儿子去医院复查之外，还让李叔叔学习精神疾病复发的最简单的识别方法，即观察孩子的睡眠、情绪和饮食三个方面的变化，了解孩子近一周是否有持续的失眠现象、是否有情绪的极端变化，以及是否出现自言自语或者被害的幻象，饮食习惯是否有明显的改变。”（资料来源于服务项目过程记录）

显然，精神残障与身体残障不同，在平时不太容易辨认，人们常常认为他们的一些表现与他们的性格有关，视精神疾病复发的征兆为性格不足的表现，如“小心眼”“固执”“多疑”等，察觉不到这是一种疾病的表征。正是因为如此，人们也就很容易忽视其中隐藏的风险，导致错失及时治疗的机会。为此，服务项目的社会工作专业团队就需要帮助精神残障人员的家庭照顾者学会识别精神疾病复发的风险，在此基础上做好精神疾病复发的危机处置和预防服务。

3. 因其他原因致贫

除了因病致贫和因残致贫之外，深度贫困家庭中还有一类是因其他原因致贫。这种类型的深度贫困家庭往往有一定的劳动能力，但是由于受文化水平或者年龄的限制，找不到合适的工作岗位，因此陷入贫困。与因病致贫和因残致贫相比，这种类型的深度贫困更多地与人们的生活习惯有关，他们的工作意愿比较弱，工作的能力也不强，改变的动力明显不足。

（1）就业指导

尽管这类因其他原因致贫的深度贫困家庭成员的工作意愿并不强烈，改变的动力明显不足，但是对于他们来说，就业不仅是获得一份可以增加经济收入的工作，而是一种生活习惯的调整，能够从中培养起责任感和尊严感，实现“内生性”动力的改变。因此，在深度贫困脱贫攻坚社会工作实践中，服务项目的社会工作专业团队就需要把这项工作也作为重要的服务内容，把扶贫工作与扶志和扶智的服务结合起来。

"'就业直通车'计划针对的是深度贫困家庭中希望就业并且愿意接受就业技能培训的人员。该计划主要包括两个方面的服务内容：① 就业信息咨询，包括解读就业政策、传递招聘信息以及交流就业中存在的困难；② 就业技能培训，包括已有技能和新的手工技能的培训。例如，针对深度贫困家庭手工技能学习的要求，社工开展了'我和古早味有个约'趣味小组，帮助这些深度贫困家庭学习闽南美食的制作。"（资料来源于服务项目的总结材料）

尤其是对于长期待在家里不愿意出去工作的年轻人来说，服务项目的社会工作专业团队就更需要关注他们内心的改变动力，逐步引导他们走出家门，增强他们进行就业的能力和信心。

"小强，男，18 岁，初中文化，平时比较害羞，说话时总是低着头。父母去世后，小强与奶奶生活在一起。自从高中辍学之后，小强一直待在家，每天花 15 个小时左右的时间玩游戏，日夜颠倒，生活作息紊乱。为此，奶奶经常骂他。由于长期待在家，缺少与外界的交流，小强的沟通能力有所欠缺，但日常生活能力良好，能够把自己的房间整理得井然有序。对于未来，小强感到很迷茫，什么都不想做，也不知道做什么。社工评估后发现，小强还是希望出去工作，有自己的收入，但是因为缺乏就业动力，一直没有行动。"（资料来源于服务项目过程记录）

显然，对于这些深度贫困家庭的人员来说，走出家庭寻找工作并不是一件容易的事情，它不仅涉及就业的能力和信心，而且同时也涉及个人生活方式的调整以及家庭关系的改变，特别是由于长期缺乏与外界的沟通交流，他们往往社会交往能力不足，缺乏与他人合作的能力。因此，在深度贫困脱贫攻坚社会工作实践中，服务项目的社会工作专业团队需要把就业能力的提升与生活习惯的改善结合起来，采取逐步推进的方式，避免因“操之过急”而出现“欲速而不达”的现象。

（2）家庭照顾

对于因其他原因致贫的深度贫困家庭来说，他们通常有需要照顾的老人，尽管这些老人身体尚可，但是随着年龄的增大，他们的身体变得越来越弱，除了日常生活中需要他人照顾之外，遇到一些意外的情况更是需要他人的帮助，如生病的时候需要有人陪伴、跌倒的时候需要有人搀扶、遇到紧急情况的时候需要有人帮助等。但是，在实际生活中，他们往往独居，或者身边的晚辈尚小，缺乏照顾能力，使他们无法得到家人的照顾。因此，针对这样的深度贫困家庭，服务项目的社会工作专业团队就需要帮助他们建立必要的社会支持网络，链接志愿者资源，为他们提供家庭照顾。

“‘幸福来敲门’计划针对的是深度贫困家庭中缺乏家庭照顾的老年人，它是一项老年人社会支持网络建设的服务方案，包括3项服务内容：① 鼓励邻里相互问候，及时反映深度贫困家庭中老年人家庭照顾的需求；② 招募志愿者，提供一周一次的家政服务，了解深度贫困家庭老年人的生活状况；③ 链接企业商家资源，提供节假日慰问服务，跟进深度贫困家庭老年人的照顾需求。”（资料来源于服务项目过程记录）

不过，需要注意的是，尽管帮助因其他原因致贫的深度贫困家庭建立家庭照顾的支持网络，是一种有效解决这类深度贫困家庭在养老照顾方面需求的方法，但是随着老年人身体机能的衰退，他们还是需要专业的老人照顾服务。因此，在深度贫困脱贫攻坚社会工作实践中，对于那些在家庭生活中无法获得养老保障的老年人,服务项目的社会工作专业团队需要协助他们申请入住养老院,以便使他们的日常生活能够获得必要的保障。

4. 子女教育

在“暖心宅急送”个性化精准帮扶试点项目中,有一类深度贫困家庭的改变意愿比较强烈,而且与社会工作专业团队的合作意愿也比较高。这类深度贫困家庭通常有子女教育的需求,他们对于子女的教育寄予很多的希望,因此,尽管他们受自身能力和文化水平的限制,无法给予子女的学业和生活规划积极有效的指导,但是他们愿意为子女的教育付出,也愿意为子女的成长主动做出改变和调整。由于家庭子女教育不仅涉及子女的学业改变和家庭教育能力的提升,而且同时关系到贫困代际传递的预防,所以这方面的服务在深度贫困脱贫攻坚社会工作实践中有着特别重要的意义。

(1) 学业辅导

深度贫困家庭不仅在日常生活中处于弱势地位,而且在子女教育方面也处于明显的弱势地位,这不仅是因为他们经济困难,无法给孩子提供不同形式的课外补习,更为重要的是,他们受自身文化水平的限制,无法在日常生活中给孩子提供直接的学业指导。有的深度贫困家庭因为生活中面临多重的现实困难,因而整个家庭的氛围不佳,家庭关系紧张,导致孩子没有良好的学习环境。此外,社会污名的影响也会使孩子常常觉得自己不如别人,心理上容易感到自卑。

“小芸,女,15 岁,初中二年级学生,学习成绩中等,英语成绩比较差,平时在家喜欢玩手机。小芸 13 岁前与奶奶一起居住,由奶奶照顾,14 岁回到父母身边,与父母一起生活。小芸的父亲残疾,只能从事简单的工作;小芸的母亲患有精神疾病，不能劳作，曾出现过走失的情况。小芸反映，父亲有时晚上出去喝酒喝到凌晨1点多，回家后弄得动静很大，让她无法入睡。不过，父亲对小芸的学习还是非常关注的，愿意花钱让小芸买书、学吉他、上培训班等，尽自己所能为小芸创造良好的学习条件。但是，由于受自身文化水平和生活压力的影响，小芸的父亲无法给予小芸课业上的指导。小芸家的整个居住环境比较脏乱，不仅物品摆放杂乱，而且卫生状况也不好。

社工经过评估后制定了服务介入计划：① 通过居家环境的改善提升小芸的改变动力，培养良好的作息习惯；② 改善小芸的学习习惯，与小芸一起寻找有效的学习方法。”（资料来源于服务项目过程记录）

显然，学业辅导不仅涉及儿童青少年的学业，如学习习惯的调整、学习方法的优化以及学习环境的改善等，而且它同时涉及儿童青少年生活方式的调整以及父母亲职能力的提升。因此，在深度贫困脱贫攻坚社会工作实践中，服务项目的社会工作专业团队需要将这两个层面的学业辅导结合起来，避免深度贫困家庭只关注孩子的学习成绩，忽视家庭关系和家庭氛围的改善。实际上，只有将学业辅导的这两个方面结合起来，才能通过孩子的学业改变带动整个家庭的成长，从而提升整个家庭应对日常生活多重现实困难的能力。

（2）亲子教育

亲情陪伴是儿童青少年健康成长的重要条件之一，深度贫困家庭也不例外，他们的子女也需要亲情陪伴。由于深度贫困家庭面临多重现实困难，他们面临的生活压力和心理压力要比普通家庭大得多，因此，从这个角度而言，他们的子女更需要亲情的交流和家庭的支持。但是，实际上，由于深度贫困家庭的主要照顾者受生活压力的影响，整天忙于生计，没有多余的时间花在子女的教育和培养上，而且这些深度贫困家庭的主要照顾者因自身的文化水平不高，即使有时间与子女交流，也不知道如何与子女沟通。显然，在深度贫困脱贫攻坚社会工作实践中，服务项目的社会工作专业团队需要深入深度贫困人群的家庭生活中，改善他们的亲子关系。

"'悦陪伴，悦成长'家庭亲子安全教育小组针对的是深度贫困家庭中的主要照顾者与儿童青少年，通过让家庭主要照顾者与儿童青少年一起学习居家安全知识，引导家庭主要照顾者发现儿童青少年的能力，增强他们对儿童青少年的信心，改善他们之间的亲子关系。该小组运用了优势视角理论，注重推动家庭主要照顾者发掘儿童青少年在活动过程中展现出来的能力和优势，学会运用赞赏的方式与儿童青少年沟通。具体而言，该小组有 3 个目标：① 通过小组活动的开展增加亲子之间的互动，让小组成员通过行动呈现他(她)所发现的别人的能力，改变对儿童青少年"什么都做不了、什么都做不好"的认识；② 在陪伴的过程中，让小组成员共同学习居家安全知识，尝试采用不批评的方式分享各自的不同感受和想法，学会在陪伴中一起成长；③ 通过家庭之间的交流，让小组成员互相取经，学习亲子沟通的不同方法，建立家庭亲子沟通交流的平台。整个小组活动共分为 6 节，这 6 节小组活动的主题分别是'我想和你在一起''你和我印象里的不一样''成长不单行''悦陪伴，悦成长''生活＝柴米油盐酱醋茶''成长加油站'。"(资料来源于服务项目过程记录)

值得注意的是，尽管在"暖心宅急送"个性化精准帮扶试点项目中，亲子教育的核心是促进亲子关系的改善，让深度贫困家庭的主要照顾者能够学会亲情陪伴，但是这并不意味着亲子教育只需要家庭主要照顾者单方面的付出，也不意味着只需要让家庭主要照顾者看到儿童青少年的优势和能力，实际上，亲情的陪伴永远是双向的，儿童青少年同样也需要付出努力，也需要看到父母为生活付出的艰辛努力。无论是家庭主要照顾者还是儿童青少年，都需要学会转变原来的消极的抱怨指责的方式，从积极改变的视角重新理解它的内涵。只有这样，深度贫困家庭的亲子教育才能够真正实现亲子关系的改善，为深度贫困家庭的儿童青少年找到健康成长的现实基础。

（3）同伴学习

儿童青少年时期是每个人成长改变的关键阶段，它不仅需要家庭的亲情陪伴和支持，而且需要同伴的交流与互助。特别是对于青少年来说，同伴之间的信任关系在他们的生活中起着重要的作用，除了影响他们的团队合作能力之外，还影响他们个人的独立性和自主性。当然，就深度贫困家庭的儿童青少年来说，由于受家庭经济条件和生活条件的限制，他们更需要这种同伴学习的机会，只有通过这样的同伴学习，他们才能够弥补因家庭环境和家庭生活带来的不足，寻找到更多的发展机会。

“‘小鬼当家’青少年自我照顾能力提升小组针对的是深度贫困家庭中四年级以上的青少年及其家长。该小组活动旨在通过生活技能的学习让青少年掌握基本的生活技能，让青少年在父母外出的时候能够自己完成做饭的任务，不让父母担心；同时，通过搭建青少年互动平台，培养青少年的人际沟通能力、分工合作能力以及独立完成事情的能力等。具体而言，该小组活动包括 3 个目标：① 通过活动开展，让组员掌握独立做饭的能力，提升组员的基本生活技能；② 通过活动中的互助以及完成 3 次午餐准备和制作过程，提升组员的人际沟通能力和分工合作能力；③ 通过活动中的任务布置，增加亲子互动，逐渐改变家长只关注学习、忽视子女生活能力培养的不良教育方式。整个小组活动共分为6节，这6节小组活动的主题分别是'生活扬帆起航''小鬼当家1：面食选择''小鬼当家2：学会炒菜''小鬼当家3：学会凉拌菜''欢乐大聚会'和'今日的你与昨日的你'。"（资料来源于服务项目过程记录）

在同伴学习中，除了需要关注青少年的同伴交流，学会分工合作以及团队工作方式之外，还需要注重青少年个人独立性的培养，避免把合作与独立这两方面的发展要求对立起来，只关注青少年某个方面的要求，最终使青少年在现实生活中面临更多的矛盾和冲突。显然，这样的服务方式不利于青少年的健康成长。此外，在深度贫困脱贫攻坚社会工作实践中，服务项目的社会工作专业团队还需要协助青少年处理好家庭交流与同伴学习的要求，让青少年学会在不同的要求之间寻找更为积极的解决方式，而不是以一方的要求为理由放弃另一方的要求，或者与另一方对抗。

第四节　项目后期社区多方参与的资产实践的基本内容

针对深度贫困家庭的环境支持不足，服务项目的社会工作专业团队在发掘、提升和拓展家庭自身的能力之外，还需要调动社区多方力量的参与，为深度贫困家庭提供及时有效的社会支持。具体而言，社会工作专业团队首先需要将深度贫困家庭的家族成员、重要的邻里和朋友纳入个性化精准帮扶的服务框架中，强化深度贫困家庭的非正式支持网络。其次，服务项目的社会工作专业团队需要在深度贫困家庭之间、深度贫困家庭与村庄其他家庭之间建立互助自助的支持网络，增强深度贫困家庭的互助支持网络。最后，服务项目的社会工作专业团队还需要与基层政府合作，调动社会的相关资源，包括社区工作者、社会组织和企业、政府的相关资源等。具体做法是：一方面，让政府和村委会工作人员及时了解深度贫困家庭的风险变化，将政策保障落实到位；另一方面，推动政府与社会组织的合作，创新深度贫困人群个性化精准帮扶的“三社联动”机制。

一、强化非正式支持网络

在“暖心宅急送”个性化精准帮扶试点项目中，服务项目的社会工作专业团队发现，除了家庭自身的能力提升之外，深度贫困家庭身边的家族成员、邻里以及亲戚朋友等都是深度贫困家庭非常重要的支持网络。有的深度贫困家庭比较愿意接受这种支持网络的帮助；有的深度贫困家庭则不喜欢这种支持网络的服务，认为这样的服务“欠人情”太多，因此，他们从不主动寻找这些支持网络。然而，在实际生活中，一旦深度贫困家庭遇到困难的时候没有得到必要的支持，他们就会陷入困境中。

“王奶奶，独居，前段时间摔伤了腿，导致不能下地走路。摔伤后，王奶奶的一日三餐均由住在街对面的儿子、儿媳负责，但是他们平时都要上班。王奶奶自己一个人在家存在很高的风险，无论是吃饭还是上厕所都不太方便。我们在王奶奶出事后探望多次，但是也不能解决她在日常生活中遇到的困难。后来，我们得知王奶奶的侄子也住在附近，就找到他，和他商量，让他有空的时候就过来看一看王奶奶的状况。此外，村委会主任的妈妈也住在附近，村委会主任委托她妈妈有空的时候也去看看。”（资料来源于服务项目过程记录）

对于深度贫困家庭来说，非正式支持网络是他们身边的重要资源，挖掘这些资源为受助的深度贫困家庭提供服务，是社区多方参与的重要方式之一。与正式支持网络不同，非正式支持网络除了具有及时性和便捷性之外，还有一个重要的特征，就是情感联系，能够满足深度贫困家庭情感方面的需求。当然，这种情感联系的特征也有负面影响，它容易让深度贫困家庭感受到情感方面的负担，担心“欠人情”太多。不管怎么样，这种非正式支持网络能够给处在生活困境中的深度贫困家庭提供及时的帮助。

“我们入户访视时发现，有位深度贫困家庭的残障老人的保姆离职了，这导致残障老人的女儿在生活中面临非常大的挑战，她是一位中学教师，每天都要在学校、自己家、父母家三个地点来回跑，非常疲惫。残障老人的另一个女儿到了预产期，也无法照顾残障老人。我们在了解到残障老人的情况之后，多次进行入户陪伴，帮助残障老人依靠拐杖散步。此外，我们还动员了残障老人的邻居、其他亲戚过来帮忙。”（资料来源于与项目社工的访谈记录）

显然，深度贫困家庭一旦处于危机中，服务项目的社会工作专业团队就需要邀请受助深度贫困家庭的亲朋好友建立一个支持网络，一起帮助深度贫困家庭渡过危机。由于每个人的力量有限，因此，服务项目的社会工作专业团队需要具有一种多层非正式支持网络的服务理念，根据受助深度贫困家庭的要求分层安排非正式支持，让不同层级的非正式支持编织成非正式支持网络，共同为深度贫家庭提供必要的保障服务。当然，在实际的服务中，服务项目的社会工作专业团队还可以将深度贫困家庭的非正式支持网络与正式网络支持结合起来，提供一种综合性的精准帮扶服务。

二、增强社区的互助

为了调动深度贫困家庭自身的改变动力，在“暖心宅急送”个性化精准帮扶试点项目中，服务项目的社会工作专业团队邀请面临共同生活挑战的深度贫困家庭进行互助。这一方面是为了帮助深度贫困家庭解决现实生活中的具体困难，让深度贫困家庭能够“抱团取暖”；另一方面是为了增强深度贫困家庭自身改变的动力，让他们能够根据自己的改变要求学会相互合作，一起面对现实生活中的挑战。当然，这样的深度贫困家庭之间的互助是需要在社会工作专业团队的引导下开展的，因为深度贫困家庭不同于普通人群，他们不仅面临较高的返贫风险，极有可能出现危机事件，而且在现实生活中面临多重困难，如果处理不当，就会增加深度贫困家庭的挫败感，给深度贫困家庭造成伤害。

1. 专题性活动

尽管深度贫困家庭在现实生活中面临多重困难，但是这并不意味着服务项目的社会工作专业团队就能够帮助深度贫困家庭一下子解决多个问题，而需要有针对性地开展专题性的活动，聚焦生活中的一个小问题，帮助深度贫困家庭学习并掌握解决的方法。例如，深度贫困家庭的照顾者不善于表达，这影响到照顾者与被照顾者之间的顺利沟通和交流，甚至影响到家庭照顾的安排和成效，因此，在“暖心宅急送”个性化精准帮扶试点项目中，服务项目的社会工作专业团队就可以针对这一点开展专题性的小组活动，帮助深度贫困家庭克服交流中的困难，提高家庭照顾的质量。

(1) 同伴互助

所谓同伴互助是指将具有共同生活经历的人联结起来，让他们自己相互学习、相互支持。这种方式对于深度贫困家庭来说也是比较适合的，因为深度贫困家庭在日常生活中常常缺乏必要的社会支持，再加上社会污名的影响，他们在多重现实生活困境中很容易陷入孤立无援的境地。因此，这些有着共同生活经历、面临相同生活困难的深度贫困家庭就有了相互联结起来的要求，他们可以"抱团取暖"，一起寻找现实生活困难的解决方法。

"'说出你的故事来'长期病患互助交流会针对的是那些长期患有疾病甚至重病的人，如癌症患者、尿毒症患者以及中风患者等，让他们在病友面前学会分享自己生活中的感动经历，其目的有三点：① 挖掘自己生活中的闪光点，释放自己的负面消极情绪，建立正向的观察视角，让自己重新获得对生活的掌控感；② 为病友提供分享交流的机会，提高病友们的人际沟通能力，学会倾听和交流；③ 为病友提供走出家门的机会，参与到社区活动中，扩展他们的人际交往圈。整个活动包括 6 个重要环节：自我介绍、活动回顾、经历分享、情绪释放、重命名和感恩。在自我介绍中，病友要介绍完自己的名字之后加上自己的爱好；活动回顾是引导病友回顾之前参与的活动；经历分享是在一位病友的引导下分享生活中的闪光点；情绪释放则是给病友提供表达自己情绪的机会；重命名是针对病友们表达出来的情绪寻找积极的角度重新进行命名；感恩是引导病友们感谢彼此的倾听。"(资料来源于服务项目过程记录)

显然，通过"说出你的故事来"这项活动，"暖心宅急送"个性化精准帮扶试点项目的社会工作专业团队就能够加深这些深度贫困家庭中长期病患之间的交流，促进他们之间的相互理解，让他们有了相互倾听和交流的能力。特别是通过其中的"重命名"这一活动环节，服务项目的社会工作专业团队就能够让这些深度贫困家庭中的长期病患看到他们在日常生活中需要共同面对的困难，激发他们相互支持的热情。可见，同伴互助的建立除了需要关注相互之间的共同经历让他们之间有共同的身份之外，还需要运用重命名的技术调动他们之间相互支持的改变动力。

（2）多层互助

针对照顾者的照顾压力，社会工作者可以开展照顾者喘息减压小组。在小组活动中，社会工作者需要带领照顾者在小组活动的过程中认识到自己在照顾过程中的压力源，分享自己在压力情境中的不同的真实情绪状态。同时，社会工作者在小组过程中可以通过一系列的减压技巧学习、减压方式讨论等，形成一些简单的、易操作的压力应对策略，以在日常生活中形成相应的应对策略。

"我们开展了为期六节的家庭照顾者喘息减压小组，针对的是深度贫困家庭中的长期被照顾者和照顾者。该小组首先通过观看视频让组员分析视频主人公的各种压力来源，进而引导组员学会发现自己生活中的压力来源，并通过压力情境图（选自组员曾遇到过的事件）的排序进一步加深他们对压力的认识，认清自己生活中的压力来源。其次，我们让组员自由分享各自感受到的压力，加深他们对压力的识别。接着，我们通过'妙招研讨会'让组员讨论面对不同压力时的减压方式，并且在这一过程中让被照顾者与照顾者分享各自的减压方式；同时，我们也向组员分享了一份减压技巧参考清单，带领他们体会、学习其中最常用的一些技巧。最后，我们给组员布置了任务，要求他们在日常生活中运用学到的减压方式。之后，我们还做了跟踪回访。”（资料来源于与项目社工的访谈记录）

多层互助与同伴互助不同，它涉及多个层面的相互支持，就像上述的“家庭照顾者喘息减压小组”，它不仅关系到长期照顾者之间的互助，而且也关系到长期被照顾者之间的互助以及长期照顾者与被照顾者之间的相互支持。显然，这样的互助就不仅仅涉及单个人群，而是同时包括了两个及两个以上的不同人群，他们之间互助关系的改善就能够真正带动现实生活的改善，能够更有效地提升深度贫困家庭应对多重现实生活困难的能力。另外，在“暖心宅急送”个性化精准帮扶试点项目中，社会工作专业团队还针对深度贫困家庭的儿童设计了“图书漂流”计划，捐赠一些有趣的、适合的图书给这些儿童，让他们看完之后将图书流转给其他想看的同学，一起交流心得。这样，就能够帮助深度贫困家庭的儿童建立一个多层交流、互助的平台。

2. 主题性活动

由于“暖心宅急送”个性化精准帮扶试点项目落地在社区，因此，这一项目服务的安排也就有了与落地社区节假日活动相互结合的可能性和必要性。实际上，每个社区都有很多节假日的活动，有的是在中国传统的节假日开展，如春节、元宵、端午、中秋、重阳等节假日的活动；有的则是当地传统的习俗，如闽南地区的中秋博饼、庙会等。这样的结合不仅能够帮助深度贫困脱贫攻坚社会工作实践快速扎根当地的现实生活中，获得当地村民的支持，而且能够挖掘和调动当地现有的社会支持网络的作用，提升整个社区应对贫困的能力。主题性活动就是针对这一现实要求而设计的，它要求充分运用社区现有的资源，结合项目落地社区已有的节假日活动规划社会工作的专业服务。

“我们开展了一系列与节假日相关的社区活动，如‘爱在重阳，情暖人间’重阳节主题社区活动，这个活动就是为村里的老年人发放募集来的生活所需物品，让老年人感受到来自社会的关怀；同时，通过一起绘画这个环节让老年人感受祖孙同乐的氛围，增加老年人的家庭支持。此外，在‘年终慰问送温暖，精准帮扶暖人心’元旦主题社区活动中，我们链接了31份慰问品和关怀物资，与项目落地村的村委会工作人员一起进行入户关怀，为贫困家庭送上节日的问候与祝福。”(资料来源于与项目社工的访谈记录)

值得注意的是，这样的主题性活动不同于比较有针对性的专题性活动，它关注的焦点是社区参与、村民互助，因此，服务项目的社会工作专业团队不能突出深度贫困家庭，避免社会污名给他们的生活造成负面影响，而需要将村里的深度贫困家庭融入普通的社区主题活动中，注重深度贫困家庭的普通社会身份，加强村民的互助意识以及相互之间的社会支持。只有这样，深度贫困家庭才能通过社区参与转变需要长期照顾的服务接受者的被动社会角色，学会运用社区环境中的资源，发挥自己拥有的能力，成为社区活动的参与者和服务的提供者。

三、促进“三社联动”机制建设

在深度贫困脱贫攻坚实践中，社会工作者只是作为社会服务中的一支专业力量，发挥着促进“三社联动”机制建设的作用，以带动我国基层治理的创新。作为专业力量的社会工作，一方面，它肩负着针对深度贫困家庭的需要提供有针对性的个性化精准帮扶服务的专业责任；另一方面，它作为政府购买项目的服务承接方承担着推动基层治理创新的社会责任，需要以政府的兜底保障服务为基础开展社会工作的专业服务。因此，社会工作在深度贫困脱贫攻坚实践中的作用也就取决于这两种不同角色的协调和整合。实际上，正是因为我国基层治理改革的要求，社会工作才有了专业服务发展的现实土壤，而“三社联动”多方参与的要求又为社会工作提供了专业服务的发展空间。

“‘暖心宅急送’个性化精准帮扶试点项目在具体的服务过程中逐渐形成了‘三社联动’的服务机制。其间，社会工作者通过服务搭建起了政府、社会组织、非正式支持网络三方联动机制，协同为深度贫困家庭提供全方位的综合服务。在这种‘三社联动’服务机制中，各方的作用是不同的。其中，政府发挥着兜底保障的作用。它为这些深度贫困家庭提供基本的社会救助保障，而社会工作者作为中间的桥梁，通过与政府的合作，向这些深度贫困家庭提供个性化的政策解读与咨询服务，并且借助多样化的社区活动向深度贫困家庭以及其他村民宣传政府的救助政策，提高村民的政策知晓度。非正式支持网络发挥着自助与互助的功能。因为深度贫困家庭一旦遇到问题，他们首先会选择向身边的亲朋好友和邻里进行求助，这些非正式支持网络就构筑成深度贫困家庭的第一道社会支持防线。社会工作者作为这种非正式支持网络的搭建者，无论在它的建立还是在维持过程中都发挥着极其重要的推动作用。社会组织则发挥着社会资源的链接作用，它为深度贫困家庭引入社会资源，作为政府救助保障的补充，及时为深度贫困家庭提供生活所需的各种类型的资源和服务。社会工作者作为这种社会资源的对接人，一方面及时了解深度贫困家庭的现实需求，另一方面将这些需求与社会资源匹配起来，引入社会组织，为有需要的深度贫困家庭提供服务。当然，社会工作者作为专业工作者，还需要针对深度贫困家庭提供专业服务。”（资料来源于与项目社工的访谈记录）

“暖心宅急送”个性化精准帮扶试点项目在执行过程中需要对接政府有关部门，涉及民政、街道、残联、村委、房屋管理等部门和组织。为此，服务项目的社会工作专业团队对其进行了专门的分类（见表4.2），以便能够更为有效地为深度贫困家庭做好政策解读与咨询的服务，提供更为精准的帮扶。

表4.2 “暖心宅急送”个性化精准帮扶试点项目的政策资源

部门	服务内容	政策
民政部门	社会救助，低保、低收入家庭等各类救助政策、资金、资格认定；危房改造/翻建补助	所有社会救助政策：低保、低收入、临时救助、特困救助
街道办事处	资格审核报送，社会及政府救助资源分发	
残疾人联合会	残疾人就业、康复培训；慰问关怀物资；残疾人设备；残疾人及其子女教育；社会保障	残疾人优惠政策
劳动部门（人力资源、人才中心）	就业政策；技能培训	就业政策
卫生和健康部门	医疗救助	医疗救助政策
房屋管理部门	危房改造、翻建补助；保障性廉租房提供	保障性住房政策；危房改造/翻建政策
教育部门	学业救助	助学政策
妇女联合会	困境儿童救助	困境儿童救助政策
村民委员会	低保、低收入家庭等材料报送；社会慰问物资	

由于深度贫困家庭面临多重的现实生活困难，而且这样的困难具有长

期性和基础性，直接影响深度贫困家庭的基本生活状况，因此，服务项目的社会工作专业团队除了需要加强深度贫困家庭的非正式支持网络之外，还需要链接社会资源，引入社会组织直接为深度贫困家庭提供日常生活中所需的多样化的服务，如健康问题的咨询、保健技能的学习、日常生活必需品的提供以及家政服务等。

“在‘暖心宅急送’个性化精准帮扶试点项目中，我们链接了老年大学的中草药学会为这些深度贫困家庭讲解中草药的制作和服用的要求；我们还链接了‘DS发型’的理发人员组成社区活动义剪队，为这些有需要的深度贫困家庭提供免费理发服务。此外，我们还与村卫生所联系，让他们为社区的深度贫困家庭提供上门的义诊服务。在新冠疫情暴发期间，我们携手区红十字会、区图书馆的工作人员，为深度贫困家庭送去防疫期间所需的物资（口罩、纸巾、成人纸尿裤、护理垫等），让深度贫困家庭感受到政府和社会的关爱。”（资料来源于与项目社工的访谈记录）

当然，服务项目的社会工作专业团队还可以链接企事业单位的资源，与企事业单位建立长期的合作关系。例如，在“暖心宅急送”个性化精准帮扶试点项目中，“我们（社会工作者）对接了一家体育用品的电子商务有限公司，除了开展‘携手助困，陪伴成长’社区主题活动之外，还将企业招聘信息介绍给社区的深度贫困家庭，让这些家庭中合适的大学生在假期能够去企业实习，以增加家庭收入”（资料来源于与项目社工的访谈记录）。不过，需要注意的是，作为社会工作专业服务的提供者，服务项目的社会工作专业团队不能将社会资源的链接仅仅作为资源的提供，而需要通过这样的资源链接为深度贫困家庭提供更多的学习机会，让他们能够在多种形式的社会支持下提升自身应对困难的能力。因此，从这一点而言，社会资源的链接是促进“三社联动”机制创新的重要途径和方式，它拥有了基层治理创新的要求，需要放在“三社联动”的服务框架下进行考察。

尽管在介绍深度贫困脱贫攻坚社会工作多维实践时，人群分级分类的兜底实践、家庭潜能挖掘的能力实践及社区多方参与的资产实践这三个维度的实践，是作为社会工作专业实践的前期、中期和后期的基本内容分开描述的，是根据社会工作专业实践的要求所做的一种粗线条的划分，但是实际上，深度贫困脱贫攻坚社会工作多维实践是一种整合的实践，同时涉及三个维度的实践要求。正因为如此，这种多维的社会工作整合实践在实际服务中所表现出来的特征更为复杂、多样，有时候，我们甚至根本无法将这三个维度的实践区分开来。例如，在社区的主题活动中，我们就可以将社区多方参与的资产实践与人群的分级分类兜底实践及家庭潜能挖掘的能力实践结合起来。因此，这里所说的深度贫困脱贫攻坚社会工作多维整合实践，不仅仅是指一种技术层面的整合，它同时也是一种服务理念的整合，具有多层场景实践的现实要求，需要把深度贫困脱贫攻坚社会工作实践放在特定场景中的历史和社会的框架下来考察，使深度贫困脱贫攻坚社会工作实践具有历史性和社会性。

第五章　深度贫困脱贫攻坚社会工作多维实践的理论逻辑

深度贫困脱贫攻坚社会工作实践的“暖心宅急送”个性化精准帮扶试点项目建立了人群分级分类管理的兜底实践、家庭潜能挖掘的能力实践、社会多方参与的资产实践等三个维度的整合实践，在减少了贫困家庭返贫风险的同时，增强了深度贫困家庭应对贫困的能力。因此，需要将风险与能力这两个深度贫困脱贫攻坚社会工作多维实践中的核心概念联系起来，梳理出两者的内在关系，以便为深度贫困这种高风险的人群提供服务的理论逻辑框架。

第一节　深度贫困脱贫攻坚社会工作多维实践中的能力与风险

在深度贫困脱贫攻坚社会工作多维实践中，深度贫困人群的高返贫风险与他们的能力有着直接的关联，只注重能力的提升，不关注风险管理，会导致深度贫困人群重返贫困的生活困境当中；只注重风险管理，忽视能力的提升，又无法真正提高深度贫困人群对返贫风险的应对能力。因此，需要将能力和风险这两个维度整合起来，以考察深度贫困人群的服务框架。

一、社会工作实践中的能力概念

在深度贫困脱贫攻坚社会工作多维实践中，能力是一个非常重要的概念，它不仅关系到深度贫困家庭"内生性"动力的发掘，而且也与深度贫困家庭周围环境资源的运用相关联，直接影响社会工作实践的成效，是深度贫困脱贫攻坚社会工作多维实践的核心概念之一。就深度贫困脱贫攻坚社会工作多维实践的能力概念来说，它来自社会工作的优势视角，产生于精神障碍患者社区康复的社会工作实践。社会工作者发现，这些回归社区进行康复的精神障碍患者不仅面临社会污名和缺乏必要生活资源的困境，而且常常需要忍受以关怀为名义的注重问题分析和修补不足的传统服务模式的歧视。① 这种服务模式自十九世纪末二十世纪初社会工作产生以来一直占据着主导地位，它以问题为核心，注重问题界定和原因分析，借助对不足部分的修补和环境资源的改善来实现社会工作的服务目标。这样的服务安排把社会工作者看作生活改变的"专家"，牺牲了服务对象自身的能力和选择的权利。② 它不仅导致服务对象失去改变的"内生性"动力和希望，使他们始终

① Rapp C A, Goscha R J. *The strengths model: Case management with people with psychiatric disabilities* (*2nd ed.*). New York: Oxford University Press, 2006.

② Weick A, Kreider J, Chamberlain R. "Solving problems form strengths perspective." In Saleebey D. *The strengths perspective in social work perspective* (*4th ed.*). Boston: Allyn and Bacon, 2006: 116 - 127.

感觉自己是受助的对象，而且让服务对象失去为自己生活决定的机会，变得越来越依赖“专家”的指令。[①] 为此，优势视角提出从人的能力和环境中的资源入手的服务策略，帮助服务对象看到自己生活中与问题相对应的能力的生活部分，转变看待生活的视角。这一转变显然更能够体现社会工作一直以来所秉持的对人的尊重和价值肯定的伦理原则。[②]

很显然，优势视角针对的不仅是具体的社会工作服务的方法和策略，而且同时涉及社会工作的基本服务原则和逻辑。优势视角认为，以往这种围绕问题建构起来的服务模式采取的是一种问题视角，它从问题的观察角度理解生活的变化，它包含五个方面的基本假设：① 服务对象有问题，需要他人帮助；② 专业服务需要怀疑和批判的态度，以便发现服务对象的不足；③ 社会工作者与服务对象之间是不平等的，具有一种单向施展影响的权力控制关系；④ 专业分析的目的是寻找抽离具体场景的一般服务规律；⑤ 相信问题总是由某个原因导致的，也必然有某种解决的方法。与问题视角的基本假设相对应，优势视角提出了自身的六个基本理论假设：① 每个人、每个家庭、每个人群和社区都是有能力的；② 人们所遭遇的创伤、虐待、病痛和对抗是一种伤害，但同时也是一种挑战和机会；③ 人的改变和成长是无法设置上限的；④ 合作是开展服务的最佳方式；⑤ 任何环境都充满着资源；⑥ 社会工作是一种促进关怀的服务。简单来说，优势视角就是点燃服务对象心

① Weick A, Kreider J, Chamberlain R. “Solving problems form strengths perspective.” In Saleebey D. *The strengths perspective in social work perspective* (*4th ed.*). Boston: Allyn and Bacon, 2006: 116 - 127.

② Rapp C A, Goscha R J. *The strengths model: Case management with people with psychiatric disabilities* (*2nd ed.*). New York: Oxford University Press, 2006.

中的希望，让服务对象勇敢面对生活中的逆境和挑战，学会寻找自身的能力和身边的资源，与困难做斗争，在身边他人的支持下坚定地向着自己的梦想迈进。其核心是帮助服务对象培养内心的改变希望，并且想办法实现这些改变的希望。①

值得注意的是，尽管不同的学者对优势视角有不同的理解，但是他们都赞同这一观点：优势视角并不是要否认问题的存在，也不是有意淡化问题的影响，而是为社会工作者的专业服务提供一种更为积极、更为平衡的服务视角，既关注服务对象的问题，也关注服务对象的能力，其核心是把服务对象的改变能力作为服务的中心，让专业服务建立在服务对象自身的能力和优势的发掘之上，是一种发展导向的服务，而不是关注问题的修补。②实际上，优势视角提出后就受到社会工作者的普遍欢迎，不仅是因为它能够给患有精神疾病的服务对象带来更多的希望和更为积极的改变成效，同时它也能够减少服务对象的症状表现和对他人的依赖③。因此，优势视角的运用也从最初的社区康复中的精神障碍患者扩大到了其他人，如老人、妇女、青少年等；涉及的领域除了精神健康之外，还包括家庭、文化、反贫困、社会工作教育及社会政策等。在服务的方式上，优势视角也有很多突破，已经从最初的个案管理发展出多种整合模式，如它与抗逆力结合的受性侵儿童的服务模式的探索、融合了精要治疗原理的司法社会工作及整合了建构主义视角的创

①② Saleebey D. "The strengths perspective: Possibility and problem." In Saleebey D. *The strengths perspective in social work practice* (*4th ed.*). Boston: Allyn and Bacon, 2006.

③ Barry K, Zeber J, Blow F, et al.. "Effects of strengths model versus assertive community treatment model on participant outcomes and utilization: A two-year follow-up." *Psychiatric rehabilitation journal*, 2003, 26(2), 268 - 277.

伤后压力消减和女性主义视角的妇女家暴的处理，甚至还有同时综合了抗逆力视角和灵性视角的老年人服务等。可以说，优势视角已经不再是社会工作的一种独特的服务模式，而是一种不同于问题视角的观察生活的崭新角度，这种视角以人的成长改变为导向，关注每个人自身拥有的能力和资源，把服务的焦点放在了生活中可以改变的方面，真正将社会工作的伦理价值贯穿于每一步的服务活动安排和每一次的服务技巧使用中，让社会工作者在整个专业服务过程中都能够与服务对象保持一种平等、信任的合作关系。①

不过，在实际的服务过程中，优势视角的能力概念常常容易与一些相近的概念混淆在一起，如抗逆力、增能等。为了准确了解优势视角的能力概念的内涵，下面就这些相近的概念做一个对比。

1. 能力与问题

优势视角的能力概念最早是由美国堪萨斯大学的韦克（A Weick）、拉普（C Rapp）、沙利文（W P Sullivan）和克斯莎德特（W Kisthardt）在总结帮助长期精神疾病患者的服务经验时提出的，他们认为以往的服务以问题为焦点，假设服务对象因为有问题才寻求帮助。② 这样的服务策略也就包含了三个方面的问题假设：① 问题就是服务对象某种能力的缺乏；② 问题的本质需要专业人员来确定；③ 服务的目标是帮助服务对象修补不足。③显然，在问题视角下，问题就是人们能力的不足。在此基础上，韦克等人提出了能力

① Howe D. *A brief introduction to social work theory*. New York: Palgrave Macmillan, 2009.

②③ Weick A, Rapp C, Sullivan W P, et al.. "A strengths perspective for social work practice." *Social work*, 1989, 34(4): 350 - 354.

视角的服务介入策略，假设人是具有天赋、特长、技能、资源和希望的，只要人们拥有了这些积极的品格和能力，就能运用这些能力推动生活继续产生改变。这样，优势视角也就具有了三个方面的能力假设：① 服务对象有能力决定什么是最好的；② 服务对象能够按照最好的方式行动；③ 服务对象的个人经历和品格的独特性是由个人与环境之间不断的相互影响产生的结果。[①] 显然，在韦克等人看来，能力与问题是根本对立的，发掘能力的关键就是帮助服务对象克服面临的问题。[②]

至于能力的概念到底包含什么内容，不同的学者有不同的观点。有的学者认为主要包括个人的能力（aspiration，competence，confidence）和环境的能力（resources，social relations，opportunity）两个方面[③]；有的学者强调能力涉及能力（competence，capacities，courage）、希望（promise，possibility，positive expectations）和资源（resilience，reserves，resources）这三个方面的主要内容[④]；有的学者则注重人的文化方面的能力[⑤]。美国优势视角方面的研究专家格利肯（M D Glicken）在梳理了以往的能力概念内涵之后指出，在运用优势视角时，首先需要视服务对象为能动对象，通过关注服务对象在现实生活中那些仍旧有效的行为促进服务对象的成长改变，同时注重发

---

①② Weick A, Rapp C, Sullivan W P, et al.. "A strengths perspective for social work practice." *Social work*, 1989, 34(4): 350 - 354.

③ Rapp C A, Goscha R J. *The strengths model: Case management with people with psychiatric disabilities* (*2nd ed.*). New York: Oxford University Press, 2006.

④ Saleebey D. "The strengths perspective: Possibility and problem." In Saleebey D. *The strengths perspective in social work practice* (*4th ed.*). Boston: Allyn and Bacon, 2006: 278 - 302.

⑤ Mo Y L. "A solution-focused approach to cross-cultural clinical social work practice: Utilizing cultural strengths." *Families in society*, 2003, 84(3): 385 - 395.

掘和运用服务对象的支持网络及在文化和宗教信仰等方面的优势。[①] 为了进一步确定服务对象的能力，格利肯依据45项指标对服务对象积极有效的行为进行评估，这45项指标涉及服务对象的个人特性、面对困难和逆境时的处理技巧和能力、以往和现在生活中的成功经验、周围环境中的资源、与社会和文化环境相关联的能力以及克服困难的愿望和决心等不同方面。[②] 显然，这一层面的讨论有一个显著的特点，就是把能力的内涵与问题的内涵对立起来，通过能力与问题的直接比较界定能力概念的内涵。不过，一旦把能力视为问题的对立面，优势视角也就面临一个无法回避的挑战：因为过分强调服务对象的能力，就会忽视服务对象的问题，甚至无视服务对象问题的存在。[③] 有学者回顾了西方社会工作发展的一百多年历史之后提出，在社会工作服务中，无论问题还是能力都是不可或缺的，社会工作需要的不是问题，也不是能力，而是一种既关注问题也关注能力的双重观察视角。[④]

优势视角的重要代表人物美国学者塞利贝（D Saleebey）认为，之所以突出优势视角，并不是为了否定服务对象问题的存在，而是希望借助能力这个概念改变服务中过分关注问题的现象，让人们在服务中能够关注服务对象的能力和机会。[⑤] 塞利贝强调，评估服务对象及其家庭在生活中遇到的问题

---

①②③　Glicken M D. *Using the strengths perspective in social work practice: A positive approach for the helping professions*. Boston: Allyn and Bacon, 2004.

④　McMillen J C, Morris L, Sherraden M. "Ending social work's grudge match: Problems versus strengths." *Families in society: The juornal of contemporary social services*, 2004, 85(3): 319.

⑤　Saleebey D. "The strengths perspective in social work practice: Extensions and cautions." *Social work*, 1996, 41(3): 296 - 305.

是社会工作专业服务不可忽视的部分，它同样也是优势视角所关注的重要内容，只是优势视角同时还包括服务对象的能力部分，其目的是寻求一种更为平衡、有效的社会工作服务。[①] 韦克和钱姆布兰（R Chamberlain）对如何整合问题和能力这两方面的内容进行了非常有意义的探索，他们认为问题并不是服务对象生活的全部，不管服务对象面临什么困难，他们的实际生活远远超过问题，而且问题只是服务对象的某些生活方面需要改善的提示，并不意味着服务对象就是问题。如果社会工作者过分关注问题，就会忽视服务对象的能力及服务对象在面对和处理问题中的一些仍旧有效的成功经验。[②] 韦克和钱姆布兰指出，从优势视角来看，有问题并不是指服务对象真的有问题，而是服务对象无法面对问题，在问题困境中找不到解决的办法，因此，真正的问题来自人们如何面对、处理和超越问题处境的限制。这样，调动服务对象及其家庭和社区的能力与资源就超越问题的限制，成为优势视角社会工作服务的核心目标。[③]

值得注意的是，塞利贝在分析优势视角时，并没有把能力与问题进行直接的对比，而是提出了一个很重要的机会（the possible）概念，通过这个概念将能力与问题联系起来。[④] 塞利贝认为，无论是问题还是能力，其实都是为了创造更多的成长改变机会，并不是为了分析问题而分析问题，当然，也不

---

① Saleebey D. "The strengths perspective: Possibility and problem." In Saleebey D. *The strengths perspective in social work practice* (*4th ed.*). Boston: Allyn and Bacon, 2006: 278 - 302.

②③ Weick A, Chamberlin R. "Putting problems in their place: Further exploration in the strengths perspective." In Saleebey D. *The strengths perspective in social work practice* (*2nd ed.*). New York: Allyn and Bacon, 1997.

④ Saleebey D. "The strengths perspective in social work practice: Extensions and cautions." *Social work*, 1996, 41(3): 296 - 305.

是为了分析能力而分析能力。为此，塞利贝围绕成长改变机会的创造提出优势视角的10个方面的特征：① 视服务对象为独特的，寻找服务对象的特性、天赋、资源等方面的能力；② 把社会工作的服务焦点集中在可能性的发现上；③ 以服务对象自己的描述作为认识和了解服务对象的核心方式；④ 站在服务对象的角度理解他们的感受和想法；⑤ 儿童时期的创伤不一定就是病因，它既可以削弱也可以增强服务对象的能力；⑥ 社会工作的核心是激发服务对象及其家庭和社区的改变愿望；⑦ 服务对象及其家庭和社区才是他们自己生活的专家；⑧ 由服务对象自己做出个人发展的选择和承诺；⑨ 社会工作者的资源包括服务对象及其家庭和社区的能力、才能和技能等；⑩ 社会工作的服务目标是肯定服务对象的价值和承诺，培育服务对象的社区成员身份。[①] 显然，在塞利贝看来，服务对象的能力不是一个静态的特质概念，而是与人们的改变愿望、改变经验及改变机会紧密相关的动态的成长概念。

实际上，能力与问题之争不仅涉及如何理解服务对象，更为重要的是，它涉及如何理解以谁为主导开展社会工作专业服务，因为一旦人们以问题为焦点来规划服务方案，就承认了社会工作者拥有界定服务对象的问题、制定服务介入计划和执行服务方案的专业话语权，而服务对象则被视为需要帮助的对象。[②] 显然，这种以问题为焦点来规划服务的模式不仅忽视了服务对象的“内生性”改变动力，而且剥夺了服务对象的发展机会、勇气和

---

① Saleebey D. “The strengths perspective in social work practice: Extensions and cautions.” *Social work*, 1996, 41(3): 296 - 305.

② Weick A, Rapp C, Sullivan W P, et al.. “A strengths perspective for social work practice.” *Social work*, 1989, 34(4): 350 - 354.

愿望。[①] 可以说，这种以问题为焦点的服务模式必然导致服务于社会工作者而不是服务于服务对象的现象。如果人们以能力为焦点来设计服务方案，情况就会完全不同，社会工作者不再是“专家”，而是服务的合作者，协助服务对象发掘他们自身拥有的能力和资源，让他们自己决定成长改变的目标和方式。[②] 这样，服务对象就能够在自己的希望和梦想的指引下，通过发掘自身的优势，运用自身所拥有的周边环境资源，在周围他人的支持下面对和克服自己生活中的困难和逆境。因此，简单来说，提倡优势视角的能力概念就是让服务对象成为整个服务的中心，让服务对象在社会工作者和周围他人的帮助下达成自己的目标，实现自己的梦想。[③]

尽管在实际的服务过程中社会工作者可能在服务对象身上看到了一些无法理解的“怪异”的想法和“不同寻常”的做法，但是从优势视角来看，即使在这样的情况下，相信服务对象拥有成长改变的能力和资源也是一种明智的选择，因为只有坚持这样的信念，才能让社会工作者保持开放的态度，更理性地看待服务对象的“问题”，发现在“问题”包裹下的隐藏的服务对象寻求成长改变的愿望和曾经尝试的成功经验。[④] 显然，此时的能力概念不再是一种服务的策略，而是有了价值层面的内涵，它其实是人们在生活困境中对成长改变的信心，是对人性的看法。[⑤]

---

①③④ Saleebey D. “The strengths perspective: Possibility and problem.” In Saleebey D. *The strengths perspective in social work practice* (*4th ed.*). Boston: Allyn and Bacon, 2006: 278 - 302.

② Rapp R C. “The strengths perspective: Proving ‘my strengths’ and ‘it works’.” *Social work*, 2007, 52(2): 185 - 186.

⑤ Carver C S, Scheier M F. “Three human strengths.” In Aspinwall L G, Staudinger U M. *A psychology of human strengths: Fundamental questions and future directions for a positive psychology*. Washington, DC: American Psychological Association, 2003.

因此，在理解能力概念的内涵时，也就有了两个层面的不同讨论：一是就服务的具体策略而言，它与问题联系在一起，作为推动服务对象成长改变不可缺少的方式和内容而存在；二是就服务的伦理价值来说，它与人的生活希望和未来改变相关，是对“人在情境中”这种交互影响关系本质的理解。

此外，需要注意的是，在与问题视角服务逻辑的抗争中，对优势视角的能力概念产生重要影响的是精要治疗模式（solution-focused therapy）。精要治疗模式是围绕着问题的解决（solution）来建构自己的服务逻辑框架的，它也像优势视角那样关注服务对象的能力，注重从服务对象能做的事情入手，认为过多地谈论服务对象的问题和过去的失败经历是毫无意义的，不仅无法帮助服务对象找到改变目前生活状况的有效方法，而且还会降低服务对象的改变意愿，使他们成为被动的改变者。正因如此，在实际的社会工作服务中，优势视角的能力概念常常与精要治疗模式的问题解决概念结合在一起使用，让服务对象的能力有明确的改变未来的目标，这样，能力的概念也就有了具体的内涵，专门指那些能够帮助问题得到有效解决的能力。[①] 尽管优势视角的能力概念与精要治疗模式的问题解决概念非常相似，甚至常常被混淆，两者都强调从服务对象当下现有的生活条件出发，关注问题之外成长改变路径的寻找，不再像传统服务模式那样只在问题之内探寻解决的方法，但是两者在如何实现改变的方式上却有着不同的理解：优势视角关注服务对象改变目标的制定和实施，由此明确服务

① Weick A, Kreider J, Chamberlain R. “Solving problems form strengths perspective.” In Saleebey D. *The strengths perspective in social work perspective* (4th ed.). Boston: Allyn and Bacon, 2006: 116 - 127.

对象所拥有的能力和资源，并且强调通过目标的实现提升服务对象的能力；精要治疗模式的问题解决则不同，它关注的是服务对象在问题处境中的解决方法的寻找，需要借助一系列有技巧的提问来帮助服务对象摆脱问题的束缚，找到更有效的新的应对问题的方法。因此，优势视角需要经常借用精要治疗模式的提问技巧，以帮助服务对象找到自身拥有的能力和资源。①

在专业合作关系方面，无论是优势视角的能力概念还是精要治疗模式的问题解决概念，都要求社会工作者与服务对象建立一种以服务对象成长改变为本的、合作式的服务关系，由服务对象主导整个服务的进程，不再以社会工作者为中心来设计、安排服务的流程和服务的方式，让社会工作者成为帮助服务对象实现成长改变的协助者。不过，优势视角在界定社会工作者的专业服务位置时有自己独特的理解，它要求社会工作者除了要像精要治疗模式那样协助服务对象增强与身边周围他人的社会支持之外，还要求社会工作者要把服务对象个人的非正式支持网络与宏观的正式支持网络联结起来，并将二者作为服务对象能力中的重要内容，由此帮助服务对象实现社会改变的目标。显然，从这一点来看，优势视角的能力概念有了结合临床辅导与其他社会服务的功能，更能体现社会工作同时关注个人和社会的双向福祉的专业价值要求。②

---

① Weick A, Kreider J, Chamberlain R. "Solving problems form strengths perspective." In Saleebey D. *The strengths perspective in social work perspective* (4th ed.). Boston: Allyn and Bacon, 2006: 116 - 127.

② Saleebey D. "The strengths perspective: Possibility and problem." In Saleebey D. *The strengths perspective in social work practice* (4th ed.). Boston: Allyn and Bacon, 2006: 278 - 302.

2. 能力与抗逆力

与能力概念经常被放在一起讨论而且容易混淆的另一个重要概念,就是抗逆力。能力与抗逆力这两个概念很相似,都强调服务对象自身拥有成长改变的能力和资源,都假设服务对象是自己生活的专家,了解自己到底需要什么,而且有能力实现自己的目标,甚至两者都相信,作为服务提供方的社会工作者不是指导服务对象做什么,而是协助服务对象发掘在问题困境中的改变能力和资源。① 不过,两者对环境的看法却存在明显的差别,就个人抗逆力而言,这种理论视角把环境分为有利于个人抗逆力发展的保护性因素(protective factors)和妨碍个人抗逆力发展的风险性因素(risk factors),服务的目标是帮助人们增强个人的保护性因素,减少个人的风险性因素。优势视角不认同这样的看法,而是认为这样建构个人抗逆力的逻辑意味着个人抗逆力是环境影响的结果,作为个人只能在既有的环境条件下找到适应的方式,而这种适应的最好方式就是寻找环境中的保护性因素和规避环境中的风险性因素。为此,优势视角提出完全不同的观点,突出生活困境中的个人能力,不仅相信人有主动影响环境的能力,而且相信只要环境条件允许,服务对象就有能力实现自己的目标。因此,可以说,优势视角所强调的能力具有与抗逆力不同的内涵,它是从个人选择的角度出发的,注重个人在环境变化中的主动性和选择能力。②

此外,在考察环境对个人的影响时,抗逆力只关注那种对个人产生直接

①② Cowger C D, Anderson K M, Snively C A. "Assessing strengths: The political context of individual, family, and community empowerment." In Saleebey D. *The strengths perspective in social work perspective* (*4th ed.*). Boston: Pearson Education, Inc, 2006.

影响的微观的个人生活环境，它是从个人角度解释因环境条件缺失而导致的问题以及具体的解决方法的。正是因为如此，抗逆力又被优势视角称为从形式上看是优势取向而实质上却是问题视角下的一个概念。[①] 尽管优势视角在理论初创的开始阶段也只是关注个人的微观生活环境，但是随着理论的不断丰富，优势视角所关注的能力就不仅仅与个人的微观生活环境相关联，而且也与中观以及宏观环境有联系，特别是社区这样的生活环境，最能体现服务对象在社会环境中的弱势以及环境资源分配的不平等。为此，优势视角还专门借用了增能（empowerment）概念，以强调人们在社区生活中面临的社会歧视（oppression）问题和争取社会公正公平的诉求。显然，优势视角中的能力概念包含了对社会环境中的权力资源的分析和运用能力，有了从社会结构的角度审视环境的要求，不只是就个人或者家庭来谈人的能力，而是把人视为社会生活中的人。[②]

就抗逆力这一概念的历史演变而言，它有两种界定的基本方式：注重因素的分析和注重过程的分析。前者关注抗逆力这一事件的结果，后者关注抗逆力这一事件的形成过程。[③] 两者的差异意味着，抗逆力的内涵并不是固定不变的，它随着研究焦点的变化逐渐从开始阶段关注抗逆力的特征和结果转向关注抗逆力的表现过程和内在机制。为了区分两者的不同，有学者把注重抗逆力的特征和结果的研究称为第一代的抗逆力研究，把注重抗逆

①② Cowger C D, Anderson K M, Snively C A. "Assessing strengths: The political context of individual, family, and community empowerment." In Saleebey D. *The strengths perspective in social work perspective* (*4th ed.*). Boston: Pearson Education, Inc, 2006.

③ Ungar M. *Nurturing hidden resilience in troubled youth*. Toronto: University of Toronto Press, 2004.

力的表现过程和内在机制的研究称为第二代的抗逆力研究。[①]

早期的抗逆力概念探索主要集中在个人的某种品格的识别和确认上。约瑟夫(J M Joseph)认为,抗逆力就是个人内心的控制能力,就是个人看见改变的积极方面并且能够在自己具体的行动过程中发现意义和价值的能力。[②] 抗逆力是个人内部存在的某种能力,主要包括三个方面:我是(I am)、我有(I have)和我能(I can)。[③] 依据这样的理解,所谓的抗逆力就是拥有抗逆力的社会成员具有什么人格特征,如智力成熟、好奇心强、愿意冒险、态度积极等。因此,与抗逆力相关的个人品格特征包括:① 高自信、高效率;② 连贯一致的感受;③ 面对改变的积极心态;④ 精神层面的力量,如一定能够克服逆境的信念或者面对逆境时的坚韧不拔的乐观精神等。有意思的是,在针对家庭功能严重缺失的高危儿童青少年的个性特征研究中,学者们发现,这些表现出抗逆力品格特征的儿童青少年具有五个方面的特点:① 对自己的父母忠诚;② 努力把自己的家庭视为正常的;③ 努力改善自己,使自己不成为施暴者;④ 具有强烈的自我价值感;⑤ 把自己的注意力集中在未来可以发展的方面。[④] 这些特征的核心表现为,能够在自己的生活中找

---

① Infante F, Lamond A. "Resilience and biculturalism: The latino experience in the United States." In Grotberg E H. *Resilience for today: Gaining strength from adversity*. Westport, CT: Praeger Publishers, 2003.

② Joseph J M. *The resilient child: Preparing today's youth for tomorrow's world*. New York: Plenum, 1994.

③ Grotberg E H. "What is resilience? How do you promote it? How do you use it?" In Grotberg E H. *Resilience for today: Gaining strength from adversity*. Westport, CT: Praeger Publishers, 2003.

④ Henry D L. "Resilience in maltreated children: Implications for special needs adoptions." *Child welfare*, 1999, 78(5): 519－540.

到意义，并且相信自己能够掌握自己的命运。

实际上，这些具有抗逆力品格特征的儿童青少年除了拥有良好的个人特质之外，还需要家庭成员的支持和鼓励，特别是母亲的悉心照顾，甚至还包括温馨和谐的家庭氛围、支持性的亲属网络以及健康的师生关系等。显然，抗逆力不仅与个人的品格有关，同时也与周围环境密切相关。长期的跟踪研究证明，良好的社会支持关系对于任何年龄的儿童青少年的抗逆力的形成都发挥着极其重要的作用。[①] 哈格蒂（R J Haggerty）和谢罗德（L R Sherrod）在回答抗逆力的定义时指出，抗逆力是个人的生理和心理方面的个性特征，与个人以往处理困难的成功经验有关，同时又受到个人无法控制的同伴、家庭和社区支持的影响。[②] 在个人的日常生活中，哪怕只能获得身边一位社会成员的关心和支持，对于儿童青少年抗逆力的形成都是至关重要的。显然，抗逆力的形成受到社会支持关系的影响，这样的社会支持关系不仅仅局限于家庭内部的父母与孩子之间的照顾关系，同时还涉及家庭之外的同辈、邻里和社区之间的支持关系。[③] 因此，抗逆力的形成需要同时处理个人内部和外部两方面的生活压力，它促使人们在界定抗逆力的内涵时把个人与周围环境放在一起考察。有些学者直接提出需要改变以往只注重个

---

① Werner E E, Smith R S. *Overcoming the odds: High risk children from birth to adulthood*. Ithaca, NY: Cornell University Press, 1992.

② Haggerty R J, Sherrod L R. “Preface.” In Haggerty R J, Sherrod L R, Garmezy N, et al.. *Stress, risk, and resilience in children and adolescents: Process, mechanisms, and interventions*. Cambridge, UK: Cambridge University Press, 1994.

③ Wyman R A, Sandler I, Wolchik S, et al.. “Resilience as cumulative competence promotion and stress protection: Theory and intervention.” In Cicchetti D, Rappaport J, Sandler I, et al.. *The promotion of wellness in children and adolescents*. Washington, DC: Child Welfare League of American, 2000.

人内部品格特征分析的抗逆力的研究视角，把关注个人与环境之间循环影响的生态系统视角引入抗逆力的研究中。为此，曼德勒科（B L Mandleco）和皮里（J C Peery）依据生态系统的视角把抗逆力的内涵具体分为三个部分，即个人的特性、家庭环境的特征以及家庭以外的社会支持。①

正是因为如此，越来越多的学者认识到，抗逆力不是某种普遍一致的标准，而是不同逆境中成功适应的经验，它既与个人特质有关，也与周围环境紧密相关，是一种特定生活处境中的适应过程。② 这样，抗逆力的研究也就进入了第二代，学者们要求重新审视和修正抗逆力研究的理论分析框架，以便能够准确界定抗逆力的内涵，清晰了解个人是如何在逆境中成功应对现实生活中的困境的。基于抗逆力特征和结果研究中面临的困难和局限，柯比（L D Kirby）和弗雷泽（M W Fraser）从过程适应的角度探索抗逆力的内涵，认为抗逆力至少应该包括三个方面的内容：① 在不利的环境条件中克服面临的困难；② 在巨大的压力下维持正常的生活功能；③ 从过往的创伤经历中恢复过来。③ 这样的看法意味着，对于经历者而言，抗逆力首先是一种不利的生活处境，是人们生活中的特殊阶段或者特殊经历，它让人们体会到比平时生活更大的压力、更多的困难；其次，这是一种拥有积极结果的经

① Mandleco B L, Peery J C. "An organizational framework for conceptualizing resilience in children." *Journal of child & adolescent psychiatric nursing*, 2000, 13(3): 99-112.

② Kaufman J, Cook A, Arny L, et al.. "Problems defining resiliency: Illustrations from the study of maltreated children." *Development and psychopathology*, 1994, 6: 215-229.

③ Kirby L D, Fraser M W. "Risk and resilience in childhood." In Fraser M. *Risk and resilience in childhood: An ecological perspective*. Washington, DC: NASW Press, 1997.

历，它给人们带来的不仅是压力和困难，而且包括经过这一充满压力的特殊阶段或者特殊经历后的成长和信心的增强。[①] 显然，在界定抗逆力概念的内涵时，人们需要回答两个基本的问题：① 谁顺利渡过了逆境；② 在这个过程中面临什么样的困难和危机。也就是说，抗逆力概念的内涵至少包含两个方面的基本内容：面对逆境和克服困难，即在一般人看来不可能出现积极结果的时候，却出现了积极的结果。[②] 加梅齐（N Garmezy）把抗逆力界定为从最初的失败经历中摆脱出来并且维持有效的适应行为的能力。[③] 因此，可以说，抗逆力是逆境中获得意外积极结果的能力，它涉及逆境中的困难遭遇和成功适应这两个方面。

依据这种过程适应的观察视角，人们在逆境中遭遇的困难也就被当作抗逆力的风险因素。这样的危机因素涉及很广，像家庭搬迁、弟弟妹妹的出生、家庭成员的过世、父母亲离异以及其他创伤性事件都是危机因素。[④] 当然，那些给人们造成持续生活压力的因素更容易妨碍人们生活功能的正常发挥，像贫困就是其中比较突出的因素，它给人们的生活造成的影响是多方面的，甚至是基础性的。不过，也有一些影响因素在日常生活中虽然看起来不严重，甚至不起眼，如学习困难等，但是对于那些无法面对和处理的儿童

① Hauser S T. "Understanding resilient outcomes: Adolescent lives across time and generations." *Journal of research on adolescence*, 1999, 9(1): 1-24.

② Rutter M. "Resilience concepts and findings: Implications for family therapy." *Journal of family therapy*, 1999, 21(2), 119-134.

③ Garmezy N. "Resilience in children's adaptation to negative life event and stressed environments." *Pedicatric annals*, 1991, 20(9): 462-466.

④ Arrington E G, Wilson M N. "A re-examination of risk and resilience during adolescence: Incorporating culture and diversity." *Journal of child and family studies*, 2000, 9: 221-230.

青少年来说，就可能成为风险因素。此外，像心理和社会的弱势、低质量的家庭照顾、父母患有严重的精神疾病等都容易导致生活适应产生消极结果。沃纳（Werner E E）和史密斯（Smith R S）在对风险因素进行总结时指出，对于儿童青少年而言，他们的风险因素主要包括严重且持续的贫困、母亲教育的缺乏、家庭的不稳定、家庭成员在健康方面存在严重问题等。[①] 与风险因素相对应，促使社会成员顺利适应逆境的因素被称为保护因素。对于理解抗逆力概念的内涵而言，了解保护因素是必不可少的，它也是构成抗逆力概念的重要组成部分。与风险因素不同，保护因素是从积极适应的角度考察人们应对生活困难的具体过程的。有学者在总结儿童青少年的保护因素时发现，儿童青少年的保护因素主要涉及三个方面，即个人的特质、家庭的特征以及家庭以外社会支持关系的特点。[②] 有学者则将这些儿童青少年的保护因素具体概括为十项：① 有效的家庭照顾；② 与其他有能力的成人之间的交流；③ 受到其他社会成员的欢迎；④ 拥有良好的智力和技能；⑤ 拥有被自己或者他人看重的才华和成就；⑥ 具有效率、价值感和希望；⑦ 具有宗教信仰；⑧ 有利的社会经济方面的条件；⑨ 良好的学校和社区环境；⑩ 好的运气。[③] 显然，像风险因素一样，保护因素也涉及很广，几乎涵盖日常生活的方方面面。

---

① Werner E E, Smith R S. *Journeys from childhood to midlife: Risk, resilience and recovery*. Ithaca, NY: Cornell University Press, 2001.

② Masten A S, Power J L. "A resilience framework for research, policy, and practice." In Luthar S S. *Resilience and vulnerability: Adaptation in the context of childhood adversity*. New York: Cambridge University Press, 2003.

③ Masten A S. "Resilience in individual development: Successful adaptation despite risk and adversity." In Wang M C, Gordon E W. *Educational resilience in inner-city America: Challenges and prospects*. Hillsdale, NJ: Erlbaum, 1994.

风险因素与保护因素之间的关系也非常复杂，有许多种不同的解释。柯比和弗雷泽运用两种不同的解释模式分析风险因素与保护因素之间的互动关系，一种被称为增添式，另一种被称为互动式。① 所谓增添式，是指保护因素只增加积极结果出现的可能性，而风险因素只增加消极结果出现的可能性，两者之间没有直接的作用，是相对独立的。互动式则不认同这种截然分割的看法，认为保护因素作用的发挥与风险因素是密切相关的，两者不仅相互影响，而且根本无法截然分割开来。对于风险因素与保护因素之间相互影响的方式，也有多种解释。有的学者发现，抗逆力中的保护因素具有消减风险因素的功能，即保护因素在发挥作用的同时，也具有减弱风险因素的作用②；有的学者则强调，保护因素的主要作用是阻碍风险因素发挥作用，从而在逆境中保护人们避免陷入困境③；有的学者则坚持认为，抗逆力中的保护因素具有防止风险因素出现的作用，它能使人们顺利适应逆境④。甚至有学者直接指出，抗逆力中的保护因素与风险因素之间的关系并不是固定不变的，会随着时间和环境的变化而变化，无法预先设定一种固定的模式给予解释，这种固定的解释模式只会忽视抗逆力与场景的关联性以及个体在逆

① Kirby L D, Fraser M W. "Risk and resilience in childhood." In Fraser M. *Risk and resilience in childhood: An ecological perspective*. Washington, DC: NASW Press, 1997.

② Masten A S. "Resilience in development: Implications of the study of successful adaptation for developmental psychopathology." In Cicchette D. *The emergence of a discipline: Rochester symposium on developmental psychopathology*. Hillsdale, NJ: Lawrence Erlbaum, 1987.

③ Hawkins J D, Catalano R F, Miller J Y. "Risk and potective fctors for acohol and other drug problems in adolescence and early adulthood: Implications for substance abuse prevention." *Psychological bulletin*, 1992, 112: 64－105.

④ Morisset C E. *Language and emotional milestones on the road to readiness*. Arlington, VA: Zero to Three National Center for Clinical Infant Programs, 1993.

境中与环境交互影响的复杂性,最终导致这么一个结果：要么夸大个人的作用,要么忽视环境的变动性。[①]

可见,抗逆力是人们面对生活困境挑战时的有效适应和调整,是对不断变化的环境的积极应对。它不是什么特别的个人品格,而是每个人在日常生活中遭遇困境时都需要的适应过程。从这个意义上而言,抗逆力是人们适应环境过程中所拥有的正常功能,只是在逆境中表现得比预计更好一些而已。正是因为如此,有学者直接将抗逆力界定为“在面对阻碍适应和成长的逆境中促使积极结果出现的一系列现象,它包括心理的健康发展、困难处理新技巧的学习以及发展中危机处理能力的提高等”[②]。在过去的三四十年间,特别是二十世纪九十年代之后,研究抗逆力的学者们的兴趣主要集中在保护因素与风险因素相互作用的适应机制上,涉及城市贫困的适应、生活压力的调整、社区暴力的应对以及精神疾病的管理等。因此,抗逆力的概念包含三个方面的基本内涵：① 逆境的呈现过程;② 对逆境中困难的超越;③ 在逆境中获得健康成长。[③] 显然,抗逆力不仅包含问题的解决,同时包含了个人的成长,是一个充满动力的、个人与环境相互作用的动态过程。[④] 这意味着,抗逆力不是某种静止不变的因素和个人品格,而是不断发展变化的过程,涉及人

① Ungar M. “The importance of parents and other caregivers to the resilience of high-risk adolescents.” *Family process*, 2004, 43(1): 23－39.

② Kaplan H B. “Toward an understanding of resilience: A critical review of definitions and modes.” In Glantz M D, Johnson J L. *Resilience and development: Positive life adaptations*. New York: Klnwer Academic/Plenum, 1999.

③ Hawley D R, DeHaan L. “Toward a definition of family resilience: Integrating life-span and family perspectives.” *Family process*, 1996, 35(3): 283－289.

④ Schoon I. *Risk and resilience: Adaptations in changing times*. New York: Cambridge University Press. 2006.

与环境相互作用过程中对发展途径的探寻。它是人们运用内部和外部资源成功解决各阶段发展问题的过程。当抗逆力的内涵转向个人在逆境中的适应和发展过程时，就必然需要运用社会生态系统的模式探寻个人与环境之间的交互作用的多重机制。这样，抗逆力的内涵一定是处境化的，它不仅与具体的社会文化紧密相关，而且是一种双向影响的方式，个人影响环境的同时，环境也在影响个人，环境与个人各自具有不同的发展方向。对这种双向影响的过程以及潜在机制的探究，就成为未来抗逆力研究的基本发展方向。① 因此，抗逆力可以被理解成保护因素与风险因素之间的相互作用的过程，涉及个人、家庭以及社会文化之间动态的双向的影响。②

值得注意的是，针对这种双向的动态影响过程，有学者提出了一个很重要的概念——自我调适（self-righting），并认为自我调适这种能力能够帮助逆境中的儿童青少年朝着正常的方向发展。③ 它是人们在逆境中的自我修复能力，是对逆境中的压力的消解以及对自我的重新调整，包含个人在逆境中的心理成长。④ 有学者把个人的这种自我调整能力放在自我能动性的发挥以及生命历程理论的框架下考察。⑤ 这样，抗逆力的内涵也就与人们的自

① Johnson J L, Wiechelt S A. "Introduction to the special issue on resilience." *Substance use & misuse*, 2004, 39(5): 657 - 670.

② Walsh F. "A family resilience framework: Innovative practice applications." *Family relations*, 2002, 51(2): 130 - 137.

③ Mandleco B L, Peery J C. "An organizational framework for conceptualizing resilience in children." *Journal of child & adolescent psychiatric nursing*. 2000, 13(3): 99 - 112.

④ Miller E D. "Re-conceptualizing the role of resiliency in coping and therapy." *Journal of loss & trauma*, 2003, 8(4): 239 - 246.

⑤ Schoon I. *Risk and resilience: Adaptations in changing times*. New York: Cambridge University Press. 2006.

我概念紧密联系在了一起，不再是被动地适应或者接受他人的指导，而是个人主动在逆境中学会面对生活的挑战，克服面对的困难以及继续寻找健康发展方向的努力抗争过程。[①] 显然，无论是针对保护因素与风险因素之间的相互作用的探讨，还是针对个人与环境之间充满动力的交互影响过程的分析，或者是针对个人自我的发展以及能动性的提升的潜在机制描述，其实都在努力寻找一个共同的答案，就是通过对抗逆力概念的探讨来挑战决定论的发展观，相信人的发展不是由基因或者早年经验决定的。[②] 显然，关注过程的抗逆力研究需要人们拥有一种研究范式的转变，转向关注积极适应的以健康发展为导向的分析框架（wellness framework），不再按照问题—原因—建议这种传统的问题分析框架深究问题产生的原因以及问题解决的方法，而是探索怎样运用社会生活中所拥有的各种资源促进个人的健康发展。[③] 一旦抗逆力拥有了这种健康发展的分析框架，它的内涵也就与优势视角的能力概念相似了，都在关注人们在生活困境中怎么改变，都强调每个人在生活困境中拥有选择自己的成长发展方向的能力，而且都认为过往不幸的经历对于人们的成长改变来说是一种挑战，不等于就是问题。[④] 相应地，围绕着人们在逆境中的健康成长的跨学科综合研究也就成为抗逆力内涵探

---

① Walsh F. "Family resilience: A framework for clinical practice." *Family process*, 2003, 42(1): 1-19.

② Schoon I. *Risk and resilience: Adaptations in changing times*. New York: Cambridge University Press. 2006.

③ Antonovsky A. "The sense of coherence: An historical and future perspective." *Israel journal of medical sciences*, 1996, 32(3): 170-178.

④ Masten A S. "Resilience in children threatened by extreme adversity: Frameworks for research, practice, and translational synergy." *Development & psychopathology*, 2011, 23(2): 493-506.

索的必然趋势。①

显然，通过对比优势视角的能力概念与抗逆力概念可以发现，尽管两者在学科的起源以及问题探索的焦点上有所不同，但是随着对个人与环境交互影响这一核心命题理解的深入，两者的内涵有了逐渐趋同的现象，归根结底，两者都需要回答人们在特定的生活场景中是如何发生改变的这一问题。

3. 能力与增能

与优势视角的能力概念极容易混淆的另一个重要概念是增能，它也是社会工作者在专业服务中经常使用的重要概念之一。在优势视角看来，针对服务对象的优势评估就是带动服务对象个人增能的过程，它不仅是社会工作者收集和分析有关服务对象资料的过程，而且是社会工作者与服务对象一起寻找生活中的问题，重新给问题命名，并且协助服务对象找到自己能力所在、突破问题束缚的过程，包括在评估过程中给服务对象自我决定的机会，由服务对象确定服务的方向和目标，让服务对象学习以新的视角理解周围环境的要求，并且选择更有效的行为应对方式等。② 值得注意的是，尽管从字面上来看，个人增能是个人能力的提升，但是实际上，个人的增能常常需要借助与周围他人互动的过程，是在与周围他人的交往中学会挖掘和运

① Masten A S. "Resilience in developing systems: The promise of integrated approaches." *European journal of developmental psychology*, 2016, 13(3): 297-312.

② Cowger C D, Anderson K M, Snively C A. "Assessing strengths: The political context of individual, family, and community empowerment." In Saleebey D. *The strengths perspective in social work perspective* (*4th ed.*). Boston: Pearson Education, Inc., 2006.

用周围环境资源的过程。① 这样，个人的增能实际上也就是社会的增能，即通过个人运用周围环境资源能力的提升，与周围他人建立一种相互促进的互惠关系，不再运用掌控的方式与周围他人交流，在展现自己的同时，理解周围他人的不同要求。② 当然，通过这样的社会增能，个人也就能够获得进一步增能的社会环境，使个人增能与社会增能形成相互促进的良性互动圈。③ 因此，通过个人能力与环境资源的联结，优势视角在个人增能和社会增能之间找到了相互衔接、相互转换的逻辑基础，避免使社会工作陷入个人与环境二元对立的逻辑困境中。

正是因为如此，优势视角把个人能力的挖掘、调动和发挥视为增能的关键，只有通过个人能力这一核心概念，才能将个人增能与社会增能联结起来，特别是在社会工作专业服务开始的评估阶段，这一特点表现得更为突出。④例如，社会工作者是否能够与服务对象分享评估中的资料和想法、是否能够与服务对象保持平等的对话以及是否能够与服务对象一起给遭遇的问题命名等，就成为服务对象实现增能的关键。优势视角强调，社会工作者只有借助这种共同分享、平等对话和一起命名等具体的相互交流方

① Ganzer C, Ornstein E D. "In and out of enactments: A relational perspective on the short-and long-term treatment of substance abuse." *Clinical social work journal*, 2008, 36(2): 155－164.

② Jordan J V. "Empathy, mutuality and therapeutic change: Clinical implications of a relational model." In Jordan J V, Kaplan A G, Miller J B, et al.. *Woman's growth in connection*. New York: Guilford Press, 1991.

③④ Cowger C D, Anderson K M, Snively C A. "Assessing strengths: The political context of individual, family, and community empowerment." In Saleebey D. *The strengths perspective in social work perspective* (*4th ed.*). Boston: Pearson Education, Inc., 2006.

式，才能让服务对象成为自己生活的决定者，在生活困境中做出自己的应对行动选择。同时，通过这样的相互交流过程，社会工作者才能够协助服务对象与周围他人建立一种信任的合作关系，增进社会的公平和正义。① 可见，优势视角把服务对象发掘自身的能力和资源的过程视为增能的过程，正是通过能力和资源的发掘，服务对象在生活困境中拥有了更为有效的应对问题的方法，也更相信自己能够克服生活中的问题。②

为了更好地在服务中呈现增能过程，优势视角引入了社会建构主义的服务逻辑，假设社会工作专业服务是一个社会建构的过程，其中涉及社会工作者与服务对象以及周围他人对服务对象在现实生活中遭遇的问题进行重新理解和界定，从而一起建构现实生活，绝不是像传统社会工作专业服务认为的那样针对服务对象的问题进行分析和诊断，找到问题背后的真实原因，并且以此为基础设计专业服务方案。③ 为此，优势视角总结提出社会工作专业服务的十项指导原则：① 以故事为中心，即在评估和服务过程中尽可能让服务对象按照自己习惯的方式表达自己的想法、观点和经验，呈现服务对象自己的观察视角和价值原则；② 把故事视为真实的，即在评估和服务过程中相信服务对象描述的故事，尊重服务对象给自己生活赋予的意义；③ 尊重每个人的自我决定，即鼓励服务对象在评估和服务过程中根据自己的生活经验做出自己的判断和选择，并由此学习管理自己生活的有效方法，提高对

① Freedberg S. *Relational theory for social work practice: A feminist perspective*. New York: Routledge, 2009.

②③ Cowger C D, Anderson K M, Snively C A. "Assessing strengths: The political context of individual, family, and community empowerment." In Saleebey D. *The strengths perspective in social work perspective* (*4th ed.*). Boston: Pearson Education, Inc., 2006.

生活的掌控感；④ 关注服务对象的生活经验，即通过分析服务对象的故事，包括故事描述的内容和方式，了解服务对象生活经验的组织方式，从而理解服务对象的主观世界；⑤ 注重服务对象的改变要求，即通过直接询问服务对象希望改变什么或者希望得到什么样的帮助，了解服务对象对未来生活安排的改变要求，让服务对象更加知晓自己的生活改变目标；⑥ 侧重服务对象能力的寻找，即在评估和服务过程中注重服务对象能力的挖掘、调动和运用，相信服务对象在现实生活困境中是有改变的能力的；⑦ 注重服务对象的独特性，即在评估和服务过程中专注服务对象独特经验的寻找和总结，从服务对象所处的独特位置和拥有的独特生活经验出发理解服务对象的成长改变要求，让服务对象的改变扎根于自己的现实生活中；⑧ 关注双向对话交流，即通过服务对象参与评估和服务的过程，让服务对象有充分的机会展现自己的想法和要求，并且借助双向的对话交流，保证服务对象的想法和要求能够得到充分的尊重；⑨ 以改变为导向，即在评估和服务过程中协助服务对象减少使用责备的词语与周围他人沟通，把关注的焦点集中在如何改变上，让服务对象与周围他人逐渐从相互抱怨转向相互合作；⑩ 保持开放的态度，即在评估和服务过程中协助服务对象尽可能使用不带负面标签的词语，让服务对象看到自己和周围他人的改变能力和改变资源。[①] 显然，社会建构主义服务逻辑的引入为优势视角能力概念的运用提供了更大的空间，它让人们更为关注服务对象的未来生活安排，注重服务对象成长改变路径和方法

① Cowger C D, Anderson K M, Snively C A. "Assessing strengths: The political context of individual, family, and community empowerment." In Saleebey D. *The strengths perspective in social work perspective* (*4th ed.*). Boston: Pearson Education, Inc, 2006.

的寻找，使人们的能力与成长改变的经历有了更为紧密的联系，具有了成长发展的视角。此外，在社会建构主义服务逻辑的影响下，服务对象的能力被视为一种在与周围他人对话交流过程中呈现出来的现象，能够帮助服务对象实现内部能力与外部资源的相互转化和循环，具有了动态的特征。① 因此，随着优势视角社会工作实践的深入，作为优势视角核心概念之一的能力也就呈现出与增能概念相互融合的趋势，其目的都是增强人们在现实生活中对自己生活的掌控能力。

不过，值得注意的是，尽管能力概念与增能概念越来越趋同，但是两者有着不同的来源和演变历程。增能概念受到西方二十世纪七八十年代兴起的民权运动和服务使用者运动的影响，它让社会工作者看到人们在社会层面寻求改变的要求，开始探寻如何将个人层面的改变与社会层面的改善相结合。② 由于长期受到种族冲突以及争取权利平等要求的影响，美国的社会工作走上了一条从种族和文化视角出发的增能方式，强调通过小组和社区工作的方法消减因社会歧视带来的不平等。③ 英国的社会工作则不同，走上了另一条增能的发展道路，通过增强个人的自决以及人们之间的互助实现服务对象在日常生活困境中的增能。④ 这样，增能社会工作所说的增能就

① Cowger C D, Anderson K M, Snively C A. "Assessing strengths: The political context of individual, family, and community empowerment." In Saleebey D. *The strengths perspective in social work perspective* (*4th ed.*). Boston: Pearson Education, Inc, 2006.

② Lee J. *The empowerment approach to social work practice: Building the beloved community*. New York: Columbia University Press, 2001.

③ Solomon B. *Black empowerment: Social work in oppressed communities*. New York: Columbia University Press, 1976.

④ Payne M. "Risk, security and resilience work in social work practice." *Social work review*, 2011, 1(3): 7-14.

不仅涉及个人层面的成长改变，如增强对自己的信心、提升对自己生活的影响能力以及提高对自己生活的决定能力和行动能力等，而且表现为对社会层面改善的能力，如建立互助关系、培养分享式的学习方式以及树立资源分配的公平意识等，因而其是服务对象对自己整个生活状况的掌控能力。① 二十世纪九十年代之后，增能概念得到快速传播，成为社会工作专业实践中最受欢迎的概念之一，而增能的服务理念也因此开始走出欧美，成为国际社会工作普遍关注的一个焦点，转变成社会工作专业服务的一项基本要求。② 这样，增能概念的内涵也就相应地出现了一些明显的变化，从开始时强调个人成长改变与社会环境改善相结合的整全视角，转向关注个人掌控生活能力的提升，其在一般意义层面上注重增强个人的能力，逐渐淡化社会结构的影响，侧重个人的主动参与和自我指导（self-directed）。③ 从这个意义上来说，增能已经不再是一种服务的模式，而是开展服务的理念，它可以运用到所有的社会工作服务活动中，成为社会工作专业实践的基本指导。④

与一般社会工作专业实践相比，增能社会工作具有三个方面的显著特点：① 场景化，即社会工作者需要以服务对象的日常生活为出发点，在服务

---

① Payne M. "Risk, security and resilience work in social work practice." *Social work review*, 2011, 1(3): 7-14.

② Anderson D B, Shaw S L. "Starting a support group for families and partners of people with HIV/AIDS in a rural setting." *Social work*, 1994, 39(1): 135-138.

③ Parsloe P. "*Empowerment in social work practice.*" In Parsloe P. *Pathways to empowerment*. Birmingham: Venture, 1996.

④ Peterson N A, Speer P W. "Linking organizational characteristics to psychological empowerment: Contextual issues in empowerment theory." *Administration in social work*, 2000, 24(4): 39-58.

对象所观察到的“社会事实”的基础上进行对话交流，让服务对象能够展现日常生活场景的整个生活状况；② 过程化，即社会工作者需要在日常生活中通过与服务对象的对话交流支持他们为自己的生活安排做出决定，并且鼓励服务对象根据自己的改变要求采取相应的改变行动，逐步提升自己掌控生活的能力；③ 集体化，即社会工作者需要把服务对象与他们身边的周围他人联系起来，通过把他们组织起来形成相互支持的互助关系，减少服务对象在日常生活中的孤独无助的感受，增强他们的自我价值感。[①] 正是因为增能社会工作具有这样的实践要求，有学者把这一实践中的增能概念界定为三个方面的变化：① 自我的改变，即帮助服务对象发展出一种更积极、更有力量的自我；② 意识的提升，即培养服务对象对现实环境的批判意识；③ 资源的运用，即协助服务对象学会寻找资源，采取合理策略实现个人和群体预定的目标。[②]

显然，增能概念的依据是个人与环境之间的交互影响，两者被视为相互影响的一个整体。不过，对于两者这种交互影响的方式却有多种不同的解释，其中一种比较常见的看法是把这种交互影响视为多层次的。[③] 在这些多层次当中，有三个层次是最为基本的，即历史视角、生态视角和社会视角。历史视角是从时间纵向的维度考察弱势群体社会资源分配不公的现象，生态视角则是从横向环境的维度理解弱势群体在争取社会资源公平分配方面

① Rose S M. “Advocacy/empowerment: An approach to clinical practice for social work.” *Journal of sociology & social welfare*, 1990, 41(17): 41-51.

② Lee J. *The empowerment approach to social work practice: Building the beloved community*. New York: Columbia University Press, 2001.

③ Lee M Y. “A constructivist approach to the help-seeking process of clients: A response to cultural diversity.” *Clinical social work journal*, 1996, 24(2): 187-202.

的困难，而社会视角则是从社会结构的维度探究弱势群体在资源公平分配中的困境。[①] 这样，个人生活经验的调整、问题解决能力的提升、互助支持关系的建立以及资源公平分配的争取就能够相互衔接起来，不仅使增能概念有了清晰一致的内涵[②]，而且同时使增能概念的内涵具有了流动性和多样性[③]。就具体的增能概念内涵变化的层次而言，它通常涉及人们日常生活的三个层面，即个人层面（the personal level）、人际层面（the interpersonal level）和政治层面（the political level）。在个人层面，增能的范围主要涉及因种族和阶级以及其他社会因素而导致的对个人自我和个人价值方面造成的负面影响，对这些个人负面影响的消减就构成了个人层面的增能，包括个人应对环境能力的提升、自我方向感的增强以及自信心的提升等，保证个人对周围环境有更强的掌控能力。在人际层面上，增能的主要目的是帮助弱势的服务对象建立相互支持的关系，让他们学会互动和分享，培养一种相互认可的集体社会身份，改变从个人视角解决问题的相互割裂的个人主义的观点。在政治层面，人们需要把人际层面获得的增能运用于社会场域中，通过不断的社会实践提升自己掌控社会环境的能力，同时也进一步认可自己的集体社会身份。[④]

因此，增能概念有一个很重要的内涵，也是核心要素之一，即意识提升

---

① Lee J. *The empowerment approach to social work practice: Building the beloved community*. New York: Columbia University Press, 2001.

② Lee M Y. "A constructivist approach to the help-seeking process of clients: A response to cultural diversity." *Clinical social work journal*, 1996, 24(2): 187 - 202.

③ McLaughlin K. "Recognising social work: The influence of the politics of recognition on social work."*Practice*, 2014, 26(5): 299 - 312.

④ Lee J. *The empowerment approach to social work practice: Building the beloved community*. New York: Columbia University Press, 2001.

(consciousness-raising)。正是因为如此，增能概念不再强调问题解决这种单人的观察视角，而是要求服务对象学会从不同的视角观察生活困境中存在的人际和社会层面的矛盾，并且由此调整自己的自我意识，借助服务对象之间的共同行动争取生活中更公平的资源分配。① 这样，意识提升实际上就是个人自我意识改变的过程，需要服务对象学会运用对话的方式加强对自我的反思，不再局限于自己的观察视角中，能够跳出自己的观察视角看到问题背后社会结构的影响(Adams，1996)。② 当然，增能概念所说的对话有其独特的要求，既不是指沟通的一方将自己的想法传递给另一方，指导另一方采取某种合适的行动，也不是指双方之间进行简单的信息交换，辨别信息的真伪，而是涉及观察视角的转变，通过双方的对话交流重新理解和命名社会现实的过程，是一种现实构建的过程。

可见，尽管增能概念在一些方面与优势视角的能力概念相似或者相同，它们都把服务的目标和改变精力放在人们未来可改变的空间上③，但是两者的理论和实践来源存在明显的差异。相比较而言，增能概念更为关注社会层面的改变以及个人自我对社会现实的认识，把个人视为现实社会生活中的人，受到社会歧视以及社会资源分配不公等社会因素的影响，而优势视角的能力概念则更为注重个人独特经验的挖掘，特别是个人的成功经验成为

① Freire P. “Education: Domestication or liberation?” *Prospects*, 1972, 2(2): 173 - 181.

② Adams R. *Social work and empowerment*. London: Macmillan, 1996.

③ Cowger C D, Anderson K M, Snively C A. “Assessing strengths: The political context of individual, family, and community empowerment.” In Saleebey D. *The strengths perspective in social work perspective* (*4th ed.*). Boston: Pearson Education, Inc, 2006.

个人能够实现成长改变要求的关键。当然，优势视角的能力概念也强调环境资源的重要性以及它对个人成长改变所发挥的作用，不过，这样的环境资源是一种生态视角下的环境资源，更为强调家庭和社区生活中存在的那些促进服务对象做出改变的支持条件。①

二、社会工作实践中的风险概念

显然，这些面临多重生活困难挑战的深度贫困人群的问题解决依赖他们能力的深度发掘和资源的多方链接，以便在返贫风险高发的日常生活中形成有效的应对风险的能力，这样，风险概念的考察就成为这一人群社会工作实践必不可少的内容。实际上，尽管社会工作自诞生之日起就注重服务对象的能力挖掘和周围环境资源的链接，并且强调将两者结合在一起，相互促进②，但是社会工作在专业实践中始终忽视风险因素的分析，即使引入了抗逆力概念把风险因素作为单独的考察内容之后，也仍然将风险作为能力的对立面加以管控，要么不允许风险因素的存在，要么尽力将风险因素控制在自己能力所及的范围内③。甚至在危机介入模式中，风险也被视为有着积极的功能，它能够促使服务对象寻求改变。像这样的观点仍然强调风险是

① Sullivan W P, Rapp C A. "Honoring philosophical traditions: The strengths model and the social environment." In Saleebey D. *The strengths perspective in social work perspective*(*4th ed.*). Boston: Pearson Education, Inc., 2006: 261 - 278.

② Mosely J E. "Yes, macro practice matters: Embracing the complexity of real-world social work." *Human service organization: Management, leadership & government*, 2016, 21(2): 4 - 6.

③ Cowger C D, Anderson K M, Snively C A. "Assessing strengths: The political context of individual, family, and community empowerment." In Saleebey D. *The strengths perspective in social work perspective* (*4th ed.*). Boston: Pearson Education, Inc, 2006.

完全可以把控的，它的理论假设建立在实证主义的掌控理性逻辑基础之上。

尽管优势视角在理论发展过程中不断吸收来自社会理论的观点，强调服务对象优势发挥过程中所具有的增能和对社会歧视的挑战①，但是就能力概念而言，它显然是在实证主义二元对立的掌控理性的原则基础之上建立自己的能力服务策略的，它把风险看作生活中的不稳定因素，将其当作能力的对立面②。直到二十世纪九十年代，由于经济全球化和国际交流的深入，特别是伴随着西方国家鼓励多方参与的多元福利制度的改革，多元化逐渐受到人们的关注，成为主流，在后现代主义思潮、女性主义、批判理论和反思行动学习等多种理论的共同影响下，关注场景化和生活化的社会工作实践受到人们的青睐，它主张一种在场景中并且随场景一起改变的策略(in and with contexts)③。在这种场景化、多元化的服务中，不稳定性、模糊性和不确定性就成为服务中的常态，这样，风险也就必然伴随整个服务，而且成为服务中不可缺少的元素。为此，有学者认识到这种二元对立掌控理性的能力服务策略面临的困境，专门提出了场景实践的概念，强调社会工作的实践具有变动性和多样化，坚信这样的实践具有“自下而上”的特征，需要随时面对和超越当下冲突的能力④。这一观点得到一些学者的热烈响应，他们发现

① Rapp C A, Goscha R J. *The strengths model: Case management with people with psychiatric disabilities*. New York: Oxford University Press, 2006.

② Webb S A. *Social work in a risk society: Social and political perspectives*. New York: Palgrave Macmillan, Basingstoke, 2006.

③ Sands R G, Nuccio K. “Postmodern feminist theory and social work.” *Social work*, 1999, 37(6): 389-394.

④ Ife J. “Human rights and critical social work.” In Hick S, Fook l, Pozzuto R. *Social work: A critical turn*. Toronto: Thompson Educational Publishing, Inc., 2016.

这种不确定性的风险是后现代社会多元生活必然需要面对的，这种风险要求人们放弃这种二元对立的掌控理性。[①] 直接对传统二元对立能力视角提出挑战的是英国学者韦布(S Webb)，他从风险社会入手分析后现代社会中社会工作的实践，要求建立一种能够有效协助困境中的服务对象应对日常生活风险的社会工作服务逻辑[②]，尤其是那些面临多重困难的弱势群体，他们面临的风险很高，这一要求也更为突出[③]。因此，怎样针对多重困难的深度贫困人群日常生活中的高风险，协助他们找到应对的能力，这不仅是一个实践问题，同时也是一个值得探索的理论问题。

1. 传统社会工作实践中的风险

实际上，风险概念并不是现代工业社会才有的，它一直伴随着人类生活，因为人类要生存，就需要面对自然条件和社会环境提出的挑战，应对随时可能发生的意外事件。只是随着现代工业社会发展速度的加快，人们遭遇意外事件的可能不断增加，风险这一问题也就变得越来越突出。尤其是对于应对能力偏弱、社会资源缺乏的弱势人群来说，风险就成为他们日常生活中不可忽视的内容。

在前工业社会或者传统社会中，无论个人的还是社会共同的灾难和危害，都被认为是随机的，受机会、命运或者神灵的支配。它们完全超出了人类能力所及的范围，不受人类的控制和影响。[④] 因此，这一阶段的风险概念常

① Healy K. *Social work practices: Contemporary perspectives on change*. London: Sage Publications, 2015.

②④ Webb S A. *Social work in a risk society: Social and political perspectives*. New York: Palgrave Macmillan, Basingstoke, 2006.

③ Gould N. *Mental health social work in context*. New York: Routledge, 2010.

常意味着不可控制，是人类生活的不确定性，它构成人类生存的核心条件之一。值得注意的是，依据传统社会对风险的理解，风险被视为人们身体或者心理受损的可能性。如果社会工作者采取“修补不足”的问题视角审视日常生活中的风险，就会出现风险概念使用中的一个困境：明确假定日常生活中存在因风险而产生的不足，只有去除这些日常生活处境中的不足，才能保证正常的生活安排。但是，实际上，风险是一个概率问题，它只表明某件事情发生的可能性，而不是确定性。因此，一旦社会工作者运用“修补不足”的问题视角考察风险，就意味着其已把风险视为一种现实，混淆了风险的客观概率与这些风险的主观感知之间的不同。① 更重要的是，这种“修补不足”的问题视角的风险观只让人们看到因风险带来损害的一面，忽视了风险同样能够对人们的日常生活产生积极影响的另一面。②

到了现代工业时代，人们对生活中那些不确定因素的反应发生了根本性的转变。现代工业时代出现的一个重要信念是，人们能够预测、管理和控制日常生活中面临的危险和危害。③ 这样，精算就作为一门科学受到人们普遍的关注。④ 人们相信，风险可以经过精密的计算得到控制，它是保证人们成功投资未来的必要先决条件，也是新企业寻求发展或者社区寻求开拓所需要的冒险精神（Green, 2007）。⑤ 正是因为如此，以往的危险和危害被重

①② Payne M. "Risk, security and resilience work in social work practice." *Social work review*, 2011, 1: 7 - 14.

③ Beck U. *Risk society: Towards a new modernity*. London: Sage Publications, 1992.

④ Webb S A. *Social work in a risk society: Social and political perspectives*. New York: Palgrave Macmillan, Basingstoke, 2006.

⑤ Green D. "Risk and social work practice." *Australian social work*, 2007, 60(4): 395 - 409.

新界定为风险，从不确定性和偶然性的理解中移除出来，成为科学探究的对象。那些可以计算和预测的事件被当作风险，而那些无法计算和预测的事件则被当作投资者行为（investor behaviour）①，带有高度的不确定性。学者们开始强调，不确定性并不代表无法计算和预测，在实际生活中，“不确定性才是现实世界占主导的运行范式”②。随着科学主义的盛行，“技术科学”的风险管理逐渐成为主流，当代政府和企业对风险的定义都是基于这种科学理性和技术计算的方法，并且在此基础上制定出风险管理的各种政策和法规。不过，值得注意的是，在对风险内涵的理解中，这一阶段也出现了另一种完全不同的观点，即“高度的不确定性一直是人类生活的‘内在的本质’”，因为这种“不确定性来源于社会生活的不可预测性，或者说，来源于人类行为的不可预测性”③。

2. 后现代社会工作实践中的风险

从二十世纪七八十年代起，以个人主义、新自由主义政治为特征的后现代工业社会出现了，特别是随着全球化和国际化进程的加快，因风险引发的问题越来越突出，使风险逐渐成为这一阶段的显著特征，无论是个人还是社会都希望制定没有风险的“生活计划”，这也成为这一阶段社会工作专业实践的核心焦点之一。④ 风险因素在这一阶段之所以受到人们的普遍关注，是

① Green D. “Risk and social work practice.” *Australian social work*, 2007, 60(4): 395-409.

② Bernstein P. *Against the gods: The remarkable story of risk*, New York: John Wiley, 1998.

③ Reddy S. “Claims to expert knowledge and the subversion of democracy: The triumph of risk over uncertainty.” *Economy and society*, 1996, 25(2): 222-254.

④ Webb S A. *Social work in a risk society: Social and political perspectives*, New York: Palgrave Macmillan, Basingstoke, 2006.

因为整个社会环境和国际环境都发生了明显变化：一方面，在多元福利服务政策的推动以及全球化和国际化的影响下，多元化的理念逐渐成为国际社会的基本发展趋势①；另一方面，由于受到社会、经济和环境快速变化的影响，特别是工业化和新技术造成的危害变得越来越突出，社会的不安全和不确定程度不断增加②。例如，气候变暖、环境污染、传染病的流行以及种族的冲突和成瘾行为的加剧等，使得整个国际社会面临一系列新的风险。③ 特别是随着新的信息技术的发展，那种高薪而且有社会保障的稳定工作正在被灵活、不稳定的就业方式所替代。④ 正如有学者指出的那样，全球资本主义正在削弱西方充分就业的社会价值观，破坏了现代工业社会建立起来的资本主义、福利国家和社会民主三者之间的历史联盟，使社会关系越来越趋向个体化和私人化。⑤ 因此，灵活性也就成为后现代工业社会对每一位社会成员的基本要求。

正是在这样的社会快速发展的要求下，技术官僚化得到新管理主义的推崇，它诉诸技术理性，通过引入机械的、专业的、定时的一套技术规则，减少了人与人之间的交流，保障了管理任务的顺畅执行。⑥ 显然，这种以工具理性为核心要素应对生活不确定性的管理方式不仅迫使社会工作者在问责制的要求下逐渐放弃一线的直接服务，埋头于文书工作中，成为政府管理机制

① Fook J. *Social work: Critical theory and practice*. London: Sage Publications, 2002.

② Green D. "Risk and social work practice." *Australian social work*, 2007, 60(4): 395-409.

③④ Beck U. *Risk society: Towards a new modernity*. London: Sage Publications, 1992.

⑤④ Loreto S U, Idoia M A. "Social work and risk society: The need for shared social responsibility." *European journal of social work*, 2011, 14(4): 447-462.

的一部分，而且在成本效益的计算下，引导社会工作者注重专家式的各种评估，并且由此制订详细的服务方案。这样的风险应对方式除了直接削弱社会工作者的批判和创造思维之外，还因为缺少与服务对象的直接沟通交流，不自觉地把技术层面的安排作为服务的优先考虑项目，逐渐失去了对社会弱势人群的关怀，使社会工作专业实践偏离了社会工作对人的关怀和价值尊重的本质。① 因此，在后现代工业社会中，社会工作者的实践也就具有了风险管理的要求，如人口的流动与融合、社会冲突的预防、人口老龄化的应对以及各种新形式暴力的应对等，都成为社会工作专业实践的重要议题。特别是那些长期在困境中挣扎的弱势人群，他们不仅明显受到快速变化的社会环境的影响，常常面临巨大的生活压力，感到无力掌控自己的生活，而且他们面临的问题还常常表现为持续时间长、反复性高等特点，使得他们经常感到失望、沮丧、无助，甚至绝望和自暴自弃，由此，他们的生活风险非常高。② 深度贫困人群就是典型的例子，他们的返贫风险极高，因而，风险应对就成为他们日常生活中必须面对的难题。到二十世纪末，风险和风险管理已经成为“当代世界的主要认识论基础”③。

越来越多的政府部门、服务机构、企业和个人的安排正在借助风险的框架和技术进行管理。风险的识别、控制和规避已经成为整个国际社会的基本发展趋势，这一需求日益凸显出来，它不仅影响个人生活的方方面面，而

① Loreto S U, Idoia M A. “Social work and risk society: The need for shared social responsibility.” *European journal of social work*, 2011, 14(4): 447 - 462.

② Gitterman A, Germain C B. *The life model of social work practice: Advances in theory and practice* (*3rd eds.*). New York: Columbia University Press, 2008.

③ Reddy S. “Claims to expert knowledge and the subversion of democracy: The triumph of risk over uncertainty.” *Economy and society*, 1996, 25(2): 222 - 254.

且影响社会机制良性运行的各个环节。① 就社会工作的服务领域而言，像高龄老人服务、残疾人康复、慢性病管理、禁毒社会工作以及严重精神障碍患者的社区康复等，都是非常典型的例子，这些领域的社会工作服务不仅需要处理服务对象当下的服务需求，而且需要建立紧急事件应对的风险处理机制。尽管这些风险并不一定能够被服务对象察觉到，甚至有时还会被服务对象有意忽略，但是它们确实存在，一旦这些意外事件发生，就会给服务对象的生活造成无法挽回的损失。因此，风险评估和风险管理不是特殊人群的个别服务要求，它已经成为风险社会中社会工作实践的一项基本诉求。在针对这些高风险的弱势人群的服务中，社会工作者首先需要直接面对这些弱势人群日常生活中的各种风险，这样，做好风险的评估和管理工作就成为社会工作专业实践中不可缺少的重要组成部分。②

3. 风险社会中的能力

显然，弱势人群在风险社会中具有了两层弱势：一层是日常生活中遭遇的现实困难需要面对，这是传统社会工作专业实践比较关注的内容；一层是日常生活意外事件带来的损害，这是后现代工业社会特别关注的部分。实际上，这两层的弱势在日常生活中是相互影响的，就像深度贫困家庭，如果他们希望摆脱贫困，就需要具有同时处理这两个层面生活困扰的能力。

（1）风险社会中的个人应对能力。在风险社会中，弱势人群日常生活不

① O'Malley P. "'Uncertain subjects': Risks, liberalism and contract." *Economy and society*, 2000, 29(4): 460 - 484.

② Webb S A. *Social work in a risk society: Social and political perspectives*, New York: Palgrave Macmillan, Basingstoke, 2006.

确定性的管理就成为突出的问题。然而，针对这一问题，传统的社会工作方法常常难以发挥作用。无论是注重问题分析和解决的问题视角，还是强调能力发挥和资源运用的优势视角，都是以人们日常生活中的某个已有的问题或者能力而开展服务的，它们都把人们日常生活中的一部分作为社会工作专业实践关注的焦点进行分析和干预，采用一种增强生活控制的单一视角的因果线性思维方式，这不仅与人们的日常生活场景割裂开来，很容易忽视环境对人的影响，而且根本无视环境可能出现的意外事件，常常陷入"自说自话"的陷阱中。[①] 正是因为如此，在面对风险社会中弱势人群的生活困扰时，社会工作者需要做的不只是改变服务的技巧和方法，还需要转变传统的专业实践的思路，放弃这种无视生活风险的"非黑即白""非此即彼"的二元对立的掌控逻辑，只有这样，才能发掘服务对象风险管理的诉求和能力，把服务对象面对日常生活不确定性的应对方式也作为能力的一部分，让服务对象学会采取一种双向影响的动态视角审视自己与周围他人的交流状况，把环境的变化也作为社会工作专业实践的重要内容加以考察[②]。实际上，这种不确定性的管理与社会工作的伦理价值要求是一致的，即强调社会工作专业实践的根本是尊重人的价值和多样性。当然，对于正在经历心理社会困扰的弱势人群来说，他们即使面对像深度贫困人群那样的多重生活的挑战，仍然拥有做出相关决定的能力，值得社会工作者进行深入的探索。[③]

---

① Beckett C. *Essential theory for social work practice*. London: Sage Publications, 2006.

② Kessl F. "Critical reflexivity, social work and the emerging European post-welfare states." *European journal of social work*, 2009, 12(3): 305－317.

③ Dawson J, Szmukler G. "Fusion of mental health and incapacity legislation." *British journal of psychiatry*, 2006, 188(6): 504－509.

（2）风险社会中的资源运用能力。与风险社会中的个人应对能力相对应，风险社会中的资源运用能力也成为风险社会中社会工作专业实践的一项重要命题。针对这一命题已有一些学者展开了研究，认为需要在弱势人群的家庭以及社区建立社会支持网络，以便为弱势人群提供更为广泛的社会支持，避免弱势人群在危机事件中重新陷入困境；也有学者强调，这种风险社会中的资源运用能力的核心体现在社区参与和同伴互助关系的建立上，它让弱势人群远离孤独无助的处境，使弱势人群重新拥有与周围他人交往和运用身边资源的能力。[①] 此外，激发社区自身拥有的力量也很重要，包括加强社区的社会支持网络、增进社区内居民之间的相互支持、帮助居民学会观察问题和面对挑战，以及协助居民学习从经验中寻求新知识的方法等。其中，社区应对风险的共同信念的形成也发挥着重要作用。[②] 值得注意的是，风险社会中的个人应对能力与资源运用能力是不可分割的，它们就像一枚硬币的两面：人们只有在运用资源的过程中才能看到个人应对能力；同样，只有通过个人应对能力的发挥才能让人们拓展资源运用能力。

（3）风险社会中社会工作的风险管理。针对风险社会中的风险，有学者根据风险干预的方式，将风险社会中的风险管理分为三种基本治理策略。第一种是预防策略，即在风险发生之前所采取的干预策略，它的目的是降低风险事件发生的概率。例如，风险因素的识别、风险规避等，都属于这种策

① Davidson G, Brophy L, Campbell J. “Risk, recovery and capacity: Competing or complementary approaches to mental health social work.” *Australian wocial work*, 2016, 69(2): 158 - 168.

② Payne M. “Risk, security and resilience work in social work practice.” *Social work review*, 2011, 1(3): 7 - 14.

略类型的服务安排。第二种是缓解策略，即在风险发生之初所采取的干预措施，它的目的是延缓风险事件的发生，降低风险发生时的潜在影响。例如，各种暂托服务就是典型的缓解策略，它们能够帮助服务对象缓解危机事件带来的不良影响，并且为接下来面对生活挑战做好准备。第三种是应对策略，即在风险发生之后所采取的干预策略，它的目的是减少危机事件带来的损害。像各种危机援助的服务就属于这种服务策略，它直接针对危机事件造成的危害开展服务。① 不过，在实际的服务中，风险管理不仅仅涉及预防、缓解和应对三种基本策略，同时还包括风险预见力的培育以及风险的常规化管理。前者关注如何准确预测危机事件的出现，寻找更有利的发展环境；后者注重危机事件处置之后如何回归正常生活，在日常生活中提高风险的应对能力。

显然，深度贫困脱贫攻坚社会工作实践需要将能力与风险这两个重要概念结合起来考察，因为深度贫困人群除了面临高返贫风险之外，还面临个人应对能力的不足和资源运用能力的欠缺。实际上，深度贫困人群的高返贫风险与他们的能力不足有着直接的关联，只注重能力的提升，不关注风险管理，只会导致深度贫困人群重返贫困的生活困境；如果只注重风险管理，忽视能力的提升，又无法真正提高深度贫困人群返贫风险的应对能力。特别是在经济、社会快速发展的后现代工业时代，深度贫困人群面临的风险更为突出，也更需要社会工作者整合能力和风险两个维度进行考察。

① Webb S A. *Social work in a risk society: Social and political perspectives*. New York: Palgrave Macmillan, Basingstoke, 2006.

第二节 深度贫困脱贫攻坚社会工作多维实践中的风险应对能力

通过分析“暖心宅急送”个性化精准帮扶试点项目可以发现，深度贫困人群的脱贫攻坚实际上面临两个方面的挑战：一个挑战来自深度贫困人群的生活状况，表现为高风险的生活处境，需要做好风险评估和风险管理；另一个挑战来自深度贫困人群的能力状况，表现为生活应对能力的不足，需要做好能力建设。这种能力建设又包括两个方面，即自身能力的挖掘（能力实践）和环境支持的拓展（资产实践）。也就是说，对于深度贫困人群的脱贫攻坚来说，我们不仅需要处理这些人群的高风险的生活处境，而且同时还需要协助他们寻找有效应对高风险生活处境的能力。

一、风险应对能力的基本内涵

目前我国的扶贫工作已经由过去粗放型的“大水漫灌”向精细化的“细水滴灌”的反贫困模式转变，强调通过设计一套完整的贫困识别机制，对治理对象、治理行动、治理效果等方面进行量化，以便能够精确瞄准和精准帮扶，使扶贫工作不断走向精准化①，但是在这种精准化的帮扶背后，却隐藏着一系列危机，这种试图通过发展一套系统的数字指标来推动贫困治理的策略，很容易导致精准扶贫走向数字化和技术化，除了容易出现低保“养懒汉”

① 王雨磊. 精准扶贫何以“瞄不准”？——扶贫政策落地的三重对焦[J]. 国家行政学院学报，2017(1)：88－93，128.

的现象之外[①]，也容易单纯从“国家视角”出发，通过普遍化、一致化的要求改变“不合时宜”的贫困人群[②]，而且更为重要的是，这样的扶贫策略往往难以与真正的贫困人群实现有效互动[③]，其容易低估贫困的复杂性，只注重贫困人群的低收入这一维度，缺乏对贫困人群可持续发展能力的考察[④]。

事实上，社会工作一直以来就关注人的能力挖掘和社会资源的运用[⑤]，特别是二十世纪八十年代在发展中国家摆脱贫困的社会发展实践基础上提出发展性社会工作之后，社会工作开始真正将人们的能力建设与反贫困的社会实践结合在了一起，倡导通过参与和自决过程实现贫困人群的能力提升，并在此基础上引入有助于能力持续发展的社会投资，在社区中建立起一种相互支持的生活方式，避免因过度依赖机构院舍的服务而与社区生活隔绝，导致生活能力的弱化[⑥]。这种以发展主义为基础的社会工作也受到人们的怀疑，它不仅忽视了贫困背后的个性化需求，而且也无视贫困人群参与市场经济竞争的不足。[⑦] 更为重要的是，发展性社会工作从根本上仍然遵循现

① 卫小将. 精准扶贫与主体性塑造：再认识与再反思[J]. 中国行政管理，2018(4)：39－43.

② 詹姆斯·C. 斯科特. 国家的视角：那些试图改善人类状况的项目是如何失败的[M]. 王晓毅，译. 北京：社会科学文献出版社，2019.

③ 王雨磊. 农村精准扶贫中的技术动员[J]. 中国行政管理，2017(2)：56－60，142.

④ 关信平. 论现阶段我国贫困的复杂性及反贫困行动的长期性[J]. 社会科学辑刊，2018(1)：15－22，209.

⑤ McMillen J C, Morris L, Sherraden M. “Ending social work's grudge match: Problems versus strengths.” *Families in society: The juornal of contemporary social services*, 2004, 85(3): 319.

⑥ Midgley J, Conley A. *Social work and social development: Theories and skills for development social work*. New York: Oxford University Press, 2010.

⑦ Holscher D. “The emperor's new clothes: South Africa's attempted transition to developmental social welfare and social work.” *International journal of social welfare*, 2008, 17(1): 114－123.

代社会的介入思路①，强调对环境进行把控的技术理性，它或者无视风险的存在，把风险排除在服务范围之外，或者直接将风险等同于危险，视之为不利的因素加以控制。

然而，对于那些无法再参与就业的深度贫困人群来说，由于他们在生活中面临多重的现实困难，生活中的风险就变得异常突出，随时可能影响他们的生活状况，让他们重新陷入贫穷的困境中；而如果把风险作为危险的因素加以管控，就会影响深度贫困人群的改变愿望，随时挫伤他们的改变积极性，让他们对生活变得“麻木不仁”，缺乏改变的“内生动力”。因此，在深度贫困人群的脱贫攻坚战中，风险也就成为专业服务开展过程中需要重新审视的重要内容。

1. 风险生活中的应对能力

面对生活风险，目前人们有两种常见的选择策略。一种是把风险视为问题，将其当作环境支持缺乏的一种表现，与此相对应的措施则是建立更为完善的社会支持网络。实际上，有关如何针对弱势人群生活困境提供更为有效的社会支持，在传统社会工作的专业实践中有非常多的讨论，而且这样的社会支持一直以来被视为社会工作专业实践的重要组成部分，与直接针对弱势人群的服务相对应。另一种是把风险视为挑战，将其当作弱势人群在逆境中需要面对的任务，与此相对应的措施则是通过增强弱势人群的保护性因素和减少风险性因素来提升他们的抗逆力。当然，相比较而

① Payne M. “Risk, security and resilience work in social work practice.” *Social work review*, 2011, 1(3): 7 - 14.

言，后一种风险的观察角度更为积极，采取的是一种“向前看”的健康发展的视角。[①] 这种视角相信，人们在逆境中遭遇的困难同样也是人们成长改变的契机；否则，人们就会专注于可能出错的地方，为了防止受到别人的责备而变得消极被动。[②]

实际上，即使采取了这种健康发展视角的风险观也会面临以下三个方面与后现代风险社会的要求相左的冲突。① 健康发展视角的风险观注重的是人们在逆境中的适应，尽管它也强调人们具有主动适应环境的能力，但却忽视了在风险社会中多元主体参与的特征，这样，适不适应就不是简单适应环境的过程，同时涉及不同参与主体权力关系的调整，有了需要从多元主体出发考察逆境应对过程的要求。也就是说，在风险社会中，像深度贫困人群这样的社会弱势人群，他们应对风险的能力需要包括接纳多元主体参与的能力。② 健康发展视角的风险观关注的是逆境中的适应，并不包括逆境之外常规环境中的应对。这样的假设显然已经把风险等同于不利处境中出现的特殊现象，不仅不利于常规环境中风险因素的识别和处置，而且固化了风险的理解，看不到风险恰恰是在常规环境中产生的，并且需要走向常规化应对的发展要求。因此，健康发展视角的风险观虽然给予了风险一种积极的意义解释，但是这样的积极解释仍旧停留在概念本身，并没有将这样的解释放在现实生活场景中理解它对人们成长改变发挥的作用。正是因为如此，人们的风险生活能力也就需要包括常规生活中风险因素的识别和应对以及

---

① Antonovsky A. “The sense of coherence: An historical and future perspective.” Israel *journal of medical sciences*, 1996, 32(3): 170 - 178.

② Payne M. “Risk, security and resilience work in social work practice.” *Social work review*, 2011, 1(3): 7 - 14.

风险事件之后常规化的管理。③ 健康发展视角的风险观强调的是一种抗争生活风险的二元对立的掌控逻辑，要求人们通过综合干预逆境中的保护性因素和风险性因素来加强人们对逆境的应对能力，最终帮助人们掌控逆境的出现。这样的理论假设不仅忽视了后现代社会的快速发展的要求，而且看不到这样的风险社会恰恰是现代社会过分注重掌控要求的结果，导致人们陷入一种越想掌控但风险却越高的恶性循环。因此，接纳现实生活中不可改变的方面，并且学会根据环境的变化调整自己的应对策略，就成为人们在风险社会中应具备的能力。

可见，风险社会提供给人们的不仅是技术层面改变的要求，找到一种不同于常规生活的风险生活能力，而且更为重要的是，它是一种生活理念的改变，要求人们放弃这种二元对立的科学理性掌控逻辑，将观察视角从单一变成多元，真正接纳后现代社会的多元现实发展要求。

2. 一种多元的风险理解框架

实际上，人们一直以来总是从单一视角考察人与环境之间的相互影响，这种想法首先来自弗洛伊德精神分析理论的影响，把个人的人格作为分析观察的中心。这样，环境也就成为人们寻求需求满足或者个人成长需要适应的背景，周围他人被“背景化”，他们的想法和要求自然而然地消失在环境中，生活中也就只剩下一个需要帮助的人。① 随着二十世纪七八十年代客体关系理论（object relations theory）、人际关系学派（the American interpersonal school）和主体心理学（self psychology）的兴起，人们才发现，

① Miehls D. “Relational theory and social work.” In Francis J Turner. *Social work treatment: Interlocking theoretical approaches* (*5th ed.*). New York: Oxford University Press, 2011.

个人在成长过程中离不开与周围他人的交流，与周围他人关系的好坏影响人的一生，不良的人际交往关系会加剧生活的压力，进而导致问题的出现。从这个意义上来说，问题其实就是人际关系不良的一种表现，只是人们更多地关注生活中的现实压力，没有看到自身在应对这种压力过程中的人际关系需求以及由此出现恶性循环的生活困境。然而，这样的考察还是把周围他人当作留在人们身边并且为人们的成长提供单向支持的一种客体（object），这种将其视作人们自身需求获得满足的条件①的倾向只会促使人们专注于个人的感受和想法，忽视了当下生活场景的变化，使得人们不是夸大自己的要求，就是无视周围他人的感受②。为了突破人们遭遇问题时的这种恶性循环的困境，双人视角被认为是一种真正的多元视角，它把周围他人视为像自己一样拥有自身独特生活经验和感受能力的人，从自身单向角度的观察中跳出来，转变成一种双向的交流。这样，拥有这种视角的人们就能够更好地理解当下场景中周围他人的想法和要求的不同之处，找到自己的位置和发展要求，形成一种良性的互动、互惠的循环影响的关系。③

除了受到精神分析理论发展的影响之外，多元视角的另一个来源是女性主义。二十世纪八十年代中期，女性主义开始吸纳人际关系自我理论（self-

① Goldstein E, Miehls D, Ringel S. *Advanced clinical social work practice: Relational principles and techniques*. New York: Columbia University Press, 2009.

② Gray M, Webb S A. “Critical social work.” In Gray M, Webb S A. *Social work theories and methods*. London: Sage Publications, 2009.

③ Miehls D. “Relational theory and social work.” In Francis J Turner. *Social work treatment: Interlocking theoretical approaches* (*5th ed.*). New York: Oxford University Press, 2011.

in-relation theory)，将个人的自我放在人际关系中来考察，认为个人的自我是在与周围他人互动的过程中产生的，具有动态性。[①] 为此，人们就需要从寻求个人需求满足的弗洛伊德精神分析理论的单人视角中跳出来，学会与周围他人建立一种互惠式的积极关系，分享和交流相互之间的不同生活经验。[②] 否则，人们就会陷入自己的想象，看不到周围他人的不同要求和想法，不自觉地以掌控的方式应对日常生活中遇到的问题，深陷在掌控与对抗的恶性循环中。[③] 值得注意的是，女性主义提倡的这种积极的互惠关系(mutuality)不能简单地理解成一种伦理道德的要求，需要人们对周围他人保持尊重和信任。实际上，它更多的是一种经验感受的方式，要求人们在与周围他人的交往中学会打开自己，不采取一种只从自己角度思考的单一视角的掌控方式，而要理解他人，把人们的注意力从关注个人需求的满足转向人际交往中的协同。[④]

因此，多元的风险理解框架，说到底，就是一种放弃二元对立的科学理性掌控逻辑的多元视角。这样，风险也就不是人们通常认为的逆境，而是日常生活中的一种常态，即人们在日常生活中是否能够超越个人的观察视角，面对周围他人的不同，关注环境的变化。简言之，这种风险是日常生活中的

---

① Miller J B. "The construction of anger in women and men." In Jordan J V, Kaplan A G, Miller J B, et al.. *Woman's growth in connection* (*eds.*). New York: Guilford Press, 1991: 181 - 196.

②④ Jordan J V. "Empathy, mutuality and therapeutic change: Clinical implications of a relational model." In Jordan J V, Kaplan A G, Miller J B, et al.. *Woman's growth in connection* (*eds.*). New York: Guilford Press, 1991.

③ Jordan J V. "A relational perspective for understanding woman's development." In Jordan J V. *Woman's growth in diversity: More writings from the stone center*. New York: Guilford Press, 1997.

不确定，需要人们拥有一种差异化的思维逻辑。

二、风险应对能力与社会工作场景实践

显然，在多元的风险理解框架下，人们的风险应对能力与人们的场景实践密切相关，它是人们在具体场景中与周围他人以及环境的交互影响状况，既是一种对场景实践的深入，深入了解周围他人和环境的影响，也是一种对场景实践的超越，跳出自己原有理解的束缚，看到其他理解的可能。

1. 社会工作场景实践的由来

社会工作的场景实践不是一蹴而就的，它的出现其实经历了一个从二元对立的以掌控为核心的实证理性的科学实践，向融合理论与实践二元对立的社会实践，再到在后现代主义思潮影响下出现的场景实践的演变过程。

(1) 实证理性的科学实践

自有人质疑社会工作是否能够作为一门学科之后①，社会工作就一直致力于科学化和专业化的探索。玛丽·里士满在《社会诊断》一书中深入探究了科学的助人模式，她认为提供服务的访问者需要对求助者的生活状况进行调查，在对其个人和家庭进行系统分析的基础上，才能形成一套科学的治疗方案。而睦邻友好运动的发起者简·亚当斯虽然不认同玛丽·里士满的这种依据医学诊断模式建立起来的社会工作专业化发展路径，她更希望服务提供者能够融入求助者日常生活的社区，在社区生活中帮助那些需要帮助的弱势人群，但是她在社会工作实践中引入了研究和问责的概念，通过

---

① Flexner A. "Is social work a profession?" *Proceedings of the national conference of charities and correction*. New York: Columbia University Press, 1915.

“提出假设—采用实验的方法验证—再进一步假设”这种不断反思批判的过程来带动受助者生活处境的改变。① 二十世纪三十年代之后，在弗洛伊德精神分析理论的影响下，社会工作走上了实证理性的科学实践的发展道路，对受助者的问题进行诊断和治疗的科学主义倾向越来越明显。

可见，社会工作从诞生伊始就致力于融入社会科学的行列中，而在这一阶段，科学与否的实证理性也自然被引入社会工作实践中，成为这一阶段社会工作实践的最重要的哲学基础。在这种实证理性的科学范式的指导下，助人服务成为社会工作者观察、分析的对象，他们假设通过严谨的科学设计以及系统收集、分析和解释事件的方法，就能够得到通用的、普世化的结论，并且以此就能够设计和规划有针对性的介入方案。② 因此，这一阶段的社会工作者始终保持着一种置身于场景之外客观观察受助者的立场，并且把整个助人服务视为依据科学原则实施介入方案的过程。③ 显然，这一阶段的社会工作实践是远离场景的。

（2）社会实践

到了二十世纪七十年代，由于受马克思主义、女性主义、社会批判理论等社会思潮的影响，社会工作领域出现了以批判反思为主要手段、以消除社会歧视为主要目标的社会实践，社会工作实践从过去关注个人心理的微观领域拓展到关注人们行动背后的社会结构和制度等社会宏观因素。与实证

① Franklin D L. “Mary Richmond and Jane Addams: From moral certainty to rational inquiry in social work practice.” *Social service review*, 1986, 60(4): 504 - 525.

② Hudson J D. “A model of professional knowledge for social work.” *Australian social work*, 1997, 50(3): 35 - 44.

③ Patron N. “Some thoughts on the relationship between theory and practice in and for practice.” *The British journal of social work*, 2000, 30(4): 449 - 463.

理性的科学实践不同，这种以批判反思为主要手段的实践聚焦于人们行动背后的社会结构，它假设人们不仅受社会环境的影响，而且同时也是社会环境的共同建构者。① 显然，这是一种社会实践，强调人们实践的场景受到社会力量的制约，且不同于自然的生态环境。在这样的社会实践中，有一个显著之处，即社会的公平性，这样，人们的行动就不能仅仅从个人层面来理解，它同时包含了社会层面的内涵，要求人们能够对行动背后的社会结构因素进行审视，并采用批判反思的方式揭示行动背后社会的公平性。正是因为如此，个人与社会结构之间就始终处在一种动态的相互影响的过程中。②③ 这种社会实践强调，只有借助人们的批判反思，才能实现个人和社会的增能。

因此，借助批判反思这个重要概念，人们的实践不仅获得了社会性和历史性，成为特定社会和历史处境中的实践，而且也具有了社会实践中的理性，这种理性产生于社会实践中，并且能够带动社会实践的改变。④ 显然，这种借助实践和实践中的批判反思而实现的理性，不同于站在生活之外客观观察的实证理性，不能脱离具体的实践场景。否则，社会工作者看上去是在实施一种科学的服务介入方案，但是实际上却成为社会歧视这种社会不公现象的“帮凶”。为此，社会实践就需要处理那种看起来习以为常而背后却

---

① Kondrat M E. “Actor-centered social work: Re-visioning ‘person-in-evironment’ through a critical theory lens.” *Social work*, 2002, 47(4): 435 - 446.

② Cohen I. *Structuration theory: Anthony Giddens and the constitution of social life*. New York: St. Martin's Press, 1989.

③ Giddens A. *The constitution of society: Outline of the theory of structuration*. Berkeley: University of California Press, 1984.

④ Payne M, Askeland G A. *Globalization and international social work: Postmodern change and challenge*. London: Ashgate Publishing, 2008.

隐藏着霸权的现象，通过对这种背后权力关系的审视，找到减少社会歧视和社会不公的解决路径。[①] 这样，对自己所处的社会和历史环境进行批判反思，了解自身行动与社会结构改变之间的关系，也就成为社会实践的关键环节，这一过程被人们称为意识提升[②]，如弱势人群对自身成长环境改变的权力障碍的反思[③]，或者运用政策、历史、生态、阶级和性别等多维度的社会视角审视自身的现实处境等[④]。当然，其间，弱势人群还需要借助共同学习的方式，促进自身的弱势群体集体身份的认同，并由此增强自身的社会结构改变的能力。

（3）场景实践

西方社会在二十世纪七八十年代进入后工业化发展阶段之后，整个社会思潮越来越关注人们的差异化和个性化的要求，作为社会福利服务系统重要一环的社会工作也不例外，开始关注服务对象的日常生活经验[⑤]。特别是在后现代主义思潮和后结构主义理论的影响下，批判社会工作开始直接挑战传统社会工作的实践方式，把在地的实践和服务对象的日常生活经验

---

① Brookfield S D. *Becoming a critically reflective teacher*. San Francisco: Jossey-Bass, 1995.

② Jennifer W B. "Structuration theory and critical consciousness: Potential applications for social work practice." *Journal of sociology & social welfare*, 2009, 36(1): 123-140.

③ Solomon B. *Black empowerment: Social work in oppressed communities*. New York: Columbia University Press, 1976.

④ Lee J. *The empowerment approach to social work practice: Building the beloved community*. New York: Columbia University Press, 2001.

⑤ Esping-Andersen G. "After the golden age? Welfare state dilemmas in a global economy." In G. Esping-Andersen. *Welfare sates in transitions: National adaptations in global economies*. London: Sage Publications, 1996.

作为社会工作实践的基础，由此寻求社会改变的途径和方法[1]，不再像之前所倡导的社会实践那样在社会层面的改变下考察个人生活受到的影响[2]。批判社会工作强调，只有关注现实生活场景对人的影响，才能让社会工作真正走进服务对象的日常生活中，把人的成长改变作为中心，去理解像医学、法律等“强势”学科对人的生活的影响，以找到自己的学科基础。[3]批判社会工作从法国社会学家福柯的后结构主义理论中借用了微观政治（politics of detail）的概念，强调在地的场景和实践才是人们分析和行动的基础。在这样的基础上，不是宏大的社会结构分析，而是人们的日常生活实践成了社会工作实践的关注焦点，特别是场景中的权力关系和运行机制的分析以及对其中不公平现象的挑战，更是社会工作实践不可忽视的内容。[4]因此，场景实践不仅仅是指服务场域趋于小型化、微观化，服务焦点更为清晰、明确，更为重要的是，它为社会工作实践提供了一种崭新的视角，从现实生活出发寻求成长改变的路径。[5]

正是在这种场景实践的逻辑框架的指导下，理论也就不再是脱离现实场景的普遍化的知识，人们根本无法站在现实场景之外的“客观”立场上指导场景实践的开展，也无法以某个理论为依据，将这一理论运用于场景实践中。这样，理论也就不再是场景实践的前提，而是伴随场景实践并且推动场景实践开展的工具，它的有效性不是取决于理论本身，而是取决于人

---

① Nowotny H. “The need for socially robust knowledge.” *TA- Datenbank-Nachrichten*, 1999, 8(3-4): 12-16.

②③④⑤ Healy K. *Social work practice: Contemporary perspectives on change*. London: Sage Publications, 2000.

们对具体场景实践要求的理解以及以此为基础对理论进行适当调整和改造的能力。① 因此，场景实践的理论是一种在实践场域中的动态理论，不仅能够帮助人们呈现场景实践中的经验，理解场景实践的逻辑，而且能够协助人们在散乱、多样的场景实践经验中找出实践探索的方向，推动场景实践的不断深入。②值得注意的是，这样理解理论的内涵并不意味着场景实践认同相对主义的看法，认为任何一种理论解释都只是场景实践"真理"的部分呈现，不存在哪种理论强哪种理论弱。③ 实际上，场景实践之所以强调理论的场景化和变动性，是要求人们首先融入具体的场景实践中，关注人们生活经验的呈现过程，把这样的经验呈现视为场景改变的一部分，学会从改变的视角来理解理论的建构过程。④因此，场景实践走的是一条"自下而上"的理论建构的路径，即从人们的日常生活出发，通过参与者的日常生活经验的扩展，将人们的日常生活经验与宏观的社会结构改变联系起来，由微观向宏观拓展。显然，这样的理论探究方式需要把人们的日常生活实践放在第一位，关注生活的多样性和复杂性，让理论始终扎根于人们的日常生活实践中。⑤ 同样，理论也不再是高高在上、脱离场景实践的普遍化知识，而是与场景实践紧密相关并且带动场景实践不断深入的实践探究的重要环节。⑥

---

①②④ Healy K. *Social work practice: Contemporary perspectives on change*. London: Sage Publications, 2000.

③ Gorman J. "Postmodernism and the conduct of inquiry in social work." *Affilia*, 1993, 8(3): 247 - 264.

⑤⑥ Hick S, Pozzuto R. "Introduction: Towards 'becoming' a critical social worker." In Hick S, Fook L, Pozzuto R. *Social work: A critical turn*. Toronto: Thompson Educational Publishing, Inc., 2005.

显然，这种场景实践不同于社会实践，场景及其当中的实践是整个社会工作实践的关注焦点。[①] 它具有五个方面的显著特征：① 场景化，把具体场景的理解作为整个实践的基础，在场景中寻找改变的机会和条件；② 位置性，视人们的场景位置(positionality)为实践的关键影响因素之一，并且在此基础上进行反思；③ 整体性，注重人们在场景中的整体实践能力，避免任意分割场景的内容；④ 转换性，根据场景实践的要求总结实践理论，让理论能够随着场景的变化而变化，支持场景的改变；⑤ 重塑性，依据场景的实践要求调整实务的技巧，使服务技术能够适应场景化的要求。[②] 总之，这种场景实践与传统社会工作相比，有一个根本的差别，即需要处理日常生活场景中的不确定性，把场景视为始终处于变化中的，而且这种变化不受人们意识的控制，常常超出人们意识可预测的范围。[③] 这样，风险就不再是特定场景中的独特现象，而是在日常生活中开展场景实践必然伴随的一种普遍现象，是日常生活的重要组成部分；否则，一旦人们采用传统的社会工作实践逻辑，就会忽视日常生活中的风险的存在，最终使之成为危机事件出现在人们的生活中，迫使人们不得不关注它的存在。[④] 从这个意义上而言，风险不是一种危机事件出现的可能，而是人们是否能够在具体的场景实践中学会从不同的场景位置理解场景中发生的事件的能力，即针对同一件事，人们是否能

---

① Fook J, Ryan M, Hawkins L. "Towards a theory of social work expertise." *British journal of social work*, 1997, 27(3): 399 - 417.

② Fook J. *Social work: A critical approach to practice*. London: Sage Publications, 2002.

③ Leonard P. *Postmodern welfare: Reconstructing an emancipatory project*. London: Sage Publications, 1997.

④ Fook J. *Social work: A critical approach to practice*. London: Sage Publications, 2002.

够转换到不同位置理解实践相关方的观察角度，是一种场景多元的理解能力。①

因此，在场景实践中，场景不是人们实践的一个条件，而是随着人们实践一起变化的处境，人们的个人成长与场景的变化以及社会改变交织在一起，它们根本无法拆分开来，而人们在其中的实践能力就是这种场景实践的能力。②

2. 多元生活与社会工作场景实践

到了二十世纪九十年代，由于受全球化和国际化运动的影响，人们的社会生活发生了剧烈变化：一方面，人们的全球化意识不断提升，从全球化的视角审视在地的实践成为人们日常实践的普遍要求；另一方面，文化和种族的冲突也随着全球化的发展进程在不断加剧，关注在地实践的呼声成为人们的普遍共识，人们的生活不仅变得越来越多样，而且遭遇的问题变得越来越复杂，涉及的主体也日益多元。③ 在这样的多元生活中，人类生活也就离不开对风险的考察，这种风险表现为生活中的不确定性，其中包括不受人类干预和控制的灾难和危害。④ 这种不确定性在现代社会中被理解成一种概率，人们认为完全可以通过精算对其加以预测和管控。但是，到了强调多元福利的后现代社会中，人们需要在多元主体的交往中做出自己的

① Fook J, Ryan M, Hawkins L. *Professional expertise: Practice, theory and education for working in uncertainty*. London: Whiting and Birch, 2000.

② Fook J. *Social work: A critical approach to practice*. London: Sage Publications, 2002.

③ Midgley J, Tang K L. "Social policy, economic growth and developmental welfare." *International journal of social welfare*, 2001, 10(4): 263 - 278.

④ Bernstein P. *Against the gods: The remarkable story of risk*. New York: John Wiley, 1998.

选择。[①] 这样,人们在日常生活中遭遇的风险就不是那些通过精算可以加以控制的过程风险,而是在行动过程中需要经过反身性的考察才能做出的行动决定,这样的行动决定需要人们能够面对与他人的不同以及质疑自己习以为常的生活安排,从不确定性中找到自身成长的发展空间。[②] 因此,这种多元社会中的行动决定的风险就不是一种具体事件的风险,也不是一种管控的过程风险,它具有弥散性,散布在日常生活中的每一个角落和每一个时刻,是后现代多元生活的一部分,它实质上是人们自我意义的寻找和自我身份的塑造,可以说,它是一种变动环境中的自我身份的规划。[③]

从行动选择的角度来理解,在这种多元生活方式中,生活环境不再被认为是固定不变的,而是被视作随时变化的生活处境,人们正是在这样不断变化的生活处境中做出自己的选择,呈现出自我的主体性和能动性。[④] 在后现代的高风险社会中,风险已经不是要不要的问题,而是无法回避必须面对的生活现实,它不仅具有积极的功能,而且更为重要的是,它迫使人们把自己的生活与周围他人联系起来一起审视,在复杂的关联中做出自己的行动选择,不再把自己视为与他人相互割裂的孤立个体。[⑤] 可以说,社会工作场景

---

① Webb S A. *Social work in a risk society: Social and political perspectives*. New York: Palgrave Macmillan, Basingstoke, 2006.

② Blackman T, Featherstone B. "Risk and uncertainty in the social sciences: Implications for social work theory and practice." *International encyclopedia of the social & behavioral sciences*, 2015, 20(4): 686 - 691.

③ 安东尼·吉登斯. 现代性与自我认同: 晚期现代中的自我与社会[M]. 夏璐,译. 北京: 中国人民大学出版社, 2016.

④ Healy K. *Social work practices: Contemporary perspectives on change*. London: Sage Publications, 2015.

⑤ Elliot D, Mayadas N. "Social development and clinical practice in social work." *Journal of applied social sciences*, 1996,21(1): 61 - 68.

实践其实是一种风险实践，它需要借助行动选择的风险视角才能保障专业实践的顺利开展。因此，由风险带来的对个人生活处境的审视恰恰是促使个人回归自我，重新寻找生活意义，从而激发个人“内生性”动力，避免物化和极端个人主义的重要赋能方式。① 显然，我国目前开展的脱贫攻坚实践中涉及的深度贫困人群就属于高风险的人群，他们的生活改善就需要放在行动选择的风险框架下来理解。

第三节　风险视角下深度贫困脱贫攻坚社会工作多维实践的理论审视

在行动选择的风险视角下，社会工作的整个实践框架也就需要相应地做出调整，以便将风险的考察纳入社会工作专业实践的每一个环节。作为深度贫困脱贫攻坚社会工作实践的“暖心宅急送”个性化精准帮扶试点项目，也就因此具有了审视这种风险视角下社会工作实践逻辑的价值，这也是在后现代工业社会中发展出来的社会工作场景实践的核心要求。

一、风险视角与社会工作的“事实—伦理”双重实践框架

在行动选择的风险视角下，社会工作者既需要依靠实证理性观察是什么的问题，也需要依据具体理性回答成为什么的问题。对于高风险的深度贫困人群来说，风险的应对能力需要引入“事实—伦理”双重实践框架，以自

① Loreto S U, Idoia M A. “Social work and risk society: The need for shared social responsibility.” *European journal of social work*, 2011, 14(4): 447 - 462.

我安排的伦理选择为基础，将相互分割的风险与能力紧密结合起来，真正提升他们抵抗贫困风险的能力。

1. 社会工作专业实践中的事实与伦理

引入了行动选择的风险视角之后，社会工作者就会发现，在针对像深度贫困人群这样的高风险人群开展专业服务时，他们需要同时观察两个方面的专业实践的要求：一个是事实分析，需要回答是什么的问题，涉及事情是否真实的思考，它依据的是实证理性；另一个是伦理判断，需要回答应该成为什么的问题，涉及事情是否合理的判断，它依据的是具体理性。① 也就是说，在场景实践中，社会工作者需要针对具体场景中的应对行动同时做出两个判断：事实分析和伦理判断。前者关注的是行动的事实关联，它告诉社会工作者深度贫困人群怎么做才能提高日常生活中的行动成效，它是问题解决导向的，给人们一种能动的感受，让人们能够承担起自己的责任；后者则不同，它注重的是行动的伦理关联，把自己与周围他人联系在一起，观察自己的行动给周围他人带来的影响，审视自己行动背后所坚持的伦理价值，给人们一种关爱的感受，让人们能够体会到人与人之间的关怀。②

实际上，事实分析与伦理判断是不可分割的，特别是在后现代的高风险社会中，人们需要在日常生活中与多个不同主体进行沟通交流，而这些不同主体又拥有各自不同的观察视角。③ 即使人们用心倾听别人的内心感受和

① Webb S A. *Social work in a risk society: Social and political perspectives*. New York: Palgrave Macmillan, Basingstoke, 2006.

② Clifford D, Burke B. *Anti-oppressive ethics and values in social work*. London: Palgrave Macmillan, 2009.

③ Grunwald K, Thiersch H. "The concept of the 'lifeworld orientation' for social work and social care." *Journal of social work practice*, 2009, 23(2): 131 - 146.

想法，也只是他们自己认识到的，除非他们能够不断审视自己观察视角背后所坚持的伦理价值，对自己观察到的“客观事实”保持开放的态度，才能跳出自己视角的束缚，找到深入理解周围他人的方式和途径。① 因此，就这一点而言，伦理立场不是生活之外高高在上的伦理价值原则，而是人们日常社会生活中的一项基本要素，只有借助这个要素，才能让不同人的不同感受和想法呈现出来。②可见，事实和伦理这两种判断在实际的场景实践中并不是可以清晰划分界限的两个维度上的分析，而是相互交错在一起的综合考察。③如果过分强调事实分析，忽视伦理判断的要求，就会让社会工作者重新陷入实证理性的二元对立的科学掌控的逻辑困境中；如果过分注重伦理判断，而忽视事实分析的价值，又会使社会工作者脱离服务的现实要求。显然，事实与伦理这两种判断相互交错这一事实意味着，在具体的场景实践中，无论是社会工作者还是服务对象都需要一种新的理性，这种理性能够帮助人们把实际的问题解决过程放在人际关联的动态考察框架中，拥有了既能够解决问题又能够施展关怀的具体场景中的实践理性。显然，深度贫困人群的脱贫攻坚也不例外，需要将注重能力提升的事实分析与关注风险选择的伦理判断结合起来，形成一种新的伦理视角下的风险应对能力，以平衡风险和能力之间的要求。

2. 一种关怀导向的深度贫困脱贫攻坚社会工作实践

在行动选择的风险视角下，像深度贫困人群这样的高风险人群在日常生活中会首先面临伦理判断的要求，需要回答是否能够面对这样的风险挑

①②③ Clifford D, Burke B. *Anti-oppressive ethics and values in social work*. London: Palgrave Macmillan, 2009.

战，依据的是一种能否接纳风险处境的价值关怀，这是多重贫困人群发生改变的前提。而一旦多重贫困人群选择了逃避，针对风险的事实分析就会受到阻碍。[①] 甚至可以说，这种不对风险处境进行具体分析，只关注风险如何管控的"宏大叙事"本身就是促使人们逃避风险的一种方式。[②]可见，在高风险的日常生活中，除非人们能够回到自己所处的位置，审视自己想法背后的伦理价值，对自己需要面对的"客观事实"保持开放的态度，才能跳出自己想法的束缚，找到深入理解环境和他人的方式与途径。[③] 因此，就这一点而言，伦理立场不是生活之外高高在上的伦理价值原则，而是人们在高风险日常社会生活中的一项能力，只有借助这项能力，人们才能打开理解周围环境和他人的大门。[④]为此，社会工作者在针对深度贫困人群开展专业服务时，就需要具有生活风险等级的意识，即根据生活风险的高低对深度贫困人群进行风险分级：高等级风险的，针对生活风险的处理直接进行干预，协助深度贫困人群提高生活风险的应对能力；一般等级风险的，则协助深度贫困人群在面对生活风险中寻找可以改变的空间，挖掘他们自身拥有的能力和资源。

显然，对于高风险的深度贫困人群来说，事实分析与伦理判断是紧密联系在一起的，事实分析无法脱离伦理判断的审视。正是凭借这种事实分析中的伦理判断的审视，或者伦理判断中的事实分析，人们才能接纳日常生活中存在的风险，寻找其中可以改变的空间，在可能的范围内探寻改变的途径

①② Webb S A. *Social work in a risk society: Social and political perspectives*. New York: Palgrave Macmillan, Basingstoke, 2006.

③④ Clifford D, Burke B. *Anti-oppressive ethics and values in social work*. London: Palgrave Macmillan, 2009.

和方式，放弃抽离日常生活处境的风险管控的"客观"分析，使社会工作的专业实践回归人们的日常生活处境。① 否则，过分强调社会关怀，忽视深度贫困人群自身拥有的能力，就会促使人们放弃责任，走风险最小化的依赖路线；或者只注重提高深度贫困人群应对困境的能力，就会忽视他们在日常生活中面临的返贫风险，导致社会关怀的缺失和对个性化服务措施的抵制。② 可见，除了需要针对深度贫困人群的生活风险进行分级之外，对于一般风险等级的深度贫困人群，还需要根据他们在日常生活中面临的具体困难进行分类，了解深度贫困人群到底在日常生活中面临什么具体困难，以便协助他们在具体的日常生活场景中找到能力挖掘的途径和方法。

值得注意的是，这种风险中的应对能力不只是将风险和能力两个维度的要求叠加在一起，而是引入了一种伦理导向的事实分析框架，即"事实—伦理"双重实践框架。这样，如何面对高风险日常生活中面临的条件和限制就成为人们成长改变的重要环节，这既需要人们学会接纳日常生活的限制，放弃抱怨和不满，也需要人们转变理解的视角，理性地寻找可能存在的改变空间，放弃过于"乐观"的期待和被动消极的等待。只有这样，在脱贫攻坚的深度贫困人群服务中，社会工作者才能够避免因过分强调人的尊严和发展要求而将这些竞争能力不足的深度贫困人群视为失败者，避免使他们成为

---

① Webb S A. *Social work in a risk society: Social and political perspectives*. New York: Palgrave Macmillan, Basingstoke, 2006.

② Stanley T. "The relevance of risk work theory to practice: The case of statutory social work and the risk of radicalisation in the UK." *Health, risk & society*, 2018, 20(1－2): 104－112.

备受指责的对象[1]。因此，在具体协助深度贫困人群寻找可以改变的空间时，社会工作者也就不能仅仅关注“取”的能力，同时也需要协助深度贫困人群接纳生活的局限，关注他们的“舍”的能力的培养，并保持两者之间的平衡。

总之，引入风险中的应对能力概念后，它对传统的能力概念在三个方面做了补充：① 把面对日常生活中的不确定性作为能力的一个重要方面，表现为对生活风险进行分级，学会面对日常生活中的风险；② 把融入日常生活的具体场景作为能力的一部分，强调针对生活的具体问题进行分类，在具体的生活场景中挖掘能力和资源；③ 把接纳日常生活的局限作为能力的一部分，关注“舍”的能力的培养及其与“取”的能力之间的平衡发展。需要注意的是，风险中的应对能力概念并不是与传统的能力概念完全对立的，这里只是为了探究的需要，把两者做了区分，以便明确两者之间的差别。但是实际上，一旦在日常生活中确定了具体的风险之后，就需要采取明确的步骤和方法应对这样的风险。从这个意义上而言，风险中的应对能力更像是一种观察视角，让人们对传统的二元对立的掌控理性的能力服务策略保持警觉，以看到它在未来的不确定性、场景化和生活局限应对中可能存在的不足和潜在的危害。特别是在多元社会生活中，不确定性和多样性成了生活的常态，在这样的社会生活中帮助深度贫困人群，作为社会工作者就需要随时协助他们在与周围他人的关联中审视自己的位置和状况，从而能够在有限的条

① Davidson G, Brophy L, Campbell J. “Risk, recovery and capacity: Competing or complementary approaches to mental health social work.” *Australian social work*, 2016, 69(2): 158-168.

件范围内为自己的日常生活安排做出某种改变的决定。①

随着我国扶贫工作迈向脱贫攻坚阶段，那些因病、因残以及因其他原因致贫的深度贫困人群的生活状况受到人们越来越多的关注，如何帮助这些面临多重生活困难的人群脱贫和预防他们返贫，就成为亟待解决的难题，它不仅需要深度挖掘这些深度贫困人群的能力，充分运用他们身边的社会资源，而且同时还需要考察因多重生活困难带来的高风险的影响。一旦将高风险的多元社会概念引入社会工作脱贫攻坚实践中，社会工作者就需要以自我生活安排的伦理选择为基础，把原来相互分割的风险和能力紧密结合起来，创造一种既注重风险关怀又强调责任能力的新的“事实—伦理”双重实践框架，真正提升深度贫困人群抵抗贫困风险的能力，实现基层社会治理的创新。

二、风险视角与社会工作的反身性实践

无论是事实分析还是伦理判断，其目的都是希望增强人们在具体场景实践中的主体能动性，包括对自己所在的处境位置的准确理解以及在其中能够带动生活改变的应对能力。这种主体能动性不仅表现为主体能够主动尝试某种行动，而且表现为主体能够对自己所处的场景以及其中可以改变之处有深刻的体会，把自己视为能够推动生活改变的有力的行动者。显然，这是人们在具体场景中的反身性实践，从中既能看到与周围他人的关联，又能体会到个人的主体性(subjectivity)。

---

① Boddy J, O'Leary P, Tsui M S, et al.. "Inspiring hope through social work practice." *International social work*, 2018, 6(4): 587-599.

1. 风险视角下社会工作实践中的主体性

在后现代主义思潮的冲击下，那种把主体性视为个人内在自我特征的观点受到严峻挑战，有学者直接针对人本主义的普遍化的自我概念提出怀疑，认为人们的生活中根本“不存在一种独立于社会和文化过程之外的‘真’或者‘假’的自我概念”的主体性。① 因此，他们倡导一种去中心化的主体性。这种主体性是流动的和变化的，具有不确定性和不断建构的特点。其中，语言在主体性的建构中发挥着重要作用，或者说，主体性就是通过话语建构的。在后现代主义看来，语言自身并没有表现出一种既存的主体性，而主体性是在语言的交流沟通中建构起来的。② 这样，人们的主体性也就与话语过程紧密联系在一起，并且随着话语环境的不同而不断地以不同的方式建构着。③ 正是由于话语的多重性和矛盾性，导致展现主体性的自我也出现了“同时定位于多个社会轴（性别、种族、阶级、性和年龄）”的特征。④ 这样，自我不再是一个独立的中心，而是在特定文化背景下呈现的有限的各种可能性。这样的自我是以实践为导向的，它通过话语和行动让人们拥有了与他人交往中的自我。⑤

---

① Lupton D. *The emotional self: A sociocultural exploration*. London: Sage Publications, 1998.

② Marshall B L. *Engendering modernity: Feminism, social theory and social change*. Boston: Northeastern University Press, 1994.

③ Francis B. “Relativism, realism, and feminism: An analysis of some theoretical tensions in research on gender identity.” *Journal of gender studies*, 2002, 11(1): 39 - 54.

④ Leonard P. *Postmodern welfare: Reconstructing an emancipatory project*. London: Sage Publications, 1997.

⑤ Lather P. “Postmodernism and the human sciences.” In Kvale S. *Psychology and postmodernism*. London: Sage Publications, 1992.

值得注意的是，话语不仅仅是个人思考和生产意义的方式，它始终是建构主体性的首要场所，展现着一个更广泛的权力关系的网络，它往往具有制度基础，因为任何社会含义都需要依靠个体的主体再生产和转换以及社会权力的运用来实现。① 也就是说，话语具有竞争性，每个个体在不同的时间持有不同的立场，这些立场有时相互矛盾。②实际上，个体由许多话语系统组成，在某一时刻，其中一个话语系统可能占据主导地位，而其他则处于从属地位，这样，主体性也就成为一个不断颠覆、不断更替的过程。③ 正如有学者指出的那样，人们通过学习社会的话语实践，能够以多种方式在这些实践中定位自己，发展与他人选择所不同的定位。正是因为如此，人们不仅可以通过不断的话语实践来实现自己的自主性，而且也可以通过拒绝特定话语来展现自己的主体性。④ 从这个意义上而言，社会的话语实践就是人们改变自己与改变社会的方式和过程。个人自我的多样性和矛盾性也就在所难免。不过，也有学者指出，这种将话语界定为个人主体性唯一来源的看法过于狭隘，很容易使人们把一切都视为权力的争夺，导致人们忽视物质实践的重要性和价值。⑤ 而在实际生活中，人们的实践一刻也离不开可视、可触的物质性的要求，一旦人们在日常生活的场景实践中忽视像习惯、身体等物质实践

①② Weedon C. *Feminist practice and poststructuralist theory*. Cambridge：Blackwell，1987.

③ Mouffe C. "Feminism，citizenship，and radical democratic politics." In Butler J，Scott J W. *Feminists theorise the political*. New York：Routledge，1992.

④ Davies B. "Women's subjectivity and feminism stories." In Ellis C，Flaherty M G. *Investigating subjectivity：Research on lived experience*. Newbury Park：Sage Publications，1992.

⑤ Giroux H A. "Literacy and the Politics of Difference." In Lankshear C，McLaren P L. *Critical literacy：Politics，and the postmodern*. Albany：State University of New York，1993.

的因素时，他们的主体性就会受挫，并变得非常微弱。这样，在多元的风险社会中，尽管主体性具有了短暂性和场景性的要求，但是这并不能否认个人能动性的存在，只是这种能动性已经不同于传统的普遍化、一致化的要求，具有了随场景一起变化的特征。①

从后现代的风险社会的分析中可以发现，后现代主义对现代的主体性的批判来源于去中心化的主体建构和对能动性的探讨，提出了主体性建构的话语实践方式，认为社会的话语实践决定了个体可以在竞争、相互矛盾的环境中获得个人主体的位置。这意味着，风险视角的社会工作实践在带动深度贫困人群的"内生性"动力的能动性过程中，需要采取与传统社会工作不同的服务策略，不仅不能将个人的内部心理与外部环境拆分开来，运用人们习以为常的那种把个人心理与社会环境加起来的综合服务介入策略，而且也不能只注重物质技术层面的改变，而是需要结合自身经验的重塑。因此，这样的风险视角的社会工作实践也就具有了以下三个方面的特征。① 关注场景。尽管深度贫困人群在生活中面临多重现实困难，但是作为参与深度贫困脱贫攻坚的社会工作者，需要从场景的维度审视深度贫困人群的改变意愿和改变状况，从中找出改变可能性比较高的小环境，在小环境中实施改变的干预计划，如居家安全环境的改造、孩子学习环境的"明亮化"等，就是将深度贫困人群的改变放到具体的小环境中，在这样的小环境中发掘他们的改变意愿和改变能力。② 注重命名。带动深度贫困人群改变的一种重要手段是针对深度贫困人群的自身经验进行重命名，将意义的赋予

① McLaughlin J. "Feminist relations with postmodernism: Reflections on the positive aspects of involvement." *Journal of gender studies*, 1997, 6(1): 5-15.

过程与行动的过程紧密结合起来，帮助深度贫困人群发现自身行动中的积极意义。这样，社会工作专业实践才能真正从“由外向内”转变成“由内向外”，激发深度贫困人群自身拥有的成长改变意愿和改变能力。③ 侧重成效。这里的成效不是指深度贫困人群是否实现自己预定的目标，而是指深度贫困人群的行动尝试的结果是否给自己的生活带来更有利的成长空间。一旦社会工作者把服务的焦点集中在预定目标的实现上，就会引导深度贫困人群只从自己的角度考察生活的安排，无法帮助深度贫困人群树立一种多元的视角。因此，在社会工作专业实践中推动深度贫困人群关注自己行动的成效，其目的就是帮助深度贫困人群逐渐学会接纳环境的不同要求，从自我的单一视角中走出来，在不断变化的环境要求面前安排好自己的生活。

可见，在风险视角的社会工作实践中，深度贫困人群的主体性是需要借助改变可能性比较高的小环境中的话语实践才能实现的，它不仅依赖行动尝试经验的命名和再命名过程，而且需要借助每一次行动尝试成效的考察，由此才能不断超越自我的局限，提升在高返贫风险生活环境中的生活安排能力。

2. 风险视角下社会工作实践中的反身性

反身性是一个既关联到自己又关联到他人的概念，不同于传统的将个人与环境视为二元对立的概念划分的逻辑，它涉及两个或者多个主体之间的动态联系。在这种反身性的多元主体关联的考察中，个人的应对行动就不仅涉及个人，而且与他人的关联结合在一起；同样，在理解他人的应对行动时，也不仅涉及他人的要求，而且与自己的要求相关联。这样，反身性就成为多元风险社会中人们寻求个人成长发展的重要凭借。有学者将反身性的实践过程称为个人的“反身扫描”，目的是促进人们在多元的风险社会中拥有责任选择的能力，做到既能够尊重他人的要求，又能够实现自己的愿望，使人们拥有对个人的伦理关怀。① 正是因为如此，有学者把反身性界定为人们在社会系统中反思和评价自身对系统的作用，并且根据这一作用反过来指导自己进行行动的选择。显然，反身性是在多元风险社会中对自己所处的不确定性生活的一种自我回归，让人们拥有一种变化环境中的自我评价能力。因此，可以说，将反身性概念引入社会工作的这种做法改变了社会工作的专业实践逻辑，它不仅将社会工作的事实分析与伦理判断紧密结合在了一起，使社会工作真正成为“事实—伦理”双重视角的专业实践，拥有了社会工作专业实践不可缺少的伦理维度；而且更为重要的是，它把伦理视为人们日常生活实践中的一项基本要求，让社会工作伦理走出“高高在上”的道德捆绑困境，展现出生产性，带动人们自己以及周围他人做出改变，使社会工作专业实践拥有了社会性。

(1) 反身性与反思性

在社会工作领域，最早关注人们思维的“反思性”(reflective)特征的是珀尔曼(Helen Harris Perlman)。她为了解决社会工作早期在推行诊断治疗医学模式时对人们自主意识和能力忽视的问题，借用了美国实用主义教育学家杜威(John Dewey)的反思性思维(reflective thinking)的概念，将这一概念简化为人们在日常生活的成长改变过程中所拥有的问题解决能力，并在

① Elliot D, Mayadas N. “Social development and clinical practice in social work.” *Journal of applied social sciences*, 1996, 21(1): 61－68.

此基础上提出问题解决模式。① 这样，社会工作的关注焦点就从弗洛伊德精神分析学派的症状的诊断治疗转向美国实用主义的日常生活问题的解决，个人自身在应对问题过程中形成的生活经验受到社会工作者的关注②，它遵循杜威所强调的“问题化知识”（problematic knowledge）的行动学习逻辑③。不过，需要注意的是，尽管杜威使用了“反思性”这个概念，但是他将“反思性”视为一种经验思维方式的特征，在《我们怎样思考》（*How We Think*）一书中，杜威将这种反思性思维具体分为五步，即疑难情境的发现、疑难情境的界定、解决方案的提出、可能结果的推断以及后续的观察和行动检验。④显然，在杜威的理解逻辑框架中，反思并不是一种独立的元素或者环节，而是经验学习的方式，融入于整个经验学习过程中⑤，只是这种学习更为强调对自身所处状况的审视，既包括个人的认知、情感和价值观等不同的心理层面，也包括与个人生活相关联的社会方面⑥。

直接把反思作为一种独立元素并且与人们日常生活中的经验学习联系在一起的是美国教育学家舍恩（Donald Schön），他沿用了杜威等人的美国实用主义路线，强调社会实践的复杂性、不确定性、不稳定性、独特性和时常发

---

① Perlman H. *Social casework: A problem-solving process*. Chicago: University of Chicago Press, 1957.

② Perlman H. “The problem-solving model.” In Turner F J, *Social work treatment* (*3rd ed.*). New York: Free Press, 1986.

③ Ixer G. “There's no such thing as reflection.” *The British journal of social work*, 1999, 29 (4): 513 - 527.

④ Dewey J. *How we think*. Boston: D C, Health and Company, 1910.

⑤ Kolb D. *Experiential learning*. Englewood Cliffs: Prentice Hall, 1984.

⑥ Ixer G. “There's no such thing as reflection.” *Journal of practice teaching & learning*, 2010, 10 (1): 75 - 90.

生价值冲突的特点以及“行动中认识”(knowing-in-action)的学习要求①,并在1983年正式提出了“反思行动本身”(reflection-on-action)和“行动中反思”(reflection-in-action)这两个重要概念。前者是指批判性地回顾以往的行动实践,包括对以往经验的总结和评价以及对事件的体验和想法;后者则是指在行动过程中批判性地回顾正在实践的行动以及相关的场景,寻找新的行动策略。②舍恩之所以这样理解反思这个概念,除了认为在经验学习中反思可以与行动区分开来、行动是个人经验向外延伸的元素、反思则是个人经验向内联结的元素外,更为重要的是,他相信反思是行动过程中的要求,渗透在行动的每一个具体的环节中,是对行动关联中自身所处的客观“隐性知识”的反映,或者说,社会工作本身就是一种“反思性实践”(reflective practice),需要在行动过程中不断反思和验证。③这样,反思能力的培养就成为自主意识和能力提升的关键,无论是社会工作者还是服务对象,都只能依赖自身的反思能力在日常生活中找到成长改变的方向和途径。④

显然,反思这个概念给社会工作带来的不仅仅是一种新的服务元素,而且是一种崭新的服务逻辑,除了社会工作者不再是服务的指导专家,把服务的决定权交还给了服务对象之外,同时,行动和反思成了社会工作专业服务最基本也是最重要的元素,特别是反思,它是提升服务对象自主意识和能力

①②③　Schön D. *The reflective practitioner: How professionals think in action*. The United States: Basic Books, Inc, 1983.

④　Folgheraiter F. *Relational social work: Toward networking and society practices*. London: Jessica Kingsley Publishers, 2004.

的关键，促使服务对象发掘实践场景中主观的、隐藏性的信息。① 这样，社会工作专业服务的目的就转变成在行动中通过反思培育服务对象自己做出选择和运用资源解决问题的能力。② 值得注意的是，这种注重“实践智慧”(practice wisdom)的服务逻辑也受到了一些社会工作者的怀疑。有些社会工作者认为它仍然抱有一种客观对待服务对象的中立态度，认为它是在日常生活经验的层面上谈论现实的，而从根本上忽视了人生活在特定的社会文化中这一事实③，认为其只能在一定程度上揭示某一特定时间和空间的个人主观真实。

(2) 反思性与批判性

经常与反思一起使用的是批判的概念，而且这两个概念的内涵常常交织在一起，很难截然分开。不过，大多数社会工作者仍然希望能够将这两者加以区分，因为两者反思的层次是不同的，前者关注日常生活经验的反思，后者注重社会文化脉络的反思。④ 正是借助这种社会文化的批判反思，人们才能将自身拥有的在特定社会文化场景中的潜能释放出来。

批判概念的提出深受巴西教育学家弗莱雷(Paulo Freire)和法兰克福

---

① Taylor B J, Killick C, Mcglade D. *Understanding and using research in social work*. Los Angeles: Sage Publications, 2015.

② Darragh E, Taylor B J. “Research and reflective practice.” In Higham P. *Post qualifying social work practice*. London: Sage Publications, 2008.

③ Dominelli L. “Anti-oppressive practice in context.” In Adams R, Dominelli L, Payne M. *Social work: Themes, issues and critical debates*. New York: Palgrave Macmillan, 2002.

④ Thompson N, Pascal N. “Developing critically reflective practice: International and multidisciplinary perspective.” *Reflective practice*, 2012, 13(2): 1 - 15.

学派代表人物哈贝马斯(Jurge Habermas)等人思想的影响[①],特别是弗莱雷,他在1972年出版的《被压迫者教育学》(*The pedagogy of the oppressed*)一书中提出了意识提升(consciousness-raising)的概念,认为只有通过对社会关系中的不平等进行批判反思,人们才能从压迫性的社会话语中解放出来,得到意识的提升[②]。这样,在社会文化场景中,反思就不仅仅是对生活经验的审视,而是对社会文化中不公平现象的察觉。[③]这种不公平现象的察觉通常涉及两个方面:检视和揭示根深蒂固的不合理的想法和基础假设;审视和分析不平等的权力影响的关系。[④] 实际上,这两个方面是交互影响的,揭示不合理的想法就会审视权力的不平等,分析权力的不平等又会检视不合理的想法。[⑤] 因此,批判与反思不同,它是将人们的生活经验与特定的社会文化脉络联系起来,通过对不同层次权力关系的分析以及自身不合理想法的检视,提升人们自身对社会生活环境的掌控能力。[⑥]

不过,批判概念在吸收了批判社会理论的观点之后,它的内涵有了明显的改变,与社会结构的分析联系在了一起。福克(Jan Fook)在界定批判社会工作时明确指出,批判是一种个人问题的社会结构分析,它把人放在特定的

---

① Kumagai A K, Lypson M L. "Beyond cultural competence: Critical consciousness, social justice, and multicultural education academic medicine." *Journal of the association of american medical colleges*, 2009, 84 (6): 782 - 787.

②③ Freire P. "Education: Domestication or liberation?" *Prospects*, 1972, 2(2): 173 - 181.

④ Brookfield S D. *Becoming a critically reflective teacher*. San Francisco: Jossey-Bass, 1995.

⑤⑥ Fook J. "Critical social work: The current issues." *Qualitative social work*, 2003, 2(2): 123 - 130.

社会结构中，既质疑对外部的社会主流意识，也对主流意识内化的自我欺骗进行揭示。① 这样，批判的反思就包括两个层面：人际的权力关系和社会结构的压迫机制。② 这两个层面完全超出了对当下场景中直接生活经验的考察，深受反压迫、反歧视社会思潮在社会结构中也存在不平等观点的影响。正是因为受到批判概念的启示，社会工作者的服务介入活动也被放在了批判的视野下，无论是与服务对象的直接互动还是与服务对象周围他人的交流，社会工作者都需要对自身的价值观念、可能存在的偏见以及如何被主流意识形态形塑的过程进行审视，以避免将自己的偏见强加给服务对象和周围他人。③ 尤其作为曾经接受过专业训练并且有着一定社会地位和影响力的社会工作者，他们在专业的助人关系中与服务对象存在权力差异，相互之间很难做到平等对待，因而也就要求社会工作者随时都需要对自己的专业角色进行检视，防止文化视盲和社会歧视的出现，保持对专业主义的警觉。④

批判概念被引入社会工作之后，给社会工作者带来的是一个崭新的思维角度，它把人们的日常生活放在了特定的社会文化脉络中，不仅与人际交往的权力关系有联系，同时也与不平等的社会结构有关联。这样，人的自主意识和能力就不再仅仅是对日常生活行动经验的反思，而是对特定社会文

① White S, Fook J, Gardner F. *Critical reflection in health and social care*. Berkshire: Open University Press, 2006.

② Hick S, Fook L, Pozzuto R. *Social work: A critical turn*. Toronto: Thompson Educational Publishing, Inc. , 2005.

③ Sakamoto I, Pitner R O. "Use of critical consciousness in anti-oppressive social work practice: Disentangling power dynamics at personal and structural." *British journal of social work*, 2005, 35 (4): 435 - 452.

④ Ixer G. "'There's no such thing as reflection' ten years on." *British journal of social work*, 2010, 10(1): 75 - 93.

化脉络中不平等的人际权力关系和社会结构的批判，以及对专业实践中价值和伦理的检视，从而由当下场景的直接影响拓展到了更为广泛的社会结构的改变。① 然而，无论是反思还是批判，这两个概念在哲学层面上都仍然带着二元论的色彩，两者都属于科学主义视域中的争辩，由此很难避免二元对立的逻辑困境。②

（3）反身性与批判性

反身性这个概念源于中世纪的拉丁语“reflexives”，其核心内涵是“回到自己”（turning back on itself），即通过回到自己所处的社会位置来检视自己的生活状况。③ 显然，反身性这个概念与批判和反思不同，它把生活状况的检视与个人所处的社会位置联系在一起，假设处在不同的社会位置，就会产生不同的经验和行动。④ 实际上，反身性这个概念从二十世纪六七十年代起就已经在西方的人文和社会科学领域得到广泛的关注和使用。⑤但是，在社会工作领域，直到二十世纪九十年代，受吉登斯（Giddens）和贝克（Beck）等人的社会学理论视角、第二代女性主义的反身性实践以及西方福利国家改革运动的影响，这一概念才逐渐被社会工作者所接受。⑥

反身性的基础就是把人们的实践看作是在特定的社会历史脉络下发生

---

① 林万亿. 当代社会工作：理论与方法[M]. 2 版. 台北：五南图书出版股份有限公司，2013：76 - 88.

②⑤ 肖瑛. “反身性”研究的若干问题辨析[J]. 国外社会科学，2005(2)：10 - 17.

③ Steier F. *Research and Reflexivity*. London：Sage Publications，1991.

④ Askeland G，Fook J. “Critical reflection in social work.” *European journal of social work*，2009，12 (3)：287 - 292.

⑥ Kessl F. “Critical reflexivity，social work and the emerging European post-welfare states.” *European journal of social work*，2009，12(3)：305 - 317.

的，具有场景性（contextualization）和在地性（localization）①，它不仅需要一种行动中的反思或社会文化场景中的批判，而且需要自身与周围环境关联中的社会位置相确认，既包括对个人内在过程的审视，同时也包括对周围他人的理解，是个人自我的成长过程②。需要注意的是，反身性这个概念吸收了后现代社会建构主义的观点以及女性主义的逻辑，把个人的自我放在人际交往的动力过程中来理解，强调个人对自我的审视与对周围他人的理解是紧密联系在一起的，是同一过程中的两个方面，是无法拆分开来的。同时，反身性还借用了社会差异（social differences）的概念，认为社会结构是在社会分化过程中形成的，与人们的社会身份密切相关，它是个人自我的重要组成部分，也是一个动态的相互影响过程。③这样，人们对自己生活状况的审视，不仅包括人际关联中的自我，同时也包括社会关联中的自我，是回归到自己的社会位置，直面自己内心的同时理解外部的他人和社会。④ 显然，反身性试图突破在反思和批判概念中隐藏的“非此即彼”（either/or）的二元对立思维方式。⑤

就反身性的具体内涵而言，德克鲁斯（D'Cruz）等人通过回顾和分析1990年以来有关反身性研究的社会工作文章发现它主要涉及以下三个层面

①③ Clifford D, Burke B. *Anti-oppressive ethics and values in social work*. London: Palgrave Macmillan, 2009.

② Fook J. “Critical social work: The current issues.” *Qualitative social work*, 2003, 2(2): 123－130.

④ Ixer G. “‘There's no such thing as reflection’ ten years on.” *British journal of social work*, 2010, 10(1): 75－93.

⑤ Dominelli L. “Anti-oppressive practice in context.” In Adams R, Dominelli L, Payne M. *Social work: Themes, issues and critical debates*. New York: Palgrave Macmillan, 2002.

的要求。① 情境回应，即通过反身性来处理实践中面对的各种信息，提高决策的能力，做好未来生活的选择。这一层次的要求是针对贝克所说的“风险社会”（risk society）和吉登斯所倡导的“反身现代性”（reflexive modernity）而言的。② 知识创造，即鼓励人们在人际权力和社会结构的动态相互影响中用自己的语言和视角讲述自己生活中的经历和故事，并且通过与周围他人的对话和交流促进对自我的了解，深化场景的认识。这一层次的要求深受第二代女性主义的影响。③ 情感接纳，即关注情感（emotion）因素在知识创造以及社会工作专业实践中的重要性，避免为了追求“客观性”而刻意回避情感的影响。[①]

与批判不同，反身性注重个人在实践场景中对不同生活经验的检视，以便对自己的未来发展做出准确的判断。因此，它需要个人将自身投入日常生活，在与周围他人的关联中尊重“自我与他者的情感世界”[②]，这样，反身性就具有了多元化的特点；同时，它需要个人从日常生活的多种不同维度理解自己的处境，而且这些不同维度在日常生活中又统一在了个人身上，需要个人做出平衡和协调，这一过程又使反身性具有了整体性的特征，由此，它是一种整体的反身性（holistic reflexivity）[③]。由于需要将反身性放在动态的关联中来理解，因而它具有了一种动力（dynamic）的特点，即个人与周围他人是相互影响的，其中任何一方的改变都会影响另一方，而且相互之间总是

---

① Ruch G. “From triangle to spiral: Reflective practice in social work education, practice and research.” *Social work education*, 2002, 21 (2): 199 - 216.

② 林万亿. 当代社会工作：理论与方法[M]. 2 版. 台北：五南图书出版股份有限公司，2013：76 - 88.

③ Bleakley A. “From reflective practice to holistic reflexivity.” *Studies in higher education*, 1999, 24 (3): 315 - 330.

处于不断的改变和调整过程中。[①] 可以说，反身性就是个人了解自己的社会位置并且以此为出发点深化自己生活经验理解的能力。[②]

如果说批判是把个人的生活经验与社会文化脉络联系起来的话，那么反身性就是把个人的生活经验与自身所处的社会位置联结起来。这样的联结不仅能让个人的自我与周围他人的理解相互关联在一起，由直接互动的微观层面逐渐向间接影响的宏观层面扩展，而且同时还使个人具有了在特定社会文化脉络中生产知识的能力，它绝不是简单地对个人日常生活经验进行总结或者对社会结构和文化意识展开批判，而是根据所处的社会位置对自己的生活经验进行重新诠释[③]。特别是对于社会工作者来说，反身性尤为重要，它能够帮助社会工作者将理论和实践整合起来，促进个人的生活经验向新的学习机会转化，并且可以使社会工作者借助整体性和多元化的视角来获得新的社会技能，激发个人的自主意识和能力。[④]

3. 风险视角下社会工作的反身性实践

在多元的风险社会中，要想推动实践场景的改变，就需要将不同利益相关方都包含在专业实践的过程中，充分考虑不同利益相关方的现实生活要求。[⑤]

---

① Dominelli L. "Anti-oppressive practice in context." In Adams R, Dominelli L, Payne M. *Social work: Themes, issues and critical debates*. New York: Palgrave Macmillan, 2002.

② Smith E. "Teaching critical reflection." *Teaching in higher education*, 2011, 16 (2): 211 - 223.

③ Fook J. *Uncertainty: The defining characteristic of social work?* London: Sage Publications, 2007.

④ 林万亿. 当代社会工作：理论与方法[M]. 2 版. 台北：五南图书出版股份有限公司, 2013: 76 - 88.

⑤ Dal S T, Sheryl G, Pamela C, et al.. "Exploratory research in public social service agencies: An assessment of dissemination and utilization." *Journal of sociology and social welfare*, 2002, 29(4): 59 - 81.

因为随着社会朝向多元化发展，人们在社会场景中的位置对其生活的影响变得越来越突出，除了每个人在社会场景中的位置决定了其思考与行动的基本方式之外，每个人的主体性都是由外部支持下的内部过程培养起来的，缺少了对社会场景位置的理解，也就意味着缺少了对主体性的审视[①]。这样，社会场景中的位置就成为风险社会的行动尝试所必须考察的因素，它可以将多元主体的不同要求联系起来，为人们的行动尝试提供前行的方向。显然，每个人所处的社会场景中的位置是不同的，如果在专业实践中对社会场景中的位置进行考察，也就意味着没有普遍的、标准化的实践方式，这是对抽离日常生活场景的传统实证知识观的挑战，需要社会工作者放弃那种对跨时空的宏大叙事的追求。[②] 同时，一旦把这种社会场景中的位置作为社会工作专业实践的关键，就需要社会工作者采取一种动态的视角来理解人们的主体性要求，即需要社会工作者把人们的成长改变意愿与具体变化的现实生活场景联系起来，在具体的场景实践中，通过对自身社会位置的审视来提升对周围他人不同主体的尊重。[③]

值得注意的是，这种多元社会中的社会位置的审视不同于人们所说的外部观察，它需要借助人们的反身性观察。因为这是一种具体场景实践中的对社会位置的审视，其不仅具有场景性，而且具有动态性，强调多方在具

---

① Probst B, Berenson L. “The double arrow: How qualitative social work researchers use reflexivity.” *Qualitative social work*, 2014, 13(4): 813 - 827.

② Peile C, Mccouat M. “The rise of relativism: The future of theory and knowledge development in social work.” *British journal of social work*, 1997, 27(2): 343 - 360.

③ Sands R G, Nuccio K. “Postmodern feminist theory and social work.” *Social work*, 1999, 37(6): 389 - 394.

体场景中的对话与交流。① 正是借助这样的多方对话与交流，人们才能将自己的观察与周围他人做对比，也才能根据周围他人的要求调整自己的行动安排，了解自己的生活安排到底与周围他人有什么不同，了解自己需要坚持什么、放弃什么以及哪些安排可以折中，等等，找到具体场景实践中能够包容周围他人不同要求的有效的行动策略。② 因此，这种具体场景实践中的多方对话与交流的机制不仅催生了人们反身性观察的能力，而且能够帮助人们清楚地看到传统的精英主义知识生产和精英主义实践方式背后所隐藏的社会关系的霸权。③ 可以说，这种反身性的实践不仅是多元风险社会中的一种实践技术转变的要求，它同样也展现了社会工作伦理价值的追求。

与关注专业实践过程审视的反思不同，反身性实践首先是由社会科学研究者提出的，其目的是帮助人们明确自己在特定生活处境中的位置，了解自己在其中发挥的作用。④它的作用不是解决问题，而是通过问题解决过程激发和提升服务对象对生活困境的社会反思和自决行动的能力。⑤ 这样，就需要将个人的“自我”(self)也纳入反思实践，并在与周围他人和世界的关联中确定“我们的位置”。实际上，对专业实践过程的反思与对自身位置的审视是紧密联系在一起的，特别是在多个参与主体或者复杂问题的专业实践

① England K V L. “Getting personal: Reflexivity, positionality and feminist research.” *Women in the field*, 1994, 46(1): 80 - 89.

② Sheppard M, Newstead S, Caccavo A D, et al.. “Reflexivity and the development of process knowledge in social work: A classification and empirical study.” *British journal of social work*, 2000, 30: 465 - 488.

③④ Fook J. “Reflexivity as method.” In Daly J, Kellehear A, Willis E. *Transforming social work practice*. London: Routledge, 1999.

⑤ Simon B L. “Rethinking empowerment.” *Journal of progressive human services*, 1990, 1 (1): 27 - 39.

中，两者不仅不能分割开来，而且还相互促进，一起构成特定场景中专业实践的探索过程。[①] 否则，专业实践就会失去发展的方向，转变成纯粹的权力游戏。[②]

就反身性实践的内涵而言，有关它的文献讨论非常丰富。有学者认为，反身性实践的核心除了确定自己的社会位置以及界定其中的社会歧视和社会排斥的动态权力关系之外，也是把自己视为伦理的行动者（the moral actor），在社会生活的成长过程中做出伦理和责任的选择，并且与周围他人进行平等的对话（dialogue），增强相互之间的反身性的审视。[③] 有学者根据其关注的焦点将反身性实践直接分为三类：个体性的反身性审视、知识和权力关系的审视以及思想与情感（feelings）关系的审视。个体性的反身性审视主要是针对快速变化的风险社会中的个人生活安排所做的考察；知识和权力关系的审视则是在后现代主义和女性主义影响下对实践中知识生产的权力关系进行反思；思想与情感关系的审视则强调对传统的思想掌控情感关系的警觉，让人们具有意识的批判性。[④] 显然，反身性实践所强调的要求是与人们所面临的后现代社会的不确定、多元化和高风险的生活处境紧密联系在一起的，它让人们关注个人的日常生活实践，而不是宏大的

① Fook J. *Social work: A critical approach to practice*, London: Sage Publications, 2002.

② Adams R. *Social work and empowerment*. London: Palgrave Macmillan, 1996.

③ Clifford D, Burke B. *Anti-oppressive ethics and values in social work*. London: Palgrave Macmillan, 2009.

④ D' Cruz H, Gillingham P, Melendez S. "Reflexivity, its meanings and relevance for social work: A critical review of the literature." *The British journal of social work*, 2007, 37 (1): 73 - 90.

社会实践。[①] 正是因为如此，与传统上所重视的动机、认知和行为不同，情感也就具有了特别重要的作用，它能够直接与人们所处的社会位置关联在一起，是人们察觉自己社会位置的重要线索。这样，情感维度也就成为反身性考察的关键内容。[②]

值得注意的是，反身性实践呈现的是在后现代主义思潮影响下的一种新的知识逻辑，它关注日常生活实践的对话沟通和多元性，它具有以下三个方面的重要特征。① 注重过程。这种新的知识逻辑不仅关注是什么，同时也关注怎样将知识视为一个不断形成和变化的过程，即需要不断的创新。② 注重参与。这种知识逻辑与提供知识的人是紧密相关的，不同的人提供的知识是不同的，因为他们所处的社会位置不同，就会从不同的角度看待生活中发生的事情。即使是同一个人，也会因为他自身所选择的社会位置不同而有所不同。这也意味着，人们需要采取一种多元的视角来理解身边的周围他人。③ 注重场景。这种知识逻辑脱离不开具体的生活场景，是人们在具体生活场景中的经验，并对这种生活场景做出的回应。[③] 显然，在这种后现代知识逻辑的影响下，如何将多元化的视角与批判反思视角结合就成为专业实践的关键。[④] 反身性实践探讨的不是“客观”事实，而是“经验

① Kemshall H. *Risk, social policy and welfare*. Buckingham: Open University Press, 2002.

② Ruch G. “From triangle to spiral: Reflective practice in social work education, practice and research. *Social work education*, 2002, 21 (2): 199 - 216.

③ Fook J. *Social work: A critical approach to practice*. London: Sage Publications, 2002.

④ Fook J. “Reflexivity as method.” In Daly J, Kellehear A, Willis E. *Transforming social work practice*. London: Routledge, 1999.

事实”(empirical reality)①，是人们站在自己所处的社会位置采用实践反思的逻辑，是对自己所处的生活场景进行的实践推理(practice reasoning)，其中运用的最核心的技术就是反身性思维(reflexive thinking)和批判性思维(critical thinking)②。

与后现代知识逻辑相关，反身性实践是一种多元化的服务策略，它不是追求超越具体生活场景的普遍性的一致认识，而是寻找特定生活场景的具体实践策略。这种实践策略除了关注在地的条件和历史处境之外，同时还关注人们针对这种特定生活场景所做的选择和所采取的行动，以将个人的成长与社会的改变紧密结合起来。③ 因此，反身性实践也就需要借助位置化(positioning)和命名(naming)这两项重要技术来实现。所谓位置化，是指将人们的经验和感受与其所处的生活场景中的对话交流的位置联系起来，提高人们对自身所处的场景以及与周围他人关联的自我觉察能力；命名则是指选择不同的方式和角度呈现自己的经验，提升人们对自身经验的自我批判能力。④ 这样，通过反身性实践，人们就能对多样性和多元化采取一种包容的态度。不过，需要注意的是，尽管反身性实践可以从专业实践的经验学习、社会实践的批判理论以及生活实践的后现代知识逻辑来理解，但是实际上，反身性实践本身的内涵是非常丰富的，常常是几种不同视角的交融，因

① Agger B. *Critical social theories*. Boulder and Oxford: Westview Press, 1998.

② Clifford D, Burke B. *Anti-oppressive ethics and values in social work*. London: Palgrave Macmillan, 2009.

③ Healy K. *Social work practice: Contemporary perspectives on change*. London: Sage Publications, 2000.

④ Fook J. *Social work: A critical approach to practice* (*3rd ed.*). London: Sage Publications, 2002.

而反身性实践本身就呈现出复杂性①、多样性②和流动性③等特征。

显然，在风险社会中，能力的概念已经不是一种如何有效掌控的内涵，而具有了开放性的要求，能够包含多元主体的不同诉求，并且能够随着场景的变化而变化，是一种反身性实践中的能力。“暖心宅急送”个性化精准帮扶试点项目所针对的深度贫困人群就是这样一类人群，他们不仅在日常生活中面临多重现实困难和较高的返贫风险，而且缺乏改变的“内生性”动力，更需要社会工作者在专业实践中关注他们自身经验的重塑和主体性的挖掘，而反身性实践恰恰为社会工作者的这种专业实践提供了解决问题的思路。这不仅需要社会工作者放弃传统标准化的服务策略，学会在生活中寻找小的可以改变的场景，还需要社会工作者掌握从人们生活经验出发的命名干预技术和注重多元生活场景中生活能力提升的位置化提问方式。当然，这样的脱贫攻坚社会工作反身性实践需要依据“事实—伦理”的双重服务框架，把伦理也视为人们在多元风险生活中应对现实生活挑战的重要维度，弥补传统社会工作一直以来在具体专业实践中对伦理的忽视以及对服务对象责任感培育的缺失。

---

① Polkinghorne D. *Practice and the human sciences*. New York: State University of New York Press, 2004.

② Moon J A. "Reflection in learning and professional development." *Theory and practice*. New York: Routledge, 2013.

③ Ixer G. "'There's no such thing as reflection' ten years on." *The journal of practice teaching and learning*, 2010, 10 (1): 75 - 93.

参 考 文 献

[1] 安东尼·吉登斯.现代性与自我认同：晚期现代中的自我与社会[M].夏璐,译.北京：中国人民大学出版社，2016.

[2] 向德平,黄承伟.减贫与发展[M].北京：社会科学文献出版社,2016.

[3] 林胜义.社会工作概论[M].台北：五南图书出版有限公司,2001.

[4] 林万亿.当代社会工作：理论与方法[M].2版.台北：五南图书出版股份有限公司,2013.

[5] 刘坚.中国农村减贫研究[M].北京：中国财政经济出版社,2009.

[6] 王振川.国务院发出《关于加强贫困地区经济开发工作的通知》[M]//《中国改革开放新时期年鉴》编委会.中国改革开放新时期年鉴.北

京：中国民主法制出版社，1987.

[7] 詹姆斯·C. 斯科特. 国家的视角：那些试图改善人类状况的项目是如何失败的[M]. 王晓毅，译. 北京：社会科学文献出版社，2019.

[8] 中国发展研究基金会. 中国发展报告(2007)：在发展中消除贫困[M]. 北京：中国发展出版社，2007.

[9] 蔡科云. 政府与社会组织合作扶贫的权力模式与推进方式[J]. 中国行政管理，2014(9)：45－49.

[10] 曹方咏峥，林熙. 欧洲国家的公共政策支持：家庭照护[J]. 老龄科学研究，2019，7(3)：71－80.

[11] 陈成文，姚晓，廖欢. 社会工作：实施精准扶贫的推进器[J]. 社会工作，2016(3)：10－16，123－124.

[12] 陈辉. 社会工作参与精准扶贫的路径选择[J]. 中共福建省委党校学报，2017(3)：100－104.

[13] 陈涛，徐其龙. 社会工作介入乡村振兴模式研究：以北京市 Z 村为例[J]. 国家行政学院学报，2018(4)：73－77，149.

[14] 程凯. 坚持精准扶贫精准脱贫基本方略 着力解决因残致贫问题[J]. 行政管理改革，2018(7)：18－23.

[15] 程玲，向德平. 能力视角下贫困人口内生动力的激发：基于农村反贫困社会工作的实践[J]. 中国社会工作研究，2018(2)：115－139.

[16] 程胜利. 社会工作在城市反贫困中的作用及政策建议[J]. 社会，2004(9)：25－27.

[17] 戴雪红. 女性主义方法论的批判与重构：基于弗雷泽后现代女性主义

理论的视域[J]. 福建论坛(人文社会科学版),2017(8):68-75.

[18] 邓锁. 个案管理:多元福利背景下的服务整合与发送[J]. 中国社会工作研究(第7辑),2010:33-46.

[19] 丁建军,金宁波,王璋. 深度贫困生成逻辑与贫困陷阱跨越路径:习近平关于深度贫困问题重要论述的启示[J]. 吉首大学学报(社会科学版),2019,40(3):114-121.

[20] 段塔丽. 乡村振兴战略背景下陕南贫困山区农户家庭经济发展困境及实现路径[J]. 安康学院学报,2019,31(3):86-89.

[21] 范明林,李蓉. 成年残疾人子女家庭照顾风险及其个案管理模式:以上海市S社会工作发展中心为例[J]. 社会建设,2017,4(2):5-14,57.

[22] 高飞,向德平. 专业社会工作参与精准扶贫的可能性与可及性[J]. 社会工作,2016(3):17-24,124.

[23] 高灵芝,杨洪斌. 个案管理应用于社会救助的优势与思路[J]. 东岳论丛,2010,31(9):139-143.

[24] 戈艳霞,李强. 疾病照料负担对困难家庭劳动力就业的影响[J]. 人口与经济,2018(1):79-89.

[25] 关信平. 论现阶段我国贫困的复杂性及反贫困行动的长期性[J]. 社会科学辑刊,2018(1):15-22,209.

[26] 郭伟和,丰宝宾. 城市最低生活保障政策瞄准效果研究:基于"中国城乡困难家庭社会政策支持系统建设项目"数据分析[J]. 社会建设,2016,3(5):4-16.

[27] 何欢.美国家庭政策的经验和启示[J].清华大学学报(哲学社会科学版),2013,28(1):147-156,161.

[28] 何平.我国受救助者主体地位之反思与重塑：从弱势群体到权利主体[J].东方法学,2012(6):71-78.

[29] 何燕兰.在地资源利用：社会工作参与精准扶贫路径探索[J].学理论,2019(1):76-79.

[30] 贺海波.贫困文化与精准扶贫的一种实践困境：基于贵州望谟集中连片贫困地区村寨的实证调查[J].社会科学,2018(1):75-88.

[31] 侯利文.社会工作与精准扶贫：理念牵引、技术靶向与现实进路[J].学术论坛,2016,39(11):105-110.

[32] 胡光辉.扶贫先扶志 扶贫必扶智：谈谈如何深入推进脱贫攻坚工作[J].今日海南,2017(2):8-9.

[33] 胡原,曾维忠.稳定脱贫的科学内涵、现实困境与机制重构：基于可持续生计—脆弱性—社会排斥分析框架[J].四川师范大学学报(社会科学版),2019,46(5):121-128.

[34] 黄承伟.党的十八大以来脱贫攻坚理论创新和实践创新总结[J].中国农业大学学报(社会科学版),2017,34(5):5-16.

[35] 纪文晓.从西方引介到本土发展：家庭抗逆力研究述评[J].华东理工大学学报(社会科学版),2015,30(3):29-42.

[36] 贾冰,姜兆刚.社会工作视角下农村贫困老人的养老危机与对策研究：以辽宁省X村为例[J].云南农业大学学报(社会科学),2020,14(3):57-61.

[37] 姜妙屹.试论我国家庭政策与儿童政策相结合的儿童优先脱贫行动[J].社会科学辑刊,2019(4):96-103.

[38] 孔铮.构建中国的家庭政策体系:国际经验及启示[J].经济与社会发展,2013,11(4):96-100.

[39] 雷杰,蔡天.国家、社会与市场的交织:英国社会工作专业化发展回顾[J].社会工作,2019(4):45-55,110.

[40] 李春根,陈文美,邹亚东.深度贫困地区的深度贫困:致贫机理与治理路径[J].山东社会科学,2019(4):69-73,98.

[41] 李红飞,温谋富.社会工作者在精准扶贫中的角色定位:基于晋江市特困家庭“四帮四扶”项目的分析[J].云南农业大学学报(社会科学),2018,12(4):1-4.

[42] 李丽华.低保家庭“二次”救助政策执行偏差和问题矫正[J].管理观察,2019(19):86-87.

[43] 李伟.社会工作何以走向“去社会变革化”?基于美国百年社会工作史的分析[J].社会,2018,38(4):100-132.

[44] 李文祥,吴征阳.社会工作方法创新与扶贫创业模式精准化探索:基于农村扶贫创业的实践研究[J].社会科学战线,2018(11):238-246,2.

[45] 李小云.冲破“贫困陷阱”:深度贫困地区的脱贫攻坚[J].人民论坛·学术前沿,2018(14):6-13.

[46] 李小云.我国农村扶贫战略实施的治理问题[J].贵州社会科学,2013(7):101-106.

[47] 李迎生，徐向文. 社会工作助力精准扶贫：功能定位与实践探索[J]. 学海，2016(4)：114-123.

[48] 梁伟军，谢若扬. 能力贫困视阈下的扶贫移民可持续脱贫能力建设研究[J]. 华中农业大学学报(社会科学版)，2019(4)：105-114，174-175.

[49] 刘景琦. 新“生存伦理”陷阱：连片贫困区农民家庭转型困境的一种解释[J]. 社会学评论，2019，7(3)：50-59.

[50] 卢成仁. 社会工作的源起与基督教公益慈善：以方法和视角的形成为中心[J]. 华东理工大学学报(社会科学版)，2013，28(1)：44-52，95.

[51] 卢雪梅，慈勤英. 贫困家庭灾难性卫生支出的影响因素与医疗救助政策选择：基于阿马蒂亚·森的可行能力视角[J]. 广西社会科学，2017(8)：152-157.

[52] 陆德泉. 社会发展视角探索社会工作的本土化策略：以南非建构发展性社会工作体系的路径为例[J]. 中国农业大学学报(社会科学版)，2017，34(3)：35-45.

[53] 马凤芝. 社会发展视野下的社会工作[J]. 广东社会科学，2014(1)：222-228.

[54] 聂飞. 家庭发展的困境与政策调适：基于可行能力的视角[J]. 求实，2015(6)：56-63.

[55] 欧颖，李春凯. 危机介入与个案管理在失独群体中的应用探究[J]. 社会工作，2013(4)：86-93，154.

[56] 彭秀良. 我国社会工作行业组织的发展现状与未来走向[J]. 重庆工商

大学学报(社会科学版),2017,34(4):67-71.

[57] 钱宁.发挥专业优势,助力脱贫攻坚成效提升[J].中国社会工作,2018(4):1.

[58] 渠鲲飞,左停,王琳瑛.深度贫困区技能扶贫运行困境分析:基于能力贫困的视阈[J].中央民族大学学报(哲学社会科学版),2018,45(3):63-70.

[59] 宋丽玉.个案管理之内涵与工作模式:兼论个案管理模式在台湾社会工作领域之应用[J].社会政策与社会工作学刊,1998,2(1):127-156.

[60] 唐咏,魏惠兰.个案管理模式兴起及其在医务社会工作中的启示:以癌末病患照顾者为例[J].社会工作(学术版),2011(6):46-50.

[61] 仝利民.个案管理:基于社区照顾的专业社会工作方法[J].华东理工大学学报(社会科学版),2005,20(2):29-33,44.

[62] 童敏,骆成俊,赵艳军.长期陪伴服务:社会工作专业服务的批判与反思[J].浙江工商大学学报,2017(4):124-131.

[63] 童敏,吴宝红.风险中的能力:脱贫攻坚社会工作的实践与反思[J].中国社会工作研究,2019(1):113-131,213-214.

[64] 童敏.从问题视角到问题解决视角:社会工作优势视角再审视[J].厦门大学学报(哲学社会科学版),2013(6):1-7.

[65] 童敏.个案工作发展的基本逻辑与中国本土化框架选择[J].社会科学辑刊,2018(2):62-68.

[66] 童敏.社会工作本质的百年探寻与实践[J].厦门大学学报(哲学社会

科学版)，2009(5)：60－67.

[67] 汪三贵，殷浩栋，王瑜. 中国扶贫开发的实践、挑战与政策展望[J]. 华南师范大学学报(社会科学版)，2017(4)：18－25，189.

[68] 王朝明. 中国农村30年开发式扶贫：政策实践与理论反思[J]. 贵州财经学院学报，2008(6)：78－84.

[69] 王三秀，刘丹霞. 家庭功能重塑：残疾人贫困治理的路径转向[J]. 学习与实践，2019(7)：98－107.

[70] 王思斌. 精准扶贫的社会工作参与：兼论实践型精准扶贫[J]. 社会工作，2016(3)：3，9，123.

[71] 王雨磊. 精准扶贫何以"瞄不准"?：扶贫政策落地的三重对焦[J]. 国家行政学院学报，2017(1)：88－93，128.

[72] 王雨磊. 农村精准扶贫中的技术动员[J]. 中国行政管理，2017(2)：56－60，142.

[73] 王志敏，曲玮. 贫困地区农户家庭风险抵御能力实证分析：以甘肃省陇南市、定西市为例[J]. 西北人口，2016，37(1)：123－128.

[74] 卫小将. 精准扶贫与主体性塑造：再认识与再反思[J]. 中国行政管理，2018(4)：39－43.

[75] 卫小将. 精准扶贫中群众的主体性塑造：基于赋权理论视角[J]. 中国特色社会主义研究，2017(5)：80－85.

[76] 卫小将. 专业是如何打造的?：英美社会工作发展路径与挑战[J]. 学习与实践，2015(4)：118－124.

[77] 向荣，陆德泉，陈韦帆. 发展型社会工作对深化精准扶贫的助力策略

分析[J]. 贵州民族大学学报(哲学社会科学版),2018(3): 73-86.

[78] 肖瑛. "反身性"研究的若干问题辨析[J]. 国外社会科学,2005(2): 10-17.

[79] 徐小言. 农村居民"贫困—疾病"陷阱的形成分析[J]. 山东社会科学,2018(8): 66-72.

[80] 许汉泽. 行政主导型扶贫治理研究: 以武陵山区茶乡精准扶贫实践为例[D]. 北京: 中国农业大学,2018.

[81] 亚伯拉罕·弗莱克斯纳,胡杰容,邓锁. 社会工作是一门专业吗? [J]. 中国社会工作研究,2013(0): 198-211.

[82] 杨得前,彭文栋,肖莹. 美国家庭援助计划研究及其对我国的启示[J]. 中国行政管理,2017(11): 145-150.

[83] 杨菊华. 后小康社会的贫困: 领域、属性与未来展望[J]. 中共中央党校(国家行政学院)学报,2020,24(1): 111-119.

[84] 杨团. 以家庭为本、社区服务为基础的长期照护政策探索[J]. 学习与实践,2014(6): 82-91,2.

[85] 袁君刚. 社会工作参与农村精准扶贫的比较优势探索[J]. 西北农林科技大学学报(社会科学版),2017,17(1): 17-22.

[86] 岳天明,李林芳. 民族村寨精准扶贫的社会工作借鉴: 以甘肃文县T乡为例[J]. 中央民族大学学报(哲学社会科学版),2017,44(6): 103-109.

[87] 张红,卢煜钧,鲁汉杰. 农村留守少年自我认同困境的小组工作介入[J]. 西北农林科技大学学报(社会科学版),2017,17(5): 126-131.

[88] 张军. 脱贫攻坚的“扶志”转向：兼论贫者心理困境及其改善[J]. 社会建设，2019，6(1)：52－63.

[89] 张曦. 家庭再生产、贫困发生与精准扶贫政策实践[J]. 华南农业大学学报(社会科学版)，2019，18(4)：10－20.

[90] 张英阵，郑怡世. 再探 Jane Addams 的社区工作理念[J]. 社会政策与社会工作学刊，2012(1)：88－123.

[91] 赵环，孙国权. 刍议个案管理模式在禁毒社会工作中的运用[J]. 社会工作下半月(理论)，2008(8)：4－7.

[92] 周立. 以“志智制立体扶贫”解决深度贫困[J]. 人民论坛·学术前沿，2018(14)：14－19.

[93] 周沛. 社会工作和社会保障的同源性及其在和谐社会构建中的重要意义[J]. 江苏社会科学，2006(2)：62－67.

[94] 周云波，贺坤. 精准扶贫视角下收入贫困与多维贫困的瞄准性比较[J]. 财经科学，2020(1)：106－119.

附　　录

一、特困与低保兜底政策

（一）特困供养办事指南

特困供养人员救助供养办事指南

1. 审批单位

区民政局

2. 申请条件

具有本市户籍的城乡老年人、残疾人及未成年人，同时具备以下条件的，应当依法纳入特困人员救助供养范围：（一）无劳动能力；（二）无生活来源；（三）无法定赡养（抚养、扶养）义务人或者其法定义务人无履行义务能力的。

3. 办理方式

由户主或者其委托人以家庭为单位向户籍所在地街道办事处（镇人民政府）社会事务办提出书面申请，也可以委托居（村）民委员会代为提出申请。

4. 申请材料

申请人应当书面声明家庭收入和财产状况，履行授权委托低保工作部门核查家庭收入和财产状况的相关程序，并且如实提供以下材料的原件及复印件：

(1) 居民户口簿、居民身份证、结婚证、离婚证（或法院判决书）、收养证或其他证明其家庭成员身份关系的证明；

(2) 残疾证、疾病证明、学生证明、计生特殊家庭证明、劳动能力状况证明，街（镇）以上人力资源社会保障机构出具的就业失业登记证、培训和推荐就业记录材料；

(3) 家庭成员、法定赡养（扶养、抚养）人的就业收入或者其他收入证明，离（退）休证、养老保险证明、失业保险证明；

(4) 房产证明、房屋租赁协议、拆迁协议、土地承包经营证明；

(5) 有关裁决、判决、协议及其他相关材料等。

5. 办理程序

(1) 申请低保，应当由户主或者其委托人以家庭为单位向户籍所在地街道办事处（镇人民政府）提出书面申请，也可以委托居（村）民委员会代为提出申请。

(2) 街道办事处（镇人民政府）对申请人提交的申请材料进行审查，同时根据申请人授权，通过市、区居民家庭经济状况核对机构对申请人家庭收入和财产信息进行核对。

(3) 街道办事处（镇人民政府）受理申请后，应当组织家庭经济状况调查。

(4) 家庭经济状况调查完成后，街道办事处(镇人民政府)应当组织民主评议。

(5) 街道办事处(镇人民政府)应当将申请人家庭基本情况、家庭经济状况调查结果、民主评议结论及举报联系方式等信息，在申请人家庭常住地所在居(村)及自然村(组)张榜公示，公示时间不得少于7天。

(6) 街道办事处(镇人民政府)应当在受理申请之日起20日内，根据入户调查、民主评议、公示情况提出书面审核意见，并且连同申请人材料一并报送区民政部门。

(7) 区民政部门应当对街道办事处(镇人民政府)报送的材料进行审核，并且按照不低于30%的比例进行入户抽查，对登记备案的低保经办人员和居(村)民委员会干部近亲属的申请应当全部入户调查。根据材料审核和入户抽查情况，做出相应处理。

*区民政部门应当在接到街道办事处(镇人民政府)审核意见之日起10日内办结审批手续。

*通过市、区居民家庭经济状况核对机构对申请人家庭收入和财产信息进行核对，申请家庭的经济状况信息由市民政局组织进行跨部门核对。

(二) 特困供养申请表

厦门市T区申请社会救助居民家庭经济状况核对申请表

________(区)________(街道、镇)　　申请人________联系电话________

1. 救助类别

☐ 城乡低保　☐ 残疾人单保　☐ 城市三无　☐ 孤儿　☐ 农村五保　☐ 低收入家庭
☐ 因病支出型贫困家庭　　☐ 其他(____________)*请在前小框内勾选

2. 家庭基本情况

家庭成员基本信息(救助对象)

姓　名	与申请人关系	身份证号	家庭居住地址	户籍所在地

法定赡养、抚养、扶养义务人基本信息(非救助对象)

姓　名	与申请人关系	身份证号	家庭居住地址	户籍所在地

3. 厦门市申请社会救助居民家庭声明及经济状况查询授权书

本人郑重声明，本申请表登记的家庭基本情况和家庭经济状况属实。如有不实，愿停止申请或享受以上申请的社会救助，并承担相应法律责任。

申请资料如有变动，本人或本人家庭成员在1个月内向所在社区居(村)委会主动申报。

本人同意并委托受理此申请的民政部门向所有涉及本人家庭经济状况信息的政府部门及银行、证券、保险机构查询、核对本人家庭财产和家庭收入状况。本人也同意所有涉及本人家庭经济状况信息的政府部门及银行、证券、保险机构将所需资料和信息提供给省、区、市民政部门。

本授权书有效期从本人提出申请之日起至终止享受以上申请的社会救助之日止。

特此授权。

授权人(家庭成员，含法定赡养、抚养、扶养义务人)签字：

1. ________(指模　　　　) 2. ________(指模　　　　)

3. ________(指模　　　　) 4. ________(指模　　　　)

5. ________(指模　　　　) 6. ________(指模　　　　)

年　　月　　日

备注：家庭成员为无民事行为能力人、限制民事行为能力人的，由监护人代签，代签人________；代签的需由本人按指模。申请时，申请人须持本人身份证及家庭成员户口簿，有收入的提供收入证明。

4. 家庭收入信息(含法定赡养、抚养、扶养人)

■现在就业所获得的收入
就业者姓名 ________ 平均每月工资及奖金、津贴 ________ 元
就业者姓名 ________ 平均每月工资及奖金、津贴 ________ 元
就业者姓名 ________ 平均每月工资及奖金、津贴 ________ 元
■经营净收入 经营者姓名 ________ 平均每月收益 ________ 元
■退休金 领取人姓名 ________ 平均每月 ________ 元
领取人姓名 ________ 平均每月 ________ 元
■养老保险金 领取人姓名 ________ 平均每月 ________ 元
领取人姓名 ________ 平均每月 ________ 元
■失业保险金 领取人姓名 ________ 平均每月 ________ 元
■获得赡养、扶养、抚养费 平均每月 ________ 元
■农村农副业生产收入 家庭上一年总计收入 ________ 元
■村集体分红等收入 家庭上一年总计收入 ________ 元
■其他需要登记的收入 ________

5. 家庭财产信息

■现金 ________ 元
■股票 总市值 ________元 账户持有人姓名 ________
总市值 ________元 账户持有人姓名 ________
■基金等有价证券 总市值 ________元 账户持有人姓名 ________
总市值 ________元 账户持有人姓名 ________
■银行储蓄
金额 ________元 户名 ________ 银行名称 ________ 银行账号 ________
金额 ________元 户名 ________ 银行名称 ________ 银行账号 ________
■公积金 缴存人姓名 ________ 余额________元
缴存人姓名 ________ 余额________元
■房产 产权人姓名________ 面积________平方米 □ 自住 □ 商用 □ 出租(每月收益________元)
产权人姓名________ 面积________平方米 □ 自住 □ 商用 □ 出租(每月收益________元)
■车辆 行驶证持有人________ 品牌型号________ 购置时间________ 现估价________元
行驶证持有人________ 品牌型号________ 购置时间________ 现估价________元
■商业保险 保险名称________________ 被保险人姓名________
每月缴纳保险费用________元
保险名称________________ 被保险人姓名________
每月缴纳保险费用________元
■其他需要登记的贵重财产及价值 ________________________

6. 因病支出信息

申请人________于________年____月____日至________年____月____日因病在__________________________医院治疗，医疗总费用________元，自己负担的医疗费________元。 备注：申请因病支出型贫困家庭认定方需填写本栏信息。申请时应提供相应发票。

（三）低保政策的办理指南

G街道低保政策办理指南

1. 审批单位

区民政局

2. 申请条件

凡本市户籍居民，其共同生活的家庭成员人均收入低于我市低保标准的，且家庭财产状况符合市人民政府规定条件的，均可申请低保。

3. 办理方式

由户主或者其委托人以家庭为单位向户籍所在地街道办事处（镇人民政府）社会事务办提出书面申请，也可以委托居（村）民委员会代为提出申请。

4. 申请材料

申请人应当书面声明家庭收入和财产状况，履行授权委托低保工作部门核查家庭收入和财产状况的相关程序，并且如实提供以下材料的原件及复印件：

（1）居民户口簿、居民身份证、结婚证、离婚证（或法院判决书）、收养证或其他证明其家庭成员身份关系的证明；

（2）残疾证、疾病证明、学生证明、计生特殊家庭证明、劳动能力状况证明，街（镇）及以上人力资源社会保障机构出具的就业失业登记证、培训和推荐就业记录材料；

（3）家庭成员、法定赡养（扶养、抚养）人的就业收入或者其他收入证明，离（退）休证、养老保险证明、失业保险证明；

（4）房产证明、房屋租赁协议、拆迁协议、土地承包经营证明；

（5）有关裁决、判决、协议及其他相关材料等。

5. 办理程序

（1）申请低保，应当由户主或者其委托人以家庭为单位向户籍所在地街道办事处（镇人民政府）提出书面申请，也可以委托居（村）民委员会代为提出申请。

（2）街道办事处（镇人民政府）对申请人递交的申请材料进行审查，同时根据申请人授权，通过市、区居民家庭经济状况核对机构对申请人家庭收入和财产信息进行核对。

（3）街道办事处（镇人民政府）受理申请后，应当组织家庭经济状况调查。

（4）家庭经济状况调查完成后，街道办事处（镇人民政府）应当组织民主评议。

（5）街道办事处（镇人民政府）应当将申请人家庭基本情况、家庭经济状况调查结果、民主评议结论及举报联系方式等信息，在申请人家庭常住地所在居（村）及自然村（组）张榜公示，公示时间不得少于 7 天。

（6）街道办事处（镇人民政府）应当在受理申请之日起 20 日内，根据入户调查、民主评议、公示情况提出书面审核意见，并且连同申请人材料一并报送区民政部门。

(7) 区民政部门应当对街道办事处(镇人民政府)报送的材料进行审核，并且按照不低于30%的比例进行入户抽查，对登记备案的低保经办人员和居(村)民委员会干部近亲属的申请应当全部入户调查。根据材料审核和入户抽查情况，做出相应处理。

* 区民政部门应当在接到街道办事处(镇人民政府)审核意见之日起10日内办结审批手续。

二、低收入人群政策

(一) 低收入家庭认定

厦门市低收入家庭认定实施办法

市民政局

1. 本办法所称低收入家庭，是指提出申请的前12个月内，扣除自付医疗费用或全日制学生教育学费后，家庭成员人均收入、财产以及实际生活状况符合本市低收入家庭条件的本市户籍居民家庭。

2. 低收入家庭认定与特困供养、最低生活保障、医疗救助、住房保障、就业援助、教育救助、法律援助、临时救助等救助制度相衔接。

3. 市、区民政部门负责本级行政区域内低收入家庭认定管理工作。

区民政部门是审批低收入家庭的责任主体。街道办事处(镇人民政府)是受理、审核低收入家庭认定申请的责任主体，负责低收入家庭认定申请的审核、管理、服务、建档工作。

居(村)民委员会协助居民提出低收入家庭认定申请,协助街道办事处(镇人民政府)做好低收入家庭认定的申请受理、审核、公示、日常管理和服务等工作。

4. 各级人民政府应当加强低收入家庭认定工作机构能力建设,配备必需的工作人员,负责本辖区低收入家庭认定的具体工作。街道办事处(镇人民政府)可采取调配、招考等方式,配备必要的工作人员;人手确有不足的情况下,可将部分相关辅助性工作通过政府购买服务方式交由社会力量承接。

各区人民政府、街道办事处(镇人民政府)应根据实际工作需要,为低收入家庭认定工作安排必要的工作经费,并列入同级财政预算,主要用于信息平台建设及运行、入户调查、数据采集、证表印制和建立档案等。

5. 低收入家庭收入标准根据最低生活保障标准的 2 倍确定,随最低生活保障标准动态调整,并向社会公布。

6. 申请人家庭有下列情形之一的,一般不予认定为低收入家庭,已认定的应予取消:

(1) 实际生活水平明显高于我市低收入家庭标准的:

拥有私家轿车、船舶和大型农机具等较高价值非基本生活必需品的(不含摩托车、残疾人专用代步车辆、谋生工具);

年内购置、新建(因拆迁等购买安置房、经济适用房的除外)或者高档装修住房的;

家庭人均财产超过低收入家庭月人均收入标准 24 倍的;

家庭成员在高收费非公办幼儿园入托、在中小学自费择校就读、属非国家统招生自费在高额收费的高校就学的（重病前已经入学的除外）；

家庭成员中有自费出国留学、劳务的；

家庭日常生活消费水平明显高于当地低收入家庭标准的。

（2）拒绝配合区民政部门、街道办事处（镇人民政府）进行家庭经济状况核对的。

（3）故意隐瞒家庭真实收入、财产和家庭人口变动情况，或者提供虚假申请材料、证明的。

（4）通过离婚、赠予、转让等方式放弃自己应得财产，或者放弃法定应得赡养费、抚养费、扶养费和其他合法资产及收入的。

（5）未通过诉讼或者未通过有关单位向非共同生活的有承担能力的法定赡养人、抚养人、扶养人要求给付赡养费、抚养费、扶养费的。

（6）经区级以上民政部门认定的其他不符合低收入家庭条件的情形。

7. 申请人或者其委托人应以家庭为单位向户籍所在地街道办事处（镇人民政府）提出书面申请，也可以委托居（村）民委员会代为提出申请。申请时应当书面声明家庭收入、财产及支出状况，履行授权委托民政部门核查家庭收入和财产状况的相关程序，并且如实提供以下材料的原件及复印件：

居民户口簿、居民身份证、结婚证、离婚证（或法院判决书）、收养证或其他证明其家庭成员身份关系的证明；

家庭成员、法定赡养（扶养、抚养）人的个人所得税申报、社保缴费情况等收入证明材料，或者用人单位出具的收入证明；

房产证明、购房记录、房屋租赁协议、拆迁协议、土地承包经营证明；

银行账号、证券账号、互联网资金账号资金流水材料；

疾病证明及医疗费用支出发票，教育学费缴交发票；

有关裁决、判决、协议及其他相关材料等；

区民政部门要求提供的其他材料。

（二）低收入家庭办事指南

厦门市低收入家庭办事指南

1. 审批单位

区民政局

2. 申请条件

凡本市户籍居民，其共同生活的家庭成员人均收入低于我市低收入标准的，且家庭财产状况符合市人民政府规定条件的，均可申请低收入家庭。

3. 办理方式

由户主或者其委托人以家庭为单位向户籍所在地街道办事处（镇人民政府）社会事务办提出书面申请。

4. 申请材料

申请人应当书面声明家庭收入和财产状况，履行授权委托低保工作部门核查家庭收入和财产状况的相关程序，并且如实提供以下材料的原件及复印件：

（1）居民户口簿、居民身份证、结婚证、离婚证（或法院判决书）、收养证或其他证明其家庭成员身份关系的证明；

（2）残疾证、疾病证明、学生证明、计生特殊家庭证明、劳动能力状况证明，街（镇）以上人力资源社会保障机构出具的就业失业登记证、培训和推荐就业记录材料；

(3) 家庭成员、法定赡养(扶养、抚养)人的就业收入或者其他收入证明，离(退)休证、养老保险证明、失业保险证明；

(4) 房产证明、房屋租赁协议、拆迁协议、土地承包经营证明；

(5) 有关裁决、判决、协议及其他相关材料等。

5. 办理程序

(1) 由户主或者其委托人以家庭为单位向户籍所在地街道办事处(镇人民政府)社会事务办提出书面申请。

(2) 街道办事处(镇人民政府)对申请人提交的申请材料进行审查，同时根据申请人授权，通过市、区居民家庭经济状况核对机构对申请人家庭收入和财产信息进行核对。

(3) 街道办事处(镇人民政府)受理申请后，应当组织家庭经济状况调查。

(4) 家庭经济状况调查完成后，街道办事处(镇人民政府)应当组织民主评议。

(5) 街道办事处(镇人民政府)应当将申请人家庭基本情况、家庭经济状况调查结果、民主评议结论及举报联系方式等信息，在申请人户籍地与居住地所在社区(村)公示不少于15日。

(6) 街道办事处(镇人民政府)应当在受理申请之日起20日内，根据入户调查、民主评议、公示情况提出书面审核意见，并且连同申请人材料一并报送区民政部门。

(7) 区级民政部门接到街道(镇)审核意见后，应当对每一个申请家庭进行复核，并在申请人户籍地与居住地所在社区(村)公示不少于7日，对公示结果无异议的，予以审批，并出具《厦门市低收入家庭认定书》。

(三) 低收入家庭助学政策

低保户、低收入家庭的慈善助学审核办事指南

1. 申请条件

助学对象系家庭经济困难的T区户籍应届生，录取学校在大专线以上且具备下列条件之一：

(1) 低保家庭子女；

(2) 孤儿；

(3) 家庭困难的单亲家庭子女；

(4) 家庭主要成员患重大疾病的家庭子女。

2. 申请材料

(1) 户口簿复印件(1份)；

(2) 低保证复印件(1份，低保家庭子女需提供)；

(3) 录取通知书复印件(1份)；

(4) 助学申请表(1份)。

3. 办理程序

(1) 个人申请；

(2) 村(居)委会受理(初审)；

(3) 镇(街、场)审核；

(4) 区慈善会审批。

三、临时救助政策

城乡困难家庭临时救助办事指南

1. 审批对象

对遭遇突发事件、意外伤害、重大疾病或因其他特殊原因导致基本生活陷入困境，其他社会救助制度暂时无法覆盖或救助之后基本生活暂时仍有严重困难的家庭或个人进行救助，重点针对以下几种情况进行救助：

(1) 因患重大疾病，在扣除医疗保险、医疗救助报销金额和社会帮困救助资金后，个人负担的医疗费数额较大，导致家庭基本生活难以维持的；

(2) 因遭遇火灾、车祸、溺水等突发性意外事件，在扣除赔偿、救助等资金后，个人负担仍然较重，导致家庭基本生活难以维持的；

(3) 因子女教育费用负担过重，导致家庭基本生活难以维持的(不含自费择校生和非全日制大中专学生)；

(4) 因其他特殊原因造成家庭生活特别困难的城乡困难家庭，经其他救助措施帮扶后，基本生活仍然难以维持的。

因自然灾害、事故灾难、公共卫生事件、社会安全事件等突发公共事件，需要统一开展紧急转移安置和基本生活救助的，按照国家有关规定执行。

2. 申请条件

具有本市户籍或在本市居住且办理暂住证(居住证)满一年的居民家庭，且具备下列条件之一的：

(1) 已纳入最低生活保障和其他专项社会救助制度覆盖范围，但由于突发性、临时性等特殊原因而导致基本生活暂时出现特别困难的家庭；

(2) 在最低生活保障和其他专项社会救助制度覆盖范围之外，由于突发性、临时性等特殊原因造成基本生活出现暂时困难的低收入家庭；

(3) 市、区民政部门认定的应当救助的其他特殊困难人员。

3. 申请材料

(1) 居民户口簿或居住证(暂住证)、身份证复印件等相关证明材料。

(2) 身患疾病的需提供区级以上(含区级)医疗机构出具的医疗诊断书、医疗费用清单和收据、社保经办机构报销凭证复印件等。

(3) 因事故灾难、意外事件或者其他原因造成的特殊困难，需要提供镇(街、场)或有关部门出具的有效证明材料。

(4) 因子女非义务教育阶段费用造成困难的，提供子女学籍及学费证明。

4. 办理程序

(1) 审核：镇(街、场)应当自收到申报材料之日起 7 个工作日内提出审核意见。对符合条件的，应在申请对象所在地的村(居)公开栏张榜公示，公示时间不少于 3 天，并将申报材料报区级民政局审批；对不符合条件的，应及时书面告知申请人，并将申报材料退回申请人。

(2) 审批：① 3 000 元以下(或人均补助为一个月低保标准的家庭)可以由镇(街、场)安排资金审批发放，镇(街、场)于每月 5 日(节假日顺延)前将上月救助情况报区民政局备案；② 人均补助超过一个月低保标准的家庭由区民政局审批，区级民政局应当自收到镇(街、场)审核材料之日起 3 个工作日内做出审批决定；③ 人均补助超过六个月低保标准的家庭，救助对象的家庭情况必须进行家庭经济状况核对，同时，报区社会救助领导小组研究，由区社会救助领导小组做出审批决定。

(3) 对于情况紧急、需立即采取措施以防止造成无法挽回的损失或无法改变的严重后果的，镇(街、场)、区民政局应先行救助。紧急情况解除之后，应按规定补齐审核审批手续。

四、疾病救助政策

厦门市医疗救助办事指南

1. 审批单位

区民政局

2. 审批对象

个人

3. 审批依据

《厦门市T区人民政府办公室关于印发厦门市T区医疗救助实施细则的通知》(厦同政办〔2016〕93号)

4. 申请条件

具有本区户籍或常住人口，并在本区行政区域内居住，符合下列条件之一的居民。第一类救助对象，特困人员(城市"三无"人员、农村五保对象、孤儿)；第二类救助对象，最低生活保障对象、重点优抚对象、重度残疾人、享受40%救济的60年代精减老职工、砂肺病救济对象、计生特殊家庭成员；第三类救助对象，低收入家庭成员；第四类救助对象：因病支出型贫困家庭成员。

5. 申请材料

(1)《厦门市T区医疗救助申请表》(一式三份)；

(2) 声明书;

(3) 户口本复印件(个人页和户主页需复印);

(4) 特困人员证明(低保证、重点优抚对象定补证、五老证、五老配偶定补证、第二代残疾人证、40%救济证、砂肺病救济对象证明、计生特殊家庭成员证明、低收入家庭认定表、因病支出型贫困家庭成员证明)复印件;

(5) 银行卡(存折)复印件(户名和开户行需注明);

(6) 住院(门诊)发票复印件(异地发票需提供社保报销单据);

(7) 出院小结复印件。

6. 办理程序

(1) 医疗救助对象本人或委托人向户籍所在地(非本区户籍到居住地)镇(街、场)提出申请,提供材料并填写《厦门市T区医疗救助申请表》。

(2) 镇(街、场)及时受理并在5个工作日内做出审核意见;符合条件的报区民政局审批,不符合条件的书面告知申请人,并说明理由。

(3) 区民政局自收到上报的申请材料起,在5个工作日内完成审批。对符合医疗救助条件的,核准其给予的医疗救助金并通过转账的方式发放;不符合条件的则退回镇(街、场),经由镇(街、场)书面告知申请人,并说明理由。

五、残疾人救助的相关政策

(一) 残疾认定、残疾人证办理

残疾认定以及残疾人证办理

1. 办理对象

具有户籍且主要符合下列条件之一:

(1) 视力残疾：(双眼)必须是通过各种药物、手术及其他疗法而不能恢复视力者(或经医疗机构认定不能通过上述疗法恢复功能的)；

(2) 听力残疾：(双耳)必须经过治疗一年以上不愈者；

(3) 言语残疾：是指听力正常的，年龄在两岁以上，由于各种原因导致言语障碍，而不能进行正常的言语交往，必须明确病因，经过治疗一年以上不愈者；

(4) 精神残疾：是指年龄在两岁以上，必须是精神疾病患者持续一年以上未痊愈者；

(5) 智力残疾：智力明显低于一般人的水平，并显示适应行为障碍者；

(6) 肢体残疾：是指人的肢体残缺、畸形、麻痹所致人体运动功能障碍。对因病或因交通、工伤、意外等事故造成的肢体伤害的残疾评定，必须在最终治疗结束后经一年以上功能锻炼不能恢复的(截肢、截瘫、关节融合术后等无法恢复功能的除外)；

(7) 多重残疾的残疾等级以残疾最重的等级为准。在填写残疾人证时，将符合残疾标准的全部残疾类别、等级予以备注。

2. 申请材料

由本人(视力、听力、言语、肢体)、监护人(精神、智力、未成年人)持户口本、身份证、3张二寸免冠白底彩照及近年相关病历直接向区行政服务中心残联窗口工作人员提出申请。

3. 注意事项

(1) 申请未成年人和精神类残疾人证，须同时提供法定监护人的证明材料。证明材料按照《中华人民共和国民法通则》有关规定执行。申请智力类残疾人证参照精神类执行。

(2) 申领残疾人证按照办证自愿、属地管理原则。要求申办残疾人证的人员,必须由本人或法定监护人直接向区残联窗口工作人员提出申请。未经本人(或法定监护人)同意,其他单位和个人不得强迫或代为申办。

(3) 申请人必须到省残联、省卫生厅确定的第二代残疾人证残疾评定定点医院、评定医师进行残疾评定。凡未经批准的医院和医师所出具的残疾评定鉴定,不得作为办证的凭证。

4. 办理程序

(1) 申请残疾人证的人员由本人(视力、听力、言语、肢体)、监护人(精神、智力、未成年人)持户口本、身份证、1 张二寸免冠白底彩照及相关病历向区残联窗口工作人员提出申请;

(2) 经区残联初步审核后,申请人持区残联发放的《中华人民共和国残疾评定表》在一个月内到定点医院、指定评定医生处按照《第二次全国残疾人抽样调查标准》进行医学鉴定;

(3) 经评定、审核符合残疾评定标准的申请人,需提供 2 张免冠白底彩照,并认真填写《中华人民共和国残疾人证申请表》;

(4) 不符合残疾评定标准的申请人不予办理残疾人证;对医学评定结果和审核结论不服的,可向上级残联申请复查;

(5) 残疾评定结论符合残疾标准的,在申请人所在村(社区)予以公示,公示时间为五个工作日。申请人是未成年人的,原则上不予公示。区残联网上申报、审核批准,并加盖钢印后发证。审核、批准时限为五个工作日。

(二) 残疾低保生活补助

一户多残生活救助

1. 补助依据

区残联、区财政局、区民政局《关于印发〈T区"一户多残"低保和低收入家庭生活补助实施办法〉的通知》(厦同残联〔2018〕24号)文件。(文件执行期自2019年1月1日起施行,有效期为2年)

2. 补贴对象

根据厦同残联〔2018〕24号文件规定,具有本区户籍、单户中有两人以上(含两人)持有第二代中华人民共和国残疾人证的低保和低收入家庭(以区民政部门认定为准)。

3. 补助标准

对符合补助条件的"一户多残"低保和低收入家庭,给予每户每月生活补助500元。

4. 申请程序及其材料

符合补助条件的"一户多残"低保和低收入家庭申请生活补助,由户主向户籍所在地村(居)委会残疾人联络员提出书面申请。申请时,应提交以下证件和材料:

(1)《厦门市T区"一户多残"低保和低收入家庭生活补助申请表》;

(2) 家庭成员户口簿、身份证、低保或低收入证明原件及复印件;

(3) 家庭残疾人成员的第二代中华人民共和国残疾人证原件及复印件;

(4) 补助对象户主或监护人银行账号复印件。

所在村(居)残疾人联络员应主动协助申请对象办理相关手续。村(居)

委会接到申请后，应立即对申请人家庭进行调查核实，对符合条件的张榜公示（申请对象的家庭内残疾人口名单，公示时间不少于5天），并在公示结束后5个工作日内签署意见，报所在镇（街、开发区）残联理事长审核和镇分管残联领导审批。

各镇（街、开发区）残联负责将补助对象花名册及发放情况统计表按季汇总报送区残联备案。区残联会同相关部门不定期进行督查。

5. 注意事项

在申请期间，可联系所在地村（社区）残疾人联络员或指定人员协助办理。

困难残疾生活补助

1. 补助依据

厦门市政府《关于落实困难残疾人生活补贴和重度残疾人护理补贴制度的意见》（厦府〔2016〕390号）文件。（文件执行期自2017年1月1日起施行，有效期为5年）

2. 补助对象

(1) 补助对象必须同时符合下列条件：

① 年龄在15周岁（含15周岁）以上；

② 残疾等级为一级、二级；

③ 无固定收入或属于低保或低收入家庭。

(2) 不享受补贴的对象：

① 享受机关、事业单位（离）退休待遇、城镇职工基本养老保险待遇、被征地人员基本养老保险待遇和其他社会性养老待遇（不含城乡居民养老保

险待遇）；

② 享受残疾人自主创业扶持政策的；

③ 在区福乐家园或街（镇）残疾人职业援助中心接受训练并领取相关补贴的。

3. 补助标准

每人每月 360 元。

4. 补贴形式

由区民政局按月通过社会化形式发放。

5. 申请所需材料

（1）本人的居民户口簿、居民身份证原件及复印件；

（2）中华人民共和国残疾人证（第二代）原件及复印件；

（3）低保、低收入家庭证明或无固定收入证明原件及复印件。

6. 审批及资金发放单位

区民政局

7. 审核单位

区残联

（三）残疾居家康复护理补助

残疾人护理补助

1. 补助依据

厦门市政府《关于落实困难残疾人生活补贴和重度残疾人护理补贴制度的意见》（厦府〔2016〕390 号）文件。（文件执行期自 2017 年 1 月 1 日起施行，有效期为 5 年）

2. 补助对象

（1）申请补助对象必须具有厦门市户籍并同时具备以下条件：

① 精神一、二、三级残疾人；

② 智力一、二、三级残疾人；

③ 60周岁以上（含）视力一级残疾人；

④ 经医学鉴定属生活不能自理的其他各类一、二级残疾人（经市二级及以上医院指定医生评估的医学鉴定报告）。

（2）不享受补贴的对象：

① 在住院期间已享受民政部门补贴的精神病人；

② 已享受政府其他居家护理补贴的各类残疾人；

③ 在职在岗的各类残疾人。

3. 补助标准

一、二级残疾人低保对象每人每月补贴510元，非低保对象每人每月补贴430元；精神、智力三级残疾人低保对象每人每月补贴430元，非低保对象每人每月补贴340元。

4. 补贴形式

由区民政局按月通过社会化形式发放。

5. 申请所需材料

（1）本人的居民户口簿、居民身份证原件及复印件；

（2）中华人民共和国残疾人证（第二代）原件及复印件；

（3）经市二级及以上医院评估的生活不能自理医学鉴定（仅经医学鉴定属生活不能自理的其他各类一、二级残疾人需提供此项材料）；

（4）监护人身份证复印件；

（5）低保对象需提供在享低保有效证明或家庭收入证明原件及复印件。

6. 审批及资金发放单位—审核单位

区民政局—区残联

重度残疾人托养补助

1. 办理依据

厦门市残疾人联合会、厦门市民政局、厦门市财政局《关于印发〈厦门市重度残疾人机构托养补助办法〉的通知》（厦残联〔2018〕79号文件）。（文件执行期限为2019年至2023年）

2. 办理对象

本辖区户籍且符合条件到机构托养的重度的残疾人。

3. 申请条件

（1）本辖区户籍；

（2）持有有效的第二代中华人民共和国残疾人证；

（3）本人或监护人自愿申请，需要长期照护，经评估适合机构托养的一级、二级重度残疾人以及三级智力、精神残疾人；

（4）对依老养残（父母、配偶或子女在60周岁以上）、一户多残（同家庭中有2名及以上的重度残疾人）或无直系亲属（父母、配偶、子女）的重度残疾人优先安排入住。

4. 申请材料

经重度残疾人托养服务定点机构确认适合入住的对象申请时应提供下

列相关证件(原件及复印件):

(1)《厦门市重度残疾人机构托养服务申请表》(一式三份);

(2) 户口本(原件及复印件);

(3) 残疾人证(原件及复印件)。

5. 办理程序

(1) 申请人向户籍所在地的村(居)委会领取并填写《厦门市重度残疾人机构托养服务申请表》(一式三份);

(2) 经重度残疾人托养服务定点机构确认适合入住的对象,携带户口本和残疾证的原件、复印件,到户口所在镇(街、开发区)服务中心或村(社区)代办点递交申请材料;

(3) 镇(街、开发区)残联应在 5 个工作日内完成审核并上报区残联审批;

(4) 区残联应在 5 个工作日内完成审批,并告知申请人。

6. 办理时限

(1) 窗口受理后 3 个工作日内送所在镇(街、开发区)残联审核;

(2) 所在镇(街、开发区)残联 5 个工作日内完成审核;

(3) 区残联受理后,5 个工作日内完成审批,后将汇总表向市残联报备,并于当年 4 月和 10 月底前将当期补助款拨付托养机构。

T 区"四残"儿童康复护理补助

1. 办理依据

区残联、区财政局、区卫计局《关于印发〈T 区"四残"儿童康复护理补助实施办法〉的通知》(厦同残联〔2018〕26 号)文件。(文件执行期为 2019 年 1

月1日至2020年12月31日）

2. 办理对象

本辖区符合条件的“四残”儿童法定监护人。

3. 申请条件

（1）“四残”儿童指：7周岁以下（含）肢残（脑瘫）、听障（属于语后聋的可放宽至10周岁）和14周岁以下（含）智障、自闭（孤独）症儿童；

（2）“四残”儿童及其法定监护人均具有厦门市T区户籍；

（3）“四残”儿童持有有效的第二代中华人民共和国残疾人证或区级及以上医疗机构出具的残疾诊断书；

（4）“四残”儿童经区级及以上定点医疗机构确诊，正在有资质的正规康复机构进行康复训练。

4. 申请材料

（1）《厦门市T区残疾儿童康复护理补助申请表》；

（2）残疾儿童户口簿、监护人身份证原件及复印件或可证明残疾儿童与监护人关系的证明材料；

（3）残疾人证或区级及以上医疗机构出具的诊断书原件及复印件；

（4）所在康复机构出具的《康复评估表》原件及复印件；

（5）康复机构开具的当年度税务或财政部门认可的各月份培训费用发票原件及复印件；

（6）低保家庭或低收入家庭还应提交民政部门出具的低保证或《低收入证明》原件及复印件；

（7）补助对象监护人银行账户复印件。

5. 办理程序

(1) 符合条件的补助对象，由其监护人持所需材料到其户口所在地村(居)委会或残疾人联络员处领取并填写《厦门市 T 区残疾儿童康复护理补助申请表》(以下简称《申请表》)，由村(居)委会签署意见，经镇(街、开发区)残联审核后，报送区残联审批；

(2) 区残联于每年 4 月及 9 月审核镇(街、开发区)上报的前两季度申报材料，于每年 5 月及 10 月发放半年补助经费(按“四残”儿童监护人实际康复护理补助情况给予补助)，补助经费直接转入对象监护人指定的银行账户。

(四) 残疾人就业、自主创业政策

残疾人自主创业资金扶持

1. 审批依据

(1) 厦门市关于扶持残疾人自主创业的通知(厦残联〔2012〕8 号文)；

(2) 厦门市残疾人联合会、厦门市民政局、厦门市财政局、厦门市人力资源和社会保障局、厦门市市场监督管理局《关于延长扶持残疾人自主创业通知有效期的通知》(厦残联〔2017〕15 号文)。

2. 补助对象

本辖区持有市、区残联核发的第二代中华人民共和国残疾人证，在法定劳动年龄段内，自主创业且申请时仍在正常经营的残疾人。

3. 申请条件

(1) 具有本区户籍；

(2) 持有厦门市残联核发的第二代中华人民共和国残疾人证；

(3) 取得厦门市或区工商行政管理局核发的企业法人营业执照，并正常经营半年以上的；

（4）取得厦门市或区民政部门登记核发的民办非企业单位登记证书，并正常经营半年以上的；

（5）取得厦门市或区工商行政管理局核发的个人独资企业营业执照或个体工商户营业执照，并正常经营半年以上的；

（6）视力残疾人取得厦门市或区工商行政管理局核发的个人独资企业营业执照或个体工商户营业执照，以及市残联核发的厦门经济特区盲人保健按摩个体从业资格证，从事盲人按摩业，并正常经营半年以上的。

4. 申请材料

（1）填写完整的《厦门市残疾人自主创业补贴申请表》；

（2）固定经营场所证明（产权证或租赁合同等）；

（3）企业法人营业执照、个人独资企业营业执照、个体工商户营业执照或民政部门发放的民办非企业单位登记证书原件和复印件，盲人按摩业主还需提供厦门经济特区盲人保健按摩个体从业资格证的原件和复印件；

（4）内资商事主体年度报告书；

（5）申请人本人的身份证、户口簿、厦门市残联核发的第二代中华人民共和国残疾人证、就业失业登记证原件和复印件。

5. 办理程序

（1）申请人应于每年的 7 月 20 日前持所需材料经所在村（社区）、镇（街、开发区）初审后，向区残联提出书面申请；

（2）区残联受理申请后，应在 15 个工作日内组织人员到申请人经营地进行实地核查，并将核查情况报市残疾人就业管理中心审批；

(3) 市残疾就业管理中心于15个工作日内将审批结果书面通知到区残联,后由申请人所在村(居)委会公示5天;公示无异议后由区残联将资金转入申请人银行账户内。

6. 补贴标准

(1) 取得厦门市或区工商行政管理局核发的企业法人营业执照,并正常经营半年以上的,给予15 000元一次性创业补贴,经营每满一年给予3 000元经营补贴;

(2) 取得厦门市或区民政部门登记核发的民办非企业单位登记证书,并正常经营半年以上的,给予10 000元一次性创业补贴,经营每满一年给予3 000元经营补贴;

(3) 取得厦门市或区工商行政管理局核发的个人独资企业营业执照或个体工商户营业执照,并正常经营半年以上的,给予5 000元一次性创业补贴,经营每满一年给予3 000元经营补贴;

(4) 视力残疾人取得厦门市或区工商行政管理局核发的个人独资企业营业执照或个体工商户营业执照,以及市残联核发的厦门经济特区盲人保健按摩个体从业资格证,从事盲人按摩业,并正常经营半年以上的,给予8 000元一次性创业补贴,经营每满一年给予3 000元经营补贴。

7. 注意事项

(1) 残疾人必须在法定劳动年龄段内,即:男性16～60周岁,女性16～50周岁;

(2) 同一人员自主创业领取营业执照在一个以上的,按一个的标准给予补贴;

(3) 有固定的经营场所;

(4) 创业补贴为一次性扶持；

(5) 经营性补贴从领取创业补贴满一年后起实行，为期3年；

(6) 申请补贴和奖励的残疾人必须在人力资源和社会保障部门办理就业失业登记以及在区残疾人就业管理机构办理求职登记；

(7) 各级残疾人联络员、进入福乐家园和街(镇、开发区)残疾人职业援助中心的人员，以及享受重度残疾人居家护理补助的人员不适用本规定；

(8) 在申报期间，可联系所在地村(社区)残疾人联络员或指定人员帮助办理。

残疾人自主创业吸纳本市户籍残疾人就业补助

1. 补助对象及条件

本市户籍残疾人自主创业后吸纳本市户籍残疾人就业(享受福利企业优惠政策和超比例安排残疾人就业工资性补贴政策的单位除外)，并与其签订一年以上劳动合同、缴纳社会保险，且实际在岗就业一年以上。

2. 补助标准

每吸纳一名残疾人就业给予2 000元/年奖励性补助。

3. 办理时间

创业带动残疾人就业奖励实行一年一补，每年的7月1日—7月20日申请办理上一年度的奖励。

4. 所需材料

(1)《厦门市残疾人创业带动就业奖励申请表》；

(2) 固定经营场所证明(产权证或租赁合同等)；

(3) 企业法人营业执照、个人独资企业营业执照、个体工商户营业执照或民政部门发放的民办非企业单位登记证书原件和复印件，盲人按摩业主还需提供厦门经济特区盲人保健按摩个体从业资格证的原件和复印件；

(4) 申请人本人的身份证、户口簿、厦门市残联核发的第二代中华人民共和国残疾人证原件和复印件；

(5) 经市残疾人就业管理中心确认的《在岗残疾职工核定结果通知单》；

(6) 与残疾人签订的劳动合同、工资发放凭证、由地税部门出具并确认的用人单位为残疾人缴纳社会保险的证明、所招收的残疾人的就业失业登记证。

5. 办理程序

(1) 申请单位向区残疾人就业管理机构提出申请；

(2) 区残疾人就业管理机构在受理日期截止后的15个工作日内进行核查，并将核查通过的申请材料报区残联；

(3) 区残联在10个工作日内进行审核，并将审核结果报送市残疾人就业管理中心；

(4) 市残疾人就业管理中心于15个工作日内将审批结果书面通知区残联，由区残联将奖励资金转入申请单位银行账户。

6. 注意事项

(1) 在申报期间，可联系所在地村(社区)残疾人联络员或指定人员协助办理。

(2) 以上补助办法系2018年版，以2019年即将出台的文件为准。

参加“镇(街)残疾人职业援助中心”训练

1. 援助对象

(1) 本区户籍，持有区残联核发的残疾人证，需要接受职业训练、体能康复锻炼和庇护就业服务的16～50周岁女性(男性至55周岁)的各类轻度残疾人(智力残疾和精神残疾三、四级)，个别残疾等级可放宽至重度残疾人，但须生活能够基本自理，有一定的劳动能力；

(2) 生活能够基本自理，有一定劳动能力，不需接送；

(3) 无传染病，无严重躯体性疾病(如心脏病、肝炎、癫痫等疾病)，无严重行为障碍和骚扰行为，无攻击、自伤行为和轻生意念；

(4) 精神残疾类需经精神卫生服务中心提供病情稳定证明，并经精防医生评定适合在援助中心受训；

(5) 未享受退休或其他养老待遇的残疾人，允许其在援助中心参训直至60周岁；60周岁以下已享受各类残疾人优惠政策的残疾人(就业扶持政策除外)，可申请进入援助中心参加手工劳动和文体劳动，但不能享受学员劳动津贴及出勤补贴。

2. 补助标准

学员补贴(劳动津贴及出勤补贴)每人每天30元(参训学员还可按规定享受重度残疾人护理补贴)。

3. 办理程序

申请人或监护人向已设立的镇(街)残疾人职业援助中心申请。

参加“福乐家园”(轻度智力和精神残疾人庇护工场)训练

1. 主要对象

(1) 具有本区户籍，持有区残联核发的残疾人证，有合法的监护人，16～54周岁(女性)(男性至59周岁)智力残疾等级为三、四级，精神残疾等级为四级且病情稳定的残疾人。个别残疾等级可放宽至重度残疾人，但须生活能够基本自理，有一定的劳动能力；

(2) 具有学习与工作愿望，有生活自理能力及一定工作能力，无严重障碍，无攻击、自伤行为和轻生意念；

(3) 经区级及以上医院体检，确诊没有传染病或严重躯体性疾病（如心脏病、肝炎、癫痫等疾病）；

(4) 本人自愿并经监护人同意，愿意遵守工作相关规定，家庭有能力并保证能接送学员往返的。

2. 补助标准

学员补贴（劳动津贴及出勤补贴）每人每天30元（参训学员还可按规定享受重度残疾人护理补贴）。

3. 办理程序

联系所在地村（社区）残疾人联络员或指定人员报名，或由申请人或监护人直接向区福乐家园（芸溪点、阳翟点）申请。

残疾人个体工商户申请职工基本养老保险和职工基本医疗保险补助

1. 办理依据

厦门市财政局、市劳动和社会保障局、市工商行政管理局、市地方税务局、市残联《关于厦门市残疾人个体工商户参加职工基本养老保险和职工基本医疗保险经费补助的通知》（厦财社〔2008〕29号）等有关文件。

2. 办理对象

具有本区户籍并同时具备相关条件的残疾人个体工商户。

3. 申请条件

(1) 具有本区户籍；

（2）持有残联核发的中华人民共和国残疾人证；

（3）持有本市工商部门核发的有效个体工商户营业执照并从事个体经营活动；

（4）已缴纳职工基本养老保险费和职工基本医疗保险费；

（5）达到法定退休年龄时，累计缴费时间达不到职工基本养老保险和职工基本医疗保险规定的最低缴费年限的残疾人个体工商户，应按照有关规定进行补缴，待上述补缴完成后，方可按上述补助办法及标准给予补助；

（6）按照《厦门市被征地人员基本养老保险暂行办法》，一次性缴纳8～15年基本养老保险费的残疾人个体工商户，对于其一次性缴费部分不再予以补助；

（7）已按照《厦门市人民政府贯彻国务院关于进一步加强就业再就业工作通知的若干意见》享受“40，50”灵活就业人员社会保险补贴的残疾人个体工商户，不再同时给予补助。

4. 申请材料

（1）填写完整的《厦门市残疾人个体工商户参加职工基本养老保险和职工基本医疗保险补助申请审批表》；

（2）户口簿、中华人民共和国残疾人证、个体工商户营业执照（副本）、就业失业登记证（2—7页）复印件、内资商事主体报告书和社会保险费缴费凭证（即扣费银行开具的厦门市公用事业缴费一卡通微机收据或地税部门开具的税收电子转账专用完税证）原件及复印件一份等。

5. 办理程序

（1）符合申办条件的残疾人个体工商户，应在每年的7月31日前携带所需资料自愿提出申请；

(2) 经所在村(社区)、镇(街、开发区)初审后，向户籍所在区残疾人就业管理机构提出书面申请；

(3) 区残疾人就业管理机构受理申请后，应在 8 月 15 日前对申请人的相关情况进行调查核实，并提请区残联审核；

(4) 区残联在 10 个工作日内将本区的申请、审核材料汇总，报送市残疾人就业管理中心。市残疾人就业管理中心认定后，通知区残联，并由区残联将符合补助人员名单在其所在村(社区)张榜公示 5 天。公示无异议后，由市残疾人联合会审批；

(5) 审批通过后，由市残疾人就业管理中心向符合条件的残疾人个体工商户统一办理职工基本养老保险费和职工基本医疗保险费补助银行卡，并于当年 9 月 30 日前将社保缴费补助款通过银行拨付到个人银行卡中；

(6) 采取先缴费、后补助、一年一补的办法。以社保缴费年度即每年 7 月 1 日至次年的 6 月 30 日为补助年度，当年度申办上一社保缴费年度的补助。

6. 办理时限

(1) 窗口受理后 3 个工作日内送所在镇(街、开发区)残联审核；

(2) 所在镇(街、开发区)残联 5 个工作日内完成审核上报；

(3) 区残联受理后 10 个工作日内完成审核，并报市残疾人就业管理中心认定；

(4) 市残疾人就业管理中心认定后，将符合补助人员名单在其所在村(社区)张榜公示 5 天；

(5) 市残联审批并拨付补助款。

7. 注意事项

(1) 在申报期间，可联系所在地村(社区)残疾人联络员或指定人员上门协助办理。

(2) 补助标准：

以全市上年度职工月平均工资的60%为缴费基数、以用人单位缴纳职工基本养老保险费的比例(14%)和职工基本医疗保险费的比例(8%)计算的月缴费总额作为本市残疾人个体工商户职工基本养老保险和职工基本医疗保险的月补助标准；补助月数为该残疾人个体工商户经营存续期内缴纳职工基本养老保险费和职工基本医疗保险费的月数；补助金额为月补助标准×补助月数。(备注：以市残联下达通知为准，按当年度社保缴费基数的递增减进行核算。)

(3) 缴交社会保险缴费凭证(票据)的要求：

残疾人个体工商户申请人，缴交的社会保险缴费凭证应按文件要求尽可能提供《税收电子转账专用完税证》或《厦门市公用事业缴费一卡通微机收据》。上述票据提供不全或遗失，申请人须提供《厦门市地方税务局社会保险参保缴费情况证明》或人社部门的相关缴费证明。缴交票据(证明)必须是加盖出具单位印章的原始票据。

(4)《厦门市残疾人个体工商户参加职工基本养老保险和职工基本医疗保险补助申请审批表》(以下简称《申请审批表》)的填报要求：

《申请审批表》由各区残疾人就业管理机构负责提供或由申请人直接从厦门市残疾人就业管理中心网站(www.xmcjg.cn)下载。

《申请审批表》中“基本医疗保险缴费时段”和“基本医疗保险补助标准”栏

目,以单位名义参保的残疾人个体工商户,要填序号①的内容,序号②留空;以独立个人名义参保的残疾人个体工商户,要填序号②的内容,序号①留空。

(五)残疾助学政策

厦门市残疾人和困难残疾人家庭子女就学补助

1. 办理依据

市残联、市教育局、市民政局、市财政局《关于对厦门市残疾人和困难残疾人家庭子女实施就学补助的通知》(厦残联〔2017〕63号),有效期五年,由市残联负责解释。

2. 办理对象

(1) 个人

符合文件规定的残疾学生及困难残疾人家庭子女。

(2) 机构

① 经教育行政主管部门批准设立,接收学前残疾儿童入学的普通幼儿园。

② 本市普通高等院校专门为残疾人开办的大专班、本科班。

3. 申请条件

(1) 个人

① 具有本辖区户籍;

② 持有残联核发的第二代中华人民共和国残疾人证(以下简称"残疾人证")的残疾人和困难残疾人家庭(指特困供养人员、最低生活保障家庭、低收入家庭、支出型贫困家庭)子女;

③ 在经国家行政主管部门批准设立的幼儿园、小学、中学(含中职技

校）、高等院校就读的全日制在校生；

④ 取得国家承认学历的成人高校、自学考试、网络教育毕业证书的毕业生。

（2）机构

符合文件规定的普通幼儿园及普通高等院校。

4. 申请材料

（1）个人就学补助金的申请材料

首次申请就学补助金的，由残疾人本人或法定监护人到户口所在社区（村）居委会据实填写《厦门市残疾人和困难残疾人家庭子女助学申请表》。申请人除应提交身份证（或户口簿）、残疾证外，还需要提交以下证明：

① 申请学前段、基础教育段、特校、盲校就学补助金，需提供在学证明；

② 申请中职技校和高等教育段就学补助金和一次性奖励，需提交录取通知书；

③ 申请成教自考和网络教育一次性奖励，需提供网页学历证明一份（登录中国高等教育学生信息网打印），有外出参加面授课程的盲人须提供出行车票；

④ 申请困难残疾人家庭子女补助的需提交由民政部门认定的困难家庭证明。

每学段第一次申请时提供全套材料，第二年起只需提供申请表、在学证明、困难家庭认定证明和本人申请声明。

（2）机构补助金的申请材料

申请特护补助的幼儿园，需到所在区残联填写《厦门市幼儿园特护补助申请表》，提供园内幼儿的残疾人证复印件，公办园提供事业单位法人证书，民办园提供办学许可证。

申请办学经费补贴的本市普通高等院校应提交申请拨付补助款的正式文件并附院校学籍管理部门盖章的残疾学生名单，向市残联提出申请。

5. 办理程序

(1) 个人就学补助金的审批发放

① 申请人持规定的申请材料（纸质）向村（居）委会申请，村（居）委会对申请人家庭情况和提交的材料进行调查核实，材料原件当面查验后交还申请人，留存复印件一份；符合条件的，签署初审意见，报镇（街、开发区）残联复核；

② 镇（街、开发区）残联对申请人情况（特别是家庭困难情况）进行复核，符合申请条件的，报区民政局、教育局审核；

③ 区残联对上报的申请材料进行汇总审核，符合补助条件的报送市残联审批后，通过银行将补助款打入申请人提供的银行账户。

(2) 机构补助金的审批发放

幼儿园特护补助由区残联审核材料原件后，符合补助条件的留存复印件一份，按程序拨付补助款。

本市普通高等院校的残疾人大专、本科班办学经费补贴由市残联负责审批，按程序拨付补助款。

(六) 精神残疾患者救助

厦门市精神疾病患者医疗康复补助

市残联、市财政局、市卫计委、市民政局《关于厦门市精神疾病患者医疗康复补助有关问题的通知》(厦残联〔2017〕54号)文件。

1. 补助对象

持有残联核发的第二代中华人民共和国残疾人证的精神类残疾人。

2. 申请条件

具有本辖区户籍并具备以下条件的精神疾病患者：

(1) 持有残联核发的第二代中华人民共和国残疾人证；

(2) 经具有资质的精神专科医疗机构评估确诊,且有医院盖章的病历证明；

(3) 同意接受免费服药或针剂治疗与检查的患者,均可享受疾病患者医疗康复补助。

3. 申请材料

(1)《厦门市精神疾病患者医疗补助审批表》;

(2) 残疾人证原件及复印件；

(3) 身份证原件及复印件。

4. 申请程序

(1) 申请人在办理残疾人证时,办证窗口同时向精神类申请人提供《厦门市精神疾病患者医疗补助审批表》;

(2)《厦门市精神疾病患者医疗补助审批表》经定点的仙岳医院确认盖章后,由本人或法定监护人向所在村(居)委会提出申请,经所在村(居)委会签署意见并盖章；

(3) 将申请材料提交镇(街、开发区)残联审核后送区残联审批；

(4) 区残联审批后汇总送交仙岳医院；

(5) 仙岳医院按文件规定为补助对象办理"厦门市精神疾病患者医疗康

复补助卡”，然后通知申请人或法定监护人持患者残疾证及身份证等到仙岳医院领取“厦门市精神疾病患者医疗康复补助卡”；

(6) 申请人持卡到我区定点的五显镇卫生院等领取日常服药或基本检查。

5. 注意事项

(1) 申报期间，可联系所在地村(社区)残疾人联络员或指定人员协助办理；

(2) 精神病患者医疗康复补助经费主要用于补助患者日常服药及基本检查，额度上限为300元/人/月，按月结算，超出部分自付。

严重精神障碍患者看护管理补助

1. 补助依据

厦门市T区人民政府办公室《转发区综治办等部门关于实施以奖代补政策落实严重精神障碍患者监护责任暂行办法的通知》(厦同政办〔2016〕76号)。

2. 补助对象

严重精神障碍患者的监护人。本办法规定的监护人指有看护能力且实际履行日常照料、送诊救治、引导康复、动态报告等监护管理责任的法定监护人或指定监护人。指定监护人由被监护人居住地村(居)民委员会确定。

3. 发放条件

对监护对象有效履行监护责任，且监护对象在奖补年度内未发生肇事肇祸行为的，由政府对有效履行监护责任的监护人发放一定额度的看护管理奖金。

被监护人肇事肇祸的，不予发放整个奖补年度的看护管理奖金；被监护人死亡或迁出本区的，镇(街、开发区)应根据监护人前期履责情况按月结清看护管理奖金；被监护人住院治疗的，不再发放住院治疗期间的看护管理奖金。

4. 发放标准

看护管理奖金按照危险性评估等级，3级每年度3 600元（每月300元）、4级每年度4 200元（每月350元）、5级每年度4 800元（每月400元）的标准发放；属民政救济对象的，按照每年度3 000元（每月250元）的标准发放。

5. 申领方式

看护管理奖金原则上每年发放一次。监护人自签订年度监护协议后可向现居住地的村（居）民委员会领取《看护记录手册》。有效履行监护协议满一个奖补年度的，向居住地村（居）民委员会递交《领取年度看护奖金的申请》，村（居）民委员会工作人员应在5个工作日内提出审查意见，并报镇（街、开发区）政府，镇（街、开发区）政府应在5个工作日内对《看护记录手册》相应认定情况进行审核，提出审核意见，并先行将奖金垫付发放给监护人，同时报区委政法委备案。

后　　记

随着我国扶贫工作迈向脱贫攻坚阶段，那些因病、因残以及因其他原因致贫的深度贫困人群的生活状况受到人们越来越多的关注，如何帮助这些面临多重生活困难的人群脱贫和预防返贫，就成为亟待解决的难题，它不仅需要挖掘这些深度贫困人群的能力，充分运用他们身边的社会资源，而且同时还需要考察因多重生活困难带来的高风险的影响。为此，本书的研究者在两年前与厦门市同安区同心社会工作服务中心签订了合作协议，与一线社会工作者组成了一支实务研究团队，长期跟踪一线社会工作者开展“暖心宅急送”个性化精准帮扶试点项目，希望能够从中梳理出社会工作者参与深度贫困脱贫攻坚实践的服务模式和理论框架。

两年过去了，实务研究团队全体成员的努力最终汇集成这本《反贫困社会工作案例研究：深度贫困脱贫攻坚的社会工作多维实践》。因此，我首先要感谢厦门市同安区同心社会工作服务中心参与这个项目的所有社会工作者，正是他们的不懈努力，才探索出深度贫困脱贫攻坚社会工作多维实践的模式；其次，我要感谢参与这一实务研究项目的吴宝红（博士）、王晓倩（硕士)、陈婷婷(硕士)、许冰菲(硕士)和陈佳榕(硕士),正是他们的无私付出,才有了今天这本书的完成。本书共分为五章,第一章和第五章由童敏执笔,第二章和第三章由吴宝红和童敏执笔,第四章由吴宝红、童敏、许冰菲和陈佳榕共同执笔完成。此外,许冰菲和陈佳榕还参与了本书后期的文献校对工作。

最后,我要感谢华东理工大学出版社给我们提供了展现这一实务研究成果的机会以及编校同志为此书的出版所做的一切努力。

由于水平所限,加之时间仓促,书中难免存在不妥之处甚至差错,真诚希望各位读者尤其是同行不吝指正。

童敏

2020 年 6 月